Wolfgang Wehap

frisch, radln, steirisch
- eine Zeitreise durch die regionale Kulturgeschichte des Radfahrens

Mit freundlicher Unterstützung von

© 2005 Steirische Verlagsgesellschaft
in der Leykam Buchverlagsgesellschaft m.b.H. Nfg. & Co. KG
Alle Rechte vorbehalten

Kein Teil des Werkes darf in irgendeiner Form (durch Fotografie, Mikrofilm oder ein anderes Verfahren) ohne schriftliche Genehmigung des Verlages reproduziert oder unter Verwendung elektronischer Systeme verarbeitet, vervielfältigt oder verbreitet werden.

Gesamtherstellung: Steirische Verlagsgesellschaft
ISBN 3-85489-126-1
www.svg.co.at

Grafik, Layout, Design:
AndisCopyShop //www.andreakern.net

Inhalt

Graz, das Coventry Österreichs 7

Einleitung 9

1. Die Anfänge 13
    Draisine und Velociped – Das Bicycle kommt in die Steiermark – Begeisterung und Schrecken – Über das „Kangaroo" zum Niederrad

2. Die Hochradzeit 23

  2.1. Die drei Grazer Hochrad-Vereine
     GBC: Leitstern in Weiß-blau – GRC: Weniger elitär und erfolgreich – AtRV: Die Akademiker

  2.2. Verbote und Fahrordnungen
     Mit Certifikaten gegen „Wilde"

  2.3. Erste Rennen auf Straße und Bahn
     Brillanten für Berthold Diamant – Die Grazer Birnen-Rennbahn – Corso als Publikumsmagnet

  2.4. Vorradler der Provinz
     Anfänge in der Untersteiermark – Deutsche und slowenische Vereine – Von Aussee bis Radkersburg – „Klappernd und ungeschlacht"

  Historisches Glossar

  Der Pate: Ernst Bröhmer-Elmershausen

Der Pionier: Max Kleinoscheg

3. Frühe Blüte 49

3.1. Auf Touren gekommen
Das Tourenbuch von 1889

Haltestelle für Radfahrer

Auf Tour verewigt

3.2. Hochburg des Radsports
Über den steifen Tritt — Umstrittene Herrenfahrer-Frage — Pioniere des Fußball- und Schisports

Der Racer: Franz Gerger

3.3. Galionsfiguren und Vereinsleben
Etikette, Rituale, Symbole — „Majestät, bei uns fährt alles"

Der Club der sanften Amazonen

3.4. Zweite Gründungswelle und erste Krise
Ideologische Instrumentalisierung — „Es war einmal…" — Schrittmacher für das Auto

Die Vereinslandschaft

Als Radfahren noch in Schulen erlernt wird

Das Gespenst auf der Straße - Rosegger über das Radfahren und die Diskussion im „Heimgarten"

Das große Fest

4. Junges Gewerbe 91

4.1. Erste Mechaniker, Händler und Fabrikanten
Matthias Allmer — Julius Gustav Sorg — Josef Eigler — Franz Neger — Alois Riegler — Franz Strametz — Franz Elgetz — Ferdinand Janisch

4.2. Aus Werkstätten werden Fabriken
Albls „Meteor" und „Graziosa" — Die Johann-Puch-Story — Neues Werk - getrennte Wege — Cless & Plessing: Weg mit den Ketten

4.3. Zwischen Nähmaschinen und Musikalien

5. Volksverkehrsmittel 121

5.1. Verkehrsmitel für alle
Einig im Kampf gegen die Fahrradsteuer — „Kavallerie des Proletariats"

5.2. Praktisch zu Diensten

5.3. Neu Impulse im Sport
Bruck springt ein — „Ausdauer 1909"- Aufschwung 1919

5.4. Militärs satteln auf
Das Klapprad in der k.u.k. Armee — Traurige Bilanz

Die Instruktoren: Franz Smutny und Filipp Czeipek

6. Harte Zeiten 137

6.1. Auto der Armen
„Gesunder Ersatz mit sportlicher Note" — Ruf nach Radfahrwegen

6.2. Kunstrad-Meister und Olympioniken

6.3. Auf dem und über Land

„Weil es so schön war"

6.4. Politische Eingliederung
Einführung Fahrradabgabe — Volk in Leibesübungen

7. Wiederaufbau und Niedergang 155

7.1. Berichte aus den Nachkriegstagen
Mangelwirtschaft — Kahlschlag in der Vereinsszene

7.2. Radsport-Volkstag und „Tag des Fahrrades"
Reisen und Transportieren

7.3. Das Duell Junior — Puch

„Mein größter Sieg"

8. Die steirische Fahrradindustrie 169

8.1. Styria-Werke: „Aus" nach Streiks und Wirtschaftskrise
Fünf Monate Streik

8.2. Das Puch-Rad — ein Mythos lebt
90 Prozent Eigenfertigung — Sprung über den Großen Teich — Spannerin–Fingerfertigkeit um wenig Geld — Renn- und Kunstrad-Team — Schlingernde Strategie — Das Ende: für immer radlos

8.3. Junior: Der Löwe aus Puntigam
„Titan" und „Montana" — Der „Junior" zieht ein — Aufschwung nach dem 2. Weltkrieg — Puch als übermächtiger Konkurrent — „Go West" — Dollar-Absturz bringt den Fall

8.4. Assmann: Gut gesattelt

Enge Kooperation mit Puch – Fahrradfertigung ab 1937 – Mit dem Fahrrad auf der Flucht

Das Rollip aus der Schmiedgasse und andere Mechanikerräder

Erfinderschicksale

9. Die Renaissance 195

9.1. The Roaring Seventies
Am Anfang steht Zwentendorf – Erster Radweg Marke Eigenbau – „Eine Stadt steigt um" – Schubkraft Fitness – Objekt der Forschung – Messbare Erfolge – Unfallstatistik und Sicherheit

9.2. Die Ära Rudi Mitteregger

Edegger & Co.: Der Bäcker und die Ingenieure

Radl-Hochzeit

Das S-Radl

Die dunklen Seiten – Unfälle & Überfälle

10. Radfahren in Graz und in der Steiermark heute 217

10.1. Im Zeichen von Tourismus und Wellness
Radwandern und Radmarathons

10.2. Sport: Vielfalt mit Hang zum Extremen
Dominaz der Bergradler

10.3. Urbane Radszene
Gute Beispiele im Alltag – Comeback für radelnden Postfuchs – Bunte Szene

Abenteurer und Weltumradler

Vom Schlager bis zur Skulptur – Kunst rund ums Rad

Bildnachweis 239

Literatur und Quellen 241

Graz, das Coventry Österreichs

So lautete kurz vor der Jahrhundertwende 1900 eine - heute wohl eher rätselhafte - Bezeichnung für die steirische Landeshauptstadt. Eine ehrenvolle Bezeichnung, galt doch Coventry als eines der ganz großen Zentren der englischen Fahrrad-Industrie. Noch 15 Jahre vorher wäre niemand auf so einen absurden Vergleich gekommen, die Fahrrad-Herstellung war fest in englischer Hand. Ein Grazer Fahrrad-Käufer musste sich damals mit Begriffen wie ‚Double Flutet Fork', ‚Coventry Suspension Spring' oder ‚Open Stanley Head' herumschlagen. Die ‚Coventry Machinist Company', eine der traditionsreichsten und berühmtesten Fahrrad-Firmen Englands lieferte seit den frühen 1880er-Jahren auch nach Österreich, selbst der Kaiserhof bezog dort mehrere ‚Cheylesmore Club Tricycles'. James Starley, William Hillman und George Singer, die ganz Großen der englischen Fahrrad-Technik, sie alle hatten ihre Wurzeln in Coventry.

Der Vergleich von Graz mit Coventry, wie er sich in österreichischen Fahrrad-Zeitschriften ab etwa 1898 findet, bezog sich auf den ungeheuren Aufschwung, den die heimische Fahrrad-Industrie in verhältnismäßig kurzer Zeit an diesem Standort vollzogen hatte. So konnte man beispielsweise im Jahre 1899 bei vier Grazer Fabriken Kardanräder kaufen, damals das sowohl fashionable wie fertigungstechnische Non Plus Ultra der Fahrrad-Technik. Johann Puch, Benedict Albl, Anton Werner, Heinrich Cless und Rudolf Plessing waren die Namen hinter diesen Erfolgen, vor allem Puch hatte mit hoher Fertigungsqualität und modernem, innovativen Produktdesign auch ganz schnell ausländische Märkte erobern können. Die Grazer Fahrrad-Industrie sollte noch beträchtlich weiter wachsen, nach der Fusion mit den Steyr-Werken und der Konzentration der Zweiradfertigung in Graz im Jahre 1934 gehörte die Grazer Fahrradfabrik zu den größten auf dem europäischen Kontinent. Zur Zeit der umstrittenen Schließung der Grazer Zweiradfertigung 1987 galt sie auch als eine der ältesten derartigen Fabriken in Europa.

Parallel zur Fahrrad-Industrie etablierte sich eine reiche Fahrrad-Kultur, erfreulicherweise nachhaltig bis zur Gegenwart. Aus dem vielfältigen, meist bürgerlich bestimmten Club-Leben der Hoch- und frühen Niederradzeit, aus einer reichen Tradition von Radrennen und Radtourismus hat sich in Graz ein starkes politisches Bewusstsein mit Sinn für Fahrrad-freundliche Städteplanung und Restriktionen für den Autoverkehr erhalten.

Graz, der Radnabe(l) Österreichs, ist eine - schon weit weniger rätselhafte - Bezeichnung aus den frühen 1990er-Jahren. Graz galt schon damals als die ‚velocipedale' Vorzeige-Stadt in Österreich mit hohem Fahrrad-Anteil am Stadtverkehr, vernünftigem Radwege-Netz, einer starken Radfahrer-Lobby und verständigen Politikern. Dem leider viel zu früh verstorbenen Erich Edegger gelang es als Grazer Verkehrs- und Planungsreferent vermehrte Fahrrad-Benützung öffentlich akzeptabel zu machen und ein dichtes Netz von Radverkehrsanlagen umzusetzen.

Graz als geschichtlich, sozial und politisch höchst interessante Fahrrad-Hochburg, nebst nicht nur radfahrtouristisch lohnendem Umland stellt somit einen ideal gewachsenen, fahrradhistorisch exemplarischen Mikrokosmos dar. Diesen wissenschaftlich aufzuarbeiten und lebendig zu beschreiben, damit hat der Autor der Sache des Fahrrades und unserem Wissen über dessen geschichtliche Bedeutung einen unschätzbaren Dienst erwiesen.

Walter Ulreich
(Bicycle Archiv Ulreich Hinterbrühl)

„Macht Platz, Fahrrad kommt!"

Es gibt viele Lobeshymnen auf das Radfahren. Nicht zu Unrecht, handelt es sich doch um die wahrscheinlich beste, sicher aber effizienteste Form von menschlicher Mobilität, die auch ökologisch und sozial verträglich ist.

Über die Rolle, die das Fahrrad und das Radfahren seit dem Auftauchen seiner Vorläufer gespielt hat, will dieses Buch Auskunft geben. Es geht nicht primär um Technik- und Sportgeschichte, auch nicht um aktuelle touristische oder praktische Tipps – meine Intention war es, aus dem Blickwinkel des Alltags eine kulturhistorische Zeitreise anzutreten, vergessene Pionierleistungen auszugraben, verschlungenen Wegen, auch Irrwegen nachzuspüren und bis in die Gegenwart zu radeln, wobei das Jetzt auch in seiner verkehrspolitischen Dimension nicht bloß ein Wurmfortsatz, sondern logischer und bestimmender Endpunkt sein soll. Es ergeht die Einladung, einen Blick auf die ersten Schmiede und Schlosser zu werfen, die Hochräder aus Eisen bauten, die frühen Fabrikanten wie Benedict Albl und Johann Puch, vorbeizusegeln an der bunten, mitunter skurrilen Klubszene und die große Ära des Rennsports Ende des 19. Jahrhunderts zu streifen, als Graz „Hochburg des Radsports" war. Kleine Biografien sollen von jenen Männern und Frauen erzählen, die das Radeln für sich und andere entdeckt haben, als Sportgerät, als Reisefahrzeug, als Verkehrsmittel, als Gegenstand des Alltags, der selbst in die Kunst Eingang gefunden hat.

Doch auch die dunklen Seiten werden nicht ausgeklammert – das Fahrrad in Kriegsdiensten, Unfälle und Überfälle müssen auch Platz haben, ebenso wie die verkehrspolitische Dimension, die Verdrängung durch den motorisierten Straßenverkehr, dessen Protagonisten just auch die Galionsfiguren des Radelns gewesen sind, bis hin zur Renaissance und der Wiederentdeckung als urbanes Verkehrsmittel und vielseitig verwendetes und nicht wegzudenkendes Instrument in Freizeit und Tourismus bis hin zum Extremsport.

„Macht Platz, Fahrrad kommt!" lautete die sanft mobile Kampfansage, die im Sommer 1980 den Asphalt in Graz – zumindest am Fahrbahnrand, wohin die Radlerinnen und Radler verdrängt waren – erzittern ließ. Damals, vor 25 Jahren, war der Apparat langsam und in der Windschutzscheiben-Perspektive gefangen, die Politik verlangte nach einem Tritt… in die Pedale: Der erste Radweg wurde von Spontis bei Nacht und Nebel in Eigenregie im Grazer Stadtpark aufgepinselt. Erst kamen Anzeigen, dann folgte Einlenken, Partizipation, Umdenken. Dieses kleine Jubiläum war mit ein Grund für diese

Zwischenbilanz, die nun in Buchform vorliegt.

Der zweite Grund: 1999 fand in Graz und Maribor die internationale Velocity Conference statt, im Vorfeld gab es eine „Fahrrad-Geschichtswerkstatt", in der die Geschichte und Geschichten rund ums Radfahren „von unten" erarbeitet wurden. Die dabei zusammengetragenen Dokumente, Fotos und Stories von Zeitzeugen wurden in einer Broschüre publiziert, die den bezeichnenden Titel „Macht Platz, Fahrrad kommt!" trug. Schon war der Wunsch da, diese zeitgeschichtlichen „Schätze" einmal schöner verpackt und ergänzt – etwa um die Beiträge aus den Regionen und aus der Zwischenkriegszeit - neu aufzulegen. Jetzt ist es soweit und es ist daraus etwas Neues geworden, das, so meine ich, optisch und inhaltlich viel bietet, vor allem viel bisher unveröffentlichtes Bildmaterial, und die verschiedenen Zugänge zum Thema Radfahren zu berücksichtigen versucht.

Freilich habe ich das Rad nicht neu erfunden: Meine Arbeit fußt auf Vorarbeiten anderer veloaffiner Autorinnen und Autoren, speziell von Hilde Harrer über das Vereinswesen und von Hanns Propst über den Radsport. Sie nutzt geradezu symbiotisch die Diplomarbeit von Harry Kühschweiger, der sich als angehender Sportwissenschaftler mit der Entwicklung des Radsports in der Steiermark auseinandergesetzt hat. Zumal ich mich selbst eher in die Kategorie der Alltags- und Tourenradler (mit ausreichendem Genussaspekt) einordnen würde, war ich in den Gefilden des Radsports wirklich dringend auf Hilfe angewiesen.

Wichtige fachkundige Berater waren mir die ganze Vorbereitungszeit hindurch Walter Bradler und Nic Zöchling, radbegeisterte Sammler und Experten, denen ich an dieser Stelle ebenso danken möchte wie den vielen Zeitzeugen, engagierten Museums- und Archivmenschen und aktiven Mitradlerinnen und Mitradlern jeden Alters, die mit Materialien, Erinnerungen, Hinweisen und Anregungen geholfen haben, dieses Projekt in dieser Form zu realisieren. Den gestalterischen Rahmen steuerte Andrea Kern bei, der es als Rad-Lobbyistin und Grafikerin ideal gelang, das Thema ansprechend umzusetzen.

Auch wenn es sich um ein Sachbuch handelt, das den Grundsätzen von Quellentreue und kritischer Interpretation folgt: Damit verbunden ist jedenfalls ein persönliches Bekenntnis. So soll das Buch ein Plädoyer dafür sein, dieses wunderbare Vehikel, dessen Technik im Prinzip heute genauso einfach wie aktuell ist wie vor weit über 100 Jahren, öfter zu verwenden, seinen Einsatz im Alltag zu fördern, es trotz oder gerade wegen seiner Selbstverständlichkeit, Unauffälligkeit und Anspruchslosigkeit zu respektieren und ihm und seinen Nutzerinnen und Nutzern den benötigten - ohnedies bescheidenen Platz - einzuräumen.

All frei!
Enjoy the Fahrtwind!

Wolfgang Wehap

Graz, Juli 2005

11

Früher Fotobeleg aus Graz: Junger Mann auf Veloziped, 1870

1 Die Anfänge

Die Wurzeln des Radfahrens und des Fahrrades sind weit verzweigt und führen über einzelne, weitgehend vergessene Erfinder und ihre mit Muskelkraft betriebenen Fahrzeuge. Auch aus der Steiermark wird über solche, aus heutiger Sicht oft seltsam anmutende Vehikel berichtet. Eher selten in Gebrauch scheinen Draisine (Laufmaschine) und Veloziped gewesen zu sein – auch das Hochrad kommt mit Verspätung mit Wiener und Kärntner Hilfe in die Steiermark.

Draisine und Veloziped

Ein früher Hinweis auf ein Fahrrad oder Roller ähnliches Gefährt weist nach Graz, wo ein gewisser Ignaz Trexler *„einen zweiten Wagen ohne Pferd, dessen Räder der Fahrende mit den Füßen zu treten hat"* gebaut haben soll. Trexler soll, so weiß Meyers Konversations-Lexikon unter Berufung auf die Spenersche Zeitung (Berlinische Nachrichten von Staats- und gelehrten Sachen) vom 15.3.1784 sein Gefährt „Pirutsch" genannt haben. (MEYER 1894, 144)

Die unter Historikern anerkannte Geburtsstunde des Fahrrads schlägt mit der 1816 öffentlich vorgestellten Erfindung des badischen Forstmeisters Baron Carl Friedrich von Drais: Zwei der nach ihm benannten und noch erhaltenen Laufmaschinen haben auch einen Bezug zur Steiermark. Die erste, ein aufwändig gearbeitetes Gerät, soll nach Angaben von Erzherzog Johann (1782-1859) von der „k. k. Hofackerwerkzeug- und Maschinenfabrik Anton Burg und Sohn" in Wien angefertigt worden sein. Sie verfügt über einen hölzernen Rahmen (Balancierbrett), der kunstvoll geschwungen als Seeschlange mit dem aufgerichteten Kopf nach vorne ausgeführt ist. Von den vier erhaltenen Burg-Maschinen wird diese als die prächtigste und *„außerdem die einzige komplett erhaltene und originale für Erwachsene gebaute Draisine, die von Anton Burg und Sohn bekannt ist"* beschrieben. (ULREICH 1994, 20ff) Des Erzherzogs Modell stammt von Schloss Thernberg in Niederösterreich und dürfte auch dort verwendet worden sein. Es kommt als Geschenk des Fürsten Johann von und zu Liechtenstein 1911 in den Besitz des steirischen Landesmuseums Joanneum. (KLINGENSTEIN 1982, 399) Sicher in der Steiermark auch gefahren worden ist die „Gußwerker Laufmaschine": Sie taucht auf ei-

Maßgeschneidertes Prachtexemplar der Wiener Firma Burg: Die Draisine Erzherzog Johanns

nem Foto des 1897 gegründeten Radfahrer-Vereins Gußwerk auf, wird als zeitgenössisch angesehen und einem aus dieser Gegend kommenden Besitzer – eventuell auch Erzeuger – zugeordnet. Das Gerät ist 2004 im Zuge einer Nachlassverwertung an einen deutschen Sammler verkauft worden.

Eine weitere Verbreitung dürfte die Draisine in Österreich wohl nur in der Residenzstadt Wien erfahren haben: Hier errichten Adam Burg und Sohn, Ackerwerkzeug- und Maschinenfabrikanten, im Jahre 1818 eine Fabrikation mit angeschlossener Fahrschule (ULREICH 1990, 10ff.) – aus Graz und der Steiermark sind jedenfalls keinerlei entsprechende Produktionen und nur ganz wenige Quellenhinweise auf die Verwendung derartiger Geräte bekannt. Dennoch wird in der Steiermark, wie auch anderswo, schon früh experimentiert. So wird einem Schlossermeister Pontasegger aus Langenwang ein Zweirad mit zwei seitlichen kleinen Stützrädern und mit den Händen bedientem Hebelantrieb zugeschrieben, das er 1860 gebaut haben soll. (Radfahrer 31.7.1935, 14)

Der nächste Entwicklungsschritt erfolgt um 1864 in Paris mit der Anwendung des Pedalantriebs direkt über das Vorderrad, der Pierre Michaux zugeschrieben wird. In den folgenden Jahren kommt das Velociped auch nach Österreich: 1869 werden acht Privilegien (Patente) für Verbesserungen erteilt. Einige davon werden auch verwertet, und zwar von den Wiener Firmen Carl Lenz und Friedrich Maurer. Maurer hat das neuartige Sportgerät als erster nach Österreich gebracht, richtet ein „Vélocipèdes-Gymnase" ein, veranstaltet Rennen und bietet 1869 bereits eine Palette von fünf Modellen an Zwei- und Dreirädern in verschiedenen Radgrößen für Damen, Herren und Kinder an. (ULREICH 1990, 16) Es ist die Firma Lenz, die in der Grazer „Tagespost" Inserate schaltet und damit nach Kundschaft auf der anderen Seite des Semmerings Ausschau hält. Angeboten werden „*alle Gattungen Vélocipèdes nach diversen, deutschen, englischen und amerikanischen Systemen, Constructionen und Ausstattungen, 2rädrige zum allgemeinen Gebrauch, 3rädrige für Damen und Kinder zum Gebrauche in Gärten, Parks und auf dem Lande.*" (Tagespost 14.5.1869)

Erste steirische Berichte über die Verwendung des Velozipeds stammen genau aus dieser Zeit. „*Die städtische Civilwache hat nun die strengste Weisung zur Abstellung dieses Unfuges erhalten und hat gestern Nachmittags einen widerspenstigen Velocipedisten sammt seinem Instrumente zur Sicherheitsbe-*

Gußwerker Radler 1898. Links im Bild die damals schon historische Draisine

I : 15

hörde gestellt", heißt es in einem Zeitungsbericht. (Tagespost 7.5.1869) Diese Schilderung vermittelt den Eindruck, als ob zu dieser Zeit derlei Gefährte in Graz schon häufiger anzutreffen gewesen wären. Dem widerspricht allerdings Franz Pichler, eine Generation später Schriftführer des Grazer Bicycle-Club, der anno 1895 die Geschichte des Radsports in der Region auf *„nur ein einziges Dutzend Jahre zurückreichend"* schätzt, *„denn vor der Zeit des Auftretens des weiland Velocipedes kann man hier füglich absehen, da sie in Graz spurlos vorüberging"*. (PICHLER 1895, 39) Die erste bekannte Bildquelle stammt aus einem Grazer Fotoatelier und wird in das Jahr 1870 datiert: Sie zeigt einen jungen Mann in Anzug und Bowler auf einem Michaux-Veloziped.

Das „Bicycle" kommt in die Steiermark

Auch die Hochrad-Ära wird – im überregionalen Vergleich – in Graz verspätet eingeleitet, und zwar von Wien aus, wo das erste Bicycle erstmals anno 1880 zu bewundern ist. (SANDGRUBER 1986, 287) Anders als beim Veloziped, das von Wiener Fabrikanten rasch nachgebaut und in Umlauf gebracht wird, übernehmen Händler den Vertrieb von englischen Produkten – als erster 1881 Albert H. Curjel für die „Coventry Machinists Company". Curjel wirbt auch in Grazer Zeitungen, wo er unter „Bicycles und Tricycles (Vélocipèdes)" ein „Post-Bicycle" um 85, ein „Tourist-Bicycle" um 120, ein „Rapid-Bicycle" um 160 sowie zwei Typen von Tricycles um 190 bzw. 250 Gulden anbietet. (Tagespost 20.2.1883) Obwohl sich schon bei der Michauline die Entwicklung zum größeren Vorderrad – um mehr Meter in gleicher Zeit zu machen – abgezeichnet hat, wird nun das große Vorder- und das kleine Hinterrad zum Kennzeichen der England-Importe. Dazu kommt die „Leichtbauweise" aus Stahlrohr für Rahmen und Gabel, Kugellager in den Naben, Metallfelgen mit U-Profil, Vollgummireifen und Tangentialspeichen.

Bald zieht auch Ernst Brömer-Elmerhausen nach, der als erster Radfahrer Wiens gilt und 1883 mit dem Vertrieb von englischen Markenrädern beginnt. (SANDGRUBER 1986, 299f) Sein Ausflug Anfang November 1882 nach Graz gibt den Anstoß zur Gründung des ersten Grazer und dritten Radklubs in Österreich, des Grazer Bicycle-Club – nur jene von Prag und Wien sind noch älter. Der GBC wird am 6. Dezember 1882 unter Feder-

Erster Obmann des Grazer Bicycle-Club: Ernst Wlattnig

führung der Kärntner Studenten Gustav Kopper sowie Ernst und Fritz Wlattnig aus der Taufe gehoben. Zum ersten Obmann wird der Klagenfurter Techniker Ernst Wlattnig (1858–1930) gewählt, der später bei der Südbahn-Gesellschaft beschäftigt ist und Graz berufsbedingt schon im Herbst 1884 wieder verlässt. Neben den Statuten wird der Ankauf von drei Schulmaschinen beschlossen, die durch Brömer von Hilmann, Herbert u. Comp. in Coventry für 200 Gulden das Stück besorgt werden. (Steirischer Radsport 12.12.1930, 4)

Schon davor, am 16. November 1882 tritt man erstmals öffentlich auf. Brömer, ein Wiener Kollege sowie vier Grazer Bicyclisten zeigen in der Industriehalle (heute: Messe) ihr Können, was medial sehr positiv kommentiert wird: *„Dieses leichte und elegante Fahrzeug erwarb sich dabei viele Freunde, von denen mehrere sofort dem Club beitraten. Sensation erregten die brillanten Leistungen des Kunstfahrers Kistemann, welcher auf dem balancierenden Fahrzeuge Evolutionen ausführte, wie solche nur auf einem soliden `Nudelbrettschimmel´ möglich scheinen. Das zahlreich erschienene Publicum spendete den eleganten Radläufern lebhaften Beifall."* (Tagespost 17.11.1882) Mit dabei Hubert Endemann, der später für den GBC mehrere Meistertitel im Kunstradfahren holt.

Anlässlich des zehnjährigen Gründungsfestes des GBC schwärmt der Berichterstatter von dessen Performance auf dem Hochrad: *„Den Glanzpunkt der Endemann´schen Vorführungen bildeten die nach dem Tacte der Musik durchgeführten Pirouette vor- und rückwärts, die Voltige über das Gouvernal und die schwierigen Speichenübungen, lauter Bravourstückchen, die dem Kunstfahrer ausnahmslos glückten."* (Tagespost 9.12.1892)

Der Import des Bicycles bzw. des Radfahrens in die Steiermark dürfte nicht nur über Graz, sondern ziemlich zur gleichen Zeit auch über Mariazell, ein beliebtes Ausflugsziel der Wiener, erfolgt sein: Frühe Aufnahmen zeigen vermutlich Wiener Velocipedisten vor den Kulissen des Mariazeller Fotoateliers Kuss. Als Hinweis auf diesen touristischen Verkehr darf auch der Reisebericht von Fritz Gerringer, Fahrwart des Marienthaler Radfahrer-Clubs, gelten: Er ist in Mariazell zu Gast und fährt die 280 km in 33 Stunden. (DöR I/15/1889, 233ff) Schon 1883 ist der Wiener Neustädter Militärradfahrer-Kurs hier gewesen.

Sicher ist, dass die ersten in Graz verwendeten englischen Hochräder über Wien importiert werden und es dauert, bis sich das heimische Gewerbe der neuen Erfindung annimmt und die neuen

Auf klassischem Hochrad:
Bicyclist Vid Murko, Marburg
1890

Marktchancen für sich entdeckt. Wie Radpionier und GBC-Gründungsmitglied Max Kleinoscheg berichtet, ist man Ende 1882 mit der ersten Panne konfrontiert, die zu gehörigen Problemen führt: „Einmal stürzte Freund Wagner und das große Rad wurde zur Hutkrempe, jetzt sagt man für dieses Missgeschick `Achter´. Wir alle, auch Brömer, standen ratlos vor diesem Defekt und das Rad wurde zur Reparatur nach England gesandt. Die Engländer werden uns schön ausgelacht haben, denn später sind wir selbst draufgekommen. Als das Rad zurückkam, mussten wir 60 Goldgulden Zoll bezahlen – der Zoll wurde nach dem teuersten Material, das bei einem Fahrrad verwertet ist, dem Gummi, errechnet." (KLEINOSCHEG 1933, 2) In einer Zeit, in der Tagelöhner 1 bis 1,5 Gulden und Maurer 1,5 bis 2 Gulden am Tag verdienen, eine kolossale Investition. (SANDGRUBER 1986, 288)

Der neue Sport ist „in", aber teuer, exklusiv und nicht ungefährlich. Max Kleinoscheg berichtet: „Ein halbwegs geschickter Schüler benötigte 5 bis 6 Wochen, bis er das Fahrrad im hindernislosen Saal halbwegs beherrschte. Viele erlernten es überhaupt nie. Jeder machte unzählige Kopfstürze, ich schätze meine Anzahl auf mindestens 500; später kam Fahrwart Endemann auf die gute Idee, das Kopfstürzen zu üben, zu erlernen. Er verschaffte sich vom Turnverein eine dicke Ledermatratze, und wir mussten scharf an diese anfahren, im Kopfsturz die Hände vorstrecken und dann möglichst geschickt mit einer Wende zum Stand kommen." (KLEINOSCHEG 1933, 2)

Die Grazer Bicyclisten, die nach dem Üben im Saal der Eröffnung der Saison 1883 entgegenfiebern, erleben eine herbe Enttäuschung: Die städtische Sicherheitswache erlässt ein generelles Verbot. Kleinoscheg erinnert sich: „Das ließen wir uns nicht bieten. Wir machten eine Eingabe an den Stadtrat, dieser verwies die Sache wieder an die Städtische Polizei. Von dieser wurden wir vorgeladen, wir waren zu dritt, auch ich war dabei in der Raubergasse. Der Herr Polizeikommissär war uns gar nicht gewogen und sehr böse. (Später wurde er unser Freund und, als das Niederrad kam, selbst Radfahrer.) Trotz unserer Begründung, dass in vielen größeren Städten Deutschlands, natürlich auch in England und Frankreich, selbst in London und Paris, das Bicyclefahren ohne weiteres erlaubt sei, also doch nicht in der kleinen Provinzstadt verboten werden könne, haute der Polizeigewaltige mit der Faust auf den Tisch, dass das Tintenfass in die Höhe sprang und seinen Inhalt auf den Tisch ergoss, und der Böse schrie zu uns dreien: `Ich verbiete das Bicyclefahren ein für alle Mal.´" (KLEINOSCHEG 1933, 2)

Max Kleinoscheg und Konsorten lassen sich aber nicht beirren. Die nächste Eingabe richten sie an den Gemeinderat, nicht ohne vorher die fortschrittlich gesinnten Gemeinderäte zu bearbeiten. Tatsächlich erhalten sie eine „halbwegs angängige" Fahrordnung: Freigegeben werden die Ausfallstraßen in alle Richtungen, die Triester Straße ab dem Griesplatz nach Süden, die Rösselmühl- und Lazarettgasse nach Westen, die Elisabethstraße ab dem Militärkommando (Glacis) nach Osten und die Wiener Straße ab dem Lendplatz nach Norden. Der Haken dabei: Wer beispielsweise in der Annenstraße wohnt und nach Weiz fahren will, muss durch die ganze Stadt schieben. Dazu kommen schikanöse Vorschriften: Es muss hintereinander gefahren werden, und zwar mit einem Abstand von fünf Metern, jedes Bicycle braucht eine immerwährend läutende Glocke, der erste in einer Gruppe hat zudem ein Horn mitzuführen, um Signal zu geben. Das Signal zum Absitzen wird schon dann fällig, wenn es zur Begegnung mit einem Fuhrwerk kommt und der Kutscher, das Scheuen der Tiere befürchtend, die Peitsche erhebt.

Wegen der Restriktionen im städtischen Bereich, aber wohl auch wegen der schlechten Fahrbahnverhältnisse, dürfte sich das Radfahr-Geschehen in der Anfangszeit eher im Saal und auf den Landstraßen abgespielt haben. Auf jeden Fall haben Vereine das Sagen: Sie organisieren Maschinen und Übungssäle, wählen ihre Mitglieder selektiv aus und bestimmen, wer „fahrtüchtig" ist und somit alleine auf die Straße darf. Dafür ist eine Prüfung notwendig, die etwa beim 1886 gegründeten Leobener Radfahrer-Verein in der Fahr-Ordnung verankert ist und folgende Punkte umfasst: *„1. Tadelloses Aufsteigen auf ebenem Boden, sowie bergauf, bergab und dasselbe im Wagengeleise. 2. Tadelloses Absitzen auf ebenem Boden, bergauf und bergab, sowohl nach beiden Seiten, als auch nach rückwärts (abgrätschen) bei verschiedener Fahrgeschwindigkeit. 3. Wenden in verschieden grossen Krümmungen nach rechts und nach links. 4. Bergabfahren mit und ohne Bremse (durch Entgegentreten) 5. Prüfung auf plötzliche Hindernisse, wobei die Hauptsache das rasche Anhalten, Absitzen und Festhalten des Fahrzeuges bildet. 6. Prüfung über Kenntnis der Fahrordnung, Benehmen auf der Strasse."* (Fahr-Ordnung LRV)

Dennoch hat es nicht vereinsgebundene Radler anscheinend von Anfang an gegeben. So schildert Max Kleinoscheg in seinem Bericht über die Venedig-Reise 1883 von einem „Wilden", der die Gruppe ab Krumpendorf begleitet. Er ist zwar fahrtechnisch passabel unterwegs, kann aber weder auf- noch absteigen: *„Wenn abgestiegen werden musste, so fuhr er zu einem Schotterhaufen und leerte langsam um, beim Aufsitzen suchte er etwas erhöhtes, hinter Velden zum Beispiel ging er in ein Straßenwirtshaus, holte einen Stuhl heraus und stieg auf."* (KLEINOSCHEG 1933, 3)

Erschwert wird das Radeln durch die Straßen, die mit den vollgummibereiften Geräten nicht gerade komfortabel zu befahren sind. Bis Anfang der 1880er Jahre besitzt Graz fast nur Schotterstraßen ohne festen Unterbau, verkehrsreichere Straßen und Plätze sind mit aus der Mur und aus Sandgruben gewonnenen Kiessteinen („Murnockerln") gepflastert. *„Die Strassenbeschaffenheit, soweit sie Radfahrer interessiert, leidet das übermässige und unsystematische Aufspritzen im Sommer, welches die Pflastersteine glatt, die Macadamstrassen kothig macht; die letzteren sind im übrigen meist staubig, uneben, oder aber durch Schotterinseln schwieriger fahrbar gemacht, da vollständige Neubeschotterung und Ebnung ebenso selten wie der Gebrauch der Strassenwalzen sind"*, wird im "Tourenbuch" von 1889 geklagt. (Tourenbuch 1889, 20) Die zu dieser Zeit aufkommenden Pneumatics versprechen zwar mehr Fahrkomfort, sind aber anfällig für die zahlreichen Schlauchkiller, die auf der Straße lauern: Huf- und Schuhnägel, spitze Steine usw.

Mit Zunahme des Verkehrs geht man zu macadamisierten Fahrbahndecken – bruchsteingrundierte Straßen mit eingewalzter Schotterdecke – und Pflasterungen mit geköpftem Kies über. (Graz 1928, 261) Ab 1890 kommen auch Großgranitwürfel aus dem Bacherngebirge („Katzenkopfpflaster") zum Einsatz. Obwohl die technische Innovation des Asphalts schon seit Ende des 19. Jahrhunderts zur Verfügung steht, sieht Graz diesen vorteilhaften Belag erst 1909; 1911 wird z.B. der Joanneumring asphaltiert. (Graz 1928, 381) Davon, dass die Situation außerhalb der Hauptstadt nicht besser ist, kann man ausgehen. Zu Hartberg notiert das „Tourenbuch": *„In der Stadt elendes Kugelpflaster (Fahrverbot!) und hügelige Straßen."* (Tourenbuch 1889, 170)

Erst um die Jahrhundertwende wird das jahrhundertealte Prinzip der Straßenerhaltungspflicht durch die Grundbesitzer aufgehoben und statt-

Links:
Erstes Inserat von M. Allmer, 1886
Oben:
Frühes Inserat von Josef Eigler, 1888

dessen die öffentliche Hand damit betraut: Die „Gemein(de)straße" ist geboren und der Beruf des Wegmachers erfunden. Doch das Diktat der leeren Kassen bestimmt weiter das Straßenzustandsbild, das sich erst 1933 mit der Übernahme von Erhaltungsleistungen durch das Land und 1944 durch die Umwandlung von ehemaligen Gemeinde- in Landesstraßen zum Besseren verändert. (KARNER 2000, 61)

Begeisterung und Schrecken

Trotz der zahlreichen Hindernisse unternimmt der GBC schon im Frühjahr 1883 die erste Ausfahrt, am 1. April zum Hilmteich, 13 Mann hoch, wie Kleinoscheg notiert: *„Das war ein Aufsehen! Die Straßen waren flankiert vom begeisterten Publikum, besonders am Hilmteich, um den wir zwei Mal herumfuhren, nahm der Beifall kein Ende."* (KLEINOSCHEG 1933, 2) Nun folgen jeden Sonn- und Feiertag Clubpartien, bei denen der GBC „stramme Clubdisziplin" unter Beweis stellt: Wenn einer der Fahrer absitzt, müssen alle runter, was in Anbetracht der Tatsache, dass einige schwächere Fahrer bei jedem Hügelchen oder sonstigem Hindernis – meist unfreiwillig – absitzen, die Rad- über weite Strecken zur Schiebepartie werden lässt.

Wie exotisch, zum Teil sogar Furcht erregend die ersten Hochradfahrer am Land auf die Bevölkerung wirken, geht aus einer Schilderung von Maria Lind aus Fürstenfeld hervor, die eine Erzählung ihrer Großmutter von einer Kreuzwegandacht wiedergibt: *„Als sie so auf dem halben Weg der Straße waren, kam von Waltersdorf her ein Ungetüm angefahren auf zwei Rädern – einem großen mit einem kleinen Rad verbunden, darauf schwebte ein Mann ihnen entgegen und wie schnell! Das konnte, ihrem Sinn damals nach, nur der Teufel sein! Erschreckt flieht die ganze Gesellschaft querfeldein über die bebauten Äcker der Safengstetten zu, wo sie sich im Gebüsch aufgeregt versteckten, bis das Ungetüm aus ihrer Sichtweite verschwunden war."* (Doku Lind, 2f)[1] Ganz ähnlich die Schilderung Max Kleinoschegs von einer Clubpartie nach Rohitsch-Sauerbrunn im Juni 1883: *„Unterwegs, hinter Pöltschach, kam uns eine Wallfahrerschar entgegen. Diese, uns erblickend, warf der Vorbeter die Fahne weg und sprang über die Straßenböschung tief hinunter in die Wiese, alle – meist Weiber – ihm nach. Die Weiber knieten abgewendet von uns Teufeln nieder und hielten sich die Augen zu. Gayer intonierte darauf den Generalmarsch auf seiner Huppe und wir fuhren lachend davon".* (KLEINOSCHEG 1933, 2)

---

1 Frau Lind führt zudem aus, dass man das Vehikel „Filizipe" nannte, offenbar eine (falsch verstandene) Abwandlung von Veloziped.

Julius G. Sorg setzt zu Beginn auf Nähmaschinen und Fahrräder (Inserat 1889)

Über das „Kangaroo" zum Niederrad

Der erste Handwerker, der in Graz ab 1885 gewerbsmäßig Reparaturen von Bicycles durchführt, ist der Schmied Matthias Allmer in der Wiener Straße 31. Ein erstes Inserat findet sich in der Steiermärkischen Gewerbezeitung 1886. Der Fahrradhandel wird zunächst offensichtlich weiterhin über Wien abgewickelt,[2] die ersten Inserate von Grazer Händlern, geschaltet von Julius G. Sorg und Josef Eigler, datieren aus 1888. (Mitt. StRGV 1.6.1888)[3] Schon im Jahr davor sind einschlägige Accessoires in den Anzeigenrubriken der Grazer Zeitungen: J. Kuschel & Sohn offeriert „Bicycles-Costüme", C. Späth „Zigarettenhülsen mit Bicycle-Bilder", Riemermeister Stefan Jernay „liefert für Radfahrer Gürtel, Riemen, Taschen", Juwelier Hans Drazil „empfiehlt sich zur Anfertigung von Club-Abzeichen, Preis-Medaillen, Ehren-Preisen", der k. k. Hof-Hutfabrikant Anton Pichler hat „Clubhelme und Kappen" im Angebot, die k. k. priv. Instrumenten-Fabrik Adolf Stowasser „Bicycle Huppen". (Mitt. StRGV 1.8.1887) Die starke werbliche Präsenz auch in überregionalen Medien und der Auftritt auf der ersten großen allgemeinen Fahrräder-Ausstellung in Leipzig 1889 verweist auf die Bedeutung der Firma Vinzenz Oblack, die „Anzugstoff für Radfahrer" – aus reiner steirischer Wolle, von kleidsamem Muster zäh und dauerhaft – und Regenmäntel aus leichtem Wollstoff herstellt. (WOLF 1890 ff) Ein weiterer Grazer Stofferzeuger, der mit seinen Produkten speziell auch Radfahrer anspricht, ist Anton Suess, M.V. Klabinus Söhne.

Die Ära des Hochrades ist kurz; nach kaum einem Jahrzehnt geht sie schon wieder zu Ende. Eingeläutet wird dieses in Graz am 15. März 1885 bei der III. Akademie des GBC, als erstmals „Kangaroos" – ein Zwitter aus Hoch- und Niederrad mit Übersetzung auf das nicht mehr so große Vorderrad – vorgeführt werden, und zwar von Akteuren, die in der humoristischen Aufführung „Der Überfall am Congo" die *„hiezu nöthigen `Schwarzen'"* spielen. (KLEINOSCHEG 1892, 36) Zu vermuten ist, dass eines der „Kangaroos" Ernst Brömer-Elmerhausen gehört; jedenfalls inseriert er ein solches Modell, 36 auf 49 übersetzt, 1888 um 165 Gulden (neu: 250) zum Verkauf. (Mitt. StRGV 15.4.1888) Dies kann auch als Hinweis dafür gelten, dass zu dieser Zeit diese Type schon wieder „out" ist, was indirekt von Chronist Kleinoscheg bestätigt wird, der von der Einfüh-

2 Inserate von Böhm und Brömer-Elmerhausen (Tagespost 10.4.1887; Mitt. StRGV 15.8.1887)
3 In der Ausgabe August 1888 der Mitteilungen des Steirischen Radfahrer-Gauverbandes folgt Benedict Albl mit einer schon durch die Abbildung eines Niederrades illustrierten Werbung für seine mechanische Werkstätte.

Drei Tourenradler um 1890, in der Zeit des Übergangs vom Hoch- auf das Niederrad

I : 21

rung des „Rover oder Bicyclette, auch Safety" 1888 spricht. (KLEINOSCHEG 1892, 13)[4]

Die Zeitungsinserate der Händler und Fabrikanten zeigen schon um 1890 die fast ausschließliche Bewerbung von „Safetys". 1891 sind bereits mehr Mitglieder des Steirischen Radfahrer-Gauverbandes mit dem Nieder- als dem Hochrad unterwegs und Puch bietet fast neue Hochräder schon um 60 Gulden an, während er für gebrauchte Niederräder 130 nimmt. (Mitt. AtRV 1.3.1891, 32) 1892 inseriert der GBC in den Gauverbands-Mitteilungen, dass man zwei Schul- und drei Rennmaschinen (Hochräder) „billig zu verkaufen" wünsche.

Insbesondere durch den in Graz florierenden Gebrauchtfahrradhandel begünstigt, setzt um 1890 die Ausweitung des Radfahrens auf breitere Bevölkerungskreise ein. „Damit bahnte sich die Nutzung des Fahrrades auch als Alltagsverkehrsmittel an, während die jungen, meist aus begüterten Kreisen des Bildungs- und Wirtschaftsbürgertums stammenden Hochradfahrer – 1887 waren es im Grazer Bicycle-Club, im Grazer Radfahrer Club und im Akademisch-technischen Radfahr-Verein zusammen 136 Aktive gewesen – ihr Fahrzeug nur als Sport- und Freizeitgerät genutzt hatten", resümiert Hilde Harrer in ihrer Arbeit über die frühen Grazer Radvereine.[5] Die technische Weiterentwicklung eröffnet auch anderen Nutzerkreisen den Zugang zum Fahrrad, was nicht nur positiv gesehen wird – wie ein Beitrag eines Mitgliedes des GBC anno 1895 zeigt: „Auf das Niederrade konnte sich nun jeder setzen, der Furchtsame, der nicht kopfüber stürzen wollte, der Wehleidige, dem eine Hautabschürfung grauenvoll erschien und, was uns am wichtigsten erscheint, ältere Männer und zuletzt auch Frauen, für welche das Hochrad von vornherein ein verschlossenes Gebiet war." (Festschrift 1895, 58) Auch Max Kleinoschegs Rückblick erfolgt mit einem weinenden Auge, wenn er meint, „das Erscheinen und rasche Umsichgreifen des Niederrades hat den edlen Herrensport bald verwässert und das Fahrrad proletarisiert." (KLEINOSCHEG 1933, 4)

Mit dem Ende des Hochrades verliert auch das sportlich-elitäre Vereinswesen seine Bedeutung. Die Verbreitung des Radfahrens auf alle Bevölkerungskreise geht dennoch nur allmählich vor sich, auch wenn der Steirische Radfahrer-Gauverband schon 1890 in der oben erwähnten Bekanntmachung schreibt, dass unter den Radfahrern „alle Stände und Classen" vertreten seien und der Sport von Jung und Alt ausgeübt werde.[6] Wesentlich bei der Popularisierung sind die sinkenden Preise.

---

4 An anderer Stelle datiert Kleinoscheg die Einführung des Niederrades auf 1887 (KLEINOSCHEG 1892, 58). Für die frühere Datierung sprechen die Inserate von Wiener Händlern (BRÖMER-ELMERHAUSEN und H. BOCK) in Grazer Medien ab 1887.
5 Zur schichtspezifischen Zusammensetzung des Gauverbandes: 1891 verzeichnet dessen Register 159 Mitglieder, darunter 36 Juristen, 31 Mediziner, 34 Techniker, zehn Professoren, fünf Industrielle, sieben Private und sieben Damen.
6 Österreich hinkt hier nach, werden doch 1895 erst 150.000 Radfahrer gezählt, während es in Deutschland schon 1,5 Mill. Radfahrer sind.

Vor alpiner
Kulisse im Studio:
Wiener Tourist in
Mariazell

2 Die Hochradzeit

In der Hochradzeit ist das Radfahren ein elitärer Sport. Abgesehen von der körperlichen Eignung ist auch die Zugehörigkeit zu begüterten Kreisen Voraussetzung. Die Basis für die Selbstorganisation bildet das liberale Vereinsgesetz von 1867 – ab 1882 nutzen in Graz drei Hochrad-Clubs, zwei in Marburg sowie auch bald Vereine in kleineren Städten diese Möglichkeit, den so genannten „englischen Sport" zu kultivieren. Daneben und alternierend übt man sich auch in anderen Sportarten, vor allem im Turnen. In der Regel vollzieht sich die Entwicklung in drei Schritten: Den großbürgerlichen Bicycle-Clubs folgen die von Beamten und Gewerbetreibenden gegründeten Radfahrer-Clubs, ehe mit der Niederrad-Zeit die Arbeiter-Radfahrer auf den Plan treten und eine ständische wie ideologische Segmentierung einsetzt. Die Bevölkerung reagiert auf das neue selbst gelenkte schnelle Gefährt zunächst skeptisch bis handgreiflich, die Obrigkeit restriktiv. Dennoch fallen die ersten Fahrordnungen in Graz und der Steiermark toleranter als anderswo aus.

2.1. Die drei Grazer Hochrad-Vereine

GBC: Leitstern in Weiß-blau

Der Grazer Bicycle-Club schreibt sich die vielseitige Pflege des Radsports auf seine Fahnen, im Saal wie im Freien: Übungsfahren, Rennen auf Straße und Bahn, Touren- und Wanderfahrten in die nähere Umgebung, aber auch schon in die Regionen und ins Ausland stehen auf dem Programm. Die Reglements sind streng: Nur Fahrtüchtige, als solche qualifiziert vom Fahr-Comité oder Fahr-Ausschuss, besitzen das Recht, „auch außerhalb der Clubplätze Fahrten zu unternehmen".[7] Die Aufnahme neuer Mitglieder erfolgt durch Ballotage – ist nur eine schwarze Kugel dabei, ist der Neuling abgewiesen.

Schon von Beginn an ist die zentrale Rolle von Gastwirtschaften vorgezeichnet: Der GBC wählt die „Steinfelder Bierhalle", Münzgrabenstraße

---

7 Statuten des GBC, Vereinsakten; vgl. auch Fahr-Ordnung des Leobener Radfahrer-Vereins 1886

Grazer Bicycle-Club mit Fahnenpatin, vierter Herr stehend v.l.: Josef Baltl; daneben: Franz Pichler, Oskar Zoth

10, zum Clublokal und mietet sich dann den Winter über in der Industriehalle (heute Grazer Messe) ein. Hier finden auch festliche Vorführungen im Schul-, Reigen- und Kunstfahren, so genannte „Akademien", statt. Im Vorfeld der I. Akademie im März 1883 wird der Fuhrpark ausgestellt: 25 Hochräder, einige Dreiräder, darunter ein Sociable sowie ein 72 Zoll messendes Riesen-Hochrad. Die Maschinen tragen Namen wie „Schimmel", „Zebra", „Martha", „Paule", „Nasredin", „Blitz", „Schwamm drüber" oder „Schnelle Wurzen". (KLEINOSCHEG 1892, 17) Wie Chronist Kleinoscheg schreibt, sind ihm die sechs Wochenstunden offizielle Übungszeit zu wenig: Im Schein von mitgebrachten Kerzen übt er zusätzlich täglich von 5 bis 7 Uhr früh.

Tatsächlich kommt die Akademie, die am 6. März in Szene geht, bei Publikum und Presse gut an. Die zeitgenössischen Schilderungen erinnern an eine Varieté-Aufführung: Unter Musikbegleitung durch die Capelle des Regiments König der Belgier zeigen 17 Bicyclisten Figuren in verschiedenen Formationen, erscheinen in Jockeycostümen zu angedeuteten Hindernisrennen und inszenieren „Zukunftsbilder" sowie mit Hilfe eines alten französischen Veloziped einen Vergleich von „Jetzt und Einst". Die „Tagespost" berichtet: *„Der Obmann des Clubs, Ernst Wlatnigg, führte hierauf in geradezu virtuoser Weise eine Reihe äußerst schwieriger Kunststücke der `hohen Schule´ aus. Er fuhr beispielsweise ohne Balance über eine Barrière, sprang während des Fahrens vom Instrumente ab und sofort wieder hinauf, fuhr über eine bewegliche Barrière, blieb auf dem Bicycle einige Sekunden ruhig stehen, kniete während der Fahrt auf demselben usw."* (Tagespost 7.3.1883)

Wie man sich eine derartige Inszenierung vorstellen muss, davon gibt ein Foto-Tableau über die VI. Akademie 1888 eine Ahnung. (=> Bild S. 29) Die Veranstaltung ist als „Circus-Benefice-Vorstellung zum ausschliesslichen Vortheile der Miss Leona" deklariert, die im humoristischen Teil von Moriz Löhner in Tüllkleidchen auf dem Hochrad dargestellt wird. Kunstrad-Meisterfahrer Hubert Endemann brilliert auf dem Monocycle, das Terzett Victor Gagylaky, Löhner und Endemann glänzt mit tollen Darbietungen bis zu Pyramiden-Konstruktionen und der erst achtjährige Eleve Ernst Graf von Seilern zeigt das Stehen und Knien auf dem Sattel mit nur einem Bein, *„das Aufspringen* *mit doppeltem Sprunge"* und das Fahren im Damensitz. Auch ein Wiener Pedesped-Fahrer[8] ist dabei, im auf den sportlichen folgenden humoristischen Teil gibt Max Kleinoscheg einen fernöstlich gekleideten Jongleur, Bela Kindl mimt den August. Das Programm wird wegen des großen Erfolges als VII. Akademie wiederholt. (HARRER 1996) Derartige Akademien, in denen auch das Naheverhältnis zum Turnsport zum Ausdruck kommt, veranstaltet auch der 1884 gegründete Brucker Bicycle-Club: 1885 anlässlich des „Lehrertages" vor großem Publikum auf dem Brucker Hauptplatz, 1886 in Leoben. (Radfahrer 25.2.1934, 8)

Bei seinen ersten Ausfahrten erregt der Grazer Bicycle-Club große Aufmerksamkeit, wie ein Bericht über die dritte Klubpartie nach Kalsdorf – die erste führt zum Hilmteich, die zweite nach Gratwein – illustriert: *„Die Partie nach Kalsdorf wurde durch den Gemeindevorstand und Bezirksausschuss [...] feierlichst empfangen. Bei Pöllerschüssen – weissgekleidete Mädchen streuten Blumen – und unter den Klängen der Kalsdorfer Musik-Capelle erfolgte die Einfahrt in den gastfreundlichen Ort."* (KLEINOSCHEG 1892, 20) Angemerkt wird vom Chronisten, dass man aus Clubdisziplin *„der schwächeren Fahrer halber"* den größeren Teil der Strecke zu Fuß ging und die Räder schob. Bei diesem Ausflug kommt es zum ersten Unfall: Auf der Triester Straße gehen einem Fleischhauer die Pferde durch, sein Fuhrwerk stürzt um und geht in Trümmer. Die Radler werden angeklagt, schließlich aber freigesprochen, weil sie vom Sachverständigen für Fuhrwerksangelegenheiten unerwartet Schützenhilfe erhalten: *„Wenn der Teufel selber mit Feuer und Flammen kommt, ich lass meine Ross net aus die Pratzen"*, legt er dem Richter überzeugend seine Auffassung von den erforderlichen Fertigkeiten seines Berufsstandes dar. (KLEINOSCHEG 1933) Zu Pfingsten ist Arnfels Ziel einer größeren Ausfahrt. Wo immer man hinkommt, überall wird ein Schaufahren verlangt, die Truppe muss „spielen", wie es heißt.

Die Grazer Rad-Pioniere hinterlassen ihre Spuren im ganzen Land: Bei der Konstituierung des Marburger Schwestervereins am 25. Mai 1883 wirkt der GBC ebenso wesentlich mit wie bei der Gründung des Brucker Bicycle-Club am 27. April 1884.

Doch schon locken ferne Ziele. Die erste mehrwöchige Radreise von österreichischen Radfahrern unternehmen 20 Mitglieder des Grazer und des Marburger Bicycle-Club von 10. bis 26. August 1883 unter Führung von Brömer-Elmerhausen nach Venedig. *„Unsere Fahrt glich einem Triumphzuge"*, schwärmt Max Kleinoscheg, der als Hornist dabei ist. *„Überall wurden wir – noch mehr unsere Räder – angestaunt; alle Blätter brachten Berichte über die `kaum glaubliche´ Leistungsfähigkeit, besonders die italienischen Zeitungen, die ganze Spalten der Reise der `quatro robusti velocipedisti di Gratz´ widmeten".* (KLEINOSCHEG 1892, 23)

Kleinoscheg schildert detailliert: Von Graz geht es über Bruck, wo der Dichter Karl Morre besucht und zu Gunsten der Armen gespielt wird. Über Judenburg geht es nach Unzmarkt, das die Gruppe mit einer Aufschrift am Scheunentor des Gasthofes Pilgersdorfer willkommen heißt: *„Heute kommen die englischen Reiter".* Der Wirt bittet um eine Vorführung, denn es seien viele Bauern eigens von den Bergen herab gekommen. Über den Perchauer Sattel wird Klagenfurt angesteuert, wo die Radler vom befreundeten Ruder-Club „Nautilus" begrüßt werden.[9] In Pordenone ist man von Kavallerie-Offizieren, die hier eine Waffenübung abhalten, zum Mittagessen eingeladen und am Ziel, in Venedig, führt man auf dem Markusplatz Kunstübungen vor. Zurück geht es dann über Cortina und Marburg, wo schon die Grazer Kollegen entgegenkommen. Nach 1100 Kilometern in 14 Tagen Reisezeit gibt es nach der Rückkehr in Graz ein Konzert in der Steinfelder Bierhalle, bei dem der Kapellmeister des 37. Infanterie-Regiments, Eduard Horny, das speziell gewidmete Stück „Bicyclisten-Rendezvous" zur Ur-Aufführung bringt.

Die erfolgreiche Fahrt hat aber auch Schattenseiten: Die in den Zeitungsberichten wiederholt gepriesene Güte der Fahrzeuge wird von einer Gruppe rund um Arthur Bodenstein als *„ans Professionelle grenzend"* abgelehnt. Die Folge: 17 Mitglieder treten aus. (KLEINOSCHEG 1892, 24)

Zuhause in Graz wird fleißig weiter geübt, wie ein Hinweis in den Gauverbands-Mitteilungen vermuten lässt: *„Der G.B.-C. wird auf seinem Winterfahrplatz in der Industriehalle 3 x in der Woche 7 - 9 Uhr abends gesellige Fahrübungen, welche im Abrichten der Anfänger, Weiterbildung der Vorgeschrittenen durch Schulen, sowie in der Pflege des Kunst- u. Monocyclefahrens bestehen, unter der Leitung des bewährten Fahrwartes Herrn Endemann abhalten."* (Mitt.

---

8 Pedesped = Einrad-Rollschuhe
9 Wie Kleinoscheg berichtet, gewinnt der Ruder-Club „Nautilus" mit den GBC-Mitgliedern E. Wlatnigg und G. Kopper an diesem Tag (12.8.1883) die Regatta.

Kunstfahrschule des AtRV, 1888, nach Sieg beim Reigenfahren am V. Bundesfest des Deutschen Radfahrer-Bundes in Wien. Hinten v.l.n.r.: Victor Kalmann, A. Jeller, J. Jeller, F. Wiesler; vorne: J. Gmeinder, B. Diamant, G. Jaussner, R. Jaussner

StRGV 15.10.1887) Auch um den Nachwuchs ist man sichtlich bemüht: 1888 wird mit Franz Pichler erstmals ein Bewerber unter 18 Jahren aufgenommen. Seit 1884 unterhält man auf dem Areal der Industriehalle eine eigene Rennbahn, die erste ausschließlich für den Radrennsport bestimmte Österreichs (DRB IV/21/1893, 634).

GRC: Weniger elitär und erfolgreich

Der zweite Grazer Verein, der Grazer Radfahrer-Club (GRC), wird am 8. Oktober 1885 ins Leben gerufen. In erster Linie von Beamten initiiert, deckt er im Laufe seiner über 40-jährigen Vereinsgeschichte ein breites Spektrum von Gewerbetreibenden und Unternehmern über Reisende und Lehrer bis zu Studenten und Angehörigen des Adels ab. Jedenfalls ist sein Anspruch weniger elitär als vor ihm beim GBC und nach ihm beim Akademisch-technischen Radfahr-Verein. Das äußert sich auch in günstigeren – im Vergleich zum GBC halb so hohen – Beiträgen. (StLA, Vereinsakten) Vorbedingung für die Aufnahme ist allerdings ein eigenes Fahrzeug, ein Passus, der später gelockert wird. Zudem muss man, ehe man als „wirkliches" Mitglied gilt, eine Fahrtüchtigkeitsprüfung ablegen. Direkt im Clublokal, der Puntigamer Bierhalle, Jakobigasse 6 (heute „Orpheum"), bezieht der GRC ein Club- und Amtszimmer, der daneben befindliche Saal wird für Schul- und Kunstfahrübungen genutzt.

In sportlicher Hinsicht tritt der GRC erstmals am 13. Juni 1886 beim III. Internationalen Rennen des GBC in Erscheinung, wo man durch den Kassier und Hutfabrikanten Josef Pichler sowie den städtischen Beamten und Clubobmann Arnold Spork die Plätze zwei und drei erringt. Um unabhängig vom Konkurrenten GBC sportliche Aktivitäten entfalten zu können, mietet man sich 1887 auf der Trabrennbahn ein. Gemeinsam mit dem federführenden Akademisch-technischen Radfahr-Verein wird der „Verband der Grazer Vereine für den Wettkampfsport" gegründet, der die Errichtung und den Betrieb einer eigenen Rennbahn zum Ziel hat. Schon 1888 ist es soweit: Am 6. Mai wird die neue Bahn gegenüber der Industriehalle und der Bahn des GBC durch ein internes Rennen der beiden Clubs eröffnet. Wie auch der GBC, der 1887 eine eigene Riege im Allgemeinen Turnverein gegründet hat, besitzt auch der GRC eine eigene Turnmannschaft, die im Verband der Grazer Turnerschaft organisiert ist.

Sowohl gegenüber anderen Clubs als auch in der damals zentralen „Herrenfahrer"-Frage verhält sich der GRC liberal, was ihn auch in Widerspruch zum Gauverband bringt und schließlich auch zum Austritt veranlasst. 1890 überholt der GRC mit einem Mitglieder-Höchststand von 139 den „Rivalen" GBC, nicht zuletzt dem Wirken des langjährigen Obmannes Franz Koneczny werden die sich nun einstellenden sportlichen Erfolge durch die Fahrmeister Franz Fuchs und Franz Gerger – er ist wegen der besseren Trainingsmöglichkeiten auf der eigenen Bahn vom Radfahrerverein „Wanderlust" eingewechselt – zugeschrieben.

Einen Namen im GRC macht sich auch der Autor und Kartograf Robert Seeger – übrigens der Großvater des ORF-Sportreporters – sowie der Kassier Hans Drazil, ein Juwelier, der vorübergehend ein großes Loch in der Vereinskasse aus eigenen Mitteln abdeckt, sowie Johann Puch, der seit 1889 mehrere Jahre hindurch als Zeugwart wirkt. Die Gründung des Vereins „Grazer Tourenfahrer" 1892, zu dem einige aus den Reihen des GRC übertreten, bedeutet ebenso wie der Niedergang des Radrennsports in Graz um die Jahrhundertwende einen Aderlass. 1926 schließlich löst sich der Club auf – die verbliebenen Mitglieder schließen sich den „Grazer Tourenfahrern" an, die fortan „Grazer Tourenfahrer-Radfahrer Klub 1885" heißen.

AtRV: Die Akademiker

Eine schon länger schwelende Unstimmigkeit unter den studentischen und nicht-studentischen Mitgliedern des GBC führt 1887 zu „schweren Meinungsverschiedenheiten" und veranlasst 19 Studenten und Akademiker, einen eigenen Club, den Akademisch-technischen Radfahr-Verein zu gründen. (ÖuRZ 1.4.1887, 83)

In Hochschulkreisen etabliert, offeriert der AtRV seinen Mitgliedern auch andere Sportarten wie Fechten und Tennis und später auch Fußball und Schifahren, ist nach dem Vorbild studentischer Verbindungen organisiert und deutschnational orientiert. Schon Ende 1887 werden die Satzungen so geändert, dass nur noch Deutsche als Mitglieder aufgenommen werden konnten.

Wie der GBC wählt auch der AtRV die Steinfelder Bierhalle als Clublokal, wo im Winter das Saalfahren gepflegt wird. Das leistungsorientierte Saalfahren betreiben nur GBC und AtRV und bringen es dabei zu Meisterschaftsehren im Schul- und Reigenfahren. Beim Bau der neuen Rennbahn vis-a-vis der Industriehalle übernimmt der AtRV die Federführung.

2.2. Verbote und Fahrordnungen

Bald stellen sich auch Probleme ein. Kutscher beschweren sich über scheuende Pferde, es gibt die ersten Unfälle. Eine in der „Tagespost" inserierte offene Anfrage zeugt von wenig radsportfreundlicher Einstellung: *„Muss es denn erst Menschenleben kosten, bis dem gefährlichen Treiben der Bicyclefahrer auf öffentlichen Straßen ein Ende gemacht wird?"* Nach einem Konter aus GBC-Reihen gegen den „Krähwinkler" setzt dieser nach: *„Weshalb müssen sich in Graz 100.000 Menschen eines Sportes wegen von nur 59 Menschen terrorisieren lassen? In Wien ist dieser lebensgefährliche Sport verboten! Gilt für Graz nicht das gleiche Recht und Gesetz wie für die Residenz Wien? Wird es für die Zukunft den 59 Bicyclisten erlaubt bleiben, 100.000 Menschen für vogelfrei zu betrachten?".* (Tagespost 25.4.1883; 1.5.1883)

GBC-Gründungsmitglied Heinrich Schrottenbach erinnert sich an damals gängige Spötteleien und Feindseligkeiten auf der Straße: „ `Hollah´ der Scherenschleifer tut den Erdboden küssen", „Wenn er sich nur den `Schädl´ eing´haut hätt", „Arretieren soll man solche Narr´n", „In Feldhof g´hör´ns obi", „Wenn er noch a paar mal so `hinklescht´ kann er sich seine Knochen nummerier´n." (SCHROTTENBACH 1926, 9)[10] Die Bicyclisten auf ihren, im Vergleich zu den anderen damals bekannten Fahrzeugen ungewohnt schnellen und gespenstisch leisen Sportgeräten werden im Verkehrsgeschehen als Gefährdung, zumindest aber als Störenfriede empfunden. Außerdem ist das Verständnis für sportliche Aktivitäten in der Bevölkerung noch sehr gering. Auch Prominente schließen sich der Kritik an, so etwa der Volksdichter Peter Rosegger, der Partei für die Fußgänger ergreift, die er gerade durch die Radler massiv bedroht sieht. (=> „Das Gespenst auf der Straße", S. 82)

So bleibt der Ruf nach einem Verbot des Befahrens öffentlicher Straßen nicht aus. *„Wenn wir auch das fortschrittlich gesinnte Publikum auf unserer Seite hatten, so wurde uns doch bei den vielen unangenehmen Fällen etwas schwül zu Muthe, umsomehr als etwas von einem Fahrverbote in der Luft schwirrte,"* schreibt Kleinoscheg rückblickend. (KLEINOSCHEG 1892, 21) Auch in Fachblättern wird über *„unbegründete*

---

[10] Feldhof = damals Irrenanstalt, heute Siegmund-Freud-Klinik im Südwesten von Graz

Fahrverbote" geklagt. (DÖR 5.3.1890, 71f) Doch entgegen dem Vorstoß, mit dem Gemeinderat Dr. v. Labitschburg und das Sicherheitsbureau ein generelles Verbot erreichen will, kommt es am 7. Oktober 1883 auf Initiative des Stadtrates zu einer, wie Kleinoscheg zu Recht meint, *„überaus milden und dem sportfreundlichen und fortschrittlichen Sinne unserer Gemeindevertretung alle Ehre machenden Fahr-Verordnung".* (KLEINOSCHEG 1892, 21) Die im Vergleich zu anderen Städten – etwa Wien[11]– liberale Regelung soll auch mitbegründend für ein grundsätzlich radfahrfreundliches Klima sein, von dem Graz lange, ja bis in die Gegenwart, profitiert.

Die „Verordnung betreffend das Fahren mit Bicyclen und Tricyclen etc. auf den Straßen von Graz", die am 10. Dezember 1883 vom Gemeinderat genehmigt wird, beschränkt das Fahrverbot auf Mur- und Sporgasse sowie auf alle jene Straßen, die *„so eng sind, daß zwei Wägen nicht nebeneinander Raum haben".* Darüber hinaus enthält die Fahrordnung Anweisungen zur Ausstattung der Fahrräder, etwa mit Glöckchen und Laterne, das Gebot mäßiger Fahrgeschwindigkeit, Vorschriften zum Verhalten bei Gefahrensituationen und beim Fahren in der Gruppe. Manche Passagen muten aus heutigem Blickwinkel komisch an, etwa die Verpflichtung, *„der Radfahrer hat auch ein kleines Signalhorn (Huppe) zu führen, mit dem er bei Hindernissen oder eintretender Gefahr Warnungszeichen zu geben hat".* (StLA, Verordnung Graz) Die Auflage *„Die Radfahrzeuge dürfen nicht glänzend poliert sein, sondern müssen matt gehalten werden, um das Scheuen von Thieren hintanzuhalten"* wird später insofern abgemildert, als nur noch die Speichen nicht glänzend poliert sein dürfen. Bezüglich ihres Verhaltens gegenüber Gespannen und Pferden wird den Radlern eingeschärft, *„die Thiere strenge zu beobachten und, im Falle als selbe stutzig werden oder der Kutscher durch Erheben der Hand das Zeichen gibt, dass die Gefahr des Scheuwerdens vorhanden ist, sofort anzuhalten, abzusteigen und das Radfahrzeug möglichst zu verbergen".*

Zumal Vorrangregeln und Handzeichen bei Richtungsänderungen noch fremd waren (sie werden erst 1930 verpflichtend eingeführt), setzt man von der Obrigkeit her eher auf die Wirkung von Unfallvorbeugung durch Lärmerzeugung, denn laut § 3 *„hat der Radfahrer bei jeder Wendung und Kreuzung einer Straße mit der Huppe ein Warnungszeichen zu geben".* Diese Regelung wird durch eine neue Straßenpolizeiordnung per 1. Oktober 1930 korrigiert, die eine hell tönende Glocke verlangt und eine Hupe untersagt, schon 1925 werden *„beständig tönende Glocken",* so genannte Radlaufglocken, polizeilich verboten. (Steirischer Radsport 5.9.1930, 10; 23.6.1927, 1)

Eigene Fahrordnungen, die zumeist Fahrverbote auf Trottoiren oder auf bestimmten Straßenzügen, Tempo und Beleuchtung regeln, gibt es in mehreren Städten, etwa in Bruck an der Mur, Feldbach, Radkersburg, Knittelfeld oder Pettau. Für Leibnitz warnt das Tourenbuch knapp: *„Langsam fahren, Signale, nachts Laterne, Seitenwege und Trottoirs bei 10 Gulden Busse verboten".* (Tourenbuch 1889, 16) Eine Strafe in gleicher Höhe oder ersatzweise 48 Stunden Arrest winken in Leoben, wo nur auf Fahrstraßen und nur *„im Schritt"* gefahren werden darf, *„insbesonders bei Wegkreuzungen, Krümmungen oder Ecken ist langsam zu fahren und das übliche Warnungszeichen zu geben".* (Kundmachung Leoben 1894)

Während der Zeit, in der Kinder in die oder von der Schule unterwegs waren, sollte nicht gefahren werden, außerdem: *„Bei Wegkreuzungen oder starken Krümmungen und Ecken ist langsam zu fahren und zu blasen".* Im Curort Gleichenberg ist das Rad fahren überhaupt während der Saison verboten. (Tourenbuch 1894, 88)

Ab 1891 beinhaltet auch die landesweit gültige „Allgemeine Straßen-Fahrordnung" spezifische Bestimmungen für den Radverkehr, d.h. dieser war nicht mehr nur in lokalen Verordnungen geregelt. Darin wurde u. a. festgelegt, dass links zu fahren und rechts zu überholen ist (bis 1.7.1938) und zur Nachtzeit, insbesondere in größeren Orten, mit *„angezündeter Laterne"* gefahren werden muss. (Tourenbuch 1889, 15f)

Mit Certifikaten gegen „Wilde"

Der Bestimmung, dass das Fahren auf öffentlichen Straßen und Plätzen nur geübten und verlässlichen Radfahrern gestattet ist, kommen der GBC und andere Vereine durch Fahrprüfungen samt der Ausstellung eines Fahrtüchtigkeitsausweises entgegen. Der Ausweis ist mit einer behördlichen Bestätigung versehen und erlaubt beispielsweise das Befahren der Fußwege entlang bestimmter Reichsstraßen (1886-1895) – ein Recht, das Max Muhr vom Brucker Bicycle-Club durch Eingaben

---

11 In Wien werden 1885 einige Gassen für den bis dahin überhaupt vom öffentlichen Straßenraum ausgeschlossenen Radverkehr freigegeben, gleichzeitig aber Nummerntafeln und Radfahrprüfungen (Befähigungsnachweis) eingeführt. Allein der Umstand, dass in den Jahren 1894-96 im Schnitt jährlich ein Viertel der Radfahrer in irgendwelche Auseinandersetzungen mit der Obrigkeit verwickelt ist, lässt einige Schlüsse zu. Dazu kamen die auf Grund der Straßenpflasterung für Radfahrer überaus ungünstigen Fahrverhältnisse. (HOCHMUTH 1982, 43; SANDGRUBER 1980,

„VI. Akademie" des GBC: Vom Publikum geliebte Mischung aus Kunstradfahren, Turnen und Varieté (Ausschnitt aus einem Tableau)

erkämpft hat. So werden vor allem Wanderfahrten erleichtert, denn die von Wagenspuren durchfurchten und von Fuhrwerken benutzten Straßen sind für die Fortbewegung auf dem Rad nicht gerade einladend. Gleichzeitig verleiht die damit verbundene Verpflichtung, ein Fahrtüchtigkeits-Certifikat mitzuführen, den Klubs eine kontrollierende Funktion. (Tourenbuch 1889, 16)

Die Clubfahrer selbst plädieren für eine verpflichtende Einführung des Fahrtüchtigkeits-Certifikates. „Eine ganz stattliche Anzahl von `Wilden´ durchsegelt die Stadt und macht ihre Fahrversuche oft auf den belebtesten Strassen und Plätzen", echauffiert sich der eben noch liberal aufgetretene Max Kleinoscheg und distanziert sich von diesen: „Der Fahr-Ausschuss beschloss in seiner Sitzung vom 12.11.1884, um den `Wilden´ das Handwerk zu legen, die mit ihren skandalösen Umtrieben das Ansehen des Sports und der geschulten Radfahrer schädigten, ein Schreiben an den Stadtrath als Sicherheitsbehörde zu richten, in welchem gebeten wurde, wohl darauf zu achten, ob Mitglieder des GBC, die stets in Dress oder mindestens mit Club-Abzeichen ausfahren, oder `Wilde´ die Urheber der Unglücksfälle sind. Es wurde versichert, dass nur fahrtüchtige Mitglieder auf die Strasse gelassen werden, und gebeten, Mittel und Wege zu suchen, das Fahren der `Wilden´, wenigstens der fahruntüchtigen, in der Stadt einzustellen." (KLEINOSCHEG 1892, 34)

Was in Graz nicht durchsetzbar ist, gelingt den Klubs anderen Orts tatsächlich: Eine Verordnung des Knittelfelder Gemeindeausschusses von 1890 besagt, dass „das Fahren mit dem Bycicl [sic] durch die Stadt" nur jenen gestattet ist, „welche einem behördlich genehmigten Club angehören und sich mit einem Certifikat über die abgelegte Prüfung darüber ausweisen können". Für den Fall einer Übertretung dieser Verordnung sind ein bis zehn Gulden Geldstrafe oder 48 Stunden Arrest angedroht. (Verordnung Knittelfeld 1890)

Andererseits ortet der Gauverband „außerordentliches Wohlwollen" seitens der höchsten Behörde: Diese steht zwar dafür, dass „leichtsinnig schnelles und unvorsichtiges Fahren auf das strengste bestraft" wird, garantiert aber gleichzeitig „grösstmögliche Freiheit des Radfahrsports" und die Anlage besanderter Wege. (R-C-Chronik VIII/66/1895, 1375)

294ff; vgl. auch RÖSCHEL 1924, 5ff) 1894, als eine neue Fahrordnung in Wien in Kraft tritt, berichtet der „Deutsch-österreichische Radfahrer":
„Die bis jetzt allgemein eingeführte und beliebte Methode der verschiedenartigsten Nummerntäfelchen hat nach der neuen Verordnung ein Ende erreicht. Es dürfen nur die von der Polizei beigestellten gelb-schwarzen Täfelchen verwendet werden." (DöR VI/6/1894, 100)

2.3. Erste Rennen auf Straße und Bahn

Das erste Straßenrennen schreibt der Grazer Bicycle-Club für den 14. Oktober 1883 auf der Strecke Graz – Bruck – Graz aus. Der Sieger August Wagner benötigt für die 100 km 5 Stunden 44 Minuten und 30 Sekunden – er ist also mit einem Schnitt von 17,4 km/h unterwegs, der in etwa einer durchschnittlichen Tourenleistung von heute entspricht. Auf den Plätzen landen Max Kleinoscheg und Alexander Gayer.

Zu berücksichtigen ist freilich, dass Straßenrennen unter den damaligen Fahrbahnverhältnissen ein strapaziöses Unterfangen sind. Bei Schlechtwetter müssen sich die Fahrer durch den Schlamm kämpfen, sonst erschweren Staub und tief eingegrabene Wagengeleise das Vorwärtskommen. Es liegt also nahe, den Wettkampf stärker auf eigens errichteten Bahnen zu verlagern, wo auch das Publikum gegen Entgelt die Bewerbe besser verfolgen kann.

Die Voraussetzungen für den Bahnrennsport in Graz schafft der GBC und seine wohl bestallten Mitglieder durch die Errichtung einer Rennbahn im Park der Industriehalle. Diese Radrennbahn ist die erste Österreichs und mit 690,3 m die längste des europäischen Festlandes. Sie wird am 14. April 1884 durch Bürgermeister Dr. Wilhelm Kienzl eröffnet und mit zwei Hochrad- und je einem Dreirad- und einem Hindernisrennen eröffnet. Wenig später, am 2. Juni 1884, erfolgt mit dem „I. Bicycle-Meeting" des GBC der Auftakt zu den legendären „Internationalen Grazer Pfingstrennen". Wie alle weiteren Pfingst-Rennen steigt die Konkurrenz als großes Sportfest, eingeleitet mit einer festlichen Auffahrt sämtlicher Radfahrer. Die sportlichen Höhepunkte sind die Bewerbe um die „Meisterschaft der österreichischen Alpenländer" auf dem Bicycle und auf dem Tricycle. Schon damals wird auf dem Hochrad der Kilometer in zwei Minuten, also mit beachtlichen 30 km/h, gefahren. (MEISENBICHLER 1926, 3) Dem Rennpublikum, das sich aus den so genannten „besseren Kreisen" rekrutiert, wird einiges geboten, immer wieder auch neue Bewerbe. So ist 1886 erstmals in Österreich ein 100-km-Bahnrennen und 1887 ein Monocycle-Rennen im Programm.

Schon in dieser frühen Zeit beschäftigt die Amateur-Frage die Vereine: Der GBC schloss 1886 *„erwerbsmäßige Radfahrer"* aus, zu denen neben den Geldpreisfahrern auch Gymnastiker und Akrobaten gezählt werden. Diesem Beispiel folgen durch die Bank alle Clubs und 1889 der Gauverband. Auch Medaillen und Orden sollen den Racemen vorenthalten werden – weil deren Verleihungen *„Prärogative der Krone"* seien, so die Begründung des Innenministeriums. (ÖuRZ IV/19/1889, 262)

Das erste internationale 100-km-Rennen um die Meisterschaft der österreichischen Alpenländer entscheidet 1887 GBC-Racer Paul Kielhauser auf dem Hochrad für sich. (ÖuRZ IV/11/1889, 151)[12]

Brillanten für Berthold Diamant

Erster – inoffizieller – Straßenmeister der Steiermark wird Berthold Diamant, der zu dieser Zeit Fahrwart des AtRV ist.[13] Er siegt am 26. September 1887 beim anlässlich des 1. Hauptgautages in Bruck vom Steirischen Radfahrer-Gauverband ausgeschriebenen 50-km-Straßenrennen Bruck – Graz in 2 Stunden und 17 Sekunden,[14] nachdem er drei Wochen vorher die Meisterschaft der österreichischen Alpenländer über 100 km auf der Straße für sich entschieden und damit das silberne, mit Brillanten besetzte Edelweiß gewonnen hat. Diamant bleibt auch 1888 bei der Meisterschaft von Österreich im Straßenfahren über 150 km siegreich.

Letzterer Sieg wird Diamant einigermaßen verleidet. Er sieht sich mit Verdächtigungen konfrontiert, über die eine Erklärung, als Reaktion des AtRV veröffentlicht, Auskunft gibt: Er habe gewonnen, weil er *„die anderen Renner veranlaßt habe, zur Einnahme eines Imbisses in Spital a. S. gemeinsam abzusitzen, daß er selbst aber dann (...) durch die Hinterthür wieder die Reichsstraße aufgesucht habe, um auf derselben hinterlistiger Weise seine Fahrt fortzusetzen."* Der AtRV weist diese Darstellung, *„welche einen anerkannt vorzüglichen Racer zu einem ganz gemeinen Betrüger stempelt",* als *„auf gröbster Unwahrheit"* beruhend zurück und bietet seinerseits den Wahrheitsbeweis an. (Obersteirerblatt 23.8.1888, 7)

Die zweite Auflage des Straßenrennens anlässlich des Hauptgautags in Marburg 1888 gibt dann den Startschuss für ein anderes traditionelles Straßenrennen, jenes von Graz (konkret: von Kalsdorf) nach Marburg, aus dem Franz Mlaker (GRC) als Sieger hervorgeht. Mlaker siegt auch 1889 beim

---

12 Der aus Greifenburg/ Kärnten stammende Kielhauser (geb. 1860), der in der Parfumerien-Fabrik seines Onkels in Graz beschäftigt ist, hat auch den österreichischen 24-Stunden-Rekord mit 339,3 km, gefahren 1886, inne.
13 Der Brucker Berthold Diamant ist, ebenso wie sein Bruder Max, während seines Chemie-Studiums in Graz aktiver Radsportler. Er gewinnt u. a. 1887 die „Meisterschaft der österreichischen Alpenländer" über 100 km für den AtRV, dessen Gründungsmitglieder die Brüder sind. Berthold ist davor schon seit 1883 beim GBC, mit dessen Unterstützung er hilft, den Brucker Bicycle-Club mit aus der Taufe zu heben. 1890 kehrt er nach Beendigung des Studiums nach Bruck zurück, wo er bis 1897 zeitweise als Obmann dem Vorstand des BBC angehört.

Links:
Erfolgreicher Racer und verdienter Funktionär: Der Brucker Berthold Diamant

Rechts:
Hoch dekoriert: Franz Mlaker, zunächst aktiv im GRC, dann Mitgründer der „Grazer Tourenfahrer"

50-km-Straßenrennen des StRGV mit Ziel in Leoben. (MEISENBICHLER 1926, 3)

Die Grazer Birnen-Rennbahn

1888 bilden GRC und AtRV gemeinsam den „Verband Grazer Radfahrvereine für Wettfahrsport", um gegenüber der Industriehalle und der Bahn des GBC (auf dem Areal des späteren Sportclubplatzes) nach dem Vorbild der Rennbahn im Frankfurter Palmengarten eine 400-m-Bahn zu errichten. Diese Bahn setzt mit ihrer Anlage, etwa geneigten Kurven, und einer Teerung neue Maßstäbe im Rennbahnbau. Anstatt des üblichen Ovals hat sie wegen der angrenzenden Eisenbahn einen birnenförmigen Verlauf, die Zieltribünen werden so angeordnet, dass das Publikum die Nachmittagssonne im Rücken hat. (ÖuRZ V/10/1890, 94) Eröffnet wird sie am 6. Mai 1888 durch ein internes Rennen der beiden Verbandsvereine. Der GBC tritt dem Verband vorläufig nicht bei, weil der Vertrag mit dem Verein „Industriehalle" über die eigene Rennbahn erst 1890 ausläuft. (KLEINOSCHEG 1892, 55) Der erste wirklich bedeutende Radrennfahrer, den die Grazer Club-Landschaft hervorbringt, ist Dr. Ernst Smreker (GBC): Er sichert sich 1889 die in Graz ausgetragene Bundes-Bicycle-Meisterschaft des Österreichisch-Ungarischen Radfahrerbundes. Ab diesem Jahr wird das 50-km-Straßenrennen getrennt nach Teilnehmern auf Hoch- und Niederrädern ausgetragen – das letzte Hochrad-Rennen findet übrigens 1892 statt. Ab 1891 firmiert der 50-km-Bewerb unter „Straßenrennen um die Meisterschaft von Steiermark". Ein weiteres Mitglied des GBC, Hubert Endemann, erobert ab 1889 in Serie Meistertitel im Kunstfahren.

Corso als Publikumsmagnet

1887 sieht die Grazer Bevölkerung im Rahmen des IV. Internationalen Meetings den ersten Radfahrercorso, der sich mit etwa 100 Teilnehmern von der Industriehalle zum Südbahnhof (heute Hauptbahnhof) bewegt. In einer Zeit, als Events noch rar sind und sportliche Veranstaltungen erst langsam für ein breiteres Publikum zugänglich werden, ist dies eine höchst willkommene Abwechslung. Die Vereine nutzen die Möglichkeiten zur Propagierung des Radfahrsports – das Corsofahren weitet

14 Es handelt sich um die erste inoffizielle steirische Straßenmeisterschaft, die erste offizielle wird 1891 ausgetragen.

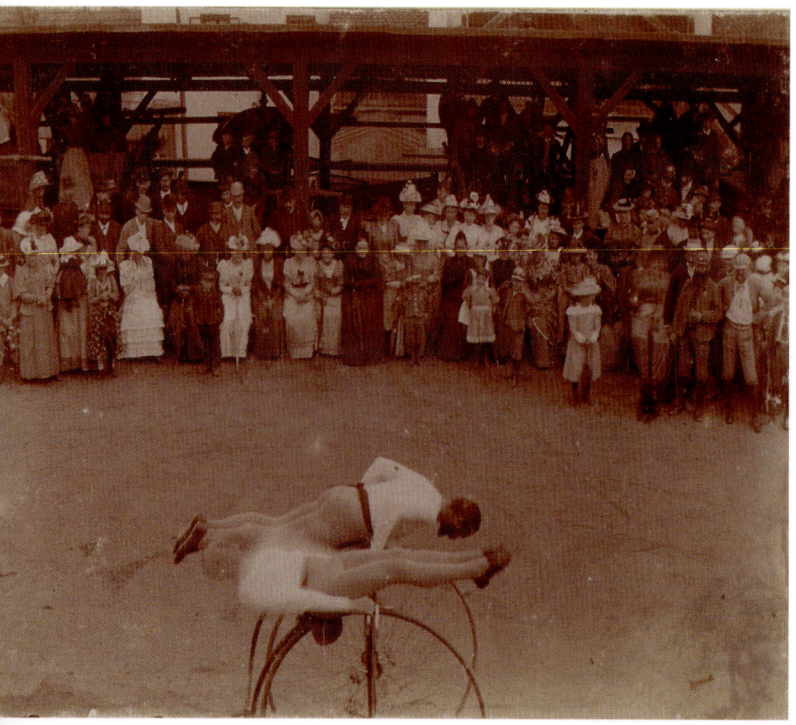
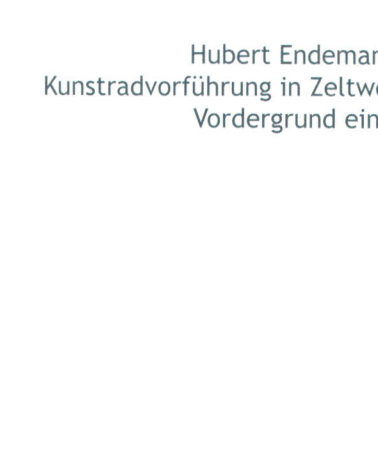

Hubert Endemann bei einer Kunstradvorführung in Zeltweg 1893 (im Vordergrund ein „Dummy")

sich zu Radfahrerfestzügen aus, die ab 1892 mit Preisbewerben verbunden sind. Als Corso-Route etablieren sich die Straßenzüge vom Hilmteich zur Industriehalle: Zu Pfingsten 1889, als rund 500 Radfahrer *„aus allen Gauen der Monarchie"* in Graz zusammenkommen, gibt es einen Festzug durch ein Spalier Tausender Schaulustiger über die Elisabethstraße, den Ring bis in den ehemaligen Joanneumgarten. Besonders vermerkt wird damals auch, dass *„mehrere schneidige Wiener Sportingladies, die die Reise größtentheils per Maschine von Wien nach Graz machten"*, unter den Gästen sind. (DÖR I/6/1889, 85) Viel zu schauen gibt es auch beim Corso 1893, an dem sich 336 Fahrer als Vertreter von 107 verschiedenen Vereinen, darunter der „Grazer Damen-Bicycle-Club" auf blumengeschmückten Rädern, beteiligen.

Einen Höhepunkt finden die Grazer Radsportfeste anlässlich des XII. Bundestages des Deutschen Radfahrer-Bundes vom 2. bis 7. August 1895, der den touristischen Aspekt solcher Festlichkeiten mit Radfahrern aus nah und fern, aber auch die zunehmende Instrumentalisierung für politische Propaganda deutlich macht. (=> „Das große Fest", S. 85)

2.4. Vorradler der Provinz

Anfänge in der Untersteiermark

Der erste Verein außerhalb von Graz entsteht in der dazumal zweitgrößten Stadt des Kronlandes Steiermark, in Marburg. Bei der Gründung des Marburger Bicycle-Club (MBC) am 25. Mai 1883 wirkt der Grazer BC wesentlich mit, fast könnte man ihn als „Zwillingsclub" bezeichnen. Die gleichen Statuten dienen als Vorlage, 20 Grazer sind zu Gast und *„fuhren auf dem Sophienplatze in Marburg unter Theilnahme einer grossen Zuseherschaar einige Gesammt-Schulübungen; Wlatnigg trat als Solokunstfahrer auf"*, wie Chronist Kleinoscheg berichtet. (KLEINOSCHEG 1892, 21f)

Der MBC verteidigt einige Zeit *„seinen Ruf als vornehmster Provinzclub in Steiermark"*, etwa durch ein Radfahr-Fest, das am 23.2.1889 mit Galaschule, Jockeyschule und Kunstfahren abgehalten wird. (Velocipedist VII/5/1889, 36) Nach dem Vorbild des Grazer Verbandes für den Wettkampfsport wird gemeinsam mit dem Marburger Radfahrer-Club (gegr. 1887) und dem Radfahrer-Club „Schwalben" (gegr. 1890) 1891 der „Verband der

Gruppenbild mit Hoch- und Dreirädern aus dem Marburg der 1880er-Jahre

Marburger Vereine für den Wettkampfsport" gegründet: Der unter Leitung des Fahrraderzeugers Franz Neger stehende Verband betreibt die neu errichtete, 333 1/3 Meter lange Rennbahn mit erhöhten Kurven, die von der Firma des Styria-Vertreters Alois Heu direkt neben der Gastwirtschaft Kreuzhof, dem Vereinsheim der „Schwalben", angelegt wird.[15] *„Eine sehr practische, hohe Zielrichter-Tribüne, Zeitenaufzug, ein schönes Portal etc., ein separater Platz zum Schul- und Kunstfahren, sowie große Localitäten zur Unterbringung der Maschinen und ein Ankleideraum für die Renner vervollständigen das Ganze, so dass die Rennbahn als mustergiltig zu bezeichnen ist"*, vermeldet ein Fachblatt. (ÖuRZ VI/19/1891, 184) Die Eröffnungsrennen finden am 20. September 1891 statt, bei denen die Grazer Brüder Carl und Heinrich Schneider brillieren. Die Marburger Bahn ist jedoch nur kurz von Bestand: Der Verband löst sich schon 1892 wieder auf, offenbar findet sich dann kein Betreiber mehr.

Eine zweite Rennbahn entsteht 1896 in Radein. Die Anlage ist nach Muster der Grazer Bahn geteert und wird auch von den südsteirischen Vereinen gerne genutzt. Das erste Rennen (um den Preis des StRGV über 3000m) gewinnt Richard Baumgartner vom Fürstenfelder Zweirad-Club.

Deutsche und slowenische Vereine

Zweiter Club nach dem MBC ist der Cillier Radfahrer-Verein, der am 30. September 1886 aus der Taufe gehoben wird. In der konstituierenden Sitzung wird beschlossen, dass zuzüglich zur Eintrittsgebühr von 5 Gulden für die Teilnehmer an einem Lehrcursus weitere 5 Gulden für die Abnutzung der eigens angeschafften Schulmaschine berechnet werden. Bevor der Club die Ausbildung in die Hand nimmt, wirbt in Cilli – wie auch anderswo – ein wandernder Velociped-Lehrer, der zugleich Bicycle-Vertreter ist, für seine Dienste. (Deutsche Wacht XI/79/3.10.1886, 5; XI/75/19.9.1886, 8)

Zusätzlich zu MBC, MRC und „Schwalben" entstehen in der Drau-Metropole Marburg noch die zum Teil kurzlebigen Zusammenschlüsse Stahlrad-Club (1891), „Tourenfahrer" (1892) „Wanderlust" (1894) und „Edelweiß" (1900). Weitere Vereine in der Untersteier bilden sich in Windischgraz (1890), in Maria Rast („Die Drauwalder") und Windisch-Feistritz (1891), in Pettau (1892), in Trifail und Radein (1895), in Abstall sowie in Rann (1896).

Das deutsch-nationale Element ist in der

---

15 Alois Heu ist auch als Radsportler erfolgreich. U. a. belegt er bei den Steirischen Straßenmeisterschaften 1891 und 1892 jeweils den zweiten Platz.

deutschsprachigen Minderheit der Untersteiermark noch stärker ausgeprägt als im übrigen Kronland: Schon beim Hauptgautag des Steirischen Radfahrer-Gauverbandes 1891 in Windischgraz versuchen die Vereine den Anschluss an den deutsch-nationalen Deutschen Radfahrer Bund zu erreichen, können sich aber nicht durchsetzen. Der Cillier und Pettauer RV führen schon 1898 den Arier-Paragrafen ein, selbst der Arbeiter-Radfahrverein „Drauadler" in Brunndorf-Marburg lädt 1914 zur „völkischen Maifeier". (StLA, Vereinsakten; Protokollbuch Tourenfahrer)

Relativ spät entstehen slowenische Vereine, was sicher damit zusammenhängt, dass die deutschsprachige Bevölkerungsgruppe im Bürgertum der Städte dominiert: Der erste slowenische Klub dürfte der 1891 gegründete, zahlenmäßig eher unbedeutende „Club slovenskih biciclistov Celjeskoga sokola" (Cilli) gewesen sein, der in seinem Vorstand sowohl Akteure slowenischen als auch deutschen Namens versammelt. (Handbüchlein 1895, 55)[16] Es folgen 1897 der „Klub Ljutomerski kolesarji Ptici selici" (Luttenberger „Zugvögel"), 1899 der „Kluba kolesarjev v Brezicah" (Club der slowenischen Radfahrer in Rann), 1903 der Slowenische Radfahrer-Club Cilli, eine Sektion des Sportvereins „Sokol", und 1904 der slowenische Radfahrer-Verein „Zvoncek" in Pettau. (StLA Vereinsakten; HERNJA-MASTEN 1998, 211)

Ein eigener südslawischer Bund, der ein Dach für slowenische Vereine in der Untersteiermark und Krain sowie jene in Kroatien bilden soll, wird länger überlegt, scheitert aber schließlich 1894: Die königlich-ungarische kroatische Landesregierung lehnt die Statuten eines „kroatisch-slowenischen Radfahr-Verbandes" ab, worauf die Kroaten alleine einen eigenen Bund formieren. (R-Chronik VII/64/1894, 1329)

Von Aussee bis Radkersburg

Ältester Verein auf dem Gebiet der heutigen Steiermark außerhalb von Graz ist der 1883 gegründete, laut Kleinoscheg „ungemein thätige" Liezener BC: Er veranstaltet 1884 und im Folgejahr das legendäre „Obersteirische Bicycle-Meeting", wird aber schon im Jänner 1888 wieder aufgelöst.

Es folgen die Bicycle-Clubs von Knittelfeld, Gleisdorf, Bruck und Weiz. Weitere frühe Vereine sind der Fürstenfelder Zweirad-Club, der Leobner RV, der Judenburger RV, die „Wildoner Radfahrer", die Radfahrer-Clubs von Leibnitz, Voitsberg,

16 Dieser slowenische Verein ist der einzige, der in den Publikationen des StRGV aufscheint, ist aber nicht Verbandsverein.

Linke Seite:
Der Liezener BC veranstaltet 1884 das erste Rennen in der Obersteiermark
Abzeichen des Liezener RV, gegründet 1895

Rechte Seite:
Radfahrer-Verein Leoben, v.l.n.r., stehend: Waldemar Kjölbye, Kaufmann; Anton Posch, Gemeindebeamter; Georg Sebert, Kaufmann; sitzend: Dr. med. Valentin Schmidt, Josef Moestl, Kaufmann

---

Kindberg sowie Mürzzuschlag und Hartberg.

Sowohl in Leoben, als auch in Bruck und Leibnitz trägt man sich mit Überlegungen zur Errichtung von Rennbahnen. (DA Sportblatt II/2/1920, 5) In Leoben will der Radfahrer-Verein 1889 eine 400-Meter-Bahn auf der Repetenten-Wiese bauen, gibt den Plan aber auf, als der Gemeindeausschuss die Öffnung für alle Radler zur Bedingung macht. (Stadtamt Leoben, Gdv 573)

Realisiert wird das Projekt in der Nachbarstadt Bruck. Es steht aber unter keinem guten Stern: Die 1890 geplante 333 1/3 m lange Rennbahn wird auf eine 200 m lange und vier Meter breite Schulbahn reduziert, die schon 1891 vom Hochwasser weggespült wird, ehe sie noch richtig in Betrieb genommen werden kann. Was dem Club bleibt, sind erhebliche Schulden, an denen er länger zu kauen hat. (ÖuRZ V/23/1890, 235; Obersteirerblatt 5.4.1891, 4; RÖSCHEL 1924, 12) Auf der Murinsel werden in der Folge aber immer wieder Veranstaltungen abgehalten, so etwa anlässlich der 30-Jahre-Feier des Brucker Radfahrervereins „Almrausch", bei dem u. a. die Grazer „Styria" mit Kunstradfahr-Formationen auftritt und ein Radballmatch gegen „Sturmvogel" Wien mit 5:4 gewinnt. (Obersteirerblatt 22.8.1935, 5)

Der BBC zählt zu den aktivsten und unbestreitbar vielseitigsten Radsportvereinen des Landes. Im Laufe der Jahre werden zahlreiche Sektionen gegründet, vom Rodeln, Fechten, Fußball[17] bis zum Schwimmen, Tennis und Flugsport, Eishockey und Rudersport. Darüber hinaus organisiert man Symphonie-Konzerte für wohltätige Zwecke, unterstützt den Theaterbau und spielt selbst Theater.

Ab 1897 schreibt man alle sechs Wochen eine Wanderfahrt aus, an der durchschnittlich 100 Radler teilnehmen (Mitt. StRGV Februar 1924, 5) und profiliert sich als Rennveranstalter: 1900–1906 richtet man die Steirische Straßenmeisterschaft aus, fährt 1914 „Rund um den Hochschwab", ab 1922 als Ersatz 150 km „Rund um den Semmering" (1922, 1923, 1924) und leistet auch in anderen Sportdisziplinen Pionierarbeit. Eine Galionsfigur ist Mitbegründer Berthold Diamant, der während seines Technik-Studiums in Graz zunächst beim GBC und dann beim AtRV auch sportlich erfolgreich ist – seine Bestzeit über 100 km Straße 5: 02:57 vom 8. September 1887 hält drei Jahre. 1890 kehrt er in seine Heimatstadt zurück und übernimmt den BBC als Obmann. Aus dem BBC gehen 1894 mit dem Brucker Radfahrer-Verein und dem

---

17 Das erste Match 1911 gegen den GAK geht 0:14 verloren.

BRV „Almrausch" zwei weitere Klubs hervor.[18] Für den RV „Almrausch" fährt Josef Camerdiner, später Straßenmeister von Steiermark (1904), einige Lorbeeren ein, beispielsweise als Zweiter des 200 km-Rennens „quer durch Kärnten" 1895. In diesem Jahr gibt es auch ein direktes Kräftemessen der drei Brucker Klubs, das Kadletz jun. von den „Brucker Radfahrern" für sich entscheidet und das sein Klub und der BBC dominieren. (Obersteirerblatt 10.10.1895, 4) Franz Kollment, erfolgreicher Dauerfahrer und lange Jahre Rekordhalter auf der Strecke Bruck–Mariazell, macht sich mit einer Fahrrad-Werkstätte selbstständig und verkauft u. a. Styria- und Dürkopp-Räder. In den folgenden Jahrzehnten entwickelt sich der BBC zu einem Viel-Sparten-Club, der auch als Kultur- und Wohltätigkeitsverein aktiv ist.

Doch nicht nur in Graz, Marburg und Bruck gibt es Platz für mehr als einen Verein: Schon bald finden sich in Leibnitz („Flavia", 1889), Knittelfeld (RC, 1889), Leoben (BC 1894) und Gleisdorf (RV „Die Gemütlichen", 1899) weitere Radler-Formationen auf Vereinsbasis.

Auch die Reisetätigkeit kann sich sehen lassen: Der Obmann des Gleidorfer BC, Dr. Th. v. Schickh, absolviert 1887 Fahrten in Salzburg, Tirol, der Schweiz und in Bayern, wobei er sich schon eines Bicyclettes bedient, (ÖuRZ II/22/1887, 327) die Mitglieder des Leobner RV Potiorek und Rößner unternehmen 1887 Touren nach Italien bzw. Breslau in Schlesien, Vertreter des Leibnitzer RC sind 1889 mit von der Partie, als es nach Triest und über den Radstädter Tauern geht.

In Mürzzuschlag zählt die Industriellen-Familie Bleckmann zu den Radpionieren – das Hochrad von Eugen ist noch im Wintersportmuseum erhalten –, Fabrikant Walter wird 1895 Obmann im Mürzzuschlager Radfahrer-Club. In Weiz spielt der Hammerherr und spätere Landtagsabgeordnete Josef Mosdorfer (1842–1915) in der Gründungsphase des Bicycle-Club eine wichtige Rolle, 1893 übernimmt vorübergehend der österreichische Strompionier Franz Pichler die Obmannschaft.

Bei einem Kränzchen des Weizer Bicycle Club in den Haas'schen Localitäten spielt der Kapellmeister die Schnellpolka „Pedalmotoren", Franz Pichler ist für die – damals keineswegs selbstverständliche - elektrische Beleuchtung zuständig. Auch anderswo geht es festlich und musikalisch zu: In Knittelfeld widmet der städtischer Musikdirektor dem örtlichen Club den „Knittelfelder Radfahrer-Marsch" für Männerchor und Orchester.

18 Weiters wird auch die „Vaterschaft" des Kapfenberger Beamten- und des Pernegger Radfahrervereins dem BBC zugeschrieben. (Obersteirerblatt 7.4.1904, 3) Als vierter Brucker Klub kommt ca. 1898 der Radfahrer-Verein „Norica" hinzu.

Linke Seite:

Rennfahrer und Radhändler: Franz Kollment, Brucker Bicycle-Club Weizer BC, um 1890.

Gruppenbild mit vier Kreuzrover und zwei Kangaroo. Mitte (mit weißer Kappe): Josef Mosdorfer

Rechte Seite:

„Wildoner Radfahrer", 1895

Gerne wird gedichtet, wie etwa beim Fürstenfelder Zweirad-Club: *„Vom Fürstenfelder Zweirad-Club/ Da fährt ein kreuzfideler Trupp, / Im vollen Saus und Braus/ In Gottes schöne Welt hinaus"*. (in: SCHMIDLECHNER 1995, 45) Deutsch-national eingefärbt ist das Motto des Radkersburger RC, dessen Mitglieder sich als *„wahrhafte Landsknechte des deutschnationalen Gedankens"* in einem Städtchen, das sich als *„tüchtiges Bollwerk wider die dräuende slavische Hochflut längst bewährte"*, verstehen: *„Auf dem Rad mit frischer Lust,/ Deutsches Fühlen in der Brust,/ Treu in brüderlichem Sinn/ Laßt uns durch das Leben zieh´n"*. (R-Chronik VIII/35/1895, 623 ff) 1891 gegründet, avanciert der RRC binnen kurzem zum stärksten Provinz-Club und schafft es sogar auf das Titelbild des in München erscheinenden Fachblattes „Radfahr-Chronik". (R-Chronik VIII/35/1895, 625) Motor des Vereins ist der Geschäftsmann Franz Kleinoscheg, Turner und seit 1889 sportiver Radler, der 1894 eine Ehrung des Gauverbandes für eine Jahresleistung von fast 5900 km einfährt und dessen Gasthaus „Zum wilden Mann" auch als Vereinsheim fungiert. Im Alter wird Kleinoscheg, der im Zuge der Scharmützel um die Grenzziehung von 1919 von jugoslawischen Soldaten verletzt und als Geisel genommen wird, zum „Radlvater Kleinoscheg", der dem Verein über drei Jahrzehnte lang vorsteht. (Steirischer Radsport 10.10.1924, 1f)

Auch in kleineren Orten bilden sich Radvereine, etwa 1889 in Pischelsdorf, Hausmannstätten und Gratwein. Dort, wo es nicht zu einem eigenen Klub reicht, übernehmen vom Gauverband eingesetzte Ortswarte organisatorische und propagandistische Aufgaben.

Der Gratweiner RC mischt 1889 auf der Grazer Rennbahn durch Heinrich Kubes, Karl Huntemüller und Karl Leonhardt mit. Die beiden letzteren treten auch im Tandem-Bewerb an. Der Pischelsdorfer RV kann durch seinen langjährigen Obmann Josef Berghofer 1891 – er war in seiner Jugend Wiener Sängerknabe und dann beim Militär (PROPST 1982) – den Sieg bei der ersten Straßenmeisterschaft von Steiermark (über 50 km Unterdrauburg – Windischgraz – Wöllau – Windischgraz) auf seine Fahnen heften; 1892 wird er bei diesem Bewerb Dritter, während Klubkollege Julius Bergmann beim 500 km-Straßenrennen Wien – Graz – Triest als einziger Steirer durchkommt und Siebenter wird.

Die Ausseer Radler besorgen sich gleich zur Gründung am 26. Oktober 1891 im Hotel „Zum

Links:
Mitglieder des Ausseer RV, um 1895

Unten:
Ausübende Mitglieder werden „diplomiert", Bad Aussee 1897

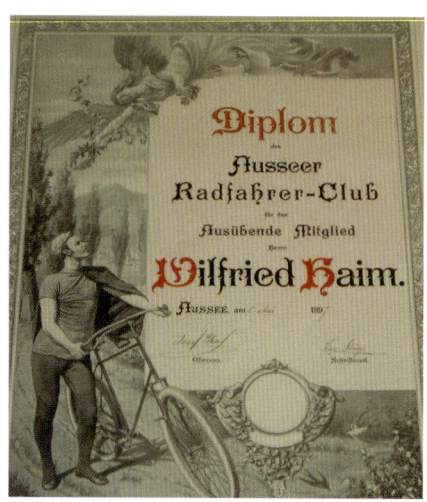

wilden Mann" einen kundigen Fahrmeister aus Graz: *„Die Herren Schüler machen bedeutende Fortschritte in der Radfahrkunst"*, ist kurz darauf in der „Alpen Post" zu lesen, *„sechs Herren wagten sogar schon einen Ausflug und fuhren am 29. October auf Biciclen aus der Fabrik `Eibl´ in Graz von Steg nach Ischl."* (Alpen Post 1.11.1891, 525) [19] In einer Bekanntmachung in der gleichen Zeitung wird darauf hingewiesen, dass der *„Unterricht im Radfahren nach der Methode der ältesten Radfahrschulen auf vollkommen gefahrlose Weise"* fortgesetzt wird. Die Lehrdauer betrage drei bis sechs Stunden. 1895 besitzt Aussee eine eigene Schulbahn im Praunfalkpark, auch Prater genannt, die von einem Herrn Neuper betrieben wird. (Handbüchlein StRGV 1895, 54) 1897 fällt sie einem Hochwasser zum Opfer und wird offenbar mit ziemlichem Aufwand wieder errichtet. Auch die Sommerfrischler sind in Aussee mit dem Fahrrad unterwegs: So ist Theodor Herzls Opel-Rad, der Ende der 1890er Jahre regelmäßig Gast in der Kuranstalt Alpenheim ist, noch erhalten. Die Cousine des Gastgebers, Adele Schreiber, schreibt in ihren Notizen: *„In der Kastanienallee, die Alpenheim mit der Privatvilla meines Onkels verband, übte sich eine herrliche Männergestalt im Radfahren. Zu dem tiefschwarzen Bart und den strahlenden dunkeln Augen hätte der Burnus besser als die Dreß gepasst. Theodor Herzl, der Schöpfer des Zionismus."* (BRAUNE 2003, 19)

„Klappernd und ungeschlacht"

Spezielle Eigenkonstruktionen, wie sie abseits des bürgerlichen organisierten Radelns gegen Ende des 19. Jahrhunderts in Dörfern und auf dem Lande von Handwerkern und Bauern angefertigt werden, haben schon 1890 gewisses Aufsehen erregt. So hat der Radfahrer-Gauverband bei der Landesausstellung ein so genanntes Pfahlrad gezeigt, das als „Hochrad eigenthümlich solider Bauart" und „ganz aus Holz" beschrieben wird und aus Geiselsdorf in der Hartberger Gegend stammen soll. In einem Bericht darüber wird vermerkt, *„in der Oststeiermark fahren mehrfach einzelne Bauern, meist Schlosser oder Schmiede solche selbstgefertigte, weithin klappernde ungeschlachte Fahrzeuge mit großer Verve und unglaublichem Kraftaufwande"*. (DöR II/21/1890, 343)

Das Holzrad des Rupert Graimer aus Pöllau bei St. Peter am Kammersberg, gebaut 1898, ist ein weiteres Beispiel für ein Eigenbau-Bicycle: Bis auf die Achsen und Trittkurbeln sowie die Radreifen

---

19 Abgesehen von der etwas eigenwilligen Schreibweise der Mehrzahl von „Bicycle" dürfte mit Fabrik „Eibl" wohl „Albl" gemeint gewesen sein.

Gruppenaufnahme anlässlich eines Rennens des Radkersburger RC 1894 (in der Mitte mit umgehängtem Sakko Franz Kleinoscheg), die es auf den Titel der Münchner Radfahr-Chronik schafft

ist es aus Holz, der Antrieb erfolgt ohne Übersetzung auf das größere Hinterrad. Die Puch-Werke tauschen das Gefährt übrigens gegen ein neues Rad vom Besitzer ein und übergeben es 1924 als Schenkung an das Landeesmuseum Joanneum, wo es heute im Bestand des Volkskundemuseums – nicht aber in der Schausammlung – ist. (vgl. SCHMIDLECHNER 1995, 58 f)

Aus Tiefenbach bei Oed/ Ottendorf ist die Anekdote vom Blecherl-Moik überliefert: Michael Moik hat ein altes eisernes Hochrad erstanden, dabei aber nicht bedacht, dass er zu klein ist, um die Kurbeln richtig durchtreten zu können. So behilft er sich mit Holzklötzen, im Volksmund „Blecherln" genannt, die er auf die Pedale montiert. Das freut nicht nur ihn, der nunmehr die Aussicht vom hohen Rade genießen kann, sondern auch die Nachbarn, die ihre liebe Mühe haben, die vielen Moiks in der Gegend auseinander zu halten: Zum Rigl-Moik, der am Riegel wohnt, dem Wiener-Moik, der 1840 bei einer Herrschaft in Wien gearbeitet hat, um dem Militärdienst zu entgehen, dem Moik-Maurer, Binder-Moik und dem Moik-Seppl-Heinrich gesellt sich nun eben der „Blecherl-Moik". Engelbert Kremshofer, regionaler Chronist und Aufzeichner dieser Geschichte, merkt als P.S. noch an, dass bequemere Fahrradtypen dieses – übrigens Velozipkd genannte – Gefährt seiner Funktion berauben und verrosten lassen: *„Schließlich wurde der Rahmen als Ersatz für Baustahl in Grundfesten einbetoniert, erzählt Moik Franz, der Enkel dieses Fahrradpioniers."* (KREMSHOFER 1994, 310f)

Neuere Modelle, die mit Luftbereifung und Freilauf versehen sind, halten in manchen Landstrichen mit einiger Verspätung Einzug. In Giem bei Feldbach etwa soll dies erst 1924 gewesen sein. (PRASSL 1988, 327)

Historisches Glossar

Bicycle. Das „Hochrad" kommt aus England, weshalb auch seine Bezeichnung und das entsprechende Fachvokabular aus dem Englischen übernommen werden. In unseren Breiten sind die Bezeichnungen „Bicycles, Bicyclettes, Velocipeds, Zweiräder" üblich, wobei Bicyclette für das Niederrad verwendet wird. Hin und wieder ist auch von „Wagen" die Rede. Der Ausdruck „Hochrad" bürgert sich erst als vergleichender Begriff mit Auftauchen des „Safety" (Niederrades) ein, in Graz 1887/88.

Draisine. Die 1816 öffentlich vorgestellte und 1818 patentierte Laufmaschine des badischen Forstmeisters Baron Carl Friedrich von Drais (1785-1851)[20] gilt als Urform des Fahrrades. Die beiden Räder, von denen das vordere lenkbar ist, sind mit einem Balancierbrett verbunden, auf dem sich ein Sitz befindet und ein Polster für Bauch und Unterarme. Der „Reiter" stößt sich mit den Beinen vom Boden ab, das Fahren hat so den Gestus eines ausgreifenden Schreitens, weshalb auch von „Fußläufern" oder „Schnellläufern" die Rede ist. In England baut Denis Johnson die Drais'sche Laufmaschine als „Hobby Horse" nach. Für Frauen gibt es Modelle mit tiefer gezogenem Rahmen.

Ewigtreter. Bezeichnung eines Fahrrades ohne Freilauf, auch „Dauertreter" genannt. Wer auf ihm unterwegs ist, muss „ewig treten", auch wenn es bergab geht. Die fehlenden Bremsen müssen durch Gegentreten kompensiert werden – für den Fall, dass es das Gefälle erlaubt, und zum Ausrasten gibt es auf der Vordergabel Fußraster.

Freund. (Abk. = Fr.) Unter frühen Tourenradfahrern verwendetes Synonym für Eisenbahn.

Herrenfahrer. Früher üblicher Ausdruck für Amateur im Radsport.

Hochrad. Der deutsche Begriff „Hochrad" entsteht erst mit dem Aufkommen des Safety (= Niederrades) und leitet sich vom offensichtlichen Größenunterschied des Antriebsrades dieser alten Generation von Fahrrädern ab.

Kangaroo. Im Übergang vom Hoch- zum Niederrad wird ein Modell mit einer kurzen doppelten Ketten- oder Hebelübersetzung auf das Vorderrad entwickelt. So rückt die Fahrerposition nach hinten, was einen niedrigeren Schwerpunkt und somit mehr Sicherheit bringt. Das „Kangaroo", das in Graz 1885 auftaucht, wird von Hillman, Herbert & Cooper, Coventry, erzeugt.

---

20 In Graz gibt es eine Draisgasse (1899 so benannt), eine Seitengasse der Raiffeisenstraße in unmittelbarer Nachbarschaft zu den 1898 gegründeten Fram-Fahrradwerken Cless&Plessing, nachmals Noricum-Fahrradfabrik (=> „Cless & Plessing", S. 114).

Linke Seite:
Ernest Strallegger, Gastwirt und Fleischer in Preding, auf einem Kangaroo (Facile), um 1890
Ein Kreuzrover, angeblich ein frühes Produkt aus der Werkstatt von Johann Puch. Im Bild mit Besitzer Erich Edegger, Grazer Vizebürgermeister und verdienter Radverkehrspromotor
Rechte Seite:
Anton Handl, St. Johann bei Herberstein, auf einem Steyr Swift 1899 – ein „Ewigtreter", auf den von hinten aufgestiegen wird

Safety. Nach Vorläufern von H.J. Lawson, Brighton, und Singer & Co., Coventry, präsentiert James Starley 1885 das „Safety", Modell „Diamond", das alle wesentlichen Konstruktionsmerkmale des heutigen Fahrrades aufweist: zwei gleich große Räder, Sitz zwischen den Rädern und Hinterradantrieb durch Kettenübersetzung. Unter den Bezeichnungen bzw. Modell- bzw. Firmennamen „Rover" oder „Humber" und in Verbindung mit der Erfindung des Luftreifens durch den Iren John Boyd Dunlop (1888) und der Freilauf-Torpedo-Nabe des Deutschen Ernst Sachs (1900) setzt die massenhafte Produktion und Verbreitung ein.

(Sicherheits-) Niederrad. Der Begriff soll, wie auch die Bezeichnungen „Hochrad" und „Radfahren" angeblich von Graz aus Verbreitung gefunden haben. (Graz 1928, 170)[21] Andere Quellen sprechen davon, dass der Ausdruck „Radfahrer" schon 1884 auftaucht. (KLEINOSCHEG 1892, 32; MEISENBICHLER 1926, 3) Die Wortkreation „Fahr-Räder" ist in einem Inserat des Grazer Fabrikanten Benedict Albl aus dem Oktober 1888 belegt. (Mitt. StRGV 15.10.1888)

Sociable. Tricycle für zwei nebeneinander sitzende Personen. (=> Foto Max Kleinoscheg und Melitta Dittler, S. 44)

Tandem. Der Begriff stammt aus der Terminologie des Pferdesports und wird ursprünglich für ein Gespann verwendet, bei dem zwei Pferde hintereinander – statt nebeneinander – laufen.

Vélocipèdes. Der Pariser Kutschen- und Wagenbauer Pierre Michaux experimentiert seit den 1850er-Jahren mit Tretkurbeln am Vorderrad von Draisinen. 1864 erzeugt er nachweislich das erste Vélocipèdes, dessen Namen auf das von Drais eingereichte französische Patent zurückgeht. Die Holzteile werden sukzessive durch Eisenteile – zunächst Eisenringe an den ungleich großen Rädern – ersetzt, die Fertigung erfolgt bereits industriell. Das Veloziped (dt. Ausdruck) breitet sich über England und USA aus, wo die Nachbauten „Boneshaker" (Knochenschüttler) genannt werden.

Wilde oder Wildinge. Nicht an einen Verein gebundene Radler der Frühzeit; von ihnen grenzen sich die Funktionäre der Vereine ab, die ihnen vorwerfen, sie hielten sich nicht an die Regeln und verfügten über keine Ausbildung. Im Gegensatz dazu müssen in den Vereinen erst Fahrtüchtigkeitsprüfungen, die zum Teil auch amtlich bestätigt werden, abgelegt werden, um allein auf der Straße unterwegs sein zu dürfen.

21 Erhärten lässt sich diese Behauptung nur für den Begriff „Niederrad", für welchen der Schriftwart des AtRV, Ignaz Knotz, die Urheberschaft zugesprochen erhält. (vgl. DöR II/13/1890, 211)

Linke Seite:
Importiert das Bicycle nach Graz:
Der Wiener Ernst Brömer-Elmerhausen

Rechte Seite:
Inserat von Brömer-Elmerhausen in der Grazer „Tagespost"

Ernst Brömer-Elmerhausen.

Der Pate:
Ernst Brömer-Elmerhausen

„*Jene Herren, welche sich für den Bicycle-Sport interessieren, sind hiermit zur Theilnahme an der heute Abends 7 Uhr im Glassalon der Puntigamer Bierhalle behufs Gründung eines `Grazer Bicycle-Club´ stattfindenden Zusammenkunft eingeladen. Zu Fahrversuchen stehen an diesem Abende 5 Bicycles bereit. Für das Comité: Hans Fuchs.*" (Tagespost 11.11.1882)

So lautet am 11. November 1882 die Anzeige, die von der Gründung des ersten Grazer und des nach dem Wiener Bicycle-Club (gegr. 15.10.1881) zweiten Radfahrklubs Österreichs kündet.

Der Anstoß zur Gründung kommt von außen: Ernst Brömer-Elmerhausen, geboren 1855 in Willershausen (Hannover), als „Pfadfinder" des Radsports in Wien und Gründungsmitglied des Wiener Bicycle-Club in Erscheinung getreten, (ÖuRZ IX/11/1889, 28) ist Anfang November 1882 mit dem Hochrad nach Graz unterwegs, wo man das neue Sportgerät bis dahin praktisch nur aus Zeitungsberichten kennt. An der Weinzödlbrücke trifft er auf einige Mitglieder des Klagenfurter Ruderclubs „Nautilus", die an ihrem Studienort Graz einen Ruderclub gründen wollen.[22] Weil aber die Mur für den Rudersport wenig geeignet ist und der Gast aus Wien ordentlich Werbung für den neuen Sport macht, disponiert man kurzerhand um und entschließt sich zur Gründung eines Bicycle-Clubs. Bald findet sich in „Frau Baumgärtner´s gastlichem Hause" in der Albrechtgasse 4 ein Gründungskomitee von sieben Personen, durchwegs Kärntner Studenten, zusammen. Neben Brömer, der einen Vortrag über den Bicycle-Sport hält, sind dies Fritz und Ernst Wlatnigg, Hans Fuchs, Gustav Kopper, Josef Schaschl, August Bahmann und Eugen Sziklay. (KLEINOSCHEG 1892, 12)

Am 6. Dezember wird schließlich die konstituierende Generalversammlung in der Steinfelder Bierhalle abgehalten, die auch gleich zum „Club-Kneip-Local" erkoren wird. Brömer hat die Mitgliedsnummer 3, wandelt aber seine ordentliche Mitgliedschaft 1885 in eine unterstützende um, (KLEINOSCHEG 1892, 109ff) weil er seinen Wohnsitz in Wien hat. Für die Farben des GBC erringt er einige Siege, so bei der II. Akademie des Clubs am 3.1.1884 in einem Langsamfahr-Wettbewerb und im Rahmen des I. internationalen Bicycle-Meetings am 2.6.1884 die Alpenmeisterschaft

[22] Im Detail weichen die Schilderungen über die Gründerphase des GBC von einander ab: In einem Nachruf auf den ersten Obmann Ernst Wlatnigg heißt es: „Anlässlich eines Spazierganges über die Weinzöttlbrücke kam ihm ein Hochradfahrer entgegen. Es war dies Brömer-Elmerhausen aus Wien. Wlatnig, diesen Hochradfahrer erblickend, zu ihm gehen und sich vorstellen war eines. `Das wäre ein Sport für Graz´ waren Wlatnigs erste Gedanken". (Steirischer Radsport 8.8.1930, 1)

Der Wagen der Zukunft

„Safety".
Das neueste und beste Sicher-
heits-Bicycle nur bei
Brömer
Elmerhausen & Co.,
Wien, II. Lichtenauerg. 1.
Grosses Lager aller Wa-
gengattungen.*)
Illustrirte Kataloge gratis und
franco. Preis des Lehrbuches
20 kr. in Briefmarken.
*) Das neu verbesserte Mili-
tär-Bicycle, vernickelt, über-
all Kugellager. Sehr dauerhaft
gebaut. Preis 195 fl., auch auf
Raten.

am Tricycle. Schon 1883 leitet er die erste mehrwöchige Reise, die von österreichischen Radfahrern unternommen wird, nach Venedig. Im folgenden Jahr ist Brömer gemeinsam mit Ernst Wlatnigg nach Triest unterwegs. (KLEINOSCHEG 1892, 26ff)

Brömer zieht in Wien gemeinsam mit Paul Reich als Partner ab Ende 1884 die Generalvertretung von englischen Marken wie Humber & Co. Hillman, Herbert & Cooper (Premier Works Coventry) und Bayliss Thomas & Co. auf und bietet auch unter eigener Marke Räder an. Auch die Niederrad-Ära wird in Graz mehr oder minder von Brömer & Co. eingeleitet: Das erste Safety wird von ihm in der „Tagespost" im April 1887 als „der Wagen der Zukunft" angepriesen. (Tagespost 10.4.1887) Noch erfolgt der Vertrieb über Wien. Erst als man in Bela Kindl einen Partner findet, bietet man 1892 das Sortiment auch in Graz an.

Kurz darauf übernehmen Brömer & Co. den im alten Postgebäude am Jakominiplatz 16 (Steinfeldhaus) etablierten Betrieb – vermutlich muss sich Bela Kindl, der 1895 früh stirbt, krankheitsbedingt zurückziehen. Ende 1892 findet sich an diesem Platz die „Englische Fahrrad-Niederlage von Brömer-Elmerhausen & Reich". Unter den Angeboten ein „Excelsior Safety mit Dunlop-, Clincher- oder Boothroyd-Pneumatic-Tyres, complet mit Lampe und Glocke" für 285 Gulden und ein „Brömer-Special-Safety, Modell B, mit Clincher- oder Boothroyd-Pneumatics", ebenfalls „complet mit Lampe und Glocke", für 230 Gulden. (Mitt. StRGV 1.11.1892, Inserat)

Nun wendet man sich stärker heimischen Produkten zu: 1894 übernimmt Brömer-Elmerhausen & Reich die Generalvertretung der neuen Swift-Räder aus der Österreichischen Waffenfabriks-Gesellschaft Steyr für Niederösterreich, Steiermark, Mähren und Schlesien. 1897 wird in Wien auf Betreiben von Brömer und Reich die Waffenradbahn sowie ein Waffenrad-Winter-Velodrom eröffnet. (ULREICH 1995, 41, 62)

Doch der Höhenflug endet – nach außen hin zumindest – abrupt: Die Firma wird 1899 liquidiert. Sie ist Opfer der ersten Krise der Fahrradindustrie und des Niedergangs des bürgerlichen Radsports. (ULREICH 1995, 77f) Nunmehr verliert sich die Spur des zu dieser Zeit erst 44-jährigen Ernst Brömer-Elmerhausen.

Linke Seite:
Max Kleinoscheg auf dem Sociable mit seiner Schwester Melitta Dittler, 1885

Rechte Seite:
Exotische Inszenierung im Studio, vor den Pyramiden als Kulisse: GBC-Mitglieder, rechts auf dem Hochrad Max Kleinoscheg

Der Pionier: Max Kleinoscheg

Max Kleinoscheg wird am 1. Mai 1862 als Sohn des Ferdinand und der Maria Kleinoscheg, geborene Achten, in Graz geboren. Vater Ferdinand ist der jüngere Bruder des Anton Kleinoscheg, den Begründer der gleichnamigen Sektkellerei in Graz-Gösting, die bis 2004 besteht.[23]

Max besucht das Erste Staatsgymnasium und die Handelsakademie und tritt 20-jährig als Korrespondent (Buchhalter) beim Kohlenhändler Carl Dittler ein, wo er schon nach wenigen Jahren die Prokura erhält. Mit Dittler verbinden ihn nicht nur Familienbande – Dittler heiratet Kleinoschegs Schwester Melitta –, sondern auch die Liebe zum Bicycle. Beide Männer sind schon bei der Gründung des Grazer Bicycle-Club dabei und übernehmen im Verein und später auch beim Steirischen Radfahrer-Gauverband Ämter – Dittler den Säckelwart, Kleinoscheg den Schriftwart. (KLEINOSCHEG 1882, 109) Kleinoscheg ist überhaupt ein „Multi", als Funktionär wie als Sportler: Abgesehen vom GBC und vom StRGV ist er temporär u. a. im Verband Grazer Radfahrvereine für Wettkampfsport, in der Bundesleitung des österreichisch-ungarischen Radfahrerbundes und im Bund Deutscher Radfahrer Österreichs (beide Wien) sowie als Konsul des Cyclist´s Touring Club (London) aktiv. (Tourenbuch 1889, 7 ff, 21)

23 Der 1849 gegründete Produktionsbetrieb „Brüder Kleinoscheg" geht 2004 Pleite und wird geschlossen.

1883 bis 1889 fährt Kleinoscheg Rennen auf dem Hochrad, gewinnt am 14. April 1884 die ersten bedeutenden Bewerbe über einen und zehn Kilometer auf der neuen Rennbahn im Park der Industriehalle und bringt es auf insgesamt elf Preise. Er ist dabei, als der Grazer Bicycle Club im August 1883 nach Venedig die erste mehrwöchige Tourenfahrt österreichischer Radfahrer unternimmt und absolviert 1884 gemeinsam mit Hubert Endemann eine 200-km-Rekordfahrt Graz – Mürzzuschlag – Graz in zwölf Stunden Fahr- und 17 1/2 Stunden Reisezeit. (KLEINOSCHEG 1892, 32)

Seinen Aufzeichnungen, Artikeln und Publikationen ist es zu verdanken, dass man sich heute über die Frühzeit des Radfahrens in Graz ein recht gutes Bild machen kann. Mitunter mit einem Augenzwinkern schildert er seine Erlebnisse, wie etwa eines mit Clubkollegen Alexander Gayer: *„Ich fuhr einmal von der Industriehalle nachts in die Stadt, unser Trainer Gayer hinter mir, ich mit, er ohne Laterne. Als wir zum Eck Jakomini- Grazbachgasse kamen, rief ein Sicherheitswachmann: `Halt, absitzen, sie haben ja keine Laterne.´ Gayer darauf: `Ja sehns denn net, das ist ja ein Tandem.´ Der Polizist: `Ah so, dann ist es gut, fahrns weiter.´* (KLEINOSCHEG 1933, 2)

Wiederholt bereist Kleinoscheg die Ostalpenländer und nach einer Fahrt nach Bosnien und Herzegowina im Sommer 1888 ist er 1890 auf einer Radreise durch die Türkei über Constantinopel nach Kleinasien unterwegs. Im Sommer 1892 unternimmt er gemeinsam mit seinen Club-Kollegen Fritz Bullmann, Univ.Prof. Byloff und Ing. Rudolf Miller[24] eine Tour am Rande der Sahara von Südalgerien nach Südtunesien. Durch Schluchten und über Pässe des Atlasgebirges geht es auf den Hochrädern zu Festungen und Oasen, zum Teil über Kamelpfade. Gegen Ende verirrt sich das Trio, erlebt einen Wüstensturm mit Tropenregen und muss eineinhalb Tage ohne Wasser und Nahrung biwakieren. (zit. nach Propst 1982; Radfahrer 20.6.1936, 5f) Aus Ägypten schreibt Kleinoscheg den Daheimgebliebenen am 21. August 1892 eine Grußkarte: *„Nach einer Radpartie in die lybische Wüste in Begleitung des Cairo Cyclist´s Club Aida rufe ich Euch von der Spitze der Cheops-Pyramide ein herzliches All Heil zu."* (R-C-Chronik V/33/1892, 1097)

Kleinoscheg ist als Sportsmann aber nicht nur am Radfahren interessiert, arbeitet am „Tourenbuch für Steiermark" mit und organisiert Rennen wie das 500-km-Straßenrennen Wien–Graz–Triest (1892), sondern widmet sich auch anderen sport-

---

24 Der Mediziner Byloff ist 1899-1904 Obmann der „Radfahr-Riege (beider Grazer Hochschulen)", Miller, geb. 1853, gilt als einer der Pioniere des Tourenfahrens, ist Trainer des Kunstfahrers Hubert Endemann, später langjähriger Funktionär bei den Grazer Radfahrern „Die 94er" und bringt es im Alter von 75 Jahren noch auf eine Jahresleistung von 2500 km. (Der Radfahrer 20.6.1936, 5f) Fritz Bullmann ist Baumeister und Obmann des Österreichisch-Ungarischen Radfahrer-Bundes in der Steiermark. (StLA, Vereinsakten)

Tourenradler mit Selbstironie: Weihnachtsgrüße von Max Kleinoscheg an Josef Baltl

lichen Disziplinen wie etwa dem Bergsteigen, Tauchen, Schwimmen und Eislaufen. Gemeinsam mit seinem Mürzzuschlager Radlerkollegen Toni Schruf wird er zum Ski-Pionier: Im Dezember 1890 lässt er sich Ski aus Trondheim nach Graz schicken und probiert sie gleich in der Nacht auf einer Wiese nahe seiner Wohnadresse in Jakomini aus. Am darauf folgenden Wochenende geht es auf den Ruckerlberg, dann auf den Semmering – zunächst mit mäßigem Erfolg. Erst als sein Freund und Hotelier Schruf mehr Glück hat mit den Bretteln, damals „Schneeschuhe" genannt, gelingt der Durchbruch für eine neue Sportart – die beiden setzen jedenfalls Schritte, *„die bestimmend und sehr weitgreifend die Einführung des Skilaufs in Mitteleuropa förderten"*. (HEIDINGER 1991, 154) In der Folge organisiert Kleinoscheg auch erste Skirennen und begründet den Verband Steirischer Skiläufer mit. Am 5. Februar 1892 referiert er vor Mitgliedern des GBC über den „Schneeschuhsport". (ÖuRZ VII/3/1892, 25) Für die Förderung seiner sportlichen Ambitionen nutzt Kleinoscheg auch verwandt- und freundschaftliche Beziehungen, worauf Inserate der „k. u. k. Hoflieferanten Brüder Kleinoscheg, Steirischer Sect – Eigenbauweine. Gegründet 1850" und für *„Toni Schrufs*

Hotel Post, Mürzzuschlag, am Fusse des Semmering. Rendez-vous der Radlerwelt. Für Radfahrer bedeutende Preisermässigung" im Fest-Buch zum Bundestag des Deutschen Radfahrer-Bundes 1895 in Graz hinweisen. (Festbuch 1895, 164, 160) Dass der XII. Bundestag des Deutschen Radfahrer-Bundes in Graz abgehalten wird, hat übrigens auch Kleinoscheg eingefädelt.

1895 heiratet Kleinoscheg Franziska Pfann aus Pöllau.[25] Seine Gattin begleitet ihn auf zahlreichen Radtouren, so auch nach Montenegro. Im selben Jahr geht Kleinoscheg als Hauptschriftleiter des seit Oktober 1887 erscheinenden „Radfahr-Humor" nach München, und gestaltet das Blatt von einer rein humoristischen Publikation vor allem durch die Beilage „Radfahrchronik" zum maßgeblichen Radsport-Medium des deutschsprachigen Raumes um. (GEISSER 1897, 186)

In einer Würdigung anlässlich seines 70. Geburtstages wird Kleinoscheg als *„radsportlicher Universalmensch"* beschrieben: *„Er war ein rastloser Wanderfahrer, ein wiederholt erfolgreicher Rennfahrer, ein verläßlicher Schulfahrer, ein fleißiger Schriftwart und ein trefflicher Sportschriftsteller."* (Grazer Volksblatt 1.5.1932, 7)

25 Dies geht aus der Sterbeurkunde, ausgestellt am 10.1.1941 am Standesamt Graz, hervor. Franziska stammt aus der Dynastie Pfann, die mit Franz Pfann auch den Obmann des Pöllauer RC stellt. Max Kleinoscheg dürfte auch zeitweise in Pöllau gelebt haben; so gibt er den oststeirischen Ort als Wohnsitz an, als er 1898 als Prokurist bei Cless & Plessing einsteigt.

Links:
Steirische Ski- und Radpioniere von überregionaler Bedeutung: Max Kleinoscheg (l.) und Toni Schruf
Unten:
Rendezvous der Radlerwelt in Toni Schrufs Hotel

1898 kehrt Kleinoscheg nach Graz zurück und steigt bei der Fahrradfabrik Cless & Plessing als Prokurist und Vertrauensmann von Heinrich Cless ein. 1898/99 übernimmt er das Amt eines Gaufahrwartes beim Steirischen Radfahrer-Gauverband, 1901–1903 macht er noch einmal beim GBC den Fahrwart. 1904 übernimmt er gemeinsam mit Fritz Cless die Betriebsleitung des Unternehmens, zuständig für den kaufmännischen Bereich. In diesem Jahr wird die Fahrradproduktion eingestellt – man setzt voll auf die Zahnrad- und Getriebefertigung, die vor allem im Zuge der Elektrifizierung der Bahn einen Aufschwung nimmt.

1914 – die Noricumwerke beschäftigen 430 Mitarbeiter und produzieren für den Krieg – wird Kleinoscheg zum Direktor ernannt. Er sei ihm „ein lieber, unentbehrlicher Freund" geworden, schreibt der nunmehrige Alleineigentümer Max Cless in einer Jubiläumsschrift. (CLESS 1948, 8) Nach dem Ersten Weltkrieg wird die Zahnradfabrikation langsam wieder hochgefahren, 1923, zum 25-jährigen Dienstjubiläum des Direktors, beschäftigt das Unternehmen 50 Arbeiter und zwölf Angestellte. (CLESS 1948, 11) Durch eine Fehlentscheidung, zusätzlich zur Metall- auch eine Eisengießerei zu bauen und sich an einer Maschinenbau-Firma zu beteiligen, die Max Cless auf seine Kappe nimmt, gerät das Unternehmen in Schwierigkeiten: 1928 kommt es zum Ausgleich, der Gießereibetrieb wird eingestellt. Es folgen sieben magere Jahre. Ab 1936 geht es durch Aufträge für Eisen- und Straßenbahnen wieder leicht bergauf. Persönlich bleibt Kleinoscheg dem Fahrrad bis ins hohe Alter verbunden.

Max Kleinoscheg stirbt am 10. Dezember 1940. Cless würdigt den „nach 42-jähriger vorbildlicher Pflichterfüllung" Verschiedenen als „mein bester Freund und Bergkamerad". Dem aufrichtigen Dank fügt er hinzu: „Er war ein treuer Diener seines Herrn". (CLESS 1948, 15) Sein Grab befindet sich am Grazer Zentralfriedhof. In Mürzzuschlag, wo der wegen seiner Verdienste um den Tourismus mit dem Titel Kommerzialrat Ausgezeichnete auch Ehrenbürger ist, wird eine Straße nach ihm benannt.

Gereist wird mit leichtem Gepäck: Tourenradler vor Mariazeller Kulisse im Fotostudio

3 Frühe Blüte

Mit der Verbreitung des Niederrades und der Erfindung des pneumatischen Reifens 1888 beginnt die Blütezeit des Radfahrens. Für ein Jahrzehnt beherrscht das Fahrrad konkurrenzlos als Mittel des individuellen Schnellverkehrs die Straßen - die Fahrradindustrie erlebt einen Aufschwung, Clubs und Rennszene boomen. Graz ist „Hochburg des Radsports" der österreichisch-ungarischen Monarchie. Knapp vor der Jahrhundertwende berichtet der Schreiber einer Ansichtskarte: „Ganz Graz radelt und bicykelt..." Nur wenige Jahre später heißt es: „Es war einmal..."

3.1. Auf Touren gekommen

Sind es 1886 noch gezählte 89 Hochradfahrer, die in zwei Grazer Radfahrvereinen organisiert sind und im folgenden Jahr 133, gibt es acht Jahre später laut einer Schätzung bereits 800 bis 1000 Radfahrer und Radfahrerinnen, die bereits mehrheitlich auf Niederrädern unterwegs sind.

Noch in die Hochradzeit fallen drei Verbandsgründungen. 1886 entsteht der Gau 36 „Steiermark" des Deutschen Radfahrerbundes (DRB) – 1884 aus dem Zusammenschluss des Deutschen und des Deutsch-österreichischen Velocipedistenbundes entstanden –, aus dessen Satzungen hervorgeht, dass „Radfahrer von niederem Bildungsgrade oder minderer selbständiger Stellung" nicht Mitglieder sein können. Die liberale Allgemeine Radfahrerunion, die nie die Bedeutung erlangt wie der deutsch-national ausgerichtete DRB, tritt in der Steiermark kaum in Erscheinung. Wohl aber präsent ist der Österreichisch-Ungarische Radfahrerbund, der 1887 als vaterländisches Gegenüber in Wien aus der Taufe gehoben wird und 1888 eine „Sektion Steiermark" erhält.

Der regional bedeutendste Zusammenschluss ist aber ohne Zweifel der Steirische Radfahrer-Gauverband (StRGV), dessen Gründung 1887 besonders vom Grazer Bicycle-Club betrieben wird. Der Gauverband orientiert sich am Cyclists´ Touring Club (gegr. 1878 in London), wenn auch deutlich nationaler ausgerichtet und mit der regionalen Zielsetzung, „der Radfahrsport müsste im Steirerland populär, volkstümlich werden".[26] Der Umstand, dass es sich beim StRGV um den ersten Landesverband deutschsprachiger Radfahrer in der Monarchie handelt, bringt der Steiermark

---

26 Das ist jedenfalls die Intention von Ernst Wlattnig, der bei einem zufälligen Treffen mit Heinrich Schrottenbach im Sommer 1885 bei der Badlwand nahe Peggau die Gründung eines Dachverbandes bespricht. Schrottenbach wiederum kann Josef Baltl von der Idee begeistern, der dann als eigentlicher Gründer fungiert. (SCHROTTENBACH 1926, 9)

Emsiges Werken im Gauverband. In der Mitte sitzend: Josef Baltl, im Hintergrund das Verbandswappen, im Vordergrund ein Wegweiser

die Bezeichnung „Geburtsstätte des deutschen Radfahrsports in Österreich" und „Hochburg der deutsch-österreichischen Radfahrerschaft" ein. (CERMAK 1897, 207)

Eine der ersten offiziellen Handlungen des Gauverbandes ist die Abfassung eines Schreibens an den Lehrerbund. Darin wird dieser ersucht, dafür Sorge zu tragen, dass das Behelligen von Radlern durch Kinder ein Ende hat. 1890 folgt eine Bekanntmachung ähnlichen Inhalts, die an alle Gemeinden ergeht. Verständlich wird das Anliegen der Dachorganisation, wenn man die Berichte über das Verhalten der Landbevölkerung gegenüber den ersten Radlern liest, auch wenn sie manches Mal übertrieben erscheinen mögen: *„Auf Schritt und Tritt rannte ein Bäuerlein ums andere, als sie der `wilden Jagd´ ansichtig geworden waren, sich bekreuzigend hinter einen schützenden Baum oder in den nahen Wald. Waren ihrer mehrere und gar mit kriegerischem Sinn begabt, dann kamen unter wenig schmeichelhaften Belästigungen Steine jeden Umfanges geflogen."* (Tagespost 11.6.1938)

Schon vor der Gründung des Gauverbandes gibt es Bemühungen, die Bedingungen für Fahrten über Land zu verbessern. So ist es dem Brucker Bicycle-Club zu verdanken, der mittels einer Eingabe die Freigabe der Fußwege entlang der Reichsstraßen für dieses *„gänzlich harmlose und ungefährliche Vehikel"* fordert, dass das Radeln neben den oft unbenutzbaren Fahrbahnen auf einigen Routen erlaubt wird. (Radfahrer 24.2.1934, 8) [27]

„Zur Hintanhaltung von Unglücksfällen" geht man nun daran, Warnungstafeln aufzustellen: *„Dieselben enthalten auf schwarzem Grunde in weisser Farbe ein Bicycle, sowie die Worte `Gefährlich´, `Absitzen´ oder `Vorsicht´, `lieber absitzen´ und die Unterschrift `St.R.-G.V.´"* (Tourenbuch 1889, 17) Die erste derartige Tafel wird am Häuselberg zwischen St. Michael und Leoben platziert, ein steiles Stück, das schon bisher mit einem Fahrverbot belegt war. (Fahr-Ordnung LRV 1886, 9) Im ersten Verbandsjahr folgen elf weitere Tafeln. Außerdem werden an wichtigen Straßenkreuzungen Wegweiser mit Kilometerangaben aufgestellt. Mit dem Ziel, den Zustand der Wege zu verbessern, werden Prämien für Straßeneinräumer ausgesetzt – eine Förderaktivität, die der StGV zunehmend von den einzelnen Vereinen übernimmt und die später auch von den Automobilclubs fortgesetzt wird. (R-Chronik VIII/80/1895, 1755f; MEISENBICHLER 1926, 3) [28]

Der Gauverband erfüllt mit der Veröffentlichung aktueller Informationen über den Straßen-

---

27 Ein Erlass der k. u. k. steiermärkischen Statthalterei von 1897 konkretisiert dann die allgemeine Benützung von Fußwegen entlang bestimmter Reichsstraßen wie Wiener-, Triester- oder Italiener Straße (Bruck/ Mur bis zur Kärntner Grenze). Zudem werden die Bezirkshauptmannschaften angewiesen, dort, wo Fußwege nicht mitbenützt werden dürfen, nach Möglichkeit abseits der Wagenfahrbahn Wegstreifen *„speciell für den Radverkehr anzulegen und zu erhalten"*. (TOURENBUCH 1899, XIX)
28 Wie schwierig sich dieses Unterfangen in der Praxis gestaltete, davon zeugen Protokolle des Vereins „Grazer Tourenfahrer": Einem Beschluss vom 15. März 1893, *„Preise für diejenigen Straßeneinräumer der Strecke Weinzöttlbrücke – Frohnleiten auszuschreiben, welche*

Gasthof „Zum Goldenen Kreuz", Clublokal der Mariazeller Radfahrer

III : 51

zustand auf verschiedenen Strecken in seinen Mitteilungen auch die Funktion eines frühen „Verkehrsdienstes". Dabei wird nie auf die Angabe lohnender Ziele vergessen, insbesondere guter Gastwirtschaften. Zu den beliebten Verbandsgasthöfen, die mit einem Wappen in Blech ausgezeichnet werden, gehören im Norden von Graz das Gasthaus Tomahan in Wörth/ Friesach, wo Vereine lange Zeit auch den Start- und Zielpunkt ihrer Rennen haben, Gärtners Gasthaus in Wundschuh oder Rinners Gasthaus in St. Stephan am Gratkorn, bekannt als „Haltestelle für Radfahrer". An der Mauer des Hotels Erzherzog Johann in Mürzzuschlag prangt, wie auf einer Ansichtskarte zu sehen, der Schriftzug „Radfahrerheim - All heil!", im Süden des Bundeslandes wird im Tourenbuch 1889 die „I. Radfahrer-Station Ludwigshafen" in Kaindorf empfohlen.

Die Leserschaft der „Mitteilungen" ist auch in dieser Hinsicht immer bestens informiert: *„Der Gleisdorfer Bicycle-Club empfiehlt das an der Straße Graz – Gleisdorf in Höf zwischen dem 13.6 und 13.8 Kilometer-Stein befindliche Gasthaus des Peter Supperl, welches von Mitgliedern des genannten Club´s wegen der guten Küche und hauptsächlich wegen des guten, ungemein billigen Weines häufig als Ziel für Abendpartien gewählt wird. Der Besitzer des Gasthauses ist den Radfahrern außergewöhnlich freundlich gesinnt und bemüht sich auch die Wegeinräumer auf entsprechende Weise zur bestmöglichen Beseitigung von den Radfahrern so lästigen Wasserabzugsgräben zu bestimmen".* (Mitt. StRGV 1.8.1890) 1897 empfiehlt der Gauverband 200 Verbandsgasthöfe.

Eine wichtige Rolle in der Frühzeit des Tourenradelns, als die Infrastruktur noch in den Kinderschuhen steckt, haben die Ortswarte inne: Sie sollen reisenden Sportgenossen im wahrsten Sinn des Wortes entgegenkommen, wie im „Tourenbuch für Radfahrer in der Steiermark" 1889 unter den Adressen der Grazer Funktionsträger Hubert Endemann, Arthur Huber, Paul Kielhauser, Max Kleinoscheg und Josef Pichler zu lesen ist: *„Die Ortswarte sind gerne bereit, fremden Radfahrern entgegenzufahren und sie in die Stadt zu geleiten."* Ohne Frage bringt das Tourenradeln dem zu dieser Zeit noch sehr bescheiden entwickelten Tourismus einen kräftigen Impuls, wie auch in einem Rückblick auf die Pionierzeit resümiert wird: *„Sehr viel haben die wandernden Radler zur Erschließung unseres schönen Steirerlandes für den Fremdenverkehr beigetragen."* (Tagespost 18.3.1939, 10)

während der Fahrzeit 1893 ihre Strecke verhältnismäßig am besten gestaltet haben", folgte in den nächsten Sitzungen die ernüchternde Erkenntnis, dass sich auch für Geld niemand dazu bewegen ließ, dem Wunsch nach besserer Wartung der Fußwege entlang der Reichsstraße nachzukommen. (Protokollbuch Tourenfahrer, 14) Die Praxis der Prämierung setzt sich mindestens bis Anfang des 20. Jahrhundert fort, wie etwa eine Spendensammelaktion des StRGV mit der Ausgabe von „Schotter-Steinen" in Form von 4-Heller-Marken zeigt. (ASZ 6.12.1907, 1; Fremdenbuch Fürstenfeld, 103)

Rast vor Arzberg:
Gruppe Grazer Tourenradler auf
Hoch- und Niederrädern, 1893

Das Tourenbuch von 1889

Lustig auf des Rades Schwingen
Sausend durch Gefield und Thal
Lasst ins schöne Land uns dringen,
Stolz die Hand am Gouvernal.
(Anton Schlossar in: Tourenbuch 1889)

Als Radtourenführer von richtungweisender Qualität gilt das „Tourenbuch von Steiermark für Radfahrer", das 1889 vom Gauverband in zwei Teilen aufgelegt und nachträglich um eine von Franz Pichler gestaltete „Strassen-Übersichtskarte" ergänzt wird. Statt der bisher in ähnlichen Publikationen üblichen tabellarischen Darstellung wird die Baedeker-Form mit fortlaufendem Text gewählt. Der Beschreibung von Graz ist ein kleiner Übersichtsplan im Maßstab 1:22.000 beigegeben, der die wichtigsten Straßen inklusive ihrer baulichen Beschaffenheit ausweist. Die Routenbeschreibung enthält Hinweise technischer Art – Straßenverhältnisse, Mauten,[29] Reparaturhilfen – und touristische Tipps, etwa Sehenswürdigkeiten, empfehlenswerte Spaziergänge und Gasthäuser. Zusätzlich gibt es Informationen über die „Allgemeine Strassen-Fahrordnung", über die bestehenden Radfahrer-Vereine und deren Ortswarte, über die Beförderungsbedingungen der Eisenbahn für Fahrräder sowie Zollbestimmungen.

1894 wird die zweite, verbesserte Auflage von Robert Seeger (GBC) ediert, die beigelegte Straßenübersichtskarte stammt von Carl Jäger („Grazer Tourenfahrer"). Jäger, der schon 1890 eine „Strassen-Profil-Karte von Steiermark" gezeichnet und 1893 gemeinsam mit Seeger die „Profile der Hauptstrassen in den österreichischen Alpenländern" herausgegeben hat, ist auch in der letzten und umfassendsten Tourenbuch-Ausgabe von 1899 für die Kartografie zuständig: Auf einer Übersichtskarte 1:750.000 sind die im Tourenbuch beschriebenen Routen dargestellt, zusätzlich gibt es einen Auszug im Maßstab 1:250.000 für die Mittel- und Untersteiermark. Als Indiz dafür, wie sehr zu dieser Zeit große Touren verbreitet sind, darf der „Radfahrer-Dolmetsch" gelten, der 1898 vom „Grazer Bicycle-Club des Jahres 1894" im Verlag von Paul Cieslar veröffentlicht wird und rund 450 Worte und Redewendungen in die italienische, französische, serbokroatische und ungarische Sprache übersetzt.

Die sportlich Ambitionierten legen bereits beachtliche Distanzen zurück, auch wenn dies

---

29 Die zahlreichen Mauten dürften Radfahrer, so sie keine zu verzollende Ware mitführten, nicht weiters berührt haben. Wohl aber werden Unfälle und Beschwerden in Zusammenhang mit unbeleuchteten Mautschranken gemeldet. Kostenpflichtig sind Brückenmauten und Murfähren: So werden in Lebring 2 Kreuzer verlangt, für die Fähre von Wörth nach Stübing sind vier Kreuzer Radfahrertaxe zu erübrigen. (Tourenbuch 1894, 130, 5)

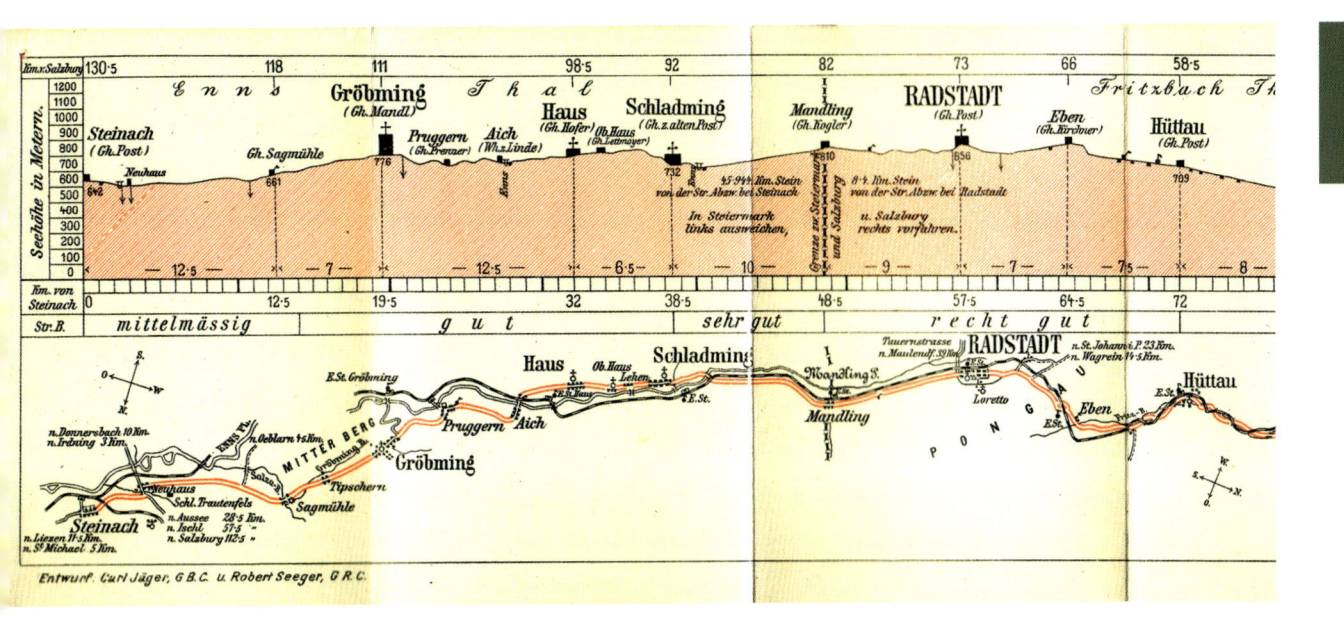

Spezialisten des Gauverbandes liefern professionelle Kartografie und Tourenbeschreibungen in Leporello-Form

vielfach als „Kilometerfresserei" kritisiert wird: 1890 markiert Victor Gagylaky (GBC) – er fährt ein „Meteor" von Albl – die steirische Jahresbestleistung von 9.649 km, die der „Grazer Tourenfahrer" Gustav Bloos im Jahre 1892 mit 12.062 km überbietet, ehe sie vom erfolgreichen Rennfahrer Franz Gerger im folgenden Jahr auf 12.534 und schließlich von Josef Jännisch, Kapfenberg, 1896 auf 15.188,5 km geschraubt wird. (Steirischer Radsport 9.8.1924; ÖuRZ VII/5/1892, 58) Rudolf Miller vom „Grazer Bicycle-Club von 1894" gelingt es bis 1908, sämtliche 150 im Tourenbuch verzeichneten Strecken nachzufahren. (ASZ 2.4.1909, 1)

Impressionen des frühen sportlichen Tourenradelns gibt Annemarie Fossel wieder, deren Vater Karl Fossel Richter in Graz und Mitglied der frühen Bicyclisten-Elite war: Als er vom Hochrad auf ein Niederrad umsteigt, verfügt dieses weder über Freilauf noch über Lufreifen: *„Trotzdem war er bei einem Wettrennen von Graz nach Wien und zurück an einem Tag gefahren. Über den Semmering musste hinauf geschoben werden und hinunter wurde ein Fichtenbäumchen als Bremse angehängt. Dann wurden die Beine weggestreckt, und man raste dahin auf der ausgefahrenen Schotterstraße. Auf solchen Radtouren hatten die Fahrer Pistolen bei sich. Vater hatte auch eine, aber gebraucht hat er sie nie".* (Doku Fossel, 11) In seinem Ratgeber für Radsportler führt ein k. u. k. Fecht- und Turnlehrer unter Ausrüstungsempfehlungen an: *„Zu seiner Verteidigung kann er überdies einen kleinen, handlichen Revolver mitnehmen."* (CZEIPEK 1898, 26)

3.2. Hochburg des Radsports

In den ausklingenden achtziger Jahren des 19. Jahrhunderts haben alle drei Grazer Radfahrvereine um die Industriehalle ihre Übungsplätze, Rennbahnen und Clubhäuser, weshalb die Gegend südlich des Jakominiplatzes „das Radfahrer-Viertel von Graz" genannt wird. Dem gemäß werden die im „Tourenbuch" beschriebenen Routen auch von der Industriehalle aus kilometriert. (Tourenbuch 1889, VI)

1890 gibt der GBC seine Rennbahn schließlich auf und tritt dem „Verband Grazer Radfahrvereine für Wettfahrsport" bei; Graz ist zu dieser Zeit mit Frankfurt am Main, Mannheim, Hannover und München der einzige Rennplatz im deutschsprachigen Raum, der über zwei Radrennbahnen verfügt. (WOLF 1890, 218f) GRC, AtRV und GBC

Die Grazer Rennfahrer von GBC und AtRV der Saison 1893 auf der Grazer Bahn: Josef Albl, Richard Hofbauer, Richard Gerwig, Ludwig Gunzer, Hans Schneider, Robert Kastner und Franz Urpani (v.l.n.r.)

arbeiten in der Organisation der Pfingstrennen zusammen, eine fruchtbringende Bündelung der Aktivitäten, die den Ruf von Graz als „Hochburg des Radfahrsports" unterstreicht. Öfter wird dem Publikum was Neues geboten: 1893 beispielsweise erweitert das erste öffentliche Militär-Radwettfahren Österreich-Ungarns das Rennprogramm, das rund 5000 Zuschauer anlockt. Alle drei Wettfahrverbands-Vereine unterhalten Klubhäuser an der Rennbahn: Der GBC mit Schlafraum, Dusche, Wannenbad und Maschinenraum an der Südkrümmung, der GRC hat sechs Betten und einen Wagenraum für 30 Maschinen, Kegelbahn und Turngeräte zur Verfügung, der AtRV bietet Mitgliedern und Gästen ebenfalls Dusche und Wagenraum. Wie Max Kleinoscheg schildert, wohnen einige Clubmitglieder in den Sommermonaten regelrecht an der Rennbahn. Besucher aus allen Winkeln der Monarchie, aus Deutschland und Frankreich kommen und haben selbstverständlich Freiquartier. (KLEINOSCHEG 1933)

Bei den Pfingstrennen 1890 dominiert Franz Urpani (AtRV) die Niederrad- und Hans Schneider (GBC) die Hochrad-Disziplinen. Auch 1891 überzeugen die Schneider-Brüder Hans und Carl auf der Bahn – in Triest und Brünn sind sie auf dem Hochrad siegreich und zählen zu den bekanntesten Rennfahrern des Kontinents. (MEISENBICHLER 1926, 4) 1892, auf das Niederrad umgestiegen, gewinnen die beiden bei den Pfingstrennen gemeinsam das Zweier-Niederradfahren und treten am nächsten Tag im Kampf um die Meisterschaft von Cisleithanien (Niederrad) gegeneinander an, wobei Urpani um Nasenlänge vorne ist. Urpani stellt in diesem Jahr mehrere Rekorde für Deutschland und Österreich auf, und zwar über die Distanzen 2000, 3000 und 6000 m.

Die ersten offiziellen steirischen Straßenmeisterschaften entscheidet der Pischelsdorfer Josef Berghofer 1891 für sich, in den Jahren 1892-94 dominiert Franz Urpani dieses Rennen über 50 Kilometer, das 1891-1928 in verschiedenen Streckenvariationen auf der Straße Graz – Bruck ausgetragen wird.

Das erste Langstreckenrennen Österreichs geht 1892 auf Initiative von Max Kleinoscheg zurück: 21 Racer nennen für das 500-km-Rennen Wien – Graz – Triest, 16 nehmen teil und sieben erreichen das Ziel. Sieger wird Josef Sobotka von der Wiener „Wanderlust" vor Otto Wokurka vom Wiener Touren-Bicycle-Club und Josef Fischer von der Münchner „Germania". Während sich in Graz

Unten:
„Radfahrerheim" und „Haltestelle für Radfahrer":
Ansichtskarten als Werbemittel für den „Grünwirt" in
St. Stephan am Gratkorn, 1899
Rechts:
Hans Rinner auf frühem Niederrad, vermutlich Sparbrook
Diamond Safety, um 1890

„Haltestelle für Radfahrer"

Der Gauverband verleiht radlerfreundlichen Gaststätten das Verbandswappen – um die Jahrhundertwende gibt es schon 400 Verbandsgasthöfe. Gerade am Land sind die Wirte oft auch Funktionäre und große Promotoren des Radfahrsports.
Der Gastwirt Rinner vulgo „Grünwirt" wird schon im ersten Tourenbuch des Gauverbandes (1889) als Ortswart geführt. Vater Martin stirbt früh bei einem Fährunglück, seine Frau Anna und der junge Sohn Hans führen den Betrieb weiter. Hans Rinner (1871–1928) dürfte, wie ein um 1890 aufgenommenes Foto dokumentiert, zu den ersten Niederradfahrern gehört haben. Bald war der „Restaurateur" (lt. Tourenbuch) Fahrwart beim 1889 gegründeten Verein Gratweiner Radfahrer. Mit seinem Einstieg wandert der Vereinssitz vom Fischerwirt in Gratwein ins eigene Haus in St. Stephan am Gratkorn (heute Gratkorn, Bruckerstraße 22), das er nun als „Haltestelle für Radfahrer" auf Ansichtskarten bewirbt. Schließlich gründet er 1904 seinen eigenen Verein, den RV St. Stephan a. G., später „Kornähre Gratkorn". (=> Foto S. 73)

Der „Grünwirt" ist der *„geheime Mittelpunkt"* von Gratkorn, auch die Arbeiter sind gern gesehen, es gibt eine eigene Tür im Zaun als direkten Zugang von der gegenüber liegenden Papierfabrik Leykam-Josefsthal. Die Küche, die unter dem Kommando von Ehefrau Maria (geb. Greiner) steht, hat einen guten Ruf.

„Er war überall dabei – ein Mensch für die Öffentlichkeit", beschreibt Enkel Horst Rinner den Gastronomen, der Musik macht, dem Waidwerk huldigt, zwischendurch das Amt des Vizebürgermeisters bekleidet. Seine besondere Liebe gilt aber immer dem Radsport. (Info Rinner)

Hans Rinner stirbt mit 58 Jahren 1928. Seine Frau gibt das Gastgewerbe auf, bis 1965 wird es von einem Pächter weitergeführt. Nach dem Grünwirt wird das Hans Rinner-Gedenk-Rennen benannt, das erstmals von „seinem" Klub „Kornähre" am 21. Oktober 1934 veranstaltet wird. Das 30-km-Rundstreckenrennen endet traditionell mit der Siegerehrung im Gasthaus Rinner. (Radfahrer 25.11.1934, 11; 18.5.1936, 14) Das Rennen wird bis in die 60er-Jahre ausgetragen und erfährt 1986 mit dem „Int. Raiffeisen Grand Prix Judendorf-Straßengel" eine Nachfolgeveranstaltung.

Auf Tour verewigt

Hoch zu Roß aus Stahl
Durcheil ich Berge, Flur und Thal
(Anton Wruß, Beamter aus Graz, 31.7.1899,
Fürstenfelder Fremdenbuch)

Einen schönen Einblick in den frühen Radtourismus gewähren die Fremdenbücher des Steirischen Radfahrer-Gauverbandes. In den Verbandsgasthöfen und in Vereinslokalen aufgelegt, laden sie Fremde dazu ein, sich, ihre Clubs und die eine oder andere Anekdote zu verewigen – was heute den Bergwanderern auf Hütten vorbehalten ist, gilt in der Anfangszeit des Tourenradelns für reisende Radfahrer.

In den erhaltenen Fremdenbüchern von Fürstenfeld (aufgelegen 1891–1913 im „Brauhaus"),[30] Burgau (1890–1923 im Gasthof Postl „Zum Hirschen") und Palfau (1896–1922 im Gasthaus „Kaisergemse") finden sich neben allgemeinen Grußworten auch Sprüche, Anmerkungen über Stürze und Pannen oder das Wetter und Zeichnungen. Vor allem findet sich hier ein Who's who der damaligen Radlerszene: Fahrradfabrikanten und Mechaniker sind ebenso vertreten wie die Club- und Verbands-Funktionäre oder Rennfahrer.

Franz Gerger ist 1891–93 wiederholt in Burgau zu Gast, als Mitglied beim Grazer RC „Wanderlust" ist er auf Trainingsfahrt, einmal berichtet er von einem *„patenten Sturz"*. Josef Berghofer vom Pischelsdorfer RC schaut hier im Zuge einer Clubparthie im Sommer 1892 vorbei. Im Fürstenfelder Brauhaus trägt sich Franz Urpani ein, als er am 9. September 1893 mit Trainer Alexander Gayer auf dem Weg zu internationalen Rennen in Pest ist. Einige Monate davor hinterlässt Gayer sein Autogramm in Burgau, wo er gemeinsam mit August Wagner vom GBC auf der Tour nach Ödenburg und Pressburg durchkommt. Er stattet Fürstenfeld nochmals, im Juli 1895, in Begleitung des Fahrradfabrikanten Franz Strametz einen Besuch ab – unmittelbar vor Kunstrad-Meisterfahrer Hubert Endemann.

Aus der Fahrradbranche sind außerdem die eingetragenen Gäste Johann Luchscheider, Julius G. Sorg, Benedict Albl und Franz Koller, Vertreter der Brennabor-Fahrradwerke in Graz, der 1891–95 mehrfach Werbebotschaften zu Papier bringt, sowie der Mechaniker und Rennfahrer Josef Eigler, der mit zwei Kollegen vom Grazer RV „Eichenkranz" am 25. August 1895 eine Tagespartie von Graz nach Fürstenfeld, Blumau und retour unternimmt. Ein anderer Mechaniker, Michael Wagenhoffer (GRV IV. Bezirk), ist mit einem gewissen Franz Birnstingl (BdRÖ) mit dem Tandem unterwegs, Franz Seeger (GRC) kommt vermutlich auf Trainingsfahrt im Mai 1902 nach Fürstenfeld – im August gewinnt er auf der klassischen Rennstrecke Graz–Bruck die Meisterschaft von Steiermark.

Chronologisch gesehen, stammen die ersten beiden Widmungen des Fürstenfelder Buches – wie viele der folgenden – von ungarischen Radlern, im speziellen Fall aus Körmend. In Burgau ist der erste Eintrag dem Obmann des Gauverbandes, Josef Baltl, und seinem Clubkollegen vom Grazer Bicycle-Club, Josef Ruderer, vorbehalten – die beiden dürften das Buch wohl auch mitgebracht haben –, in Palfau macht eine Gruppe des Brucker Bicycle-Club den Anfang.

In Fürstenfeld findet sich Baltls Unterschrift im folgenden Jahr. Wie ein späterer Eintrag ausweist, kommt mit Oskar Zoth auch ein weiterer prominenter Grazer Funktionär *„auf einem Bummel ins Blitzblaue"* vom Gautag in Marburg auf dem Weg zurück nach Graz vorbei. Adolf W.K. Hochenegg, ebenfalls eine schillernde Figur der Grazer Szene, ist hier 1897 zu Gast, zwei Mal, nämlich auf der Osterfahrt sowie auf der Rückfahrt vom 200-km-Radrennen Ober- Unterdrauburg, findet man im folgenden Jahr schriftliche Spuren des Sport-Pioniers Max Kleinoscheg, zu dieser Zeit 1. Gaufahrwart des StRGV. *„Freundlicherweise in Burgau"* ist er schon am 22. Oktober 1891. Künstlerisch begabt sind Mitglieder des Grazer RV „Edelweiß": Ins Fürstenfelder Buch wird das Vereinsabzeichen gezeichnet, ins Burgauer – mit leichten Englisch-Problemen – gedichtet: *„All Heil! Bycicle Sport, Du meine Freud mein Hort"*.

Manche Gäste, meist aus der oststeirischen Region, kommen öfter, wie der Obmann des Radkersburger Radfahrer-Clubs Franz Kleinoscheg und sein Kollege Franz Rieger vom Hartberger Radfahrer-Club, die zu den häufigsten Frequentanten des Fürstenfelder Brauhauses zählen. Beim „Hirschen" in Burgau sind die Aktiven des Pöllauer RV und des Fürstenfelder Zweirad-Clubs häufig zu finden.

Die erste Frau, die sich einträgt, ist Luise Sorg,

---

30 Das „Fürstenfelder Fremdenbuch" hat eine bewegte Geschichte: Nach dem Tod des Pächters Alois Baumann geht es 1918 an seine Nichte, Anna Schneider, später verehelichte Kainz. Ihr Ehemann Josef Kainz (1862-1935) ist Fahrrad- und Nahmaschinenhändler in Brunn bei Fehring. Nach dem Tod der Mutter kommt das Buch 1950 an Sohn jun. (1892-1979), der den Fahrradhandel bis 1945 weiterführt. Wie er in einer dem Buch voran gestellten Bemerkung 1952 festhält, bleibt das gute Stück trotz fünfmaligem Wechsel des Hauses im Zuge der Kriegshandlungen 1945 erhalten. Sein Sohn Karl (Jg. 1929) bewahrt das Buch bis 1995 auf und verkauft es dann an einen Sammler. (Info Kainz)

Links:
Pächter des Fürstenfelder Brauhauses:
Alois Baumann

Unten:
Ein Indianer auf Fahrrad im Palfauer Fremdenbuch

die Fahrwartin des Grazer Damen Bicycle-Clubs, die am 8. August 1893 mit ihrem Vater Julius G. Sorg im Fürstenfelder Brauhaus zu Gast ist. Wenige Tage später findet sich Klubkollegin Sidonie Bayer (=> Bild S. 64) in Begleitung ihres späteren Gatten Josef Baltl im Burgauer Register. Dort sind auch Luise und Mutter Rosa im Oktober vorbei gekommen. Dass Lina Koller, die gemeinsam mit Karl Koller, Fahrwart des Pöllauer Radfahrer-Club, auf dem Weg nach Gleichenberg Halt macht, neben ihrem Namen „P.R.C. Pöllau" einträgt, dürfte sie anno 1894 als frühes weibliches Mitglied in einem Provinz-Verein ausweisen. Als fleißige Tourenfahrerin scheint sie auch im Burgauer Buch mehrmals auf.

Sportler, Touristen und Vertreter stellen das Gros der Gäste. Auch der neu gegründete Steirische Arbeiter Radfahrerbund veranstaltet im Juni 1896 seine „Club-Parthie" nach Fürstenfeld, eine Woche später macht hier der Grazer Militär Radfahr Curs Station.

Zwischendurch schmachtet ein August nach seiner offensichtlich davon geradelten Mitzi, der eine oder andere dürfte es mit dem Eintragen nicht ganz so ernst genommen haben: Neben einigen Sprüchen und Jux-Eintragungen, etwa von Roman Paprika vom Burgauer Zweirad Club „der Scharfen", finden sich kunstvoll von Hand applizierte Vereinsabzeichen oder mittels Zeichnung geschilderte Situationen, beispielsweise ein „Patschen". Später werden auch einige Marken eingeklebt, für eine Fahnenspende des Grazer Radfahrer-Vereins I. Bezirk sowie so genannte „Schotter-Steine" des StRGV.[31]

In Palfau, das stark von Wiener und niederösterreichischen Radlern besucht wird, sind u. a. die Fahrradproduzenten Gustav und Ludwig Brand zu Gast. Im September 1898 beschwert sich Karl Gustav Scheer aus Wien, Mitglied Nr. 1959 des Bundes deutscher Radfahrer Österreichs, dass er vor der Salza-Brücke zu Sturz gekommen und beinahe in den Fluss gestürzt sei. Seine Anregung, ein Warnzeichen anzubringen, wird auch von einem nachfolgenden Adjunkt der k. k. Sternwarte Wien bekräftigt. Auffallend sind im Palfauer Buch um die Jahrhundertwende Cleveland- und Wild-West-Aufkleber sowie ein Pickerl mit einem auf einem Rad „galoppierenden", den Tomahawk schwingenden Indianer.

Wie in Fürstenfeld kommen viele Durchreisende auch in Burgau aus Ungarn, einzelne Tourenradler im „Hirschen" reisen aus Agram oder

---

31 In Zeiten, als es noch keine Zuständigkeit der öffentlichen Verwaltung für die Straßenerhaltung gibt, versuchen die Vereine und der Gauverband durch das Aussetzen von Prämien die Straßeneinräumer zu mehr Anstrengungen im Hinblick auf die Wartung zu motivieren. Um diese Ausgaben zu finanzieren, werden Spenden gesammelt. Die Spender bekommen „Schotter-Steiene" in Briefmarkenform.

Burgauer Radfahrer am
Fürstenfelder Bahnhof,
Mitte 20er-Jahre

Brünn an. Der am weitesten gereiste Gast im Brauhaus ist Curt Scherpe aus Leipzig, der mit seinem Reisegefährten im Juni 1895 auf Durchfahrt nach Triest ist – im folgenden Jahr trifft ein Tandem-Duo aus Turin ein, das über Berlin nach Amsterdam weiterfahren will. Wieder ein Jahr später, im Mai 1897, kehrt ein Mitglied des Wiener Velocipedisten-Clubs auf einer Rundfahrt über Triest, Klagenfurt, Innsbruck und retour über Zell am See und Admont im Brauhaus ein. Auch weit herumgekommene Radler aus Japan und Pretoria finden sich, wobei die tatsächlich per Rad zurückgelegten Strecken nicht vermerkt sind. Nämliches gilt auch für den Eintrag von Jeanne Waldtschmidt, Tourfahrer aus Brüssel, der sich im Sommer 1897 ins Buch der „Kaisergemse" einträgt.

Mit einer jedenfalls beachtlichen Leistung wartet 1899 der Schweizer Rennfahrer Alois Baumann auf, als er das Fürstenfelder Brauhaus besucht, das er später selbst pachten sollte: Nach einer Tour durch Österreich und die Schweiz berichtet er eine „Cyclometerregistration km 1159". Ein gewisser Komlossy ist mit einem Gefährten 1911 von Graz nach Lemberg unterwegs.

Rekordverdächtig unterwegs sind Johann Moser, der im Sommer 1896 eine „Nachmittagsparthie" nach Fürstenfeld, „3 Millimeter über die ungarische Grenze und retour" absolviert, und Julius Rüscher vom GRV Styria, der mit einem Kollegen etliche Jahre später auf eben dieser Strecke eine „Vormittagspartie" bestreitet.

Nun kommen immer mehr Einzelfahrer, um 1900 nimmt die Dichte der Eintragungen merklich ab. Am 22. Juni 1905 wird im Fürstenfelder Erinnerungsstück die erste Motorfahrt verzeichnet, von zwei Männern aus St. Gotthardt, die die 23 km in 20 Minuten durchbrausen. 1906 folgt eine weitere Motorfahrt, ausgeführt von einem Baron Leo Mann, der die 55 km von Graz in einer Stunde und 15 Minuten zurücklegt. Verglichen mit den Radlerzeiten hat sich die Fahrzeit halbiert.

Schließlich hinterlässt im Sommer 1905 noch derjenige, dessen Nachfahren später das Fürstenfelder Fremdenbuch aufbewahren sollten, Josef Kainz aus Brunn, im Zuge einer Clubpartie der Fehringer Radfahrer seine Unterschrift. Im Burgauer Buch wird mit einer Ausfahrt des Gauverbandes am 24. Juni 1923 – nach großer Lücke seit 1908 – der Schlusspunkt gesetzt, im Palfauer tröpfeln die Eintragungen ab 1903 nur noch vereinzelt. In einer Zeit, in der schon fast jeder radelt, sind Tourenfahrten nichts Besonderes mehr.

Nabel der steirischen Radlerwelt: Das Jakominiviertel um die Industriehalle

bei der Kontrollstelle im Hotel Engel (heute: Hotel Wiesler) „*eine nach Tausenden zählenden Menschenmenge*" einfindet, herrscht in Triest Desinteresse, wie der Berichterstatter enttäuscht vermerkt: Nur ein paar Funktionäre und zehn bis 20 Zuschauer scharen sich um die rote Fahne, die das Ziel signalisiert. (ÖuRZ VII/19/1892, 234ff)

Einen starken Impuls für den Rennplatz Graz bringt die 1895 gegründete „Grazer Rennfahrerschule": Unter Alexander Gayer trainieren in- und ausländische Fahrer und sorgen über die Landesgrenzen hinaus für Anerkennung: „*Die erfolgreichste dieser Schulen war in den letzten Jahren entschieden die G r a z e r, die von Alexander Gayer, Mitglied des Grazer B.-C., geleitet wurde. Dieser eifrige Sportsmann trainiert seine poulains bereits seit Jahren zu seinem Privatvergnügen. 1896 hatte er recht viele Schüler, auch von auswärts. Wir nennen Emile Huet, Eisenrichter, Büchner, Henry Luyten, Franz Gerger, Franz Seeger, Baumgartner.*" (SIERCK 1897, 93) Als der Erfolgsreichste aus der Gayer-Schule wird der Däne Thorwald Ellegard angesehen, der sechs Mal hintereinander die Rad-Weltmeisterschaft gewinnt. (Tagespost 11.6.1938)

Zu dieser Zeit war auch Johann Puch schon im Geschäft, fuhr selbst Rennen und machte seit 1892 bei Bewerben in Deutschland speziell durch die hervorragenden Platzierungen von Franz Gerger auf seine „Styria"-Räder aufmerksam.

Über den „steifen Tritt"

Auch wissenschaftlich befasst man sich mit dem Radsport, so etwa der Physiologe und Radsportfunktionär Oskar Zoth, der um die Jahrhundertwende zu einem der führenden Experten im deutschsprachigen Raum avanciert. Zoth unternimmt Versuche zur Pedalarbeit und publiziert seine Erkenntnisse über verschiedene Trittformen – „steifer Tritt", „Tritt aus dem Gelenk", „einfacher Tritt auf die Rennpedale" und „kombinierter Renntritt". (ZOTH 1899; SCHIEFFERDECKER 1900, 348ff) Außerdem setzt er sich mit der Frage auseinander, wie sich die Schnelligkeit der Muskelbewegungen zur möglichen erzielbaren Geschwindigkeit verhalten und kommt zum Schluss, *„dass nämlich das menschliche Muskelsystem, im besonderen die beim Radfahren verwendete Gruppe von Muskeln, mehr befähigt ist, langsame und dafür kräftige als sehr schnelle Bewegungen auszuführen: und dass auch in dieser Beziehung das übersetze Niederrad als das dem menschlichen Organismus besser angepasste*

Die Grazer Rennfahrer-Schule. (Hinten stehend:) J. Schlichtinger, Wien; Otto Wokurka, Wien; Franz Seidl, Wien; Alexander Gayer, Graz (Trainer), Ed. Reininger, Wien; Alois Plattl, Graz; (mittlere Reihe sitzend:) G. Oberberger, München; Bruno Büchner, Graz; H. Hofmann, München; Emile Huet, Brüssel; Franz Gerger, Graz; Arnold Janeschitz, Pettau; (vordere Reihe sitzend:) Johann Rottenbiller, Budapest; Josef Irgl, Marburg; A. Baumgartner, Wien; E. Eisenrichter, München; Franz Seeger, Graz

Fahrzeug bezeichnet werden muss". (ZOTH 1898, 43ff) In einer anderen Abhandlung untersucht er die beliebten Schrittmacher-Rennen, bei denen auch Tandems, Tripletts und Quadrupletts, also Mehrsitzer, zum Einsatz kommen. Es ist weder der Windschatten noch ein etwaiger Luftsog, sondern das psychologische Moment, das hinter den besseren Leistungen steckt, so Zoth: Nachahmungstrieb, gepaart mit größter Aufmerksamkeit und der Wille zur Höchstleistung sind das Geheimnis des Erfolgs. (ZOTH 1895, 42ff) Er vertritt damit eine andere Auffassung als etwa der Arzt Ernst Schneider, der den weggenommenen Gegenwind als Grund für die höheren Geschwindigkeiten ansieht. (SCHNEIDER 1899, 671) Schneider veröffentlicht in Roseggers Heimgarten, in dem sich schon der Gymnasialprofessor Josef Wichner ablehnend über *„Sportfexen, welche sich in wahnsinnigen Wettrennen die Lungen aus dem Leibe fahren…"* geäußert hatte, eine Abhandlung, in der er Mäßigkeit einfordert, zumal *„nur bei geradem, elegantem Sitz, aber nicht bei der hässlichen und schädlichen Rennhaltung der Radgigerln"* eine positive Auswirkung auf die Gesundheit gegeben sei. Die Haltung beeinträchtige die Atmung, staue das Blut im Kopf und im Unterleib, warnt der Mediziner: *„Daß dabei Herz und Lungen durch Überanstrengung zu Schaden kommen können, möchte noch hingehen; aber so ausgeübter Sport verdummt auch, scheint mir, und macht für edle Genüsse unempfänglich".* Uneingeschränkt empfohlen wird das mäßige Radeln nur gesunden Erwachsenen, die in der Blüte ihrer Jahre sind: Bei Kindern sei die Weite der Hauptschlagader zu klein, bei älteren Leuten – die die Mitte der Vierziger hinter sich haben – hätten die Kreislauforgane schon an Elastizität und Widerstandsfähigkeit eingebüßt, weshalb diese vorher ihren Arzt konsultieren sollten. (SCHNEIDER 1899, 668ff) Hingegen heute noch gewisse Berechtigung hat die desillusionierende Feststellung in Richtung Fettleibige: Wohl „schmilzt das allzu feste Fleisch" beim Radeln, *„aber es löst sich deshalb nicht auf, wird vielmehr neu angesetzt, weil dabei die Esslust gewaltig wächst…"*

Umstrittene Herrenfahrer-Frage

Das Thema, ab wann jemand ein Berufsfahrer ist und ob diese in den Clubs was zu suchen haben oder nicht, beschäftigt die Vereine über viele Jahre hinweg und ist immer wieder Grund für Zerwürfnisse. So ist die Gründung des vom GBC abgespalteten „Grazer Bicycle-Club vom Jahre 1894" Folge der Auseinandersetzung über die Herrenfahrer-Frage, wobei der neue Club noch strengere Maßstäbe anlegt, um der *„Versumpfung des Sports entgegenzuarbeiten"*: Es darf nur um *„die Ehre des Sieges"* gekämpft werden, auch Gutscheine („Bons") werden abgelehnt, die Zahl der öffentlichen Wettfahren soll möglichst beschränkt werden, der Radsport soll seine unabhängige Stellung gegenüber dem Fahrradhandel wiedergewinnen und festigen. (R-Chronik VIII/28/1895, 506; DöR VI/4/1894, 66; Programm GBC 1894)

Im gleichen Jahr wird der Radfahrer-Gauverband eine reine „Herrenfahrervereinigung" und schließt sich 1895 dem „Cartell der selbständigen Herrenfahrer-Verbände in Deutsch-Oesterreich" an. Dieser Kurs führt wiederum zu Konflikten mit den liberaleren Vereinen GBC und GRC, wobei letzterer schließlich aus dem Verband austritt. Der Casus belli ist der Ausschluss seines Mitglieds Franz Fuchs von der Steirischen Straßen-Meisterschaft, nachdem er für das Bergrennen am Semmering, ein Geldpreis-Rennen, genannt hat. Weil zwei Vereinskollegen von Fuchs unter Protest zurückziehen, wird die Meisterschaft 1894 von nur zwei Fahrern bestritten. (MEISENBICHLER 1926, 4; R-Chronik VII/64/1894, 1329; PROPST 1991)

Am Grazer Rennplatz geht man dazu über, bei den Rennen neben Herrenfahrer-Bewerben auch solche für Berufsfahrer anzubieten. Beim größten Radsportereignis dieser Zeit, den Rennen im Rahmen des XII. Bundestages des Deutschen Radfahrerbundes 1895 in Graz, kommt es zum Eklat: Die ausgeschlossenen Berufsfahrer boykottieren – vorübergehend – die Veranstaltung. (=> „Das große Fest", S. 85)

Merkwürdige Vorgänge im Zusammenhang mit den Amateurregeln ereignen sich auch bei den steirischen Straßenmeisterschaften im gleichen Jahr: Der Zweit- und der Drittplatzierte werden disqualifiziert, weil sie gegen Gutscheine gestartet sind, wovon sie selbst angeblich gar nichts gewusst hatten. 1899 schließlich wird zunächst der Erste wegen Behinderung disqualifiziert, dann auch der mittlerweile zum Sieger ausgerufene Zweitplatzierte, weil er als Angestellter der „Meteor-Werke" auf einem firmeneigenen Fabrikat gestartet war. (ASZ VI/35/1905) Diese Turbulenzen führen letztlich zum Rückzug des Gauverbandes als Veranstalter der Meisterschaft.

Die Herrenfahrerfrage ist ohne Zweifel zum Gutteil auch ideologisch motiviert und von einem „deutschen" Sportverständnis geleitet; sie kostet die Vereine viel Substanz und veranlasst den Rennfahrer-Nachwuchs, so es ihn überhaupt noch gibt, andere Rennplätze aufzusuchen.

Pioniere des Fußball- und Schisports

Weil die Radler insgesamt sportliche junge Männer sind, geht auf sie auch die Einführung neuer Disziplinen wie Schifahren und des Fußball zurück. Max Kleinoscheg und Toni Schruf gelten als jene Sportpioniere, die den „Schneeschuhsport" in Mitteleuropa eingeführt haben. (=> „Der Pionier Max Kleinoschegg", S. 47) Bela Kindl, einer der ersten Radhändler am Platze und Mitglied des Grazer Bicycle-Club, erkennt die Marktlücke im Winter und inseriert in den Mitteilungen des Radfahrer-Gauverbandes: *„Unser Rad können wir nicht gebrauchen, wohl aber gibt es einen anderen Sport, der ebenso muskelstärkend, gesund, geist- und herzerfrischend ist, als das Tourenfahren – es ist das Schneeschuhlaufen."* (Mitt. StRGV 15.10.1892, 16)[32]

Kindl bietet neben Original-Skis aus Norwegen und Fachliteratur an, *„den Laien im Erlernen des Skilaufens Anleitung zu geben"* und ist sich des Entwicklungspotenzials des neuen Sportzweigs bewusst: *„Wir zählen bereits viele gute Skiläufer, die fast durchwegs Radfahrer sind und die ihre sommerlichen Radtouren durch herrliche Winterpartien auf Schneeschuhen fortsetzen"*.

Schruf und Kleinoscheg veranstalten am 2. Februar 1893 gemeinsam mit Walther Wenderich in Mürzzuschlag das erste Skirennen Mitteleuropas. Folgerichtig wird der am 1. März 1893 in Mürzzuschlag ins Leben gerufene „Verband steirischer Skiläufer" von Radfahrern gegründet, hat in der Anfangsphase vorwiegend Radfahrer als Mitglieder und verwendete für seine Satzungen jene des Steirischen Radfahrer-Gauverbandes als Muster. Der erste Sieg in einem Verbandsrennen geht dann auch an Eugen Bleckmann, Mitglied des Mürzzuschlager Radfahrervereins. (Mitt. StRGV 15.2.1893, 36)[33]

Neben Walther Wenderich spielt übrigens ein zweiter Brucker Radler eine wichtige Rolle bei der Einführung einer Wintersportdisziplin: Philipp Weydmann vom BBC gilt als jener Protagonist, der den Bobsport in Österreich eingeführt hat. (Obersteirerblatt 5.5.1913, 4)[34]

---
32 Das komplementäre Verhältnis von Radsport und Skilauf drückt sich auch bei Händlern und Mechanikern aus, die vielfach bis in die Gegenwart Ausrüstung und Wartung für beide Disziplinen mit saisonal wechselnden Schwerpunkten anbieten.
33 Eugen Bleckmann tritt 1888 dem AtRV bei, 1893 wird er als Gewerke und unterstützendes Mitglied geführt.
34 1903 formiert sich im BBC eine Bobmannschaft.

Die Racer Gerger, Fuchs und Belec auf einem Triplett

Der Racer: Franz Gerger

Franz Gerger (1867–1938), in Oberradling in Ungarn geboren und 1883 nach Graz übersiedelt, zählt in der Glanzzeit des steirischen Radsports zu den populärsten österreichischen Rennfahrern und zu den weltweit besten Dauerfahrern. (Steirischer Radsport 16.9.1927, 14ff) Erst 1890 erlernt der im Handel tätige Gerger das Rad fahren und erringt 1891 als Mitglied des Vereines „Wanderlust" einen ersten Sieg im Vereinsrennen. Der große Durchbruch gelingt ihm als damals international noch gänzlich unbekannter Racer 1893 beim Distanzrennen Wien–Berlin: Unter 112 Startern wird er hinter den Deutschen Josef Fischer und Georg Sorge Dritter. Im gleichen Jahr gewinnt er die 100-km-Straßenmeisterschaft des Bundes deutscher Radfahrer Österreichs, stellt den österreichischen und deutschen 24-Stunden-Straßenrekord mit 481,1 km sowie den österreichischen 12-Stunden-Straßenrekord mit 277,9 km auf und verbucht eine Reihe von Bahnrekorden über 50 bis 100 km.

1894 schraubt Gerger die heimische Stunden-Bestmarke auf 278 km, verbessert den Stundenrekord auf 38,1 km, bewältigt in 136 Stunden die Strecke Paris–Wien–Graz (1500 km) und erreicht ganz nebenbei mit 12.534 zurückgelegten Kilometern die beste steirische Jahresleistung. (Steirischer Radsport 9.8.1924, 4) 1895 gewinnt er als Amateur das Rennen Bordeaux–Paris über 591 km in 24 Stunden und 12 Minuten und schafft die Strecke Petersburg–Moskau in 36 Stunden, 54 Minuten (700 km) als Zweiter. Von der Fernfahrt München–Mailand, auf der er Dritter wird, wird berichtet, dass er sich *„gleich, nachdem er sich umgekleidet, eine Cigarre trefflich munden"* lässt. (Berliner Illustrirte 23.6.1894) Nach dem Wechsel ins Lager der Berufsfahrer widmet er sich besonders den langen Bahnrennen: 1896 wird er Meister von Österreich über 50 und 100 km sowie Dritter bei der WM in Kopenhagen, 1897 Europameister über 100 km. Im Zivilberuf ist er nun Vertreter der Johann Puch & Comp. in Budapest.

Gerger gibt Tipps, wie sich ein (angehender) Meisterfahrer vorbereiten und verhalten müsse. Beim Training und bei Rennen nehme er sehr wenig, aber kräftige Speisen zu sich und trinke sehr mäßig, *„Bier überhaupt nicht"*. Zum normalen Tagesablauf: *„Während des Trainings stehe ich um 4 bis 5 Uhr auf, nehme eine Tasse Kaffee oder Thee mit wenig oder ohne Rum und esse zwei bis drei weich gesottene*

Werbe-Postkarte der Styria-Werke, aufgelegt in mehreren Sprachen: Gerger hinter Sechssitzer

III : 63

Eier dazu. Dann fahre ich, ohne abzusitzen, 100–130 km, speise hierauf ein Beefsteak mit Spiegelei, dazu 1/8 l Wein mit Brunnen- oder Gießhübler-Wasser, setze mich wieder auf und fahre 70–100 km. Abends speise ich mehr und zwar Bouillon, Braten oder Roastbeef mit Gemüse und eine Mehlspeise und trinke ¼ l Wein mit Wasser. Täglich um 9 Uhr abends gehe ich zu Bette."

Bei Rennen nehme er für gewöhnlich zwei Stunden vor Beginn ein Beefsteak, eine kleine Mehlspeise und ein Achtel Wein zu sich und raste dann bis zum Start. Beim Rennen selbst fährt er 120–130 km, ehe er Wasser trinkt, kalte oder ein wenig warme Bouillon und drei bis vier rohe Eier zu sich nimmt. Kalter Kaffee oder Tee unterwegs sei erlaubt, Milch nicht, weil sie verschleime, *„außer sie wird zu gleichen Theilen mit Siphon gemengt, welches Getränk ein gute Erfrischung bietet, doch mit Vorsicht genossen werden muss, da es den Magen leicht zu sehr füllt, was beim Fahren hindert".* Anzuraten sei etwas gebratenes Rindfleisch oder fein gehacktes rohes Fleisch zwischendurch, trinken solle man nie vor dem Essen.

In kalten Nächten leiste ein Fläschchen Milch mit Schokolade gute Dienste und beuge Verkühlungen vor. *„Erst zum Schlusse der Fahrt, circa 20–30 km vor dem Ziele, nehme ich geistige Getränke zu mir und zwar Cognac, Wein und Sect",* verrät Gerger, der auch sonst einen – für sportliche Verhältnisse aus heutiger Sicht – liberalen Umgang mit Lastern propagiert: *„Das Rauchen schadet im allgemeinen nicht; es ist Gewohnheitssache, nur während des Fahrens ist es nicht gut und auch ungesund, ebenso wie kurz vor Beginn des Rennens, da man den Tabakgeruch immer spürt und bei schnellem Tempo husten muss, wodurch das Athmen beeinträchtigt wird."* Immerhin räumt er ein, dass vor Rennen auch das „nächtliche Schwärmen" unterlassen werden sollte.

Insgesamt stellt Gerger acht Weltrekorde auf. Eine letzte Rekordfahrt gelingt ihm am 1. Juni 1902, als er in Ofen-Pest den ungarischen 10-Kilometer-Rekord hinter einem Motortandem aufstellt. (ASZ III/23/1902) Kurz darauf gewinnt er noch auf der Fernfahrt Wien–Semmering–Wien die Berufsfahrer-Wertung. Später ist er auch als Radsportfunktionär aktiv, er leitet gemeinsam mit Franz Seeger den 1919 gegründeten „Verband Steirischer Radrennfahrer".

Auch Fußball ist eigentlich eine Erfindung von Radsportlern, zumindest in unseren Breiten. Der Medizinstudent August Wagner bringt diesen Sport 1893 aus Prag nach Graz. Über den „Techniker-Alpenklub" kommt das runde Leder zum Akademisch-technischen Radfahrverein, aus dessen Fußball-Riege am 18. März 1894 zwei Mannschaften auf dem Platz der Grazer Landesturnhalle das erste offizielle Match in Österreich absolvieren. Damals auf dem Spielfeld zu finden ist u. a. der spätere Chemie-Nobelpreisträger Fritz Pregl. (SCHIDROWITZ 1951, 15f)[35]

Am 20. Oktober 1895 findet das erste „Ländermatch" zwischen Graz und Wien an der Donau statt, wobei sich der „First Vienna Football Club" gegen den „Akademisch-technischen Radfahrverein" klar mit 5:0 durchsetzt. Im gleichen Jahr haben sich auch schon Mitglieder des Brucker Bicycle-Club im Fußballsport versucht. (Radfahrer 24.2.1934, 8) Umgekehrt waren die Kicker auch radsportlich aktiv: So versucht Franz Seeger den um die Jahrhundertwende daniederliegenden Radsport in Graz wieder zu beleben, indem er 1905 im Grazer Athletiksportklub (gegr. 1903) eine Radsektion einrichtet. Dabei wird er von GAK-Gründer Carl Markel, der selbst Radrennfahrer ist, unterstützt und erwirbt sich ob seiner Erfolge in verschiedenen Sportdisziplinen den Beinamen „Sieger-Seeger". (ASZ V/49/1904)

3.3. Galionsfiguren und Vereinsleben

Schlüsselfiguren des Grazer Bicycle-Clubs sind Max Kleinoscheg, Prof. Dr. Artur Ritter von Heider (1884–90 Obmann), der Jurist Dr. Josef Baltl, der 1887–94 den Steirischen Radfahrer-Gauverband leitet und dann mit dem „Grazer Bicycle Club von 1894" einen eigenen Verein gründet, der Dichter und Dramatiker Heinrich Schrottenbach, der Gründer des Gauverbands, und Franz Pichler, der spätere Druckerei-Direktor, der 1888 mit 16 als jüngstes Mitglied eintritt und dann ebenfalls lange Jahre als Funktionär aktiv ist.

Bemerkenswert in einer Zeit der nationalen und völkischen Töne war die Haltung von Univ. Prof. Oskar Zoth (1864–1933), einem Physiologen, Dekan der Medizinischen Fakultät (1920/21) und langjährigen Vereins- und Verbandsfunktionär und Autor zahlreicher wissenschaftlicher Schriften. Politisch ist seine Haltung widersprüchlich. Einerseits sieht er im Radsport auch einen Hebel

---

35 An dieses historisch bedeutende Ereignis erinnert übrigens heute eine Gedenktafel an der Landesturnhalle.

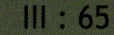

Linke Seite:
Mitgliedsausweis des Deutschen Radfahrer-Bundes für Josef Baltl

Sidi Bayer, Fahrmeisterin des Grazer Damen-Bicycle-Clubs und erste Ehefrau von Josef Baltl

Rechte Seite:
Sportmediziner Oskar Zoth

zur Internationalisierung: Der Umstand, dass die friedlichen Wettkämpfe auf den Rennbahnen die Vereinbarkeit von national und international demonstrieren, werde *„in fernen Jahren, wenn die nationalen Kämpfe nicht mehr auf der Tagesordnung stehen werden, den Weg zur internationalen Vereinigung bahnen"*, wie er anlässlich des zehnten Gründungsfestes des GBC sagt. (Tagespost 9.12.1892, 3. Bogen) Andererseits ist er Funktionär des Deutschen Radfahrer-Bundes und widmet dem GBC den Wahlspruch: *„Dem reinen Sport ein starker Hort/ Gut deutsch allweil!/ Ist unser Ruf All Heil!"* (KLEINOSCHEG 1933, 4)

Als Förderer des Grazer Radfahrer-Clubs haben sich der Hutfabrikant Josef Pichler und der Fahrradindustrielle Johann Puch einen Namen gemacht. Puchs Prokurist Franz Koneczny ist lange Jahre Obmann des GRC, Puch selbst ist Zeugwart und auch dem Marburger RC als Mitglied verbunden. (R-Chronik IX/62/1896, 947)

Im AtRV und im Gauverband als langjähriger Obmann ist der Primararzt und Gemeinderat Eduard Miglitz engagiert, bei den „Grazer Tourenfahrern" hat der zweimalige 50-km-Sieger und Verwaltungsdirektor des Bürgerspitals, Franz Mlaker, eine Schlüsselrolle inne.[36] *„Im Radfahrerleben des Landes aufgewachsen"* ist, wie er selbst sagte, (Obersteirerblatt 30.1.1924, 4) Anton Rintelen, der beim RV „Graecium" aktiv ist und 1895 das Straßenrennen um die Meisterschaft von Steiermark gewinnt. Bekannt wird der nachmalige steirische Landeshauptmann (1919-26 und 1928-33) als führender Putschist gegen Bundeskanzler Engelbert Dollfuß.

Als Denker und Dichter der Grazer Radlergemeinde sowie renommierter Radsportautor gilt Adolf W.K. Hochenegg: Er schreibt bis 1889 für die in Leipzig erscheinende Fachzeitschrift „Das Stahlrad", dann für den „Deutsch-österreichischen Radfahrer" in Wien und veröffentlicht die Schriften „Die ethische Seite des Radfahrens" (1889) und „Radfahrsteuer oder nicht?" (1898). Der deutschnational gesinnte Hochenegg ist frühes Mitglied des AtRV und Obmann des Gau 36 des Deutschen Radfahrer-Bundes. Er tritt idealistisch und streitbar für die Sache der Radfahrer ein, auch gemeinsam mit der Arbeiterschaft. Der mit ihm bekannte Arbeiterführer Hans Resel kann übrigens auch zu den Galionsfiguren des frühen organisierten Radelns gezählt werden: Dieser gilt *„als begeisterter Naturfreund, kühner Bergsteiger und schneidiger Radfahrer"*, (SCHACHERL 1920, 201) und liefert

---

36 Franz Mlaker, geb.10.1.1867 in Kirchbach, lernt 1887 bei Max Kleinoscheg Rad fahren, siegt für die Farben des GRC und gründet gemeinsam mit Gustav Bloos „Die Tourenfahrer", denen er über viele Jahre als Obmann vorsteht. (=> Foto S. 31)

mit der von ihm betriebenen Gründung des Steiermärkischen Arbeiterradfahrer-Bundes (StARB) einen wesentlichen Beitrag zur Verbreitung des Radfahrens und dazu, dass Radfahrkultur in Fabriken und Arbeiterhaushalten Einzug hielt.

Dass etliche Protagonisten der frühen Radvereine auch im öffentlichen Leben eine wichtige Rolle gespielt haben, gilt gleichermaßen in den Städten außerhalb von Graz: Der Fabrikant Emmerich Assmann, zeitweise Obmann des Leibnitzer RV, ist 1913–1917 Bürgermeister in Leibnitz, in Weiz spielt der Hammerherr und nachmalige Landtagsabgeordnete Josef Mosdorfer in der Gründungsphase des Weizer Bicycle-Club eine Rolle, später ist der österreichische Strompionier Franz Pichler auch in Obmannfunktion zu finden.

Etikette, Rituale, Symbole

Die bürgerlichen Radfahrvereine sind nicht für jedermann – und schon gar nicht für jede Frau – zugänglich. Abgesehen von meist streng gehandhabten Statuten und meist saftigen Eintrittsgebühren und Beiträgen muss sich jeder Bewerber einer Abstimmung der Vereinsmitglieder oder des Vorstandes stellen, wobei die Aufnahmebedingungen je nach Verein eine einfache Stimmenmehrheit bis hin zur Einstimmigkeit vorsehen.

Nicht nur auf die Untadeligkeit der Mitglieder, auch auf das Erscheinungsbild des Clubs nach außen wird großer Wert gelegt. Es gibt einen einheitlichen Clubdress in bestimmten Farben – etwa blau-weiß beim GBC – und meist verschiedene Adjustierungen für Gala und Ausfahrt. Diese Vorschriften werden sehr ernst genommen. Im Handbuch des Gauverbandes wird darum gebeten, den Rock vor der Einfahrt in Städte, Curorte u. dgl. anzuziehen, zumal das Radfahren *„mit ausgezogenem Rocke – wie man es mitunter sieht – dem Ansehen unseres Sportes abträglich ist"*. (Handbuch 1892, 18) In seiner Club-Zeitung macht der Grazer Radfahrer-Club darauf aufmerksam, dass in der Saison die vorgeschriebene weiße „leichte Kappe mit Schirm" zu tragen und Segeltuchhosen unzulässig sind. (GRC III/4/1892, 26) Ziemlich penibel nehmen sich die Kleidungsregeln für den Leobener RV aus, dessen Mitglieder passend zur grau-grünen Kniehose mit doppeltem Tuch-Einsatz einen blau-weißen „Hüftgürtel mit Sacktuchschlupfe" zu tragen haben. (Fahr-Ordnung LRV, 11) Ins Schwitzen kommt man schon beim Lesen der Kleidungsordnung des Grazer Clubs „Eichenkranz": Der Club-Dress besteht aus einem Anzug „aus braungrauem Touristenloden, Kniehose, grüner Sammt-Kappe, grauen Strümpfen und Schnürschuhen, ferner rupfernem Flanellhemd". Hat man in Gala anzutreten, werden „ein weißes Hemd mit Stehkragen, schwarze Cravatte und gelblederne Handschuhe" getragen. (StLA, Vereinsakten)

Club- und Verbandsabzeichen gehören zum Outfit und haben ihren bestimmten Platz,[37] Funktionäre und auch Racemen werden mit Schärpen ausstaffiert. Größere Radfahrclubs besitzen ein Banner, meist von Frauen und Gönnerinnen gestiftet und gefertigt, in den Clublokalen kommen Requisiten wie gewidmete Trinkhörner und Bierkrüge zum Einsatz. Die Clublokale befinden sich häufig im Extrazimmer von wohl gesonnenen Wirten, die gerade am Land selbst oft auch Funktionäre sind. Hin und wieder werden auch eigene Etablissements eingerichtet: Der GBC verfügt sogar über ein eigenes Sekretariat und eine Bibliothek.

Einige Vereine wie der Brucker und der Grazer BC oder der Radkersburger RC beschäftigen einen Clubdiener, sehr spezielle und heute seltsam anmutende ehrenamtliche Funktionen wie „Hornjunker" und „Bannerjunker" haben Vereine wie „Ausdauer 1909", Radsportklub „Sturmvogel" oder „Die Gemütlichen" in Gleisdorf noch in den 1920er-Jahren zu vergeben, (Steirischer Radsport 25.11.1924, 2; 10.1.1926, 12; GAB 1926, 174) bei untersteirischen Vereinen finden sich zudem „Sangwart" und „Kneipwart". Manche haben ein eigenes Clublied – beim GBC zum Beispiel intoniert man „Flinke Bicyclistenmänner" – und einen eigenen Wahlspruch. Als Vereinsgruß der bürgerlichen Radfahrer ist „All Heil!" üblich.[38]

Die Arbeiterradfahrer wählen, wohl um sich abzugrenzen, „All Frei!". Sie nehmen die Etikette etwa bei der einheitlichen Kleidung – nicht zuletzt vermutlich aus Kostengründen – nicht so genau und stellen sich in den Dienst der sozialdemokratischen Arbeiterbewegung, was den Rad fahrenden Arbeitern den Titel „Kavallerie des Proletariats" einträgt. (SCHACHERL 1920, 68) Das Vereinsabzeichen ist rund, hat einen weiß emaillierten Rand mit dem Namenszug und in der Mitte ein rot emailliertes Wappen mit Handschlag und Hammer in Metall. Die Einschreibegebühr

---

37 Seitens des Radfahrer-Gauverbandes wird genau geregelt, dass das Clubabzeichen in der Mitte der Kopfbedeckung und das Verbandsabzeichen an der Brust zu tragen ist. (Mitt. StRGV 15.3.1888?)
38 „All heil!" wird bereits Anfang der achtziger Jahre des 19. Jahrhunderts, also mit Entstehen der ersten Bicycle-Vereine, als Radlergruß eingeführt. (vgl. DöR II/18/1890, 306)

Die Abzeichen der Grazer Clubs, in der Mitte das Festabzeichen zum Bundesfest des Deutschen Radfahrer-Bundes in Graz, 1895

„Majestät, bei uns fährt alles"

Noch ist das Fahrrad nicht überall akzeptiert, wie eine Reihe von Zwischenfällen zeigt: Heinrich Freiherr von Esebeck (AtRV) wird beim 500-km-Straßenrennen Wien – Graz – Triest in Lilienfeld von einem Gemeindeorgan *„in der brutalsten Weise attaquirt"* und muss in der Folge in Laibach aufgeben, (ÖuRZ VII/19/1892, 234) im folgenden Jahr wird der „Grazer Herrenfahrer", Fechtmeister Pietro Arnoldo, in Rothleiten von Betrunkenen in eine wilde Keilerei verwickelt, die mit einem Schussverletzten endet (ÖuRZ VII/16/1893, 260) und Richard Gerwig (GBC) wird bei der Landscha-Brücke von einem Fußgänger mit seinem Spazierstock zu Fall gebracht – wie sich herausstellt, handelt es sich bei dem Angreifer um den Bezirkshauptmann von Leibnitz, Baron Schweickhardt. (R-Chronik V/36/1893, 1407) Bei einem internen Straßenrennen des RV „Wanderlust" 1895 werfen Bauern, die sich in einem Gasthaus bei Gratwein beim Kegelscheiben vergnügen, Kugeln

von einem Gulden ist vergleichsweise günstig, vor allem kann sie auch in Raten entrichtet werden. (StLA, Vereinsakten) [39]

nach den Racern: ein Sportler kommt zu Sturz und wird erheblich verletzt. Im gleichen Rennen stürzt ein Teilnehmer in der Nähe der Weinzöttlbrücke über große Bausteine, mit denen Bauern den an der Seite der Straße führenden Radfahrweg verlegt haben, und wird ebenfalls verletzt. (R-Chronik VII/104/1895, 2317) Der Rennfahrer Franz Fuchs, der am 16. September 1895 mit Gattin auf dem Tandem von Gleichenberg nach Feldbach unterwegs ist, wird von einem Kutscher mit der Peitsche attackiert, worauf dieser einen Schreckschuss abfeuert. (R-Chronik IX/17/1895, 242)

Dennoch hoffen einige wohlmeinende Funktionäre, gerade mit Hilfe des Fahrrades die Barrieren zwischen den Klassen abbauen zu können, wie aus einem versöhnlichen Beitrag im Amtlichen Festbuch zum XII. Bundestag des Deutschen Radfahrer-Bundes in Graz hervorgeht: *„Das Rad ist durchaus ein demokratisches Verkehrsmittel, aber nichts desto weniger reizt es den Vornehmen, nicht minder wie die Dame von Stand wegen der ihm innewohnenden großen Vorzüge. Der feudale Ritter steigt von seinem Ross herab auf das bequeme und niedere Zweirad – der Arbeiter mit schwieligen Händen verlässt seine Esse und steigt hinauf, so kommen zwei sich fremd gegenüberstehende Stände einander auf halbem*

---

[39] Zum Vergleich: Der GBC verlangte zehn, der GRC fünf Gulden.

Aktiv beim Gratweiner RV: Frisörmeister Anton Hadler – hier mit Gattin Elisabeth, 1898

Wege entgegen und fahren ohne sichtbare äußere Merkmale ein flüchtiges „Heil!" tauschend, nebeneinander auf der großen Heerstraße dahin." (WILLAIN 1895, 75) Allerdings steht der allgemeinen Zugänglichkeit schon noch der hohe Anschaffungspreis entgegen, wie Josef Wichner zu bedenken gibt: *„Ein gutes Rad ist nämlich ein theures Einrichtungsstück, und also ist´s wohl nicht leicht denkbar, dass auch der Bettelmann und der Handwerksbursche auf dem Rade über Land reite".* (WICHNER 1895, 52)

Dem widerspricht A.W.K. Hochenegg, der in seiner Abhandlung „Die ethische Seite des Radfahrens", auf die Frage, welche Ausdehnung das Radfahren finden sollte, meint: *„Wir müssen gerade vom ethischen Standpunkte aus antworten: unbeschränkt. Wir dürfen der engherzigen Auffassung, als solle das Radfahren ein Vorrecht der oberen Zehntausend oder Hunderttausend bleiben, gerade in Anbetracht der ethischen Momente, die ihm, wir sagen nicht zu viel, anerkanntermaßen innewohnen, nicht das Wort reden, denn wir müssen wünschen, dass die ethische Bildung ein Allgemeingut werde, und wir haben weder die Möglichkeit noch das Recht, eine Grenzlinie aufzustellen."* (in: WOLF 1890, 4)

Als Beleg für die „Klassen verbindende" und „nivellierende" Eigenschaft dieses Beförderungsmittels reicht der Autor ein Bonmot von einem der letzten Besuche des Kaisers in Graz nach: Dieser fragte den damaligen Landeshauptmann und nachmaligen Handelsminister, Graf Wurmbrand, als ihnen mehrere Radler im Dress begegnen, wie es mit diesem Sport hierzulande so bestellt sei. Wurmbrands Antwort: *„Majestät, bei uns fährt alles."* (WILLAIN 1895, 75f) Ein Jahrzehnt früher hat der GBC für die Dauer der Anwesenheit des Kaisers in Graz noch freiwillig ein Fahrverbot erlassen, „um jedem Zwischenfalle auszuweichen". (KLEINOSCHEG 1892, 21)

3.4. Zweite Gründungswelle und erste Krise

Den Anfang der zweiten Welle von Vereinsgründungen, die vor dem Hintergrund der Verbreitung des Niederrades und des nun boomenden Tourenfahrens erfolgt, macht in Graz 1889 der mit weniger elitärem Anspruch auftretende Radfahrer-Verein „Edelweiß".[40] Er begründet sozusagen die Periode der floralen Benennungen, über die durchaus auch politische Inhalte transportiert wurden: Das Edelweiß ist das Vereinsabzeichen

---

40 Im Ansuchen an die Vereinsbehörde wird eingeräumt, dass es zwar schon mehrere Radvereine gebe, *„der Beitritt aber hiezu theilweise mit größeren Kosten verbunden ist, andererseits auch oft standeshalber nicht gut möglich ist"*. (StLA, Vereinsakten)

Gründungsmitglieder des Grazer Damen-Bicycle-Club, 1892 (v.l.n.r.: Elise Steininger, Vinci Wenderich, Louise Sorg, Mitzi Albl, Luise Albl)

Der Club der sanften Amazonen

In der Anfangszeit des Bicycle-Sports ist der Frau das Dreirad oder Sociable vorbehalten, dann, in der Niederradzeit, rückt sie auf den vorderen Platz des Tandems, wenn der Zukünftige oder schon Angetraute führt: *„Im Anfange der Entwicklung des Damenfahrens wurde meist das Tandemfahren ausgeübt. In männlicher Begleitung sah man die Damen auf dem Doppelzweirade dahinsausen, erst die letzte Saison brachte das einsitzige Damenniederrad in Schwung,"* heißt es in einer Fachzeitung Anfang 1894. (DöR VI/1/1893, 7f)[41] Zusätzlich zum gesellschaftlich erwarteten Rollenverhalten erweisen sich auch Mode- und Hygienevorstellungen als Hürden. Jene, die sich nicht daran halten und sich in selbstständiger Manier in den Sattel schwingen, müssen damit rechnen, dass ihr Ruf in Zweifel gezogen wird oder sie mindestens Opfer der Karikatur werden.

Die ersten Radfahrvereine nehmen Frauen, wenn überhaupt, dann nur als außerordentliche oder unterstützende Mitglieder auf. Unterstützend insoferne, dass sie beispielsweise „schmückend" als Bannerpatinnen auftreten dürfen.

Erst der 1890 gegründete Radfahrer-Verein „Wanderlust" durchbricht dieses Tabu und akzeptiert radelnde Damen als gleichberechtigt. (StLA, Vereinsakten) Auch der Brucker Bicycle-Club gibt sich früh offen – er hat 1893 eine Damenriege, die aus vier Radfahrerinnen besteht (RÖSCHEL 1924, 13)[42] -, was aber eher die Ausnahme gewesen sein dürfte. Vom Knittelfelder Radfahrer-Club wird berichtet, dass Frauen nur als unterstützende Mitglieder aufgenommen werden, weil sie angeblich die geforderten Prüfungsaufgaben – von rückwärts auf das Fahrrad aufgrätschen, einen Achter fahren und rückwärts abgrätschen – schon auf Grund ihrer Kleidung nicht bewältigen könnten. (ARBÖ 1999, 70)

Diese offene oder camouflierte Männerbündelei bringt einige Frauen schließlich dazu, die Sache selbst in die Hand zu nehmen: Auf einer *„fröhlichen Radfahrt von Bruck nach Graz"* im Herbst 1892 wird die Idee eines eigenen Clubs von Elise Steininger und Vinci Wenderich geboren. (ÖuRZ VII/5/1892, 119) Die erfolgreiche, medial angekündigte und positiv kommentierte Teilnahme an der Jubiläumsakademie des Grazer Bicycle-Clubs am 6. Dezember 1892 in der Industriehalle bekräftigen – neben entsprechenden Erfahrungen

---

41 Dem männlichen Führungsanspruch kommt die Industrie mit einer Konstruktion entgegen, die es dem hinten Sitzenden erlaubt, über ein Gestänge die Lenkung zu beeinflussen.
42 Eine der Damen, Frl. Samachod, ist auf dem Tricycle unterwegs

Der Grazer Damen-Bicycle-Club auf der alten Sorg'schen Schulbahn 1893 oder 1894

mit den bestehenden Clubs (Tagespost 9.12.1892, 3. Bogen)[43] – diesen Entschluss. Luise Sorg, Mitzi und Louise Albl sowie Frau Duller komplettieren das reigenfahrende Quintett bei der Feuertaufe. Elise Steininger, die im Mai 1892 dem RV „Grazer Tourenfahrer" als unterstützendes Mitglied beigetreten war, handelt sich mit der Teilnahme an der Jubiläums-Akademie des GBC Probleme mit ihrem eigenen Club – dessen Gründungsmitglied ihr Mann Carl Anton ist – ein: Die „Tourenfahrer" versuchen den Auftritt zu verhindern. Das Interventionsschreiben an den GBC wird auch an ihren Ehemann gerichtet: *„Abgesehen davon, dass es sich im vorliegenden Falle um eine Dame handelt, wo das selbstständige Vorgehen umso mehr befremden muss, hätten wir unter keiner Bedingung anders handeln können, sind wir doch durch die Ignoranz, die Ihre Frau Gemahlin unserem Verein entgegenbrachte, beleidigt und verletzt worden."* (Protokollbuch Fahrausschuss Tourenfahrer, 21.11.1892)

Am 16. Februar 1893 findet die Gründungsversammlung des „Grazer Damen-Bicycle-Club", des ersten reinen Frauenradklubs in Österreich-Ungarn und einem der ersten Kontinentaleuropas statt.[44] Nicht zu leugnen ist das Naheverhältnis zum GBC: Für die konstituierende Sitzung wird mit der Gastwirtschaft „zum Goldenen Steinbock" (Brockmanngasse 73) nicht nur das Vereinslokal des GBC ausgewählt, es sind auch GBC-Mitglieder eingeladen, die schon bei den Vorbereitungen zur Vereinsgründung geholfen haben.

Zur ersten Vorsitzenden des GDBC wird Elise Steininger, zur Fahrmeisterin Luise Sorg gewählt. Als Dress wird eine (bodenlange) dunkelblaue Schoß, helle Bluse, dunkelblaue Jacke, lichtblauer Gürtel und weiße Schirmkappe festgelegt. Für Ausfahrten wählt man einen glatten Rock und tauscht die Schirmmütze gegen einen Sommerstrohhut. (ÖuRZ VIII/5/1893, 59)[45]

Die Gründungsmitglieder kommen durchwegs aus Radler-Familien: Steininger, Sorg, Albl sind klingende Namen der Szene, auch Paula Gayer – Tochter des Metallwarenfabrikanten, GBC-Zeugwarts und nachmaligen Rennfahrerschulen-Betreibers – und Vicenza „Vinci" Wenderich – verheiratet mit dem Brucker Rad- und Skipionier Walther Wenderich – kommen aus einschlägigen Kreisen.

Das mediale Echo ist durchwegs positiv und reicht über die Landesgrenzen hinaus. Der Radfahrer-Gauverband, dem die Damen umgehend beitreten, findet in seinen Mitteilungen aufmun-

---

43 Schon anlässlich der Pfingstrennen 1890 haben sich drei Frauen am Corsofahren beteiligt, die als unterstützende Mitglieder beim AtRV geführt werden. (Mitt. AtRV Nr. 54/1893, 3)
44 Einige Quellen geben den Dresdener Club „Velocia", gegr. 1890, als ersten Frauen-Radsportclub Kontinentaleuropas an, andere wiederum sehen dieses Privileg beim GDBC. Einiges deutet darauf hin, dass der Grazer Club die erste weibliche Vereinsgründung ist, die Dresdner Damen sich aber früher „informell" organisiert haben.
45 Filipp Czeipek gibt zwar dem so genannten „Bloomer- oder Zuaven-Costüm" (Zuaven = orientalisch gekleidete französische Soldaten) den Vorzug, stellt aber fest, dass sich diese Tracht in Österreich noch nicht einbürgern habe können. Vom Korsett möchte sich Czeipek

Mit dem Tandem auf Hochzeitsreise: Louise Sorg und Franz Fuchs

ternde und werbende Worte für den Verein: *"Nur scheinbar ist das Unternehmen der Clubgründung ein gewagtes zu nennen, grundlos stellen sich Engherzige hie und da demselben entgegen, denn Niemand hat im Principe gegen das Radfahren der Damen etwas einzuwenden, ebenso wenig, wie gegen das Ausüben anderer Sportzweige seitens des schwachen Geschlechts, z. B. gegen das Damen-Eislaufen; warum sollen also radfahrende Damen nicht zusammen treten und einen eigenen Verein bilden?"* (Mitt. StRGV 15.2.1893, 36) Zu Beginn der Fahrsaison zählt der GDBC 14 Mitglieder, im zweiten Vereinsjahr wurde ein Höchststand von 27 Mitgliedern erreicht, wovon vier unterstützende und zwei Elevinnen (ab dem 14. Lebensjahr) sind. Wie Hilde Harrer analysiert, rekrutiert sich der GDBC hauptsächlich aus dem Kreise „höherer Töchter", allerdings sind auch Berufstätige dabei. (HARRER 1998, 121) Drei Aktivistinnen gehören dem Adel an. Die Zahl der Ledigen und der Verheirateten hält sich in etwa die Waage.

Nach einigen kleineren Ausflügen, die vornehmlich nach Abtissendorf führen, *"wobei es recht animirt herging"*, unternehmen die Damen am 17. März eine Tagesfahrt nach Marburg. (Mitt. StRGV 1.4.1893) Bemerkenswerte Reisen im ersten Vereinsjahr werden von Vinci Wenderich über 670 Kilometer ins Friaul und von Fanny Allmeder nach Marburg absolviert – sie bewältigt gemeinsam mit ihrem Vater Alois, Schirmfabrikant aus dem Franziskanerviertel und GBC-Mitglied seit 1889, die Strecke von Pöllau über das Strassegg nach Klagenfurt (125 km) an einem Tag. (R-C-Chronik VI/32/1893, 1261; DöR VI/4/1894, 66) 1894 kommt Frau Elgetz auf eine Fahrleistung von über 2000 km, im Jahr darauf unternimmt Luise Sorg, nunmehr verehelichte Fuchs, mit ihrem Mann Franz per Tandem die Hochzeitsreise über Triest nach Venedig. (R-Chronik VIII/94/1895, 2087)

Auch wenn das Tabu gebrochen ist und Frauen mit dem Fahrrad selbstständig die Straße und neue Freiräume erobern, bleiben bestimmte Beschränkungen aufrecht. Außerhalb des Stadtrayons sei das Fahren von Damen ohne männliche Begleitung nicht zum empfehlen, schon aus Sicherheitsgründen nicht, hieß es in einem Fachblatt: *"Oder soll sich die alleinfahrende Dame den Insulten roher Fuhrknechte oder Passanten aussetzen?"* (DöR VI/1/1894, 7f) Der k. u. k. Offizier und Turnlehrer Filipp Czeipek anerkennt die gesundheitlich positive Wirkung des Frauenradelns und prophezeit ihm eine große Zukunft: *"Ja es unterliegt gar keinem*

noch nicht ganz trennen, es soll aber nicht zu stark geschnürt sein. Vorteilhafter sei der „Ceniture suisse" aus gefüttertem Satinband und Fischbeinstäbchen. (Czeipek 1898, 51f) Das lokale Gewerbe bemüht sich sehr wohl um die Bedürfnisse der neuen weiblichen Kundschaft: So bewirbt etwa der Schneider Vitus Käfer in der Sporgasse 14 einen patentierten Rock, der sich in wenigen Augenblicken in eine Pumphose verwandeln lässt. (Tagespost 3.7.1898)

Zweifel, dass sich bald auch in Österreich junge Mädchen, die der Schule zustreben, Damen, welche Einkäufe zu besorgen haben, ja selbst Dienstmädchen und Matronen des Rades bedienen werden" (CZEIPEK 1898, 27) Er ermahnt die Frauen aber, sich von Rennbahnen fernzuhalten, *"...denn diese wäre in der That der Ort, wo Anmuth und Weiblichkeit verloren ginge (...). Und so scheint es wohl überflüssig, noch das abschreckende Bild einer Dame zu entwerfen, wie sie mit keuchendem Athmen und weit vorgebeugtem Körper, gebogenen Armen, die Lenkstange fest umfassenden Händen, scharf hervortretenden Augen und Muskeln, die Beine in rasender Arbeit, die Haare von der Zugluft zerzaust und vom Schweiße durchnässt auf der Bahn dahinhetzt! Jede Kraftanstrengung, die dem Manne so gut anlässt, wirkt eben bei der Frau abstoßend, weil dadurch ihr hervorragendster Reiz, die Anmuth, verloren geht".* (CZEIPEK 1897, 49) Auch empfiehlt der Lehrer, nicht zu anstrengende Tourenfahrten zu unternehmen. Als höchste erlaubte Leistung sieht er für eine geübte Fahrerin 80 km am Tag an. Der Gymnasialprofessor und Radfreund Josef Wichner beschwört schon eine „verkehrte Welt", in der die Frau in die Welt hinaus radelt und den Mann unversorgt daheim zurück lässt. (WICHNER 1896, 52) Auch ein gewisser Dr. Otto Gotthilf warnt in der Alpenländischen Sport-Zeitung: Radfahren der Gesundheit und des Vergnügens wegen ja, *„stecken aber, wenn auch erst in zweiter Reihe, Emancipationsgelüste, Eitelkeit oder Gefallsucht dahinter, dann soll sie sich charakterfest zeigen und es bleiben lassen".* (ASZ I/11/1900)

Die Grazer Radlerinnen halten sich offenbar an die Empfehlungen, zumindest, was das Rennfahren betrifft: Offizielle Wettfahrten von Frauen sind nicht überliefert.[46] 1894 wird die Clubleitung von Josa von Matzner Edle von Heilwerth, der nachmaligen Herausgeberin des Fachjournals „Die Radlerin", übernommen.[47] Matzner und Fahrmeisterin Sidi Baltl, Ehefrau des langjährigen Gauverbands-Vorsitzenden und GBC-Funktionärs Josef Baltl,[48] führen mit ihren Mitstreiterinnen auch die Abordnung der heimischen Clubs beim Preis-Festzug an, wobei ihre Fahrzeuge mit weißblauen Bouquets geziert sind.

Schon im folgenden Jahr wechselt die Führung des Clubs zurück zu Elise Steininger. Aus der Überzeugung, auf die Patronanz des GBC verzichten zu können, *„da der G.D.B.C. nunmehr genügend erstarkt ist",* wird die entsprechende Bestimmung aus der Satzung gestrichen: Vielleicht voreilig – zumindest sieht sich der Club 1895, trotz Halbierung des Mitgliedsbeitrags, mit einem dramatischen Rückgang an Mitgliedern konfrontiert. (R-Chronik VII/41/1895, 749) 1896, als Ella Reichsedle von Jenisch-Altfeld die Präsidentschaft übernimmt, verspricht sich die „Radfahr-Chronik" zwar durch die neue Leitung ein *„rasches, weiteres Emporblühen des Clubs",* was sich letztlich aber als Wunschdenken erweist. (R-Chronik IX/58/1896, 807) Besondere Aufmerksamkeit gilt weiter dem Schul- und Reigenfahren, das drei Mal die Woche auf dem Fahrplatz von C.A. Steininger in der Pfeifengasse 18, wo auch das Clubheim des GDBC angesiedelt ist, gepflogen wird. (=> Foto S. 70) Davor wird auf der alten Rennbahn des GBC geübt. (DRB VI/21/1893, 634)

1898 gerät der Club in Turbulenzen, es herrscht Uneinigkeit darüber, wie und ob es überhaupt weiter geht: Anfang März erfolgt die Anzeige der freiwilligen Auflösung, die von einer außerordentlichen Vollversammlung wieder zurückgezogen wird. Offenbar um den Mitgliederschwund zu stoppen, wird der Verein Mitte des Jahres auch für Männer geöffnet – sie können außerordentliche und unterstützende Mitglieder werden, sofern sie mit einem ordentlichen (weiblichen) Mitglied in verwandtschaftlichem Verhältnis stehen. Doch auch diese Maßnahme bleibt ohne nennenswerten Erfolg: Am 15. Dezember 1898 wird die Auflösung, diesmal endgültig, von der geschäftsführenden Vorsitzenden Ida Elmar *„wegen zu geringer Mitgliederzahl"* angezeigt. (StLA, Vereinsakten)

„Um diese Zeit war ein reiner Damenclub eigentlich nicht mehr notwendig", deutet Hilde Harrer aus heutiger Sicht den Hintergrund der doch recht kurzen Lebensdauer des GDBC optimistisch. Sicher, bei der Auflösung dürfte durch die zunehmende Bereitschaft der anderen Clubs, Frauen als gleichberechtigte Mitglieder zu akzeptieren,[49] eine Rolle gespielt haben. Es spricht aber auch einiges dafür, dass die wesentlichen Funktionärinnen einfach „weggeheiratet" worden sind.[50] Zudem geraten um diese Zeit die Radfahrvereine allgemein und der ehemalige Protektoratsclub GBC im Besonderen selbst zunehmend in Schwierigkeiten.

Ein gleichberechtigter Zugang zum Fahrrad ist im Alltag noch lange nicht erreicht, alleine schon aus materiellen Gründen, weil Damenräder noch für längere Zeit teurer als Herrenmodelle sind.

---

46 Das erste Damenrennen in Österreich findet am 6.8.1893 in Baden statt. In der Steiermark ist das erste von 1907 aus Abtissendorf überliefert, ausgetragen im Zuge einer Gaupartie des StRGV. Es siegt Frl. Anna Eigler vor Frl. Irma Paardorfer. (ASZ VIII/8/1907)
47 „Die Radlerin" erscheint seit 1896 in Berlin und Wien. Als ältestes Sportblatt für radfahrende Damen gilt die 1895 gegründete „Draisena".
48 Sidonie Bayer (geb. 1860) heiratet Josef Baltl am 12.9.1893 auf dem Familiensitz Schloß Welsdorf bei Fürstenfeld. Die Tochter einer Operndiva gilt selbst als begabte Landschaftsmalerin. Die Ehe bleibt kinderlos, Sidi stirbt früh 1908. (=> Foto S. 54)
49 Der RC „Velo" hat 1898 mit Irma von Kindermann und Louise Heschl schon zwei Damen im Vorstand. (GAB 1898, 157)

RV „Kornähre" St. Stephan am Gratkorn, Ansichtskarte, datiert 1913. Im Vordergrund liegende Mitglieder mit Trinkhorn, Dritter von rechts, sitzend: Hans Rinner, links neben ihm Ehefrau Maria

des bürgerlich-liberalen Alpenvereins, der in der Ersten Republik in nationalsozialistisches Fahrwasser geraten sollte, Bismarcks Lieblingsblume, die Kornblume, suchen sich die Deutschnationalen aus, während die „weiße Nelke" den Christlich-Sozialen zugeordnet wird. Almrausch bzw. Alpenrose wiederum sind vom sozialistischen Touristenverein „Die Naturfreunde" entlehnt. (DIEM 1995, 399ff) [51]

1890 folgt der Verein „Wanderlust", der erstmals auch Frauen als ausübende Mitglieder aufnimmt – bisher und auch später werden noch in manchen Vereinen Frauen nur als außerordentliche Mitglieder zugelassen. Die Grazer „Wanderlustigen" – Vereine gleichen Namens gibt es später auch in Marburg und Strass – fallen in den folgenden Jahren nicht nur in sportlicher Hinsicht auf, sondern auch durch ihre gesellige Note: Bei diversen Anlässen spielen die eigenen Vereinsschrammeln, die Vereinsmitglieder musizieren, singen und spielen Theaterpossen. (ASZ 1.5.1908)

1891 formieren sich drei weitere Clubs in der Landeshauptstadt: Die noble Radfahrervereinigung „Grazer Herrenfahrer", zu der sich vor allem gesetztere Familienväter („Graubärte") zusammenfinden, (vgl. AUBELL 1907, V)[52] der RC „Die Wanderer", dessen Gründer aus der Mechaniker- und Schlosserzunft, also aus dem einfachen Volk kommen, und der RV „Graecium", dessen günstiger Mitgliedsbeitrag von 50 Kreuzern seinen Mitgliedern die Bezeichnung „Kreuzermänner" einträgt. 1892 starten „Die Tourenfahrer", die, wie der Name schon vermuten lässt, das „fleißige Tourenfahren" pflegen und deren Mitglieder mit Rock und Hose aus blauem Tricot, Pollomütze aus blauem Stoff mit goldgesticktem Zirkel auffahren. (Protokollbuch Tourenfahrer, 3) „Tourenfahrer" treten wenig später auch in Marburg und mit zeitlichem Abstand in Spielfeld in die Pedale.

Dass wirklich „alles" radelt, wie Wurmbrand behauptet, legen auch einige der in einer zweiten Gründungswelle in Erscheinung tretenden Radvereine nahe: 1893 gründen beherzte Radlerinnen einen der ersten Frauenradvereine Kontinentaleuropas, in „heimischer Alpentracht" fährt der Steirische Radfahrerclub „Graz" vor, gleichzeitig mit dem Steiermärkischen Arbeiter-Radfahrerbund formiert sich der „Radfahrclub der k. k. Post- und Telegraphen Beamten", in St. Peter am Freienstein radeln Geschäftsreisende unter dem Namen „Kohlröserl" und in Knittelfeld die Beamten der örtlichen Metallwarenfabrik im eigenen Verein –

[50] Luise Sorg war 1895 zum GRC, dem Club ihres Ehemannes, gewechselt, die Schwestern Mitzi und Luise Albl fanden sich 1896 in den Reihen des GBC wieder, Sidi Baltl meldet sich beim Fürstenfelder Zweirad-Club an und Josa von Matzner war im gleichen Jahr nach Berlin gegangen.
[51] „Edelweiß" gibt es außer in Graz in Leoben, Kapfenberg, Marburg, Knittelfeld und Gratkorn. Weitere Blumensorten und ihr Vorkommen: „Weiße Nelke" (Graz), „Almrausch" (Bruck, Kalwang) „Kornblume" (Andritz, Feldbach) und „Alpenrose" (Graz). Dazu kommen pflanzliche Motive wie „Eichenkranz" (Graz, Fürstenfeld), „Immergrün" (Graz) „Kohlröserl" (St. Peter am Freienstein) und Kornähre (Gratkorn) dazu.
[52] Einen namensgleichen Verein gibt es in Leoben, ausgestattet mit „Arierparagrafen".

Dem Erscheinungsbild nach gut bürgerlich: Der Ruckerlberger Radclub, aufgenommen vor der Villa Amalia in der Rudolfstraße 77, 1898

immer stärker schlägt die berufliche, ideologische und standesmäßige Ausrichtung der Mitglieder durch.

Bewegt ist das Schicksal des bereits erwähnten RC „Weiße Nelke": 1896 gegründet, wird er Ende 1897 in Grazer Radfahrer-Club „II. Bezirk" und 1910 in Grazer Radfahrer-Club „Schönau" umbenannt. Schlussendlich schließt man sich 1939 an den Radfahrer-Verein „Edelweiß" an. (StLA, Vereinsakten) Langjährig, nämlich bis 1942, besteht der 1898 gegründete Grazer Radfahrer-Verein „Styria", der sich in der Folge durch die Pflege des Saalfahrens profiliert.

Die nun wie Pilze aus dem Boden schießenden Klubs tragen entweder wenig originell den Stadtbezirk im Namen, signalisieren – wie „D´Gmüthlichen", die es in Graz und Gleisdorf gibt –, eine bestimmte Lebenseinstellung oder greifen auf Anleihen aus dem Sagenreich – wie „Prometheus", einer Gründung zweier Konditoren – zurück. Ornithologisches Faible findet sich bei den „Schwalben" (Marburg und Leoben), bei Arbeiter-Radfahrvereinen schwingen sich „Drauadler" (Marburg) oder „Zugvögel" (Luttenberg) und „Seeadler" (Graz) auf den Sattel.

Dynamisch liebt es die Radlerzunft im Oberland, wo sich die Vereine „Blitz" (Stainach), „Vorwärts" (Langenwang) und Liesingwind (St. Michael) finden. Einige Zusammenschlüsse erweisen sich als Sternschnuppen, wie der Grazer RV „Meteor", der 1910 gegründet, 1912 in „Komet" umbenannt wird und fast gleichzeitig auch schon verglüht.[53] Ebenso kurzlebig sind der in gehobenen Kreisen formierte RC „Velo", der erste Klub, in dem Frauen bis in den Vorstand vorstoßen, der vom Doyen der Grazer Fahrradbranche, Julius G. Sorg, und seinen Mitarbeitern gegründete Verein „Grazer Wanderer" und der dem Namen nach viel versprechende I. Internationale Radfahrer Club.

Insgesamt haben sich bis zur Jahrhundertwende in Graz 35 bürgerliche Radfahrclubs, zwei Arbeiterradfahrvereine – der „Steiermärkische Arbeiter-Radfahrerbund" und der Radfahrerclub „Graphia", ein Zusammenschluss von Buchdruckern – sowie vier Radfahrverbände gebildet. In der gesamten restlichen Steiermark (inklusive Untersteiermark) sind es noch einmal rund 120 Vereine, die Ortsgruppen des Arbeiter-Radfahrerbundes nicht mitgerechnet.

---

53 Es handelt sich um eine Gründung des Betriebsleiters der Meteor Fahrrad-Werke, Babenbergerstraße 116-120, Gustav Schmidt, die sich vor allem dem Kunst- und Reigenfahren widmete. (StLA, Vereinsakten) (=> Foto S. 101)

Ideologische Instrumentalisierung

Ende der neunziger Jahre tauchen die ersten dunklen Wolken am Horizont des Radler-Himmels auf: In den Jahren des Fahrradbooms 1896 und 1897 haben sich die Produktionsverhältnisse überhitzt, was in den folgenden Jahren zu einer Absatzkrise und, damit verbunden, zu Problemen in Industrie und Handel führt. Geplante Entlassungen bei den Styria-Fahrradwerken rufen die Polizei auf den Plan, um Demonstrationen zu verhindern. (ULREICH 1995, 75f) Die Vereine und Verbände bleiben von der krisenhaften Entwicklung nicht verschont, wenn sie auch mit Verzögerung betroffen sind: Der Gauverband sollte 1899 mit 2265 Mitgliedern in 99 Vereinen und 470 Einzelfahrern einen nie mehr geschafften Höchststand erreichen. (MEISENBICHLER 1926, 5)

Nicht nur soziale Konflikte spitzen sich zu, was sich in der Radlerszene in der Bildung von Arbeiterradfahrer-Vereinen manifestiert, auch die nationalen Auseinandersetzungen streben um die Jahrhundertwende ihrem Höhepunkt zu, die Deutschnationalen werden in Graz politisch zur bestimmenden Kraft. (vgl. HAMMER 1998, 203f) Diese Entwicklung geht auch an den Radfahr-Organisationen nicht vorbei.

In diese einschlägige Richtung stimulierend wirken die verwandtschaftlichen Beziehungen zur studentischen Turnerschaft und zu der dort vorherrschenden Einstellung in Sachen körperlicher Ertüchtigung und psychischer Kräftigung im Dienste von Volksgesundheit und militärischer Erziehung. Neben dem Gemeinschaftsgeist werden Tugenden wie Zielstrebigkeit, Selbstdisziplin und Ausdauer hochgehalten, in Verbindung mit der besonderen Form der Wahrnehmung des Raumes (der Heimat) und der Natur passt diese Art der Fortbewegung auch gut ins Konzept der Reformbewegung. (FARKAS 1992, 204ff)

Adolf Hochenegg würdigt in einer Rede vor dem Gauverband 1901 den Verdienst des steirischen Sportbetriebes, den Sport auf deutschen Boden gestellt und den internationalen Sport verdrängt zu haben: *„Hier soll der Sport nicht Selbstzweck sein wie in England, sondern der Sport wird betrieben, um die Volkskraft zu heben."* (ASZ II/12/1901)

An der deutschnationalen Zuspitzung bei den bündischen Radlern wirken die Grazer Clubs maßgeblich mit: Aus ihren Reihen kommen jene Funktionäre des Österreichisch-ungarischen Radfahrerbundes, denen der multiethnische Anspruch ihres Bundes offensichtlich ein Dorn im Auge ist, und die bei einem Treffen mit regionalen Vertretern des Deutschen Radfahrer-Bundes, die mit der eigenen Führung in Deutschland unzufrieden sind, zu Pfingsten 1889 in Graz die Gründung des „Verbandes der deutschen Radfahrer Österreichs" (BdRÖ) vorbereiten. Diesem Projekt ist zwar kein wirklicher Erfolg beschieden, gefördert wird damit aber das Ende des Österreichisch-Ungarischen Radfahrerbundes: Nur der Mostarer RC erhebt einsam Protest, weil damit der Gründungszweck der *„die Gesammtmonarchie umfassenden Vereinigung"* zu einer *„streng nationalen umzugestalten beabsichtigt"* werde. (ÖuRZ IV/14/1889, 195)

Dieses *„Einrücken der stammesgleichen Sportsgenossen"* findet seinen publizistischen Niederschlag in der Gründung des Fachblattes „Deutsch-österreichischer Radfahrer" als Gegenstück zur „Österreichisch-ungarischen Radfahrer-Zeitung" (gegr. 1886).[54] Wechselseitige Chauvinismus-Vorwürfe und Schuldzuweisungen, die nationale Sache vor jene des Sports zu stellen, ziehen sich über Jahre zwischen deutschen, ungarischen und tschechischen Radlern hin. (vgl. DöR 20.6.1889; 20.8.1889)

Die Haltung des Gauverbandes in der nationalen Frage ist nicht immer ganz nachvollziehbar, aber offenbar stark von den gerade dominierenden Vereinen abhängig: Man wählt zwar den „Deutsch-österreichischen Radfahrer" als offizielles Vereinsorgan, stimmt aber 1893 beim Hauptgautag *„in Berücksichtigung der dadurch gestörten Einheit des Sportlebens in der Steiermark"* gegen den Beitritt zum Verband der deutschen Radfahrer Österreichs. 1897 ändert man dennoch die Satzung dahingehend, dass nur noch „deutsche Herrenfahrer" als Mitglieder aufgenommen werden.

Zusätzlich zu den ersten drei Grazer Clubs, die in der Tendenz ohnedies deutschnational sind – der AtRV nimmt schon seit Ende 1887 „nur Deutsche" auf –, entstehen Vereine, die schon im Titel ihre ideologische Ausrichtung signalisieren, etwa der „Deutschvölkische Radfahrverein" (Graz) und der Verein deutsch-nationaler Radfahrer „Leobner Wanderer". Einige Clubs führen auch den „Arierparagrafen" ein: Dazu gehören der Brucker (1901) und der Weizer BC (1910) ebenso wie der Grazer RV „Styria" (1904), und der Eggenberger Radfahrer-Verein (1923). In dieser Entwicklung folgt man

---

54 Die „Österreichisch-ungarische Radfahrer-Zeitung" unterscheidet zwischen dem „vaterländischen Bund" und der „ausländischen Vereinigung Deutscher Radfahrer-Bund" und beruft sich auf die Internationalität des Sportlebens. (ÖuRZ 15.1.1887, 13ff; 1.8.1889, 207ff)

Deutsch-völkischer Radfahr-Verein in Graz, 1901. 2.v.l.: Franziska Prager, verehelichte Leirer

„Es war einmal..."

Die große Ära der elitären bürgerlichen Radfahrclubs klingt zugleich mit dem Gebrauch des Hochrades zur Jahrhundertwende aus.

Der Siegeszug des Niederrades habe ihnen „*die Zügel entrissen*", räsoniert ein anonymer Autor vom Grazer Bicycle-Club schon in der Festschrift des XII. Bundestages 1895: Dem Autor ist ein Dorn im Auge, dass jedermann nun binnen weniger Stunden Radfahrer sein kann. Die schlechte Ausbildung erkenne man an der „*gänzlich unschönen Haltung*" der Radler, die man „*mit flatternden Beinkleidern rücksichtslos durch die Straßen sausen sieht*". Aber nicht nur solche für einen sportlichen Verein „*völlig untauglichen Wilden*" seien das Problem, dieses liege eigentlich im Niederrad selbst und in der Industrie, die damit den Sport „*in unglaublicher Weise*" knechte. Viel Unkraut müsse ausgerodet werden, um die Ideale und mit ihnen die sportliche Gesinnung noch retten zu können, schreibt der anonyme Autor und äußert den zu dieser Zeit schon leicht überholten Wunsch: „*Das Niederrad für die Frauen und die `Alten´, das Hochrad für die Jugend – sollte der Wahlspruch jedes wahrhaft sportlichen Radfahr-Vereins sein!*" (Festschrift 1895, 60f)

Ernüchternd klingt die Diagnose des Arztes und Funktionäres Eduard Miglitz, wenn er 1900 – wohl auf die Situation im Radsport bezogen – meint, dass sich das Radfahren „*dermalen in einem Stadium des Niedergangs*" befinde, denn es herrsche unter den Radfahrern „*eine derartige Apathie und Theilnahmslosigkeit*" wie nie zuvor. (HARRER 1998, 109) Da klingt Franz Aubell, „Grazer Herrenfahrer", im Vorwort zu seiner 1907 verfassten humorigen Gedichtesammlung doch noch milder, wenn er wehmütig auf das vormals gesellige Vereinsleben, nicht nur seines eigenen Clubs, zurückblickt: „*Vorbei ist nun all das durch den Wandel der Zeit; es ist eben nichts von Bestand auf dieser Erde. Zerstoben ist unsere Vereinigung wie viele andere Klubs auch. So mancher liebe Freund und einstige Klubgenosse ist nicht mehr, und die da noch wandeln im rosigen Licht, können auch nur sagen: Es war einmal!*" (AUBELL 1907, V)

Geradezu symbolisch nehmen sich die Turbulenzen aus, in die der älteste Grazer Club, der GBC, Ende der 1890er-Jahre gerät: Das in der

Frauengasse 7 eingerichtete Vereinsheim muss aus Kostengründen aufgegeben werden, Max Kleinoscheg stellt den Antrag auf Auflösung des Vereins, der bei der Vollversammlung im November 1907 nur knapp mit neun zu sechs Stimmen abgelehnt wird. (ASZ VIII/12/1907; X/2/1909) Nur der Umstand, dass sich der Deutsch-völkische Radfahrer-Verein 1909 auflöst und 14 Mitglieder zum GBC übertreten, sorgt für eine „Blutauffrischung".

Der Gauverband muss allein 1908 den Abgang von acht Vereinen (auf 42) hinnehmen. Die Mitgliederzahl schmilzt von über 2000 auf 1325, dabei hat die Gruppe der Einzelfahrer schon fast die Stärke der Vereinsfahrer erreicht. Auch in sportlicher Hinsicht geht eine Ära zu Ende: Parallel zu den internationalen Pfingstrennen, die den Ruf von Graz als „Hochburg des Radsports" begründet haben, werden 1896 auch in der Bundeshauptstadt Rennen ausgetragen, die vom, von Wiener Vereinen dominierten, BdRÖ veranstaltet werden.[55]

1896 können die GRC-Fahrer Franz Seeger und Bruno Büchner Siege einfahren, letzte Highlights setzt Franz Fuchs mit dem österreichischen Rekord über 40 km (1898) und Freiherr Graf von Platen über 50 km – Fuchs wechselt später selbst ins Lager der Autorennfahrer. 1897 sind die Pfingstrennen mit den drei großen Bewerben – Hoch- und Niederrad-Meisterschaften der Alpenländer, Meisterschaft von Cisleithanien – aus Graz verschwunden, der Verband für Wettkampfsport löst sich auf. Zwar veranstaltet man noch das eine oder andere internationale Rennen, etwa die Hochschulrennen, der radsportliche Glanz von Graz verblasst aber zusehends. In einer Zeit, in der alles immer Rad fährt, ist auch der schön choreografierte Korso obsolet geworden, schon 1899 beklagt die Alpenländische Sport-Zeitung, dass das Saalfahren, besonders das Reigen- und Schulfahren „bei uns ganz in Vergessenheit geraten ist". (ASZ I/4/1899)

Schrittmacher für das Auto

Um die Jahrhundertwende tritt das Automobil auf den Straßen in Erscheinung, auch wenn es wegen der hohen Kosten, der komplizierten Handhabung auf den schlechten Straßen und der damit erzielbaren noch bescheidenen Geschwindigkeit vorerst noch keine wirklich ernstzunehmende Konkurrenz zum Individualverkehrsmittel Fahrrad darstellt. Die erste Motorfahrzeugstatistik des Landes weist 1903 gerade einmal 32 Automobile, 19 Motorzweiräder und ein Motordreirad auf. (KARNER 2000, 60f) In dieser Phase werden das Fahrrad und seine Proponenten zu Wegbereitern für den Automobilismus. Der Radfahrer erlebt durch sein Gefährt als erster Verkehrsteilnehmer die „individuelle Beweglichkeit" und genießt bei, verglichen mit dem Tempo des Fußgängers, dreifacher Geschwindigkeit die „Emancipation des Individuums von dem schwerfälligen Gemeinverkehr" – Begriffe die, so der deutsche Volkskundler Martin Scharfe, „vexierend als Sätze übers Automobil gelesen werden können". (SCHARFE 1990, 220)

Die ersten Automobilisten kommen aus den elitären Kreisen, aus denen sich einige Jahre vorher die ersten Radsportler rekrutierten, zum Teil sind es auch ein und dieselben Personen: Sie suchen nach dem Gemeinwerden des Fahrrads ein neues, statusgemäßes „Spielzeug" – und finden es im motorisierten Vehikel. So liest sich der Vorstand des 1900 konstituierten „Steiermärkischen Automobilclubs" wie ein Who is who der damaligen Radsport-Szene: Erster Präsident ist Hans von Reininghaus, vormals Mitglied bei GBC und AtRV, im Vorstand finden sich Victor Franz, Inhaber der Meteor-Fahrradwerke, sein Kollege Johann Puch, der Advokat Wilhelm Edler von Kaan, 1897–1900 Präsident des Radfahr-Clubs „Velo" und ab 1904 Vorsitzender im Automobilclub, Albl-Kompagnon und Ex-Schriftführer des Grazer Cyclisten-Clubs, Theodor Schumy, sowie Franz Pichler und Franz Smutny, vorher bzw. gleichzeitig hoch dekorierte Funktionäre bei Radfahrer-Vereinen und -Verbänden. In der Mitgliederliste des Automobilclubs scheint Benedict Albl an erster Stelle auf. (Allg. Automobil-Zeitung 1.4.1900, 2) Auch der Obmann des Pettauer Radfahrer-Vereins, Konrad Fürst, ist 1903 der erste in seiner Stadt, der ein Auto fährt. (HERNJA-MASTEN 1998, 89)

Die damals sehr beliebten Schrittmacherrennen, bei denen bis zur Jahrhundertwende mehrsitzige Fahrräder die „Zugmaschine" abgeben, fördern auf der Jagd nach neuen Temporekorden die Entwicklung des Motorrades. Schon bald erfasst die Motorisierung auch direkt die Radfahrvereine: Auf einem Gruppenbild des Radkersburger Radfahrer-Clubs von 1905 etwa werden schon gleich viele motorisierte Zweiräder wie Fahrräder präsentiert. Eine Kundmachung des Leobner Bür-

---

55 Die Konkurrenzveranstaltung wird ins Leben gerufen, weil sich der Verband der Grazer Radvereine für den Wettkampfsport geweigert hatte, nach dem BdRÖ-Reglement zu starten und stattdessen bei jenem des DRB verblieben war. (R-Chronik IX/69/1896, 1097)

germeisters, die das *„schnelle Fahren mit Fahrrädern jeder Art"* untersagt, differenziert bereits zwischen *„Motor-, Automobil- und gewöhnlichen Rädern"*. (Obersteir. Volkszeitung 6.9.1905, 12)

Sukzessive öffnen sich die Vereine für motorisierte Mitglieder und richten für sie eigene Sektionen ein. Der StRGV beschließt Ende 1904, sich *„im Hinblicke auf die vielen gemeinsamen Ziele"* künftig auch dem Motor-Zweiradsport zuzuwenden. Der Vorstand weist darauf hin, dass die Motorradfahrer zum größten Teile aus den Reihen der Radfahrer hervorgehen und der Gauverband sie leichter als Mitglieder halten könne, wenn er sich ihrer annehme. (ASZ V/44/1904) Als Beispiele können Franz Fuchs und Ernst Bittner gelten, die vom Rad auf das Automobil bzw. das Motorrad wechseln. Betont wird das *„nicht nur für das Radfahren, sondern für allen Verkehr segensreiche Wirken"* des Gauverbandes. (ASZ V/21/1903) Umgekehrt werden dem Publikum auf der 1. Steiermärkischen Automobil-Ausstellung 1901 auch die aktuellen Fahrrad-Modelle vorgestellt, wohl auch, um für Normalbürger erschwingliche Produkte in der Schau zu haben. Die „Alpenländische Sportzeitung", eine Mehrspartenbeilage der Radfahr- und Wintersportverbände zum „Grazer Tagblatt", widmet dem Motorsport immer mehr Platz, parallel zu den entsprechenden Inseraten. Die Industrie, die, wie Puch, nun seine Motorfahrzeuge anpreist und die damit erzielten Erfolge feiert, fördert diese Entwicklung entscheidend, denn, wie heißt es in einem, gegen Auto-Skeptiker gerichteten Artikel 1906: *„Durch den Sport beginnt auch die Bedeutung des Verkehrsmittels für den praktischen Gebrauch zu gewinnen. Es hat sich dies beim Fahrrad am besten gezeigt…"* (ASZ VII/12/1906)

Nicht zuletzt ist es also ein Verdienst der frühen Radlobby, dass die infrastrukturelle Erschließung des Raumes für das Auto vorbereitet wird: Die Clubs und Verbände setzen sich massiv für die Verbesserung der Straßenverhältnisse ein und eröffnen über den Zugang zum schnelleren Verkehrsmittel und die Verbesserung der Infrastruktur immer größeren Bevölkerungskreisen die Möglichkeit zur individuellen räumlichen Entfaltung und Flexibilität. Der eben noch fußläufig enge Lebensraum wird ausgedehnt, die Daseinsfunktionen Wohnen, Arbeiten und Freizeit können geografisch auseinander rücken, was wiederum die Grundlage für eine autogerechte Siedlungsstruktur schafft, die sich schon bald ganz massiv gegen das Fahrrad selbst richten sollte. Ein Text, den Adolf W.K. Hochenegg zur sozialen Bedeutung des Arbeiterradfahrens verfasst, macht die strukturelle und ideelle Wegbereiterfunktion deutlich: *„Namentlich für kleinere Gewerbsleute und Arbeiter bedeutet ja die Möglichkeit der Benutzung des Fahrrades eine erhebliche Verkürzung der Entfernungen, die ihre Betriebsstätte von ihrem Heim trennt! Die Benutzung des Rades ermöglicht ihnen, entfernter von der Arbeitsstätte billigere und bessere Wohnungen zu beziehen, als sie solche in der Nähe des Ortes ihrer Berufsthätigkeit finden könnten. Statt in Löchern hausen zu müssen, können sie sich ein, wenn auch bescheidenes, so doch behagliches Heim suchen. Allein hieran ist nicht bloss der Arbeiter interessiert, denn grosse Städte sollen sich ausdehnen, und es ist für die Allgemeinheit von unschätzbarem hygienischen Wert, wenn die Menschen nicht zu nahe beisammen zu wohnen gezwungen sind. (…) Durch das Leben in einer geräumigeren, menschenwürdigeren Wohnung wird aber nicht allein die Gesundheit, sondern auch die Moral gehoben, die in einer überbevölkerten Keller- oder Dachbodenwohnung oft schlecht genug wegkommt!*

Indem das Rad die Entfernungen verringert, hilft es aber auch Zeit ersparen! Wiederum ist es hier vor allem der Arbeiter, dem dieser Umstand zugute kommt. Er wird in die Lage versetzt, sich seiner Familie mehr widmen zu können, sich grössere Arbeitspausen zu schaffen. Er kann nach Hause fahren und dort im Kreise der Seinen das Mittagsmahl einnehmen, statt es auf der Strasse öffentlich hinunterschlucken zu müssen. Seine Frau ist nicht mehr genötigt, eine erkaltete Mahlzeit weither zu tragen. Sie erspart selbst viel Zeit, die sie ihrem Hausstande, ihren Kindern widmen kann. Anderseits macht der Arbeiter eine wirkliche Pause, die schon durch die Fahrt in frischer Luft und den Wechsel der Umgebung für ihn eine thatsächliche Erholung bedeutet." (HOCHENEGG 1898, 13f)

Nach dem großen Zeitalter der Eisenbahn, das eine Verödung der Landstraßen im Gefolge hat, eröffnet das Fahrrad neue Möglichkeiten – das Kraftfahrzeug sollte sie dann in der praktischen Lebenswelt zunehmend ausfüllen und übernehmen. Freilich gibt es auch ablehnende Stimmen: *„Sein hoher Anschaffungspreis macht es nur dem Vermögenden zugänglich, die den Körper stählende Turnübung beim Treten entfällt - es ist ein Vehikel für reiche Müßiggänger"*. (WILLAIN 1895, 76)

Ansichtskarte des Steirischen Radfahrer-Gauverbandes

Hochrad-Vereine

1882: Grazer Bicycle-Club
1883: Marburger, Liezener BC
1884: Brucker, Gleisdorfer BC
1885: Weizer BC, Grazer Radfahrer-Club
1886: Fürstenfelder Zweirad-Club, Cillier Radfahrer-Verein, Leobener RV
1887: Wildoner Radfahrer, Verein Leibnitzer Radfahrer, Judenburger RV, Marburger RC, Pettauer BC, Akademisch-technischer Radfahrer-Verein in Graz, Voitsberger RC
1888: Kindberger RC

Niederradvereine

1889: Gratweiner RV, Knittelfelder RC, Verein Leibnitzer Radfahrer „Flavia", Feldbacher RC, Pischelsdorfer RV, Grazer RV „Edelweiß", Grazer RC „Wanderlust", Radfahrerclub in Hartberg, Hausmannstättner RV, Mürzzuschlager RC, Schallthaler RV Schönstein (Untersteiermark)

1890: RV Mureck, Ilzer RV, Burgauer Zweirad-Club, Marburger Radfahrerclub „Schwalben", Windischgrazer RC, Pöllauer RC

1891: Grazer RV „Graecium", Radkersburger RC, Grazer RC „Die Wanderer", Radfahrer-Vereinigung „Grazer Herrenfahrer", Marburger Stahlrad Club, Club slovenskih biciclistov Celjskoga sokola (Cilli), Drauwalder RV in Maria Rast (U-Stmk.), RV Fohnsdorf, Ausseer RV, Windisch-Feistritzer RC, RV Birkfeld

1892: „Grazer Tourenfahrer", Radfahr-Riege des Allg. Dt. Turnvereines, Pettauer RV, Strasser RV, Eggenberger RV, Marburger RV „Tourenfahrer"

1893: Grazer Damen-Bicycle-Club, RC Eisenerz, RC in Köflach, Steirischer Radfahrerclub „Graz", RV in Zeltweg, RC in Deutschfeistritz, Leobener BC, RV in Aflenz-Thörl

weitere bis 1918 (Auswahl): GBC 1894, RC „Almrausch" in Bruck (1894), Radeiner RC, (1895), Steiermärkischer Arbeiter-Radfahrerbund, Grazer RC „Weiße Nelke"/ II. Bezirk/ „Schönau" (1896), Luttenberger RC „Zugvögel", Grazer RV „Immergrün" (1897), Grazer RV „Styria" (1898), RV „Kornähre 1904" St. Stephan a. G., Radfahrsektion des GAC (1905), Grazer RV „Ausdauer 1909" (1909), RV „Posthorn" Graz (1912)

Ansichtskarte der
Radfahrschule
Steininger, um 1895

Als Radfahren noch in Schulen erlernt wird

Fahrradschulen tauchen zu der Zeit auf, als das Radfahren eine etwas größere Verbreitung erfährt und der Umgang mit den Hoch- und den ersten Niederrädern noch keineswegs allen Erwachsenen vertraut ist und schon im Kindesalter erlernt wird. Ist die Ausbildung am Rad bisher ausschließlich Sache der Radfahrvereine gewesen, die im Winter kleine Hallen oder Säle von Gaststätten zu Übungszwecken, aber auch zum beliebten Kunst- und Reigenfahren nutzen,[56] trachten nun Fabrikanten und Händler danach, den Kundenkreis zu erweitern, indem sie Käufer von Fahrrädern auch selbst im Gebrauch des Fahrzeugs unterrichten. Meistens waren beim Kauf eines nicht gerade billigen Fahrrades kostenlose Schulstunden inbegriffen.

„Selbstüberwindung und Entschlossenheit"

Franz Smutny, Instructions-Officier des ersten k. u. k. Militär-Radfahr-Curses 1896, gibt in einem Lehrbüchlein Einblick in die vielen noch abenteuerliche Welt des Radfahrens. Zunächst stellt er klar, dass *„die praktische Verwertung dieser unstreitig höchst gesunden Leibesübung"* außer Übung und natürlicher Geschicklichkeit *„stets einen gewissen Grad von Entschlossenheit und Selbstüberwindung"* erfordert. Die räumliche Voraussetzung beschreibt Smutny so: *„Als Uebungsplatz ist ein freier, fester Platz, auf welchem ein Anfahren gegen feste Gegenstände oder Zusammenstoßen zweier Fahrer ausgeschlossen ist (durch dieses werden die Fahrräder am meisten verdorben) zu wählen."* Dann folgen die Vorbereitungen zu den ersten Versuchen auf dem Rad, unter fachkundiger Anleitung, aber reichlich kompliziert: *„Der Lehrer gibt die ersten Hilfeleistungen in ruhiger und gleichmäßiger Weise von der linken Seite des Lernenden. Der Schüler hat sich folgende Körperhaltung stets in Erinnerung zu halten: Oberkörper möglichst ruhig, die Balance nicht durch Bewegung des Körpers, sondern durch Drehung der Lenkstange allein zu erreichen suchen, das Schwergewicht des Körpers wird immer auf die innere Seite, also im Anfange nach links verlegt. Die Beine müssen beim Heruntertreten möglichst ausgestreckt, die Absätze nach unten gedrückt und so auswärts genommen werden, dass Schenkel und Füße parallel zum Gestelle der Maschine*

---

56   GBC und AtRV etwa üben im großen Saal ihres Vereinslokals Steinfelder Bierhalle, der die eher bescheidenen Ausmaße von 12,5 mal 21 Meter hat (HARRER 1898, 79), um 1900 betreiben etwa die „Meteor"-Fahrradwerke ihre Winter-Radfahrschule im Coliseum.

Helene Kirchheim mit ihrem Lehrer, Herrn Adolf, 1939

bewegt werden. Das Treten muss einzig und allein mit den Beinen geschehen, die Hüften und der Oberkörper dürfen hiebei jedoch nicht mitwirken. Der Oberkörper bleibt immer aufrecht, nur mäßig vorgeneigt, die Oberarme angeschlossen, die Hände dürfen nicht krampfhaft die Lenkstangengriffe umfassen, der Blick sei nie auf das Vorderrad gerichtet, sondern ungefähr 2 Radlängen vorwärts auf den Weg und gewöhne man sich, die Pedale zu finden, ohne nach denselben zu sehen. Der Lehrer hält den Schüler im Anfange mit der rechten Hand an der Sattelfeder des Rades, mit der linken an der Lenkstange; später am Hosengurt oder am Arm und lasse dem Lernenden soviel als möglich Bewegungsfreiheit, ihn nur, unter fortwährender Aufforderung zu kräftigem Treten, vor dem Umfallen behütend." (SMUTNY 1897, 58f)

Radfahrschule Steininger

In Graz ist die erste Radfahrschule aus dem Jahre 1888 belegt, betrieben vom ältesten Fahrradhändler am Platz, Julius G. Sorg, auf dem Areal Schönaugasse 43. Sorg errichtet 1895 eine neue Bahn in der Elisabethstraße, wo er die *„schönste und grösste Radfahr-Schule"* betreibt. (TOURENBUCH 1899)

In der Schönaugasse 43, nunmehr auch Pfeifengasse 18 (heute Adolf-Kolping-Gasse 12–14), übernimmt Carl Anton Steininger das Kommando. Er richtet in dem aus dem 17. Jahrhundert stammenden Gebäude Fahrradwerkstätte und -geschäft ein.[57] Steininger ist Gründungsmitglied der „Grazer Tourenfahrer", seine Ehefrau Elise ist 1893 Mitgründerin und Präsidentin (1893, 1895) des Grazer Damen-Bicycle-Club. Über den GDBC sind zumindest Elise Steininger und Mutter und Tochter Sorg miteinander bekannt.

Als Steininger beginnt, ist Graz Schauplatz des 12. Bundestages des Deutschen Radfahrbundes (3. bis 7. August 1895). In einem Inserat in der Festschrift wirbt er mit der Alleinvertretung der Peregrine-Räder, der Leicester-Cycle Co. in Leicester, England, und der Flügelräder der Stahlradwerke von Ferdinand Christ & Co., Wien, mit einer *„gut eingerichteten Reparaturwerkstätte"* und als *„Sehenswürdigkeit von Graz"* mit einer *„grossartigen Schulbahn"* auf der *„Unterricht zu jeder Zeit"* erteilt werde. (FESTSCHRIFT 1895)

Der Fahrplatz wird schon unter dem alten Eigentümer Sorg vom Damen-Bicycle-Club genutzt, 1895/96 finden sich Mitglieder drei Mal die Woche ein, um das Schul- und Reigenfahren zu pflegen. (=> Foto S. 70) Zu dieser Zeit ist auch das Club-

---

57 Der Name Carl Anton Steininger, Direct.-Bmt. d. Lebensvers.-Actien-Gesellsch. „Germania" zu Stettin taucht im Grazer Adressbuch erstmals 1891 unter der Adresse Jakominigasse 81 auf, 1895 unter Jakominigasse 41. Das Areal der Fahrschule befand sich, wie auf den zeitgenössischen Abbildungen ersichtlich ist, südlich angrenzend an das Gebäude Pfeifengasse 18 und nördlich der Kreuzung Brockmanngasse und Anzengrubergasse.

heim des GDBC unter der Adresse Steiningers zu finden. Nochmals wird die Radfahrschule als Clublokal ausgewählt, und zwar 1906–08 vom RV „Graphia".

1896–1902 wird Steininger im Grazer Adressenbuch als „Fahrrad-Fabrikant" geführt, er bleibt aber auch in der Versicherungsbranche tätig. 1896 hat er die Generalvertretung für Swift-Räder der Österreichischen Waffenfabriks Gesellschaft Steyr inne. Inserate werben 1898/99 mit der Generalvertretung der „Waffen-Räder aus der Waffenfabrik Steyr", einer „guten" Reparatur-Werkstätte und der mit 4000 Quadratmeter *„größten Schulbahn Österreichs mit allen Bequemlichkeiten"* und *„Unterricht nur durch bewährte Lehrer"*. (Tourenbuch 1899)

Als C.A. Steininger stirbt, übergibt seine Witwe Elisabeth, die noch etliche Jahre an der Adresse Pfeifengasse 26 lebt, 1904 das Geschäft samt Waffenrad-Vertretung an Adolf Friebe (geb. 1849 in Arad, Ungarn). Dieser hat ab 1883 gemeinsam mit seinem Vater Ernest das freie Mechanikergewerbe in der Elisabethinergasse 22 ausgeübt und 1886 das Nähmaschinengeschäft Tetek in der Sporgasse 21 erworben. (StA, Gewerbeakten; FRIEBE 1985)[58] Friebe steigt auch ins Fahrradgeschäft ein.

Der zunächst am Dominikanerriegl 19 angesiedelte Gewerbebetrieb wird in die Pfeifengasse verlegt, wo laut Stadtbauamt ein ebenerdiger gewölbter Raum als Werkstätte für Fahrradreparaturen und drei weitere Räume des Hauptgebäudes nebst einiger Hütten als Magazine und zur Geräteaufbewahrung verwendet werden. 1905 betreibt er neben der Fahrschule auch eine „Werkstätte für Automobil u. Fahrradbau".

1911 scheint Friebe mit einem Partner, einem gewissen Egger, auf und wendet sich dem Elektrogewerbe zu. Er stirbt 1914. Seine Witwe Johanna führt die Geschäfte weiter, bis Sohn Ferdinand (geb. 1894) nach der Heimkehr aus dem Weltkrieg 1918 übernimmt. 1921 wird der Standort Pfeifengasse aufgelassen.

Ab 1926 firmiert August Rutter für einige Jahre unter der Adresse. Er betreibt eine Radfahrschule und eine „Räderleihanstalt". Zu dieser Zeit wird der Übungsplatz auch als Eislaufplatz verwendet. Durch Zeitzeugen gesichert ist, dass die Radfahrschule noch 1939 in Betrieb gewesen sein muss. (Info Kirchheim)

Derzeit befindet sich das seit einigen Jahren leer stehende Gebäude in Besitz des Grazer Radiologen Helmfried Winter.

Das Gespenst auf der Straße

Rosegger über das Radfahren und die Diskussion im „Heimgarten"

Als Seismograph für gesellschaftspolitische Entwicklungen der um die Jahrhundertwende noch mehrheitlich agrarisch orientierten Steiermark kann die Zeitschrift „Der Heimgarten" gelten, in Graz herausgegeben vom bekannten Journalisten und Heimatdichter Peter Rosegger (1843–1918). Roseggers Position zum Radfahren und seiner Verbreitung ist ambivalent: Einerseits sind von ihm durchaus positive Anmerkungen überliefert und er lässt wohlwollende Aufsätze, wie er sie etwa bei Josef Wichner in Auftrag gibt, zu – andererseits äußert er sich in selbst verfassten Artikeln wie „Das Gespenst auf der Straße" und „Das Recht des Rades" kritisch und ergreift aus einer kulturpessimistischen Position heraus für die Fußgänger Partei, die er von den Radlern bedroht sieht.

Der Schriftsteller, Germanist und Gymnasialprofessor in Krems Josef Wichner (1852–1923) erlernt selbst das Radfahren, um einen Bericht verfassen zu können, der unter dem Titel „Etwas übers Radfahren" veröffentlicht wird und geradezu euphorisch ausfällt:

„Und wie wunderlich ist's, am frühen Morgen oder in kühleren Abendstunden durch die reizendsten Landschaften dahinzufliegen, entgegen dem erquickenden Strome balsamischer Lüfte! Wie labt sich der Blick an den wechselnden Bildern und wie schmeckt nach vollbrachter Arbeit die Labung, die der Wirtin Töchterlein mit segnendem Lächeln bietet! Der Radfahrer ist ein Freiherr in des Wortes schönster Bedeutung, ihn bindet nicht die Minute, die das gewaltige Dampfroß beherrscht, er entflieht im Nu dem Gefängnisse der Mauern und dem Tagesgetratsche und rettet sich in das ferne, blühende Thal, in die beglückende Einsamkeit der heiligen Natur." (WICHNER 1895, 47ff)

Die Konflikte mit den anderen Straßennutzern sieht er zwar, leitet daraus aber nur einen notwendigen Gewöhnungseffekt und Erziehungsprozess ab: *„Das Volk muß eben auch fürs Radfahren erst erzogen werden."* Wichner anerkennt die Bedeutung des Fahrrades für das tägliche Leben, unterstreicht die positive gesundheitliche Wirkung (*„…für den gelehrten Stubenhocker, für den Herrn Wamperl und für das Heer der Nervösen [gibt es] kein besseres Mittel*

---

58 In der Sporgasse 21 ist noch heute ein Musikfachgeschäft, Elektroplanungs- und Installationsunternehmen etabliert, das von den Nachfahren Friebes betrieben wird. (=> „Zwischen Nähmaschinen und Musikalien", S. 119

als das Rad"), äußert sich aber reserviert gegenüber „Sportfexen, welche sich in wahnsinnigen Wettrennen die Lungen aus dem Leibe fahren". Auch den Frauen billigt er das Radfahren zu, das „jedenfalls [...] dem Tanze im überhitzten, miasmenreichen Ballsaale, sowie dem tagelangen Clavierklimpern vorzuziehen" sei, bezieht sich aber nur auf Damen der besseren Gesellschaft, zumal Hausfrauen dafür ohnedies keine Zeit hätten.

Die mit Abstand freundlichste Formulierung, die dem Heimatdichter zugeschrieben wird, hat dieser als „goldene Worte" für die Festschrift des Bundestags des Deutschen Radfahrer-Bundes 1895 in Graz verfasst:

„Es ist mir ein wahres Vergnügen, einen Radfahrer auf der Straße glatt, rasch und still daher gleiten zu sehen. Nur bangt es mir manchmal um seine Gesundheit. Wenn es sicher ist, dass die Radfahrerei, klug und mäßig betrieben, für die Organe nicht schädlich ist, dann preise ich diese Erfindung als eine der nützlichsten und köstlichsten." (Festschrift 1895, 86)

Rosegger selbst dürfte schon in den 1880er-Jahren mit dem Hochrad konfrontiert worden sein, wie aus einem Bericht des Brucker Fahrradpioniers Franz Röschel hervorgeht. Demnach trifft der Wiener Tourenradler Jeremias Zwirn, als er mit einem Kollegen in Mürzzuschlag Rast macht, auf einen zunächst Unbekannten, der sich gerade während ihrer Abwesenheit an den Rädern zu schaffen macht. Als er seine Identität bekannt gibt, erklären ihm die beiden das Gerät, doch die praktische Übung endet mit einem Beinaheköpfler und den Worten Roseggers: „Na, na, dies is nix für unserans, dös is ehender was für d´ Seiltänzer! Wir Steirer hab´n gern was Festeres unterm Schuhzeug!" (RÖSCHEL 1935, 8)

Käfer und Libelle

Rosegger greift in der Folge mehrmals zur Feder, als es darum geht, die in seinen Augen bedrohten und verdrängten Fußgänger zu verteidigen, wobei er die Radfahrer als „natürliche" Gegner sieht:

„Die Fußgeher und die Radfahrer sind nicht bloß verschiedene Parteien, sie sind verschiedene Wesen. Die einen kriechen, die anderen fliegen. Der Käfer und die Libelle. Nur schade, daß diese Libelle für ihren pfeilschnellen Flug doch noch eines handbreiten Streifen Scholle bedarf von der Straße, die der Fußgeher gerodet und gebaut hat, die der Fußgeher erhält und bewacht. Der Fußgeher ist der älteste Bürger der Straße, dann kam der Reiter, dann kam der Fuhrmann; ohne einige Befehdung ging es nicht ab, der Fußgeher wurde etwas an den Rand gedrängt, aber auf diesem Bürgersteige fühlte er sich sicher, und die reitenden und fahrenden Herren zollten ihre Mauten. Da kam der Radfahrer angesaust, plötzlich und unvermittelt. Weder Straße noch Gesetz waren auf ihn vorbereitet, er zahlte keine Maut und keine Steuer, aber kühnlich eignete er sich die Fahrbahn an und den Reitweg und den Steig des Fußgehers. Der letztere war ihm am liebsten; er brauchte mit seiner Schelle nur zu klingeln, so sprang der Fußgeher zur Seite und blickte mit Bewunderung der Libelle nach. Ein einziges Bäuerlein war, das den ersten Radfahrer, den es sah, für einen verrückt gewordenen Scherenschleifer hielt – der Frevler wurde niedergerannt. Auch mancherlei anderes wurde niedergerannt, Ziegen, Kinder, alte Weiblein, Enten, Hunde; die Schuld war an ihnen, sie waren nicht ausgewichen oder zu langsam und ungeschickt." (ROSEGGER 1896, 231ff)

Im Gegensatz zu Wichner, der von den Verkehrsteilnehmern einfordert, mit der Zeit zu gehen und sich anzupassen („Die besonders in verkehrsarmen Gegenden vielfach zutage tretende Ängstlichkeit der Leute wird mit der Zeit vollständig aufhören, und selbst die Hunde, Pferde und Ochsen werden sich ins Unvermeidliche fügen und an die Radler gewöhnen müssen"), pocht Rosegger auf das ältere Recht der Fußgänger und lehnt es ab, alte Verhaltensweisen und erworbene Privilegien aufzugeben. Der Schreck ist groß, wenn man harmlos seinen Erholungsspaziergang macht und ganz plötzlich huscht in nächster Nähe „lautlos so ein Gespenst vorüber, den Rock streifend". Der Heimatdichter lässt sogar gewisse Sympathie für jene erkennen, die ob dieser Bedrohung zur Selbsthilfe griffen: „Man hat bemerkt, daß die Radfahrer manchmal von Landbewohnern und auch anderen `attackiert´ wurden. Ich entschuldige das nicht, aber ich begreife es". Das Gefühl der „Fluchtsicherheit" sei es, das den Radfahrer „keck und grob" mache.

Gegen den Despotismus des Rades

Für Rosegger ist das Fahrrad die noch ärgere Gefahr als das Auto, wie er 1903 schreibt: Selbst wenn der Fußgänger im hektischen Verkehrsgetriebe noch so aufmerksam ist,

„noch bedroht ihn das furchtbare Automobil, das die Geschwindigkeit der Elektrischen, aber nicht ihren vorgezeichneten Weg hat, und dessen geheimnisvolles Pusten man erst versteht, wenn es einem schon an den

Leib rückt, und noch schlimmer das unaufhaltsame Reitrad, das darauf angewiesen ist, sich just durch diese Engpässe, die dem Fußgänger noch übrig bleiben, hindurchzuzwängen. Das Automobil ist das brutalste, das Reitrad die tückischste dieser Gefahren. Hier wie dort maßt sich der einzelne an, mir nicht nur, wie es das Fahren längst mit sich brachte, den Weg vorzuschreiben, sondern mich zur demüthigen Flucht, zum furchtsamen Rennen, zur äußersten Kraftanstrengung des Gepeinigten zu verurtheilen." (ROSEGGER 1903, 789ff)

Besonders wurmt den Schreiber, dass sich die Fahrradnutzung nicht an die sozialen Klassen halte: *"Aber daß jeder Laufbursche, der auf dem Rade thront, mich, der ich ruhig an meine Geschäfte gehe, zu einer Art Cake-Walk-Tanz (sic!) auf offener Straße nötigen kann, das geht über alle Geduld und Fügsamkeit, die in einem demokratischen Gemüth liegt."* Und: *"Das Vorrecht des Rades ist zur Tyrannei geworden, es trägt alle Kennzeichen des Despotismus an der Stirne (...)"*

Immerhin räumt der Volksliterat ein, dass das Radfahren auch gute Seiten hat, wenig hält er jedoch von sportlichen Ambitionen. Zu praktischen Zwecken oder zur Erholung sei es eine schöne Sache, aber das Radfahren stehe heute in Gefahr, wie viele andere Betätigungen – etwa Jagen oder Bergsteigen – auch, *"vom Sport zu Tode gesündigt zu werden"*. Viele der *"fernhungrigen Luftschnapper"* führten ihre *"lungenlähmenden Touren"* nur darum aus, *"um dann prahlen zu können. Und auf diesem Triumphzug sind sie imstande, alles zu zermalmen, was ihnen zufällig in den Weg läuft oder ruhig auf dem Wege dahinschreitet."* Rosegger setzt auf die Radfahrvereine, die ihren Mitgliedern Mores lehren sollen:

"Gegenwärtig ist die Radfahrerei noch in den Flegeljahren. Die Radfahrervereine werden ihre Mitglieder erziehen, ihre Bestrebungen adeln, den Mitmenschen anpassen, und die nächsten Geschlechter werden überzeugt sein, daß Radfahren kein windiger Sport ist, sondern eine herrliche Erfindung voll des Nützlichen und Angenehmen."

„Narrischer Scherenschleifer"

Launig, wenn auch vor erkennbar ernstem Hintergrund, nimmt sich eine Zuschrift („Sonntagsfreuden eines Radfahrers") aus, die auf das „Gespenst auf der Straße" reagiert. Mit einer Kollektion an gängigen Vorurteilen und Verunglimpfungen will der Autor offenbar verdeutlichen, dass auch Radler und Radlerinnen sich einiges gefallen lassen müssen:

„Das war vor einigen Wochen, als ich eines schönen Sonntagsmorgens hinausritt über Maria-Trost in die östliche Steiermark. Schon bei St. Johann hörte ich ein paar Bauern, auf mich deutend: „Heint sein d Norrn wieder amol oll auskema. Burt scha wieder a so a gschmoaßna Lufttreta daher! He, wouhin, narischa Scheerenschleifa?"
Und ein anderer: „Der gibb da kan Ontwort, der hot um a Radl z´viel."
In der Nähe des Faßlwirts rief bei meinem Anblick ein Bauernbursche aus: „Jessas, den schauts on, der hot seini Haxn ohg´schrauft!"
Und weiter, bei Algersdorf, ein alter Hüttler: „Teuxl, do is in Grazern a Radl durchgongan und is oana henkn bliebn drauf." (...)
Einige Kinder riefen: „Velocipee, ´s Ondri wißt´s ehr!"
Als ich weiter hin bergan ritt, meinte einer: „Der thuat Luft schnoppn, wia da Fisch ohni Wossa."
Und beim Abwärtsreiten: „An Lita zohl ich, wan sih der d Nosen bricht!"
Bei Anger rief mir ein Straßenwirt zu: „Einkehrn, s Rößl is dursti! Oda hot da Kutscha d Schwindsucht im Sock?"
In der Nähe von Koglhof scheuten sich vor mir ein paar Zugochsen am Karren. Da sagte der Fuhrmann: „Sar ouft meini Ouchsen wos Saudumms sechn, schreckn sie sih." (...)
Im Pöllauerthale fiel den Bauernburschen meine Radfahrerkluft auf. „In da Stodt muß s Gwond theuer sein." Und ein Zweiter: „Gehn mar ohsomeln, daß mar an Guldn zsombringen, aft kaffn mar eahm a Pfoad."
So gieng es fort bis Kaindorf, bis Gleisdorf, dort setzte ich mich gerne in den Eisenbahnzug.
Wenn wir Männer auf unseren Ausflügen schon derart begrüßt werden, so kann man sich denken, wie es den Radfahrerinnen geht. Ich hörte es selbst, wie man von einer dicken Dame, die auf dem Pneumatikreifenrad ritt, sagte: „Hoi ho, a Plunzn reidt af a Leberwurscht!"
Dann als der Wind ihre Kleider blähte: „Paßts auf, hiaz wird´s gleich in d´Luft fliagn, sie bledat scha!" (Heimgarten 24/4/1897, 311ff)

Festschrift 1895

III : 85

Das große Fest

Das größte Rad-Ereignis der Grazer Stadtgeschichte findet im Sommer 1895 statt: Zum XII. Bundesfest des Deutschen Radfahrer-Bundes kommen von 2. bis 7. August rund 2000 Aktive aus allen Regionen Deutschlands und Österreich-Ungarns und darüber hinaus bis nach Russland nach Graz, es gibt Wettfahrten, Saal-Kunstfahren, Beratungen, einen großen Korso und Feste im Park der Industriehalle und am Hilmteich. Cafes und Gastwirtschaften haben die Nacht über geöffnet, Geschäfte sind dekoriert und öffentliche Gebäude beflaggt, zwischen den einzelnen Schauplätzen verkehrt die Pferdebahn in verstärktem Takt.

„Ein besonders reges Treiben pulsiert in der Herren- und Jungferngasse, in welch letzterer sich die Festkanzlei befindet, die von Radfahrern den ganzen Tag über förmlich belagert wird", illustriert die „Grazer Morgenpost" in einem Bericht auf der ersten Seite. (Grazer Morgenpost 4.8.1895, 1)

Viele Tourenfahrer kommen mit Sonderzügen, nicht wenige reisen von weit her mit dem Fahrrad an, wie etwa Julius Schloming, der 1360 km Chaussee aus Hamburg zurückgelegt hatte. (Tagespost 5.8.1895) Ein gewisser Hans Knoll, Mitglied des Münchner Velocipede-Club „Germania", startet vom Grazer Bundestag aus auf einem Styria-Rad der Firma Puch & Comp. zu einer Weltreise. (Grazer Tagblatt 8.8.1895, 4) Anlässlich des Treffens werden mehrere Publikationen aufgelegt, eine großformatige Festschrift und ein kleinformatiges Fest-Buch sowie ein Liederbuch. Bemerkenswert sind dabei auch die in den Druckwerken enthaltenen, zum Teil künstlerisch gestalteten Inserate der Fahrradindustrie.

Prunkzug, Volksfest und Wasser-Feuerwerk

Die Festivitäten rund um das Radler-Treffen stellt alles bisher Dagewesene in den Schatten: Beim Begrüßungsfest am Samstag (3. August) in der Industriehalle spielt die Kapelle des Infanterie-Regiments Graf Khevenhüller Nr. 7, Opernsänger Hermann Steffens, Mitglied des Grazer Bicycle-Club, eröffnet mit Liedern für Bariton. Der Reporter des „Grazer Volksblattes" schildert: *„Die verschiedenartigsten Dreß von tiefem Schwarz und Violett bis zum blendenden Weiß waren zu sehen. An langen Tischen*

Der Festzug am Carl-Ludwig-Ring
(heute: Opernring)

saßen die einheimischen und fremden Radfahrer mit den verschiedenartigsten Kopfbedeckungen. Sehr hübsch präsentierten sich die Mitglieder des Grazer Bicycle-Club mit ihren eleganten weißen Kappen. Auch viele Damen und einige Officiere waren anwesend". (Grazer Volksblatt 4.8.1895, 1) Die offizielle Eröffnungsrede am nächsten Vormittag – Sonntag, 4. August - im Stephaniensaal hält Dr. Adolf Hochenegg, Radsportautor, Denker und Dichter der Grazer Radlergemeinde, auf der mit einer Büste von Drais dekorierten und von Bannerträgern umsäumten Bühne: *"Dem echten Sportsman ist sein Rad nicht ein mehr oder weniger praktisches Fahrzeug, ihm ist es ein lieber Freund, ein guter Kamerad, der ihn hinausträgt in die weite Gotteswelt, deren Anblick uns selbst verjüngt und neue Kraft leiht in des Lebens Wirrsal und Kümmernis."* (Grazer Tagblatt 5.8.1895,1)

Hauptattraktion des zweiten Tages ist ein Festprunkzug, der auf seinem Weg von der Schubertstraße über Elisabethstraße und Burgring, Carl-Ludwig-Ring (Opernring), Joanneum-Ring, Wielandgasse, Grazbachgasse zur Industriehalle von 50.000 Grazerinnen und Grazern akklamiert wird. Die Radler-Delegationen – *"die blinkenden Räder waren vorwiegend mit reizenden Blumen und Girlanden geschmückt"* – werden von den Hutfabrikanten Pichler angeführt, dann folgen Musikkapelle und Festwagen. Auf einem dieser Wagen ist auf der Vorderseite die „Kolossal-Büste" des Erfinders der Draisine, Freiherr von Drais, zu sehen, auf der Rückseite inszenieren Mitarbeiter der Albl'schen Fahrradfabrik im Arbeiterkleide an einer Esse die Fertigung der neuesten Bicycles. Spektakulär auch der nach einer Idee von Franz Pichler entworfene Wagen mit einem „Monstre-Globus", auf dem ein Radfahrer im Dress mit Hochrad, Europa verkörpernd, thront. Auf weiteren Pferdewagen werden verschiedene Bilder aus dem Volksleben und landestypische wie exotische Jagdszenen dargestellt: *"Sehr schmuck sah ein Beduine mit hohem Turban aus, der in dieser Abtheilung vertreten war und offenbar auf Löwenjagd zu `radeln´ schien."* (Grazer Tagblatt 5.8.1895, 3) Für die Gesamtinszenierung zeichnete k. u. k. Hof-Photograph Leopold Bude verantwortlich, der auch photographische Aufnahmen des Umzugs macht.

Nach dem Festzug steigt im Park der Industriehalle ein Volksfest, an dem schätzungsweise 10.000 Menschen teilnehmen. Neben englischem Dampfcarussel und amerikanischen Schaukeln, Kraftmaschinen und Kasperltheater werden auch „volksthümliche Speisen" geboten: *"Dampfender*

Sterz, saftiges `G´selchtes mit Kraut´ und duftender Tommerl; dazu gut steirischer Trank: echter Ligister Schilcher oder perlender Most". (Grazer Tagespost 5.8.1895, 3. Bogen zum Abendblatt) Für Aufregung sorgt im Vorfeld die Anhebung der Bierpreise, die *"geradezu eine Schädigung des Publicums"* darstellen würden: *"Jetzt sollen die Radfahrer für die etwa zwei Schluck Bier, die sie in den Dreizehntellitergläsern erhalten werden, gar acht Kreuzer bezahlen!"* (Grazer Volksblatt 3.8.1895) Seine Fortsetzung findet der Reigen an Festivitäten am Montag, 5. August, am Hilmteich, bei dem u. a. ein Wasser-Feuerwerk gezeigt wird.

Vereinzelt Damen im Fahrcostüm

Als kulinarische Stützpunkte der Radler werden neben der Restauration in der Industriehalle die „Ressource" in der Stainzerhofgasse, die „Puntigamer Bierhalle" in der Jacobigasse 6 (heute Orpheum) und der „Wilde Mann" in der Jakominigasse 3 empfohlen, zur Unterbringung ihrer Fahrzeuge werden kostenpflichtige und versicherte Einstellmöglichkeiten im Park der Industriehalle und im Theater am Stadtpark angeboten. Ausflüge zum Lurloch, nach Judendorf, auf den Hochlantsch sowie nach Ligist und Riegersburg werden angeboten.

„Vereinzelt sah man auch Damen im Fahrcostüm", notiert ein Zeitungsschreiber vom Empfangsabend in der Puntigamer Bierhalle, und damit erschöpfte sich dieser Aspekt der Berichterstattung auch schon. (Grazer Tagblatt 3.8.1895, 4) In den 17 Sonder-Ausschüssen des Bundestages finden sich zwei Frauen, und zwar die Mitglieder des Grazer Damen-Bicycle-Club Frau Elise Steininger und Fräulein von Jenisch, k. u. k. Oberstentochter, im Musik- und Gesang-Ausschuss. Besondere Erwähnung findet das „liebenswürdige" Engagement der Damen, die sich mit der Bereitstellung von Speis und Trank beim Frühschoppen in den Parkanlagen von Dr. Paul Reininghaus hervortun.

„Strike der Nicht-Amateurs"

Der schon länger schwelende Konflikt um die Geldpreisfrage eskaliert in Graz und ausgerechnet beim Bundesfest. Alle Rennfahrer, die schon einmal um Geldpreise angetreten sind, werden von den fünf Bewerben um Bundesmeisterschaft ausgeschlossen. Um die Bewerbe nicht zu „Winkelrennen" herabsinken zu lassen, beschließen die Grazer Veranstalter, zusätzlich offene Rennen auszuschreiben. Doch als die angereisten und heimischen Racer, darunter Franz Gerger, erst kurzfristig von der Ausschluss-Entscheidung des Deutschen Radfahrer-Bundes erfahren, sind sie dermaßen verärgert, dass sie auch die Teilnahme an den offenen Bewerben absagen. Mit einem Mal war das Starterfeld arg dezimiert, die für den 3. August angesetzten Vorläufe werden überflüssig, was sich langsam auf den Rängen der Rennbahn herumspricht: *„Als dem geduldig ausharrenden Publicum endlich von dem Radfahrer-Strike Mittheilung gemacht und ersucht wurde, das für den Eintritt bezahlte Geld an der Casse zu beheben, gab es seinem berechtigten Unmuthe durch Pfeifen und Zischen Ausdruck und Worte Scandal - packts z´samm - schwirrten in der Luft"*. (Grazer Morgenpost 4.8.1895) Am späten Abend lenken die „Professionals" dann doch ein, und zwar ausdrücklich den Grazer Veranstaltern zuliebe. Bei den Rennen am 4. und 5. August läuft es dann für das Grazer Team um den erfolgsverwöhnten Franz Gerger nicht so besonders. Am besten schneidet noch Bruno Büchner (Grazer Radfahrer-Club) ab: Er wird bei der Meisterschaft von Deutschland auf dem Hochrad über 5000 Meter und beim „Kaiserpreisfahren" am Hochrad jeweils Dritter, kommt auf dem Triplett gemeinsam mit den Deutschen Roth und Josef Fischer auf Rang 2 und gewinnt das Niederrad-Rennen über 2000 Meter.

Theodor Schlüter aus Flensburg kommt bei der Königsdisziplin, dem 100-km-Meisterschaftsrennen, zu Sturz, aber *„ihm wurde sofort ärztliche Hilfe zutheil in dem von der Rettungs-Abtheilung der freiwilligen Feuerwehr in einem ganzen Tracte des akad.-techn. Clubhauses eingerichteten Ambulatorium"*. (Grazer Morgenpost 6.8.1895) Nicht viel besser ging es Lokalmatador Franz Gerger: *„Gerger stürzte in der 19. Runde vor dem Zielrichterhäuschen, stand jedoch sofort auf und setzte unter tosendem Beifalle, von Riedel und Goeß auf Tandem geführt, die Fahrt fort"*. (Tagespost 6.8.1895, 2. Bogen) Doch in Runde 151 (von 250) gibt Gerger auf. Für ihn springen Franz Seeger und Rieland Irgl mit den Plätzen 2 und 3 in die Bresche.

Beim Kunst- und Saalfahren in der Militärreitschule in der Rösselmühlgasse, die man in eine Arena mit amphitheatralisch angelegten Zuseherräumen verwandelt, hat die heimische Equipe

Linke Seite:
Ein Festwagen mit Büste von Carl Freiherr von Drais
Rechte Seite:
Ansichtskarte vom XII. Bundestag des Deutschen Radfahrer-Bundes in Graz

wenig zu bestellen: Die deutschen Teilnehmer machen auf der 13 mal 23 Meter messenden Fahrfläche sämtliche Konkurrenzen – Pflicht und Kür auf dem Hoch- und dem Niederrad, wobei letzteres als Meisterschaft erstmals ausgetragen wird, und Gruppenfahren – unter sich aus. *„Mit der größten Ruhe wurden die verschiedensten Stellungen ausgeführt, Platz gewechselt, auf das Gubernal getreten u.s.w.“*, berichtet die „Tagespost" vom Gruppenfahren. (Grazer Tagespost 5.8.1895, 3. Bogen)

Abgesehen von Vereinsinterna bestimmt die Festlegung des Amateurstatus auch die Beratungen der Verbandsorgane in den Annensälen. Unter anderem wird beschlossen, dass sich Rennfahrer, die von einem Fabrikanten *„in einer wie immer gearteten Weise unterstützt werden, von selbst als Berufsfahrer kennzeichnen"*. (Tagespost 5.8.1895, 2. Bogen zum Abendblatt)

Nationales Stahlbad

Die Großveranstaltung dient aber nicht nur der Propagierung des Radsports, sondern auch des deutschnationalen Gedankens. Gerade in Graz, wo man sich *„auf sturmumbrandeter Vorwacht im Dienste des gesammten Deutschthums"* wähnt, wird der Anlass als *„große nationale Genugthuung für die Bevölkerung"* gefeiert. (Grazer Tagblatt 3.8.1895, 1; Tagespost, Morgenblatt 2.8.1895, 1, vgl. KARNER 2000, 44f)

Schon beim Begrüßungsfest in der Industriehalle würdigen sie die *„stramm-deutsche Ansprache"* des Festorganisators Julius Ruderer, der in xenophober Diktion warnt:

„Eisenbahnen und Telegraphen haben die Entfernungen der Völker behoben, sie befördern den wechselseitigen Austausch der Nationen und die Wechselwirkungen ihres volklichen Wesens, sie bilden damit eine Gefahr für die Erhaltung der nationalen Eigenart, und auch das Rad hat die Radfahrer aller Nationen einander genähert. Gerade darum ist es die Aufgabe des Radfahrers, indem er im Fluge die Welt durchstreift, nicht bloß sein Stammesbewußtsein hochzuhalten, sondern es ist seine Pflicht, überall für die Ehre und Größe seines Volkes einzutreten".

Nur vereinzelt und kurz wiedergegeben sind in den lokalen Medien gemäßigte Worte wie jene des liberalen Landeshauptmannes Edmund Graf Attems, der *„die hohe Bedeutung des Radfahrens auf dem Gebiete des Verkehrs"* in seiner Eröffnungsrede hervorhob. Bürgermeister Dr. Ferinand Portugall versichert den „*connationalen Brüdern*" in wärmster Zuneigung, „*daß Ihnen hier wie zu Hause dieselben germanischen Mutterlaute entgegentönen und daß hier wie bei Ihnen deutsche Art und Sitte gepflegt und hochgehalten wird...*". (Tagespost 5.8.1895, 3. Bogen zum Abendblatt)

Schon am Vortag hat Gemeinderat Dr. Julius Edler von Derschatta in der Begrüßung durch „*die ganze Bevölkerung von Graz, soweit sie deutsch ist, und wir sind Gott sei Dank alle deutsch*" nichts an Deutlichkeit zu wünschen übrig gelassen. (Grazer Tagblatt 4.8.1895, 3) Sein Dank gilt dem Deutschen Radfahrer-Bund: „*Sie haben das Rad unseren nationalen Zwecken dienstbar gemacht (...) Ihr `All Heil!´ bedeutet zugleich: `Heil unserem deutschen Volke!´*". Gerade den Grazern, „*welche an die äußerste südöstliche Hochwacht deutschen Besitzstandes gestellt sind, denselben gegenüber slavischen Angriffen Tag für Tag zu wehren und vertheidigen berufen sind*", bedeute die Anwesenheit der Volksgenossen „*ein nationales Stahlbad*". Der Bericht schließt zufrieden: „*Die Rede Dr. Derschattas wurde mehrmals von stürmischen Heilrufen unterbrochen und entfesselte einen wahren Beifallssturm.*" (Grazer Tagblatt 4.8.1895, 4)

Ein ähnlich groß angelegtes Zusammentreffen von mit dem Radfahren beschäftigten Menschen sollte in Graz erst wieder in über 100 Jahren stattfinden: Beim Velocity Congress 1999 war aber die politische Tonart eine ganz andere, wie das Motto „The Bicycle Crossing Frontiers" und die gemeinsame Ausrichtung der internationalen Fachtagung mit der slowenischen Partnerstadt Maribor nicht deutlicher dokumentieren hätte können.

Plakat, um 1900

4 Junges Gewerbe

Die Anfänge des Grazer und steirischen Fahrradgewerbes liegen in den 80er-Jahren des 19. Jahrhunderts. Geht es um kleinere Pannen, kann womöglich der Reparaturwart oder Zeugwart helfen, den die ersten Clubs in ihren Reihen haben. Meist sind es Sport interessierte Schmiede, Schlosser und Mechaniker, die in ihren Werkstätten mit Reparaturen beginnen und auch bald in Handel und Produktion einsteigen. Aus der zunächst bescheidenen Fertigung in kleinen mechanischen Werkstätten werden vor der Jahrhundertwende Fabriken, von denen sich die ersten rechts der Mur ansiedeln, um den Mühlgang als Kraftquelle zu nutzen. Albl, Puch, Franz und Cless & Plessing bringen Graz in den 1890er-Jahren an die fünfte Weltrangstelle in der Fahrradproduktion. Mit Aufkommen des Niederrades wechselt das Gewerbe von den Schmieden und Schlossern hin zu den Feinmechanikern: In der Regel sind es Betreiber von Nähmaschinen-Niederlagen, die sich jetzt auch ums Rad kümmern. Später ergeben sich häufig Synergien mit Musikalien und Elektroartikeln.

4.1. Erste Mechaniker, Händler und Fabrikanten

Es sind zunächst die Schmiede und Schlosser, die es verstehen, auch mit den neuen Vehikeln ein Geschäft zu machen. Gemeinsam mit den Mechanikern, hin und wieder auch mit dem Klempner oder Fabriken, die über eine Werkstatt verfügen und *„Reparaturen aus Gefälligkeit"* durchführen, bilden sie das frühe Sicherheits- und Wartungsnetz für Bicyclisten.[59] (Handbuch 1892, 52)

In der Frühphase des Fahrrades verschwimmt der Unterschied zwischen Mechanikern, Fabrikanten und Händlern, sind es doch durchwegs Kleinbetriebe, die nach neuen Produkten suchen und wenig spezialisiert sind.[60] Die ersten Schlosser und Mechaniker, die sich voll auf das Bicycle bzw. den Rover konzentrieren und die Maschinen nicht nur reparieren und damit handeln, sondern sie zumindest zum Teil auch selbst konstruieren und bauen, finden sich in Graz und Marburg.

59 Schmiede, Schlosser und Mechaniker, die Fahrradreparaturen durchführten, gab es 1892 in Aussee, Bruck, Burgau, Feldbach, Fürstenfeld, Gleisdorf, Hartberg, Hausmannstätten, Ilz, Kindberg, Knittelfeld, Leibnitz, Leoben, Mureck, Pischelsdorf, Pöllau, Radkersburg, Voitsberg und Wildon sowie in den untersteirischen Orten Cilli, Marburg, und Windischfeistritz.
60 Das bestätigt Ritter von Paller, der seit 1894 aus Gründen des hohen Schutzzolls auf komplette Räder die Einfuhr von halbfertigen Fahrradteilen in großem Umfang beobachtet: *„Fast jeder Schlosser oder Mechaniker auf dem Lande bezieht diese Fahrradteile von England oder Deutschland durch Zwischenhändler, setzt dieselben zusammen, verlötet sie und lässt sie vernickeln und emaillieren."* (PALLER 1897, 217)

Matthias Allmer bietet 1888 einen „steirischen Rover" an

Feinste englische Premiers, sowie auch selbsterzeugte **steirische Rover,** stark, sehr leicht gehend und billig, desgleichen auch alle einzelnen dazugehörigen **Bestandtheile** sind hier am Lager. Alle Reparaturen werden sofort und gut hergestellt.

Fahrschule im eigenen Hofe.

Auch überbrauchte Fahrräder sind zu billigen Preisen bei mir zu haben **Matthias Allmer, Graz, Wienerstrasse Nr. 31.**

Matthias Allmer: Erste „steiermärkische Velocipede-Fabrikation"

Der erste Schlosser in Graz, der sich mit dem neuen Vehikel professionell auseinandersetzt, ist Matthias Allmer: Im Jahre 1885 meldet er der Behörde die Durchführung von Velociped- und Bicycle-Reparaturen, zieht mit seiner Ehefrau Aloisia in die Wiener Straße 31 und sucht im folgenden Jahr um das Zeugschmiedgewerbe an. (StA, Gewerbeakten)[61]

1886 betreibt er laut Eintrag im Adressbuch eine „Velocipedes Fabrik" mit Franz Benesch als Kompagnon bzw. Werksführer. Für kurze Zeit ist auch der junge Johann Puch als Vorarbeiter im Team. In ersten Inseraten werden Bicycles und Tricycles offeriert, wobei es sich bei dem im Inserat dargestellten Fahrzeug um ein Kangaroo handelt. Außerdem tritt Allmer als österreichischer Alleinvertreter für „Knall-Bomben, sicherstes Mittel gegen böswillige Hunde" auf. (Stmk. GB II/18/1886)

Allmer dürfte einen zweiten Wohnsitz in Rothleiten gehabt haben. Dort scheint er als Einzelfahrer und Betreiber einer Fahrradfabrik und Werkstätte auf. (Tourenbuch 1889, 34)

In einem Zeitungsinserat von 1888 lautet die Bezeichnung auf „erste steiermärkische Velocipede-Fabrikation", im Tourenbuch von 1889 auf „Eilradfabrik". Angeboten werden *„sämmtliche Bestandteile zur Selbsterzeugung, roh, halb und ganz ausgearbeitet"*. In einer anderen Werbeeinschaltung bewirbt er *„feinste englische Premiers sowie selbsterzeugte steirische Rover"*. (Stmk. GZ IV/14/1888) In diesem Jahr erhält er ein Patent auf *„Verbesserungen für Bremsen an Velocipeden"*. (Katalog Erfindungs-Privilegien 1888, 111)

Eine – nicht gerade schmeichelhafte – Anekdote ist von einem Tourenreisenden, Heinz Kurz, Lehrer in Langenlois überliefert, der 1889 Graz besucht. *„In der Wienerstraße winkte mir das Schild des Mechanikers Almer so einladend entgegen, dass ich nicht umhin konnte, ihm mein Rad anzuvertrauen, da mehrere Speichen infolge schlechter Arbeit pfutsch waren"*, schreibt Kurz, um dann, als er sein Rudge Bicyclette abholte, festzustellen: *„Zwei Tage mußte ich darauf warten und sodann zahlen, dass mir die Augen übergingen."* (DöR II/3/1890, 42f)

Ab 1895 lautete Allmers Berufsbezeichnung Comptoirist, d.h. er dürfte seine Tätigkeit als Mechaniker und Fahrraderzeuger aufgegeben haben.

---

61 Die Recherchen in den Gewerbeakten des Grazer Stadtarchivs wurden hauptsächlich von Gernot Fournier anlässlich der Fahrrad-Geschichtswerkstatt 1999 durchgeführt. Veröffentlicht sind diese auch in: FGWG 1999, 50–62.

Wirbt vor Puch mit Erfolgen der von ihm vertriebenen Marken: Julius G. Sorg

Julius Gustav Sorg: Ein Pionier aus Bayern

Auf sein Ansuchen vom 14. Oktober 1884 hin, das behördlich rasch bewilligt wird, darf Julius Gustav Sorg als Mechaniker in Graz tätig werden. (StA, Gewerbeakten) Sorg ist 43 und stammt aus Eibensbach im Kreis Backnang in Bayern. Gemeinsam mit seiner Frau Rosina hat er das Haus Jakominigasse 8 erworben und dort eine Nähmaschinen-Niederlage eingerichtet. Bald verkauft er unter dieser Adresse auch Fahrräder und führt Reparaturen durch. 1889 empfiehlt er „Fahrräder eigener Erzeugung" sowie englische und deutsche Rover, Bicycletes und Dreiräder. (Stmk. Gewerbeblatt V/7/1889) Noch vor Puch vermarktet er Rennerfolge, etwa die auf Seidel & Naumann-Rädern errungenen Preise beim Wettrennen des „Österreichisch-ungarischen Radfahrer-Bundes" in Graz. (Stmk. Gewerbeblatt V/12/1889)

Wie eine Anfrage der Behörde ergibt, erzeugt Sorg auch selbst Fahrräder, allerdings nur im Winter – im Sommer verkauft er Räder der Firma Seidl & Naumann aus Dresden sowie der englischen Firma Hillman, Herbert & Cooper aus Coventry (Helical-Premier). Seit 1888 unterhält er eine Radfahrschule in der Schönaugasse 43, die 1895 Carl Anton Steininger übernimmt. Die neue, 1898 errichtete Sommerfahrschule (mit Berg- und Talbahn) in der Elisabethstraße wird auch auf Ansichtskarten beworben. (HARRER 1998, 88ff) 1910 befindet sich die Schulbahn am Sportplatz (des Grazer Athletiksport-Clubs) in der Körösistraße. (GAB 1910, 210)

1895 offeriert Sorg kostenlosen Unterricht auf Fahrrädern und Nähmaschinen, fungiert auch als Vertreter der Österreichischen Waffenfabriks-Gesellschaft, Steyr. (Tagespost 4.8.1895) Sorg, der seit 1892 Mitglied im Grazer Bicycle-Club ist, gründet 1897 gemeinsam mit Mitarbeitern den Verein „Radfahrer – Grazer Wanderer", der allerdings nur kurz Bestand hat. (HARRER 1998, 107) Zum eigenen Verein passend, fertigt er auch eine eigene Marke, wie einem Inserat zu entnehmen ist: „Eigene Erzeugung: Grazer Wanderer-Fahrräder". (Mitt. StRGV Mai 1897, 48) Zu dieser Zeit vertreibt er auch Maschinen von Dürkopp & Comp., Wien, Premier Cycle und die französischen „Alcatène-Räder".

Zwischenzeitlich betreibt Sorg auch eine Winter-Radfahrschule in der Industriehalle. Am 1. Oktober 1907 werden Julius Gustav Sorg und sein

Schwiegersohn, der Rad- und Auto-Rennfahrer Franz Fuchs, unter dem Namen „Fa. Julius G. Sorg" handelsgerichtlich eingetragen. Beschäftigt werden acht Arbeiter, man verfügt über Drehbänke, Schleifmaschinen und einen Gasmotor mit 2 PS und repariert und vertreibt auch Motorfahrzeuge. Tochter Luise Fuchs fungiert als Prokuristin, ab 1926 zeichnet Franz Fuchs als alleiniger Eigentümer. Der Betrieb besteht bis 1961 in der Jakominigasse, dann wird er aus Platzgründen in die Körösistraße 5 verlegt, wo der Fahrradgroßhandel bis 1975 weiter besteht. (GAB 1926; Info Heufler)[62]

Josef Eigler: Der älteste Grazer Fahrradhändler

In einer Zeit, als Benedict Albl und sein Kompagnon Philip Palli noch ausschließlich Nähmaschinen herstellen und reparieren, bietet Josef Eigler bereits „Bicycle aller Systeme" und „Velocipede für Kinder" an. (Stmk. GZ IV/10/1888) Eigler, geboren am 16.3.1856 und zuständig nach Neuberg an der Mürz, sucht Mitte 1886 um die Berechtigung an, das Schlosser- bzw. Mechanikergewerbe in der Prankergasse 41 auszuüben. (StA, Gewerbeakten) Am 30. August 1887 zieht er in die Haydngasse 7, wo er die Werkstätte des Schlossermeisters Julius Török übernimmt.

Eigler bleibt, wie viele Gewerbetreibende dieser Zeit, wenig ortsfest: Anfang 1888 übersiedelt er auf den Kaiser-Franz-Josef-Platz 5, um hier die Fabrikation und Lieferung von Fahrrädern und deren Bestandteile aufzunehmen. Ein Inserat aus dieser Zeit zeigt ein Hochrad und ein Niederrad. (Stmk. GZ IV/11/1888)

Am 17. Oktober 1891 wechselt er abermals den Standort und übernimmt in der Brockmanngasse 4 die Schlosserwerkstätte des Johann Schuster. In einer Werbeeinschaltung des Jahres 1892 heißt es: *„Josef Eigler's Bau- u. Maschinenschlosserei ... verfertigt und liefert alle Systeme Fahrräder, Kranken- und Kinderwagen sowie deren Bestandtheile"*.

Eigler, 1892 Zeugwart des Radfahrer-Vereins „Wanderlust" und selbst mit einer Jahresleistung von fast 8000 km tüchtiger Radler, (ÖuRZ VII/5/1892, 58)[63] baut und repariert so ziemlich alles, was mit Mechanik zu tun hat, wie eine Produktmarke um 1900 beweist: „Josef Eigler Graz – Fahrräder, Nähmaschinen, Musikwerke, Telegraphen etc." Im Jahre 1905 wandert Eigler erneut, und zwar in die Brockmanngasse 5, zudem errichtet er eine Filiale in der Heinrichstraße 21, wo er schließlich von 1908 bis 1921 (1922 Heinrichstraße 10) verbleibt. 1911 bietet er neben Fahrrädern auch Motorräder, Sulmobile, Automobile und Nähmaschinen an. Auch zwei seiner drei Söhne bleiben dem Gewerbe treu: Viktor Eigler ist 1924–29 in der Brockmanngasse 22 und später in der Landhausgasse bzw. in der Grazbachgasse 41 als Fahrradmechaniker tätig, Johann (geb. 1890) beginnt 1924 in der Klosterwiesgasse 3 und übersiedelt später in die Mondscheingasse 4, wo noch heute eine kleine Fahrradwerkstätte besteht.[64]

Franz Neger: Puchs Marburger Schwager

Der aus Bischofsegg bei Eibiswald stammende Nähmaschinenmechaniker Franz Neger ist ab 1886 in Marburg als „Bicykl Instructor" in der Schulgasse 9 (Šolska ulica 9) gemeldet. (LESKOVEC 1998, 107) 1889 gründet er in der Nähe der Franziskanerkirche eine mechanische Werkstätte, 1892 nimmt er die Fabrikation von Fahrrädern auf, betreibt auch ein Testgelände. Laut Inseratenwerbung hatte er seine mechanische Werkstätte mit galvanischer Vernickelung in der Burggasse 8 eigens bedeutend vergrößert, um *„Fahrräder mit dem besten Rahmenbau, Kugelsteuerung, Kugellagern und Prima Hohlgummi, sowie mit den neuesten amerikanischen The Gormully & Jeffery pneumatic tyres aus Chicago zu erzeugen"*. Das Comptoir und Verkaufsgewölbe war in der Postgasse 8 etabliert. Bei genügenden Referenzen, so warb Neger, gewähre er *„nach Thunlichkeit auch Theilzahlungen"*, Reparaturen würden *„solid und billigst"* ausgeführt. (Mitt. StRGV 1.1.1893, 26; 15.2.1893, 37) Neger ist Mitbegründer und Funktionär des Marburger Radfahrer-Club,[65] über den er vermutlich auch Johann Puch und dessen Schwester kennen gelernt hat, die er dann heiratet. Als angesehener Bürger, verankert in der deutschen Bevölkerungsgruppe, ist er 1904–15 Mitglied des Gemeinderates, 1909 wird er in den steirischen Landtag gewählt. (LESKOVEC 1998, 107) Er setzt sich für den Bau einer Eisenbahnlinie zwischen Marburg und Eibiswald/Wies ein und gilt als einer der Pioniere der Elektrifizierung in Marburg. Bis zum Ende der Monarchie scheint Neger seine Fabrik sukzessive ausgebaut zu haben: Zumindest das 1917 verwen-

---

62 Sylvia Heufler, Enkelin von Franz Fuchs, wohnt heute noch in diesem Objekt, in dem sich nun wieder eine Fahrradwerkstätte („Bicycle") befindet.
63 Eigler wechselt später zum GRV „Prometheus", bekleidet die Funktion eines Fahrwartes und war auch mit diesem Verein fleißig auf Tour, wie eine Tagespartie Graz – Fürstenfeld – Blumau und retour beweist. (Fremdenbuch Fürstenfeld, Eintrag 25.8.1895)

Briefkopf des Fahrradfabrikanten Franz Neger in Marburg, 1917

dete Briefpapier der „Marburger Nähmaschinen, Fahrrad- und Motor-Fabrik" in Marburg a/D., Burggasse 29 (heute: Slovenska ulica 29), zeigt neben einem Fahrrad und einem Motorrad im Briefkopf auch ein größeres Fabriksareal mit angeschlossener Fahrbahn. (Brief Neger 1917) 1920/21 wird sein Betrieb noch geführt, er beschäftigt 15 bis 20 Leute. (Compass 1920 Bd.1, 718) Franz Neger stirbt am 31. Dezember 1944 in Maribor, seine Firma ist bis einige Jahre nach dem Zweiten Weltkrieg in Betrieb.

Nicht geklärt ist, ob es ein verwandtschaftliches Verhältnis zu Grazer Gewerbetreibenden namens Neger gibt: Ein Franz Neger ist 1926 als Nähmaschinen- und Fahrradmechaniker Franz Neger in der Triester Straße 3 tätig, später betreibt ein Ernst Neger Werkstätten in der Grazbachgasse und in der Elisabethinergasse.

Alois Riegler: „Aeolus"-Räder vom Lendplatz

In einer der Werkstätten Benedict Albls, in der Mühlgasse 2, nimmt Alois Riegler seine Tätigkeit auf. Riegler (geb. 28.4.1859 in Graz) hat das Schlossergewerbe in Wien erlernt und sich nach seiner Rückkehr 1890 der Reparatur von Fahrrädern zugewandt. Zudem hatte er seit 1893 eine zweite Werkstätte am Lendplatz 12 eingerichtet. Im Adressbuch von 1894 firmiert er als Betreiber einer „Constructions- und Reparatur-Werkstätte". Nach der Zurücklegung des Schlossergewerbes erhält er Anfang 1895 die Berechtigung, Fahrräder herzustellen. Er fungiert auch kurzzeitig als Funktionär des neu gegründeten Radfahr-Vereins „IV. Bezirk". Gemeinsam mit einem anderen Mitglied dieses Vereins, Michael Wagenhoffer, errichtet er eine offene Handelsgesellschaft (A. Riegler & Comp.). Produziert werden Fahrräder unter dem Markennamen „Aeolus", die sich, traut man einer zeitgenössischen Werbeeinschaltung *„in Folge ihrer eleganten Bauart sowie leichten, ruhigen Ganges einer großen Beliebtheit"* erfreuen. (Tagespost 28.7.1895) Die „Aeolus-Fahrradfabrik" verfügt auch über eine Fahrschule. Nach der Übersiedlung Anfang Oktober 1901 in die Fellingergasse 10 heiratet Riegler eine Schlosserwitwe aus Marburg und zieht mit ihr an die Drau.

---

64 1950 übernimmt Johann Eigler jun. (Jg. 1924) den Betrieb. 1982 übergibt er seine Werkstätte an Werner Kunster (Jg. 1943). Kunster, selbst als Geselle bei Johann Eigler beschäftigt gewesen, bezeichnet sich als einen der letzten aktiven „echten" Fahrradmechaniker Österreichs, der die längst abgeschaffte spezielle Fahrradmechanikerlehre abgeschlossen hat. Gelernt hat er bei Dorothea Pichler in der Leonhardstraße 24, wo seit Anfang des Jahrhunderts eine Fahrradwerkstätte besteht.

65 Neger ist ab 1889 Fahrwart oder stellvertretender Fahrwart, 1899 ist er Obmann. Puch selbst ist seit 1890 Zeugwart des Grazer Radfahrer-Clubs und wird 1894 auch als (unterstützendes) Mitglied des Marburger Radfahrer-Clubs geführt.

Franz Strametz: Die Electra-Fahrradfabrik

Wenig bekannt ist über die „Electra"-Fahrradfabrik von Franz Strametz in der Mettahofgasse 18 (heute: Metahofgasse). Anfang 1895 suchte Strametz um die fabriksmäßige Erzeugung von Fahrrädern an, nach Überprüfung der Werkstätte und Endrevision erhält er am 4. Dezember die Bewilligung, die Produktion aufzunehmen. (StA, Gewerbeakten) Strametz, der zuvor vermutlich bei Albl beschäftigt ist – der ihm auch abgeraten haben soll, sich selbstständig zu machen, weil ein Abflauen der Branchenkonjunktur schon absehbar ist – und den Radfahrer-Club „Eichenkranz" mitbegründet, bietet Räder in jeder Preislage an, die er „nach neuestem Modell aus bestem englischen Material" erzeugt. Reparaturen würden – nach der in Inseraten damals üblichen Formulierung – „prompt und billigst" ausgeführt.

Fahranfängern verspricht er eine „vollkommen abgeschlossene" Fahrschule in der Stauchergasse 32, nächst dem Gasthause „zum König von Ungarn". (Tagespost 4.8.1895, 26.3.1896) Dennoch ist dem Unternehmen eine nur kurze Lebensdauer beschieden: Schon nach einem Jahr, am 29. Dezember 1896, legt Franz Strametz seine Konzession wieder zurück. Einige Jahre später eröffnet der Radsportler und „Wanderlust"-Funktionär Andreas Zuzic im Nebenhaus (Mettahofgasse 16) ein Fahrradgeschäft.

Franz Elgetz: Das „Rocket" des k. k. Werkmeisters

Franz Elgetz betreibt zunächst in der Zeilergasse 52 (heute: Zeillergasse) eine *„abgeschlossene, gut planirte"* Fahrschule, in der ein Absolvent des Militär-Radfahrcurses während des ganzen Tages Unterricht erteilt. Angeboten wird, neben *„gewissenhafter und billigster Reparaturen"* eine *„Gratis-Probe-Lection für jene, welche dem Radsporte huldigen wollen, aber aus Zaghaftigkeit wegen des Erlernens es bisher unterlassen haben, sich die Kunst anzueignen"*. (Handelszeitung I/3/1898, 31)

Später steigt Elgetz, k. k. Werkmeister an der Staats- und Gewerbeschule und Mitglied im Grazer Radfahrer-Club, selbst in die Fahrraderzeugung ein: Er konstruiert ein Planetengetriebe mit Zweigang-Schaltung, die vom Lenker aus zu bedienen ist, und erwirbt Anfang 1898 dafür ein Schweizer Patent. (Patent CH 1898) Seine „Rocket-Fahrräder", die er nunmehr eben mit diesem „patentierten Differenzialantrieb" ausstattet, werden als *„für jedes Terrain und gegen Wind somit Gewinn an Schnelligkeit"* beworben, nebst Slogans wie *„bis jetzt unerreicht dastehend"* und *„solide Construction und dauerhaft"*. Daneben bietet Elgetz auch Auslands-Patente an, offeriert *„Licenzen-Abgabe"* und verweist auf sein Lager von Fahrrädern, auch überbrauchten. (Mitt. StRGV Nov. 1898, 10; Tourenbuch 1899)

Wie eine Rakete dürfte das Geschäft nicht abgegangen sein – die ohnedies nur vagen Spuren der Rocket-Fahrräder verlieren sich bald wieder, ohne dass Belege über Modellpalette, Produktionszahlen und Verkaufserfolge vorhanden sind. Rückschlüsse auf den Umfang der Produktionsanlage können aus Aufzeichnungen gezogen werden, die von Albl Vater und Sohn existieren, an die Elgetz seine Liegenschaft (nunmehr Zeilergasse 100) vermietet. Die beiden wollen hier in einer 27 mal 17 Meter großen Halle mit zehn Arbeitern Fahrräder, Motore und Fahrzeuge erzeugen. Ob die Produktion, zumindest jene von Motorfahrzeugen, jemals wirklich angelaufen ist, bleibt unklar: Der Besuch von Exekutoren, die vorgefundene Fahrräder mit dem Kuckuck versehen, lässt aber auch die Erfolglosigkeit dieses Projekts vermuten. (StA, Gewerbeakten)

Ferdinand Janisch: Der oststeirische Radlmacher

Im oststeirischen Ilz gründet Ferdinand Janisch 1901 die 1. Oststeirische Fahrraderzeugung. „Radlmacher" Janisch, so wird berichtet, fährt oft selbst mit dem Fahrrad nach Graz, wo er etwa bei Puch diverse Teile wie Kettenglieder, Felgen, Reifen etc. einkauft. (JANISCH 2002, 4) Die Geschäftsbeziehung mit Puch dürfte seit 1906 bestanden haben. (vgl. KRASSER 1962, 110) Beim „Radlmacher" bekommt man drei Modelle „Janischräder", nämlich das „Tourenrad", das „Tourenrad feinst" und das „Luxus" zu 96, 115 und 135 Kronen. Verkauft werden auch „überfahrene" Räder.

Zwar zieht das Familienunternehmen 1966 einige Häuser weiter, baut aus und expandiert in weitere Geschäftsfelder, doch bleibt man dem Handel und der Reparatur von Fahrrädern immer

Links:
Fahrraderzeugung von „Radlmacher" Janisch in Ilz, Ansichtskarte

Rechts:
Stolzer Besitzer eines Jansich-Rades

treu und ist heute unter der Führung von Urenkeltochter Luise Janisch der älteste steirische Betrieb mit einer derart langen ungebrochenen Tradition.

4.2. Aus Werkstätten werden Fabriken

Mit Ausnahme von Assmann in Leibnitz, wo Fahrradzubehör seit 1891 und später kurze Zeit (1937–45) ganze Fahrräder hergestellt werden (=> 8.4. „Assmann: Gut gesattelt", S. 183), ist in der Steiermark außerhalb von Graz keine Fahrradfabrikation belegt. Wohl scheint es in der Eisenindustrie des Mürztales in den Jahren des ersten Fahrradbooms Ambitionen gegeben zu haben, auch in dieses Geschäft einzusteigen, wie zwei Hinweise aus dem Jahre 1894 zeigen: Zum einen heißt es in einem Bericht, *„auch in Kindberg in der Steiermark soll sich eine grosse Metallwarenfabrik für den Fahrradbau en gros einrichten und beabsichtigen die gebauten Maschinen zu einem ausserordentlich niedrigen Preise abzugeben"* (DöR VI/3/1894, 40), zum anderen wird berichtet, dass die Firma Vogel & Noth aus Wartberg bei einer internationalen Ausstellung in der Wiener Rotunde im Prater ein Militärrad präsentierte. (DöR VI/9/1894, 178) Auch später noch werden in einem Inserat im „Finanzcompass" *„Fahrrad-Bestandteile aller Art angeboten"*. (Compass 1910, 388)

Albls „Meteor" und „Graziosa"

Der Erste, der in Graz eine Fahrraderzeugung in größerem Stil aufzieht, ist Benedict Albl. Geboren am 21.3.1847 in Althofen (Kärnten) und in Wien zum Mechaniker ausgebildet, übersiedelt er mit seiner aus Schwanberg in der Weststeiermark stammenden Frau Martha nach Graz und sucht hier 1880 um die Berechtigung an, Nähmaschinen verkaufen und reparieren zu dürfen. Gemeinsam mit Philipp Palli arbeitet er in der Annenstraße 15.[66] Albl produziert auch Wasch- und Walkmaschinen und will zu diesem Zweck in unmittelbarer Nähe (Elisabethinergasse 7) eine Dampfmaschine aufstellen. (StA, Gewerbeakten)

Eine Reise nach England, wo er das Safety kennen lernt, dürfte ihn dazu verleitet haben, ins Fahrradgeschäft einzusteigen und gleich auf das Niederrad zu setzen, während zu dieser Zeit in Graz noch das Hochrad Maß der Dinge ist. Am 18. Mai 1888 meldet er jedenfalls das Mechanikergewerbe an und beginnt in der Elisabethinergasse 7

---

[66] Wie aus Inseraten zu entnehmen ist, verkauft Palli an dieser Adresse später allein Nähmaschinen und Fahrräder. (Mitt. StRGV 1.1.1893, 15; Grazer Tagblatt 4.8.1896, 18)

mit der Erzeugung von „*Bicycles, Bicyclettes, Tricycles und Jugend-Fahrrädern*". Daneben vertreibt er in- und ausländische Modelle und bietet Reparaturen und „*Fahrunterricht im Hause*" an. (Mitt. StRGV 1.8.1888)[67] Kurz darauf, Mitte Oktober desselben Jahres, übersiedelt Albl auf den Lendplatz 14, wo heute das weitläufige Objekt der Zentralfeuerwache steht. Im Obergeschoss befindet sich die Wohnung, im Parterre die Werkstätten- und Lagerräumlichkeiten. In dieser Zeit gibt auch ein gewisser Johann Puch ein kurzes Gastspiel bei Albl.

Mit dem provisorischen Werkstättengebäude, das er zur Josefigasse hin errichten will, hat er Schwierigkeiten. Zuerst wird der Bau wegen der nicht vorhandenen Baubewilligung eingestellt, dann fällt das Objekt erheblich größer als genehmigt aus, was natürlich beanstandet wird. Ende Februar 1889 ist der neue Trakt schließlich doch fertig und wird auch ordnungsgemäß kommissioniert. Eine Dampfmaschine mit 2 PS wird angeschafft, eigens zwei Heizer eingestellt.

Mittlerweile beschäftigt Albl bereits 24 Arbeiter. Für sein Modell „Meteor" erhält er im Jahre 1890 den Silbernen Staatspreis, der in Anwesenheit von Kaiser Franz Josef bei der Allgemeinen Landesausstellung in Graz verliehen und der dann auch werbemäßig vermarktet wird. 1891 errichtet Albl eine Radfahrschule in der Schörgelgasse, Ecke Sparbersbachgasse.

Puch als Konkurrent

Als Puch sich selbstständig macht, entsteht mit dessen erstem Betrieb in der Murvorstadt (Bezirk Lend) in unmittelbarer Nähe Konkurrenz sozusagen vor der Haustüre. Eine anonyme Anzeige, die Puch eine Zeitlang hindert, den Betrieb in der Strauchergasse 18A aufzunehmen, könnte auf Albl zurückgehen, vermuten Stadthistoriker. (MARAUSCHEK 1999, 112f) Umgekehrt scheuen Puch und Kalmann sich nicht, gegen Albl vorzugehen: Sie zeigen bei der Behörde an, dass er seinen Betrieb zu Unrecht „Fahrradfabrik" nenne, zumal er nur das Mechanikergewerbe habe und entsprechend weniger Steuer zahle. Tatsächlich korrigiert Albl diesen „Etikettenschwindel", indem er 1891 um das Gewerbe für die fabriksmäßige Erzeugung von Fahrrädern ansucht. (StA, Gewerbeakten)

Nicht auszuschließen ist, dass Albl sich auch

---

67 Vermutlich aus dieser Zeit stammt auch das älteste erhaltene Niederrad in der Steiermark, das sich im Besitz von Helfried Neubauer, Graz, befindet. Es handelt sich um einen Kreuzrover, auf dessen Lenkstange „Albl Graz" eingestanzt ist, dessen Teile aber überwiegend englische Importware sind.

Linke Seite:
Plakatwerbung für das neue Fahrradwerk in der Schönaugasse, 1893

Rechte Seite:
Erster Grazer Fahrradfabrikant: Benedict Albl (Identitäts-Karte 1905)

einem in dieser Zeit erfolgten Beitritt zum Grazer Bicycle-Club bewusst von Puch, der ja Funktionär beim Grazer Radfahrer Club ist, abgrenzen will.

Die Rivalitäten sind allerdings allem Anschein nach begraben, als 1894 die Probleme mit der Arbeiterschaft zunehmen und Vertrauensmänner – offiziell wegen Mangels an Arbeit – gekündigt werden: Die Sozialdemokraten werfen Puch und Albl vor, eine Vereinbarung geschlossen zu haben, beim jeweils anderen Unternehmen entlassene Arbeiter nicht einzustellen. (SCHACHERL 1920, 62; R-Chronik VII/21/1895, 561)

Albl bleibt auf Expansionskurs: Die räumlichen Gegebenheiten am Lendplatz entsprechen bald nicht mehr den Anforderungen, auch mit den Anrainern gibt es Zores. So beschließt er, wohl mit Hilfe von Geldgebern, auf einem Areal zwischen Schönaugasse und Colisseumgasse (heute: Pestalozzistraße) eine neue Fabrik zu errichten. Im Oktober 1893 gibt er in einem Inserat die Übersiedelung in die „neu erbaute, bedeutend vergrößerte Fabrik Schönaugasse Nr. 48" bekannt. (Mitt. StRGV 15.10.1893, 15)

In der Schönaugasse steht das Wohnhaus, das im Juni 1894 fertig ist. Nach und nach wird der Betrieb ausgebaut und im Oktober desselben Jahres steht das Kesselhaus, in welchem ein Einflammrohrkessel mit 40 m² Heizfläche und 9 atm Betriebsdruck untergebracht ist. Der Schornstein weist eine Höhe von 24,8 m auf.

Irgendwie scheint den Albls das Radfahren im Blut gelegen zu sein, denn auch die Kinder üben sich darin auffallend gut: Beide Töchter, Luise und Mitzi, sind 1893 Mitbegründerinnen des Grazer Damen Bicycle-Club. (=> „Der Club der sanften Amazonen", S. 69), Sohn Josef, genannt „der fesche Pepi", ist als Radrennfahrer recht erfolgreich. (=> Bild S. 54) Von ihm ist die Anekdote überliefert, dass er nach einer durchzechten Nacht den Start des Rennens Graz – Budapest beinahe verschlafen hat, dennoch – einigermaßen verkatert – an den Start eilt und auch noch gewinnt. In einem Artikel über die Grazer Rennsaison 1894 wird er so charakterisiert: *„Josef Albl, auf welchen man schon im Vorjahre eine grosse Hoffnung setzte, entsprach dieser auch heuer nicht. Er hatte zwar einige unbedeutende Erfolge zu verzeichnen, doch nimmt er die Sache zu wenig ernst, um Grösseres zu erringen."* (R-Chronik VIII/11/1894, 183)

Die Meteor-Fahrradwerke sind bald über Graz hinaus bekannt. 1894 wird eine größere Kollektion bei der internationalen Ausstellung in der Wiener

Vermutlich von einem künstlerisch begabten Feuerwehrmann festgehalten: Brand in den Meteor-Fahrradwerken, 1899

Rotunde im Prater ausgestellt, wobei ein Fachblatt urteilt: *"Besonders die gelbbraun emailirten Renn- und Tourenräder erscheinen auch recht elegant."* (DöR VI/9/1894, 178)

Einstieg des Zündholzfabrikanten

Allerdings dürfte sich Albl mit dem Ausbau finanziell übernommen haben, weshalb er nach einem Teilhaber Ausschau hält und ihn in Carl Franz auch findet. Carl Ferdinand Franz (3.1.1838, Pottenstein/NÖ – 19.10.1911, Graz) ist 1894 als Miteigentümer der im Raum der Monarchie bedeutendsten Zündwarenfabrik Florian Pojatzi & Comp. in Deutschlandsberg ausgestiegen und hat sich in Graz auf die Suche nach einer Geldanlage gemacht. (E-Werk Gösting; Info Franz) Die Familie hat über die Söhne Kontakte zur Grazer Radlerszene, genau genommen zum Akademisch-technischen Radfahr-Verein: Sohn Carl, damals Chemiestudent, tritt 1887 bei, im Jahr darauf werden Ehegattin Josefine und der zweite Sohn, Victor August (1870–1938) unterstützendes bzw. ausübendes Mitglied. 1888 beteiligt sich Carl jun. mit einigem Erfolg an internationalen Wettrennen in Graz.[68]

Obwohl er von der Materie an sich wenig versteht, glaubt Carl Franz sein Geld gut investiert und übernimmt 1894 die Meteor-Fahrradwerke. (StA, Gewerbeakten) Sohn Victor August, schon bei Pojatzi ab 1891 in gleicher verantwortlicher Funktion, erhält die Prokura übertragen. Der Markenname „Meteor" wird beibehalten, die Räder werden auch in kettenloser Ausführung mit „Präcisions-Getrieben" angeboten. (Tagespost 1.7.1898) In Wien X., Eugengasse 5, gibt es eine Filialfabrik. (R-Chronik X/56/1896, 871)

Aus nicht näher geklärten Gründen – möglicherweise aus Platzmangel oder wegen der fehlenden Wasserkraft als Energiequelle, vielleicht aber auch wegen Unstimmigkeiten mit Benedict Albl – geht Carl Franz jedoch bald daran, sich um einen anderen Standort umzuschauen. Er erwirbt 1898 die Ebenwaldner Mühle („Jesuitenmühle") in der Wiener Straße 50 (heute 182), die Anton und Barbara Ebenwaldner am Mühlgang als Farbenmühle betrieben haben, und adaptiert sie für seine Zwecke. Ein Situationsplan von 1899 weist Gebäudeteile mit Nutzungen wie Fabrik, Schlosserei, Reparaturwerkstätte, Tandembau, Magazin, Bureau und Expeditmagazin aus, skizzierte

---

68 Er belegt bei der Meisterschaft von Cisleithanien auf dem Niederrad den dritten, beim Tandem-Vorgaberennen gemeinsam mit Vereinskollegen Rudolf R. v. Scheuer den ersten Platz.

Kunstfahrer des RV Meteor, 1920

Erweiterungen weisen auf Expansionspläne hin. (Plan Franz 1899)

Im Jänner 1899 übersiedeln die Meteor-Werke hierher in den Norden der Stadt. Beinahe können sie in diesem Jahr auch die steirische Meisterschaft gewinnen: Doch Ernst Bittner, der zunächst von der Disqualifikation Ferdinand Graf Platens (AtRV) – wegen Behinderung – profitiert, wird dann selbst disqualifiziert, weil er als Angestellter der Meteor-Fahrradwerke so zusagen ein „Werksfabrikat" fuhr, was gegen die Herrenfahrer-Bestimmungen ist. (ASZ VI/35/1905)[69] Seit 1900 werden neben Fahrrädern auch fabriksmäßig produzierte Motorfahrzeuge und Schreibmaschinen angeboten, (GAB 1900, 186) zusätzlich erzeugt man elektrischen Strom. Verkaufsstellen finden sich am Joanneumring 10 und in Klagenfurt in der Stern-Allee, die mit einem „Velo-Lernapparat" („Stürzen ausgeschlossen") ausgestattete Sommerfahrschule ist in der Mandellstraße 35, die Winterfahrschule in der Colisseumskaserne, Zimmerplatzgasse 3, untergebracht.

Doch die Tage der Franz'schen Fahrradfabrik sind gezählt: Nachdem schon im Dezember 1899 ein Feuer in der Radkammer ausbricht, richtet ein Brand 1902 beträchtlichen Schaden an. Zwar wird das Objekt wieder aufgebaut, doch sieht Carl Franz offenbar die Zeit für gekommen, sich aus dem Geschäft zurückzuziehen, was Ende 1904 auch formal passiert.[70] Die von Sohn Victor gemeinsam mit einer Eiserzeugung betriebene Stromproduktion wandert Mühlgang aufwärts, wo sie seither – nach wie vor in Familienbesitz – unter der Adresse Viktor-Franz-Straße 13, Ecke Eiswerkgasse als Elektrizitätswerk Gösting firmiert. (BRUNNER 2003, 131)

Damit ist die Geschichte der „Meteor-Werke" aber noch nicht ganz zu Ende: Nach einem kurzen Gastspiel des inzwischen Pleite gegangenen Benedict Albl – der hier möglicherweise die Restbestände an Fahrrädern los werden will – verkauft Carl Franz die Marke an den deutschen Konsul Ernest Simson, der das Areal Wienerstraße 182 übernimmt und den Handel, möglicherweise auch die Produktion von Fahrrädern wieder aufnimmt.[71] Simson zieht 1910/11 in die Babenbergerstraße 116/120, wo er laut Adressbuch „Waffenfabrik und Fahrradwerk" betreibt und „alle Fahrradbestandteile und Artikel der Feinmechanik" herstellt. (GAB 1920, 226) Um 1920 erzeugen 150 Arbeiter hauptsächlich Volksfahrräder. (Compass 1920/21 Bd. IV, 428) Simsons Betriebsleiter Gustav Schmidt

---

69 Bittner, der zunächst in der Schönaugasse 76 ein Fahrrad- und Automobilniederlage unterhält, siegt 1904 auf einem „Noricum"-Motorrad beim Rennen Schottwien – Semmering und betreibt dann auf dem Areal der Meteor-Werke in der Wiener Straße einen Motorradhandel.
70 Vermutlich dürften auch die Machenschaften seines betrügerischen Buchhalters eine Rolle gespielt haben, der plötzlich samt Kassa in die USA verschwunden ist. (Info Franz)
71 Simson erscheint 1905 erstmals mit Wohnadresse in Graz und der Berufsbezeichnung „Fabriksdirektor", ab 1907 als „Fabriksbesitzer".

Katalog Graziosa 1899, Titel

gründet den Radfahrer-Verein „Meteor", der sich die Förderung des Kunst- und Reigenfahrens, verbunden mit Turnen, auf die Fahnen geschrieben hat.[72] Dieser hat, wie auch die Fahrradfabrik, nicht lange Bestand.

Albls letzter Anlauf

Nach seinem Ausstieg bei „Meteor" hat Benedict Albl keineswegs die Absicht, sich aus der Branche zurückzuziehen. Vorübergehend nimmt er 1895 seine alten Adressen Mühlgasse 2 und Annenstraße 18 wieder in Betrieb, die Fahrschule hat er zunächst in der Sackstraße 16, dann in der Grazbachgasse 67. (GAB 1898; 1899, 20; 1900, 186) Eine 1896 versendete Ansichtskarte zeigt die Graziosa-Fahrradwerke in der Mühlgasse 2 – wohl etwas geschönt – als stattliches Fabriksareal mit einer Batterie rauchender Schlote. Als sich abzeichnet, dass Carl Franz die Übersiedelung in die Ebenwalder Mühle beabsichtigt, sucht Albl im April 1897 darum an, nahe dem Areal des alten Meteor-Werkes Ecke Schönaugasse/Steyrergasse eine Fahrradfabrik erbauen zu dürfen. (StA, Gewerbeakten) Um der Expansion gewachsen zu sein, kauft er Experten ein: Rudolf Plessing und Franz Koneczny übernehmen die Prokura. Schon Mitte August meldet Albl der Behörde die Fertigstellung des Rohbaues. Bereits ein Jahr später erfolgt der erste Zubau, 1899 wird auch das Kesselhaus vergrößert. Der Schornstein weist eine Höhe von 35 Metern auf.

Nach der Erteilung des Gewerbescheins werden am 13. Juli die „Graziosa Fahrradwerke in Graz, Commanditgesellschaft Benedict Albl & Comp." gegründet, die kurz darauf als „Fahrrad- und Motor-Fahrzeugwerke" aufscheinen. Als Gesellschafter – und vermutlich neben Dr. Heinrich Graf Taffee, Victor Frankl und Isidor Hirsch auch Financier – ist der Hausbesitzer Theodor Schumy zeichnungsberechtigt. (StA, Gewerbeakten) [73]

Albl und sein Team experimentiert mit neuen Werkstoffen wie Bambus[74] und baut Kardan-Räder, u. a. ein *„Tandem mit ausschaltbarem Mittelstück"* (auskuppelbarer Kurbel für den Sozius). Franz und Albl liefern sich um 1898 ein „Duell" über Zeitungsinserate: Franz bewirbt seine *„Meteor-Räder – Allzeit voran!"* sowie auch *„kettenlose Räder mit Präcisions-Getriebe"*, Albl sein *„kettenloses Zukunftsrad Graziosa-Chainless"*. (Tagespost 1.7.1898; 3.7.1898) Entwickelt und gefertigt werden nun auch Motorräder und Autos. Sohn Josef

---

72 Der Verein wird 1913 in „Grazer Radfahrer Verein Komet 1910" umbenannt, entfaltet aber danach keine satzungsgemäße Tätigkeit mehr und wird 1922 aufgelöst. (StLA, Vereinsakten)
73 Schumy war 1895–1900 Schriftführer beim Grazer Cyclisten-Club
74 Erfolgreicher mit dem Einsatz von Bambus sind Grundner & Lemisch, die Bambus-Räder ab 1897 in Oberferlach (Kärnten) seriell fertigen (Fahr!Rad 2002, 129) und auch in der Steiermark vertreiben.

Oben:
Kardangetriebe „Graziosa Chainless", Werbeblatt, Ausstellung für Sport und Industrie, Wien 1898
Rechts:
Katalog „Meteor" 1901, Titel

baut auf Basis eines Dion-Motors „Albls Phönix leichten Motorwagen"; doch er stirbt früh 1905, ohne dass sich ein nennenswerter kommerzieller Erfolg eingestellt hätte.

Doch wieder scheint sich auch Benedict Albl übernommen zu haben oder aber die Geldgeber zogen im Lichte der Krise der Fahrradindustrie aus dem Unternehmen heraus. Prokurist Plessing ist schon 1898 wieder ausgestiegen und hat mit Heinrich Cless eine eigene Firma gegründet. Wie auch immer: Ende 1901 befindet sich „Graziosa" in Liquidation. Ein Inserat, in dem das Inventar zum Abverkauf angeboten wird, zeugt vom endgültigen „Aus" der Fahrradfabrik. (Tagespost 21.1.1902) Binnen knapp fünf Jahren sind hier immerhin 18.000 Fahrräder produziert worden. Im Jahre 1903 übernimmt die Universitäts-Buchdruckerei Styria die bestehenden Objekte und baut sie um.

Albl findet mit seinem Betrieb noch kurzzeitig bei seinem Sohn Josef in der Zeilergasse 100 Unterschlupf, hat aber den Exekutor wegen offener Sozialversicherungsabgaben auf den Fersen. Dann taucht er nochmals bei Carl Franz auf, womöglich, um Restbestände aus seiner Produktion zu verkaufen. 1905 legt Benedict Albl das Gewerbe endgültig zurück. Seine Frau betreibt eine Studentenküche, er selbst arbeitet als Handelsreisender und beschließt 1916 in ärmlichen Verhältnissen sein Leben.

Die Johann-Puch-Story

Der bekannteste Fahrradfabrikant in Graz ist unbestritten Johann Puch.[75] Geboren am 27. Juni 1862 in Sakuschak bei Pettau als siebentes Kind einer Keuschlerfamilie versteht er es, sich aus bescheidenen Verhältnissen zu einer angesehenen Stellung emporzuarbeiten. Die im Elternhaus herrschende Not und Enge führen dazu, dass er mit acht Jahren das Elternhaus verlässt und bereits im Alter von zwölf Jahren seine Lehre beim Schlossermeister Johann Kraner in Pettau antritt. (PFERSCHY 1965, 58-64; MARAUSCHEK 1999, 112) Dort wird er nach dreijähriger Lehrzeit mit Lehrzeugnis vom 21. Februar 1877 freigesprochen und geht, wie es damals Brauch war, auf Wanderschaft. Kurze Zeit hält er sich in Marburg auf und geht dann nach Radkersburg, wo er um 1878 beim Schlossermeister Anton Gerscha(c)k arbeitet, dessen Werkstatt im Seitenflügel des Stadttores etabliert ist (Langgasse 199, heute Grazertorplatz

---

75 Über Puch gibt es eine reichhaltige Literatur, weshalb hier nur wesentliche Stationen seines Lebensweges, soferne er mit dem Fahrrad und der Radfahrkultur zusammenhängt, dargestellt werden. (vgl. SEPER 1964; 100 Jahre Puch 1888-1999)

76 Wie es in einer Niederschrift des Sohnes von Anton Gerschack heißt, sei Puchs Muttersprache Deutsch gewesen, „doch beherrschte er auch den in Untersteier üblichen slawischen Dialekt". Gerschack scheint mit Puch jedenfalls sehr zufrieden gewesen zu sein, denn dieser erhält von ihm zur Freisprechung einen vom Hausschneider Lippitsch in Oberradkersburg angefertigten Anzug. (GERSCHACK 1954)

Ein Sgraffito am Grazer Tor erinnert an Puchs Lehrzeit bei Meister Gerschack in Radkersburg

10 u. 12).[76] 1882 wird er für drei Jahre zum Militärdienst eingezogen. Er kommt zur Artillerie, wird als Schlosser dem Zeugdepot in Graz zugewiesen und dürfte hier wohl erste technische Erfahrungen mit den Velozipeden der Offiziere gesammelt haben. (GERSCHACK 1954)

Etliche Stationen zur Selbstständigkeit

Im Jahre 1885 arbeitet er zunächst in der Fabrik der Brüder Friedrich und Daniel Lapp in der Mariengasse in Graz. Seine Spezialisierung auf Fahrräder treibt er bei seinen folgenden Arbeitgebern, Matthias Allmer und Franz Benesch, voran. 1887 tritt er als Werkführer in die Fahrradschlosserei des Nähmaschinengeschäftes Johann Luchscheider ein.[77] Er wird bald eine gesuchte Kraft und wechselt im Herbst 1888 erneut, und zwar in die neu erbaute Fahrradfabrik des Benedict Albl am Lendplatz 14.

Puchs Ziel ist klar: Er will selbstständig werden und in Eigenregie Fahrräder bauen. Deshalb verlässt er Albl bald wieder und reist 1889 über Aufforderung seines Gönners Victor Kalmann, ebenfalls ein führender Funktionär in Radsportkreisen, zur Fahrradausstellung nach Leipzig, wo er sich über den letzten Stand der Technik informiert. Er übernimmt die Vertretung der englischen Humber-Werke und der deutschen Firma Winkelhofer & Jännicke, um sich eine Basis für einen eigenen Betrieb zu schaffen.

Puch ist aber auch selbst im Radsport aktiv: Wie berichtet wird, nimmt er schon in den 1880er Jahren wiederholt an Rennen auf der Strecke Mureck – Radkersburg teil. (GERSCHACK 1954) 1890 scheint er als Zeugwart beim Grazer Radfahrer-Club auf, legt 600 km zurück und zählt zur Rennmannschaft des GRC. (GRC I/4/1890, II/2/1891) 1891 vermerken die Annalen des Brucker Bicycle-Club: *„Am 17. Oktober besucht uns Johann Puch noch als schlichter Radfahrer noch um 10 Uhr abends."* (RÖSCHEL 1924, 13)

Erster Betrieb in Gärtnerei

Puch mietet sich in der Gärtnerei seiner künftigen Schwiegereltern Karl und Maria Reinitzhuber in der Strauchergasse 18 A (heute 12) ein, wo er im ehemaligen Glashaus eine Reparaturwerkstätte für Fahrräder einrichten will. Ein diesbezügliches

---

77 Im Zuge von Renovierungsarbeiten wird 1996 im Reinerhof, Sackstraße 20, eine Werkstätteneinrichtung gefunden, die von der Fa. Luchscheider stammt und höchstwahrscheinlich auch vom damaligen Werkführer J. Puch benutzt worden ist. Kernstück des Ensembles, das 1997 bei der Landesausstellung „Made in Styria" in Leoben gezeigt wird, ist ein großes Schwungrad mit einer vier Meter langen Transmissionswelle. (Info Meirold-Mautner) Nach der Ausstellung ging ein Teil des Ensembles verloren.
78 Bereits vor Puchs Ansuchen ist eine anonyme Anzeige eingegangen, die darauf aufmerksam macht, dass in der Liegenschaft Strauchergasse 18 eine offenbar nicht genehmigte Werkstätte mit Feuerungsanlage errichtet worden sei. (MARAUSCHEK 1999, 112)

Links:
Werbepostkarte (Ausschnitt)
Unten:
Johann Puch
1862-1914

Ansuchen, das er im Februar 1889 an die Behörde stellt, wird aus feuerpolizeilichen Gründen, aber auch unter Verweis auf die Erholungsfunktion des angrenzenden Volksgartens abschlägig behandelt. Möglicherweise auch steckt sein früherer Arbeitgeber und künftiger Konkurrent Albl dahinter.[78]

Während des Rekursverfahrens führt Puch die Reparaturen in der Werkstatt des Heinrich Sax in der Arche Noe 12 (Griesgasse 7) durch. Der dafür benötigte Gewerbeschein als Kunstschlosser wird ihm am 27.4.1889 ausgestellt. Zugleich meldet er das handwerksmäßige Schlossergewerbe an. Nach Vorschreibung einiger Auflagen gibt schlussendlich der Grazer Gemeinderat in der Sitzung vom 25.9.1889 „grünes Licht" für die Betriebsstätte in der Strauchergasse.

Anfang November nimmt Johann Puch mit einem Arbeiter und einem Lehrling den Betrieb auf. Auch einen eigenen Hausstand hat er inzwischen gegründet und die Tochter des Vermieters, die 20-jährige Maria Anna Reinitzhuber, geehelicht. Noch im Herbst 1889 dürfte das erste Styria-Rad zur Auslieferung gelangt sein.[79] Puch setzt goldrichtig auf das Niederrad, das gerade im Begriff ist, das Hochrad abzulösen: Er entscheidet sich für das „System Humber", die Modelle haben einen Diamant-(Fünfeck-)Rahmen, bei dem das Oberrohr nicht waagrecht geführt und das Vorderrad etwas größer als das Hinterrad ist (30 zu 28 Zoll).[80] Ein Fachblatt attestiert den von Puch erzeugten Rover-Maschinen *„Güte, leichte und elegante Bauart"* vom Format englischer Produkte und beschreibt das „Styria Nr. 1" mit Hohlreif und Tangentspeichen sowie Hinterradlöffelbremse und das Nr. 2 mit Vorderradlöffelbremse, beide aus englischem Wedleß-Stahlrohr und mit gehärteter Abington-Humber-Kette, 19,5 bzw. 21,5 Kilogramm schwer. Bemerkenswert sind die 35 cm vom Boden entfernten Tretkurbellager, ein Konstruktionsmerkmal, das mit den *„tiefen Geleisen auf unseren Straßen"* erklärt wird. Auch optisch sind die neuen Fabrikate ansprechend: *„Die im Trockenofen hergestellte Emaillirung ist solide und mit Goldschnitten geschmückt".* (DöR II/6/1890, 87) Bemerkenswert ist, dass Puch sofort auf Werbung setzt, wobei er gezielt ein am Radsport interessiertes Publikum ansprechen will. Ebenfalls bemerkenswert in dieser Zeit: In seinem Inserat, in dem auch seine Fahrschule angeboten wird, spricht er auch gezielt Damen als Kundschaft an. (Programm GRC, Rücks.)

Puch stellt als Kraftquelle eine kleine, 1-PS-

---

79 Andere Quellen sprechen davon, dass erst 1890 die ersten Fahrräder hergestellt wurden. (R-Chronik IX/95/1895, 113) Im Frühjahr 1890 präsentiert Puch den Markennamen „Styria" für die „Rahmenbau-Niederräder" nach „System Humber" mit Fünfeck-Rahmen. Puch entscheidet sich für eine schwarze, mit Goldschnitt verzierte Emaillierung. Seit 1896 führen die Spitzenmodelle neben der Fabriksmarke auch den steirischen Panther (HARRER 1998, 216), der sich dann lange in den beiden weißen Feldern des bekannten weiß-grünen Karos befindet.
80 Wie aus Zeitungsinseraten hervorgeht, vertreibt Puch aber auch Hoch- und Dreiräder. Auch im Programm 1894 ist noch ein „Hochrad-Racer" zu finden. Zudem führt er überbrauchte Fahrräder und Kinderräder.

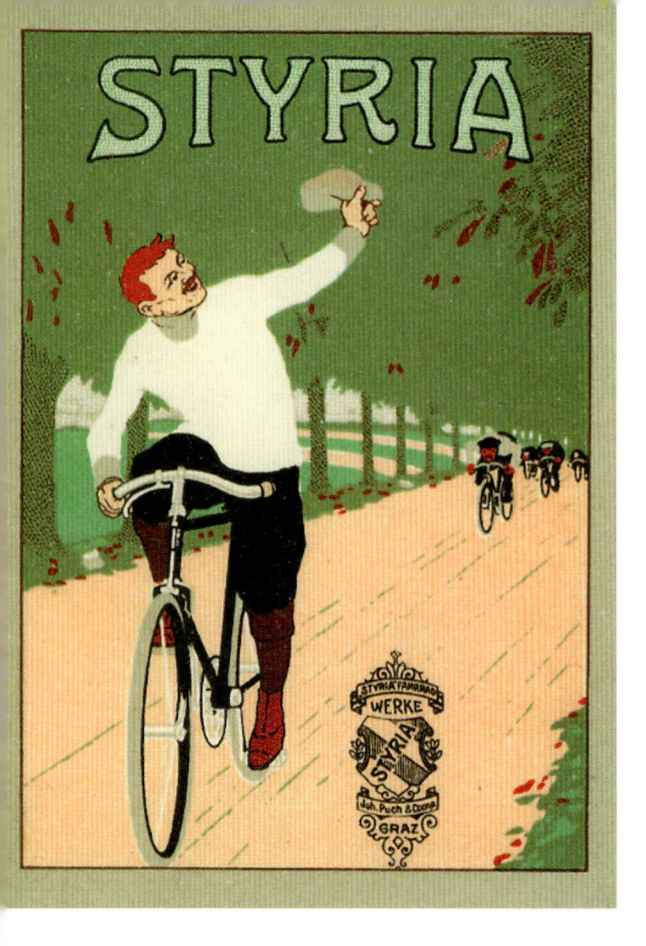

Links:
Plakat „Puch Styria", um 1897
Oben:
Ausschnitt aus Briefkopf der Styria-Fahrradwerke, 1899

Dampfmaschine mit Zwergkessel in Dienst und sucht nach einem Partner. Victor Kalmann sagt ihm die nötige finanzielle Unterstützung zu, so dass der Gewerbebetrieb Mitte 1890 in eine „fabriksmäßige Fabrikation" umgewandelt werden kann. Die Werkstatt erweist sich bald als zu klein, weshalb die beiden Unternehmer das Fabriksgebäude des Lederers Valentin Gerth in der Karlauer Straße 26 erwerben. Das Fachblatt „Radfahr-Chronik" berichtet: *„Joh. Puch & Comp. hat eine große Fabriksrealität in der nächsten Nähe der Stadt mit einer konstanten Wasserkraft von über 60 H.P. käuflich um den Preis von 95.000 Mark erworben und daselbst die nötigen Adaptierungsmaßnahmen vornehmen lassen und zahlreiche Werkzeugmaschinen aufgestellt, um die Fahrradfabrikation in weitaus größerem Maßstabe als bisher zu betreiben. Auch hat die Firma in der belebtesten Straße von Graz, der Annenstraße, eine schön ausgestattete Niederlage mit daranstoßenden geräumigen Kontors errichtet, deren Auslage stets von schaulustigem Publikum umlagert ist".* (R-Chronik V/6/1891, 157) Zu dieser Zeit gehen Styria-Fahrräder auch schon ins Ausland, in die Schweiz, nach Italien und Griechenland, besonders begehrt sind sie angeblich in Belgien und dem südlichen Holland. (DöR II/6/1890, 87) Bei der internationalen Ausstellung „Sport und Hygiene" in Spa/Belgien wird Puch mit der „goldenen Medaille" ausgezeichnet. (R-Chronik V/6/1891, 157) Die Räder werden nun auch schon mit Hohlgummireifen („Cushion Tyres") angeboten.

Parallel zur Übersiedelung wird der Betrieb Mitte 1891 in eine offene Handelsgesellschaft umgewandelt und am 17. Juli unter der Bezeichnung „Johann Puch & Comp., fabriksmäßige Erzeugung von Fahrrädern" ins Handelsregister mit den Gesellschaftern Johann Puch, Kunstschlosser, und Victor Kalmann, Privatier, handelsgerichtlich eingetragen. Zu jener Zeit stehen den 34 Arbeitern sieben Drehbänke, drei Bohrmaschinen, drei Feuer, drei Schleifsteine und eine Poliermaschine zur Verfügung. 1893 sind es bereits 40 Arbeiter und zehn Lehrlinge.

Rennerfolge beleben Geschäft

Den Durchbruch für das Styria-Rad schafft Franz Gerger mit seinem dritten Platz im Distanzrennen Wien – Berlin 1893 und dem Sieg bei Bordeaux – Paris 1895. Puch hat auch den Münchner Racer und Bordeaux – Paris-Sieger von 1893, Joseph

81 Zu den Kunden zählten Prinz Hugo Veriand von Windisch-Grätz, Prinzessin Reuss sowie Herzog Paul von Mecklenburg, Prinz August von Coburg und Erzherzog Albrecht Salvator von Österreich (R-Chronik VIII/27/1895, 4; VIII/55/1895, 1081) sowie Sultan Abdul Hamid (Katalog Styria 1896).

IV : 107

Plakat, um 1900

Plakat, um 1900

IV : 109

Plakat, um 1900

Fischer, und Bruno Büchner unter Vertrag. Erfolg reiht sich an Erfolg und Johann Puch hat bald seinen ehemaligen Chef, Benedict Albl, überflügelt. Die Erfolge auf der Rennbahn werden ebenso werbemäßig genutzt wie der Kauf von Styria-Rädern durch Prominente, insbesondere durch die Aristokratie.[81] Als Qualitätsargument werden auch die aus steirischem Stahl erzeugten Mannesmann-Rohre angeführt, *„wie überhaupt fast die ganzen Rohteile aus bestem inländischen Material gefertigt sind"*. (R-Chronik IX/7/1895, 113) Auch beweist Puch Freude zum Experiment: 1893 baut er ein kettenloses Safety mit Antrieb auf das etwas größere Vorderrad und einer speziellen Versteifung durch zwei dünne Rohre auf beiden Seiten des Hauptrohres, als erster stattet er einige seiner Zweiräder mit elliptischen Kettenrädern aus. (R-Chronik VI/18/1893, 653; VI/26/1893, 997)

Da die Nachfrage nach Styria-Rädern enorm ansteigt, die nötigen finanziellen Mittel für die Expansion aber fehlen, wird die offene Handelsgesellschaft am 12. Oktober 1894 in eine Kommanditgesellschaft umgewandelt, der die Steiermärkische Escomptebank Graz als Kommanditistin mit einer Einlage von 150.000 Gulden beitritt. Als Gesellschafter zeichnen Johann Puch, Victor Kalmann und Victor Rumpf, die beide beim AtRV aktiv sind,[82] das Unternehmen tritt nun unter „Styria-Fahrradwerke" oder „Joh. Puch & Cie." auf. Eine neue Halle wird errichtet, die mit englischen und deutschen, zum Teil aber auch mit selbst konstruierten automatischen Werkzeugmaschinen, so z. B. Fräsmaschinen zur Erzeugung von Zahnrädern, Revolverdrehbänken zur Erzeugung von Konussen und Lagerschalen sowie verschiedenen Schleifmaschinen, (R-Chronik IX/7/1895, 113) ausgestattet wird. Während man bisher nur die über den Mühlgang bereitgestellte Wasserkraft nutzt, wird nun auch eine 50-PS-Dampfmaschine in Betrieb genommen, die von der Maschinenfabrik der Österreichischen Alpine Montangesellschaft in Andritz gefertigt wird. (R-Chronik VIII/44/1895, 813f)

1895 beschäftigt Puch 330 Arbeiter, die 6000 bis 6500 Fahrräder erzeugen, für 1896 ist die Aufstockung des Mitarbeiterstandes auf 450 Leute vorgesehen. (R-Chronik IX/7/1895, 115) Im Palais der Wechselseitigen Brandschaden-Versicherungs-Anstalt in der Herrengasse wird eine Verkaufsniederlage eingerichtet, an der alten Adresse Strauchergasse 18 werden noch die 1100 Quadratmeter große Fahrschule sowie das Comptoir und eine Reparaturwerkstätte betrieben. (Mitt. StRGV 1.7.1891; GAB 1894, 169)

Aufwiegelung, Entlassungen, Boykott

Unterdessen ist auch die Fahrradindustrie Schauplatz von Arbeitskämpfen geworden. Anfang 1895 beschließt eine Arbeiterversammlung, einen Boykott über Puch zu verhängen, weil von ihm einige Wortführer – in den Augen der unternehmerfreundlichen Presse *„einige Elemente, deren einzige Thätigkeit in sozialdemokratischer Aufwiegelung der übrigen ordentlichen und zufriedenen Arbeiter bestand"* – entlassen worden sind. (R-Chronik VIII/31/1895, 561) Im Herbst des selben Jahres kommt es erneut zu Entlassungen, diesmal im Zusammenhang mit den so genannten Badeni-Unruhen:[83] Weil sie am Begräbnis eines am 21. November 1895 vom Militär getöteten Demonstranten teilgenommen haben und damit der Arbeit fern geblieben sind, werden 40 Arbeiter auf die Straße gesetzt.[84]

Mit der konjunkturellen Entwicklung der Fahrradbranche scheint es in dieser Phase auf und ab gegangen zu sein: Während noch zu Jahresbeginn, anlässlich der Entlassung der Belegschaftsvertreter, von einer Reihe weiterer Kündigungen sowie überhaupt einer längeren gänzlichen Stilllegung wegen zu großer Vorräte und zu geringer Nachfrage die Rede ist, (R-Chronik VIII/31/1895, 561) hat sich die Lage sowohl bei Styria als auch bei Puch beruhigt: Die Arbeiterschaft bekommt „infolge günstiger Geschäftslage" den Neun-Stunden-Tag, Arbeitsschluss am Samstag um halb 5 sowie 5 Prozent mehr Lohn zugestanden. (SCHACHERL 1920, 165) Doch schon zwei Jahre später kracht es gewaltig.

Schon zu Beginn des Jahres 1893 laboriert Puch an einem Herzleiden und ist dadurch genötigt, einige Zeit kürzer zu treten. (Mitt. StRGV 15.2.1893) Vermutlich dürfte auch das Wachstum des Unternehmens zu schnell erfolgt sein, sodass schon bald eine neuerliche Kapitalaufstockung über die Hereinnahme eines potenten Partners notwendig wird. (vgl. KARNER 2000, 72) Realisiert wird dieser Schritt mit der Bielefelder Maschinenfabrik, vormals Dürkopp & Co. AG, die schon ein Standbein in Österreich hat und seit 1891 in Wien die fabriksmäßige Herstellung von Fahrrädern betreibt.

---

82 Victor Kalmann ist als Medizinstudent 1883 dem GBC beigetreten, dann 1887 zum AtRV gewechselt. (=> Foto AtRV, S. 26) Ingenieur Victor Rumpf tritt 1890 dem AtRV bei und ist 1893 fahrtüchtiges aktives Mitglied auf dem Niederrad.
83 Der Habsburg-treue polnische Ministerpräsident Graf Badeni stößt sowohl bei den Deutschnationalen wie auch bei den Sozialdemokraten auf erbitterte Gegnerschaft, weil er einerseits Zugeständnisse an die nicht-deutschsprachigen Volksgruppen macht, andererseits die Wahlrechtsreform verschleppt und nicht mehrheitsfähige Maßnahmen im Parlament mit Notverordnungen durchdrückt.
84 Karl Mlinaritsch ist an einem Bajonettstich verblutet, weil dem Arzt Michael Schacherl, der mit dem Fahrrad zur Hilfe eilt, der Weg von

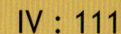

Streit um die Marke „Styria": Inserate von Joh. Puch & Comp. (Styria-Dürkopp) und Puch (Anton Werner & Comp.) im Tourenbuch 1899

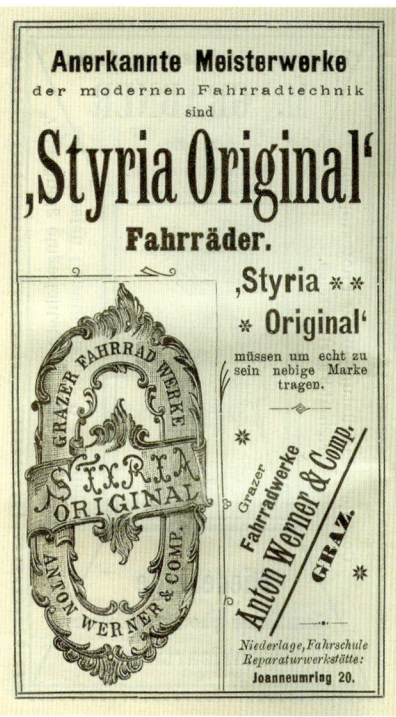

Der neue deutsche Partner steigt als Kommanditist mit einer Einlage von 600.000 Gulden ein, Victor Kalmann sen., Victor Rumpf und die Escomptebank scheiden aus. Die Niederlage befindet sich in der Herrengasse 18, die Sommerfahrschule ist in der Elisabethstraße etabliert, die Winterfahrschule in der Industriehalle.

Neues Werk - getrennte Wege

Im September 1896 wird vom jüngeren Bäckermühlenkonsortium die Köstenbaummühle in der Baumgasse 17 (heute Köstenbaumgasse 17)[85] gekauft und für die am 23. Februar 1897 umbenannte Firma „Johann Puch & Comp., Styria Fahrradwerke" umgebaut. Die Fahrschule wird von der Strauchergasse in die Schützenhofgasse 17 verlegt, Niederlassungen mit angeschlossenen Werkstätten werden in Graz (Herrengasse 18), in Wien, Berlin, Budapest (R-Chronik IX/55/1896, 817) und Marburg (Herrengasse, heute: Gosposka ulica) (LESKOVEC 1998, 107) eingerichtet. Beschäftigt sind nun bereits 633 männliche und 83 weibliche Arbeiter sowie 36 Lehrlinge.

Johann Puch wird Direktor, scheidet aber schon bald (1897) wegen Unstimmigkeiten mit den neuen Partnern aus. Er wird abgefunden und muss sich verpflichten, zwei Jahre lang keinen Konkurrenzbetrieb aufzumachen – und das zu einem Zeitpunkt, als sein Betrieb bereits unter den größten fünf der Welt rangiert.

Die Leitungen der beiden Werke Styria/Graz, und Dürkopp/Wien, kommen 1902 überein, eine einheitliche Leitung zu bilden. Der Wiener Betrieb übersiedelt nach Graz, bleibt aber in deutschen Händen. Man erzeugt sämtliche Bestandteile wie Ketten, Naben, Pedale oder Kugeln selbst. Das Detailgeschäft in der Herrengasse 18 wird um 1900 in die Kaiserfeldgasse und später in die Neutorgasse vis-a-vis der Hauptpost verlegt. (GAB 1900, 186)[86] Doch auch Johann Puch bleibt keineswegs untätig: Die Konkurrenzklausel umgeht er, indem die Neugründung zunächst unter dem Namen seines treuen Mitarbeiters Anton Werner firmiert, die gemeinsam mit einer weiteren Schlüsselkraft, Martin Nöthing (Nöthig), ebenfalls die Styria Fahrradwerke verlassen haben. So können nach Erwerb von Gewerbeschein und Eintragung ins Handelsregister Mitte Dezember 1897 die Grazer Fahrradwerke Anton Werner & Comp. in der Laubgasse 8 (und später 14) in Betrieb gehen, und zwar auf dem Areal der ehemaligen Holzwarenfa-

---

der gegen die Demonstranten eingesetzten bosnischen Einheit versperrt wird. (SCHACHERL 1920, 77)
85 Die Köstenbaummühle (1812 und 1861 errichtet) ist am 26.9.1894 vollständig niedergebrannt. Der Schaden wird damals mit 50.000 bis 60.000 Gulden beziffert. (Tagespost, Abendblatt 26.9.1894)
86 Laut GAB übersiedelt das Detailgeschäft 1901/02 in die Kaiserfeldgasse, 1903–10 firmiert die Verkaufsstelle in der Neutorgasse 51, die Fahrschule in der Radetzkystraße 27. 1920 findet sich die Niederlage in der Radetzkystraße 1, dann bis zum Ende in der Neutorgasse 55, wo Karl Reißberger die Vertretung übernimmt. An dieser Adresse folgt 1949 Willibald Temmel zunächst als Kompagnon, dann 1952 allein.

Links:
Ansichtskarte 1903/04
Unten:
Montiersaal der Styria-Fahrradwerke, 1897

brik des Jakob Ludwig Münz, wofür bereits eine behördliche Genehmigung vorliegt. (StA, Gewerbeakten)

Anton Werner, geboren am 15. Juni 1869 in Rokitnitz (BH Senftenberg, Böhmen), erlernt das Handwerk eines Schlossers, Martin Nöthing (Nöthig) wird am 3. Mai 1855 in St. Georgen in Kroatien/Gjurgjevac geboren, ist Kassier beim Grazer Radfahrer-Club (seit 1894). Als Kraftquelle verwendet man eine gemietete Turbine und im Jahr darauf eine von Johann Puch beigestellte Dampfmaschine, aufgenommen wird die Arbeit mit acht Drehbänken. Für die produzierten Fahrräder wird die Bezeichnung „Styria-Original" verwendet, was zu Markenschutzproblemen mit den Styria-Werken führt. Als Prokuristen werden 1897 Ferdinand Roth und 1898 Friedrich Büchel genannt. Zu dieser Zeit wird auch eine Niederlage am Joanneumring 20 betrieben. Nach dem Ablauf der zweijährigen Konkurrenzklausel legt Anton Werner am 20. April 1899 den Gewerbeschein zurück. Mit der Löschung der Fahrradwerke Anton Werner & Comp. aus dem Handelsregister am 17. Mai kann Johann Puch wieder direkt ins Geschehen eingreifen.

Puch erhält am 28. Februar 1899 einen neuen Gewerbeschein und beginnt mit der Produktion in der Gottliebgasse 17 beziehungsweise in der Fuhrhofgasse 44 (beide: heute Puchstraße). Nach der Genehmigung der Statuten durch das Ministerium des Innern am 17. Juli 1899 kann Johann Puch am 27. September eine Generalversammlung der Aktionäre einberufen und das neue Unternehmen unter der Bezeichnung „Johann Puch – Erste steiermärkische Fahrrad-Fabriks-Actien-Gesellschaft in Graz" am 28. September in das Handelsregister eintragen lassen. Das Grundkapital beträgt 800.000 Kronen in Form von 2.000 Inhaberaktien zu je 400 Kronen. Im Verwaltungsrat sitzen Emmerich Mayer, Johann Puch, Dr. Emil Ritter von Gabriel, Georg Eustacchio und Hans Berkovics.[87]

Mit der Einführung einer speziellen Frästechnik stellt Puch ab 1900 Vollkettenscheiben her, die er für Werbezwecke zur Popularisierung seiner Marken nutzt. Forciert wird die Marke „Puch-Rad", mit der er sich von „Styria" absetzen und Verwechslungen vermeiden will. Mit Patenten wie für ein Stahl-Zahnrad und ein Kurbelgetriebe sowie mit *„aus feinstem steirischen Holzkohlenstahl gearbeiteten und aus einem vollen Stück herausgedrehten"* Naben reüssiert er auch in einer Zeit, in der der Radsport-Boom wieder abflaut, schreibt

---

87 R. v. Gabriel ist Puchs Anwalt, der ihn schon bei seiner Berufung gegen den negativen Bescheid für die Betriebsstätten in der Strauchergasse 18 vertreten hat.

Gasthausrunde mit Kellner (Franz Schöggl) und Dürkopp Diana

doppelte Umsätze und setzt auch auf den Export. (Puch Katalog 1901, 3, 11ff) Es gibt allerdings auch technische Entwicklungen, die Puch falsch einschätzt. So spricht er sich in einem Brief an die Zeitschrift „Draisena" gegen den Freilauf aus: Abgesehen von der komplizierteren Mechanik und der Überwindung des toten Punktes spreche vor allem die Sicherheit dagegen, das Rad mit den Füßen zu „dirigieren": *„Ich muß Ihnen offen sagen, daß ich jede Zeit, die mit dieser Erfindung vergeudet wurde, für verloren erachte..."*. Puch befindet sich mit seiner Skepsis übrigens in guter Gesellschaft: Die Styria- und die Noricum-Fahrradwerke verhalten sich zu diesem Zeitpunkt ebenfalls ablehnend, während die Graziosa- und Meteor-Fahrradwerke noch mit Versuchen beschäftigt sind und eine abwartende Haltung einnehmen. (Draisena 22/1899, 433f) Doch schon bald sieht Puch die Fehleinschätzung ein und bietet im Modelljahr 1902 *„ein neues Freilaufsystem mit unsichtbarer Fußbremse"* an, im Katalog 1904 gibt es auch eine New Departure-Freilaufnabe. (ASZ III/23/1902; Puch Katalog 1904, 12f) 1903 hat Puch eine Verkaufsstelle in der Stadt, an der Adresse Joanneumring 20, wo schon die Niederlage der Fahrradwerke Anton Werner & Co. etabliert war. Zu dieser Zeit ist der „self made man" (Eigendefinition) bereits in den Motorenbau eingestiegen: 1901 baut Puch das erste Automobil, 1903 nimmt er die Fabrikation von Motorrädern auf, die 1904 als „Clou der Saison" massiv beworben werden.

Doch nicht immer ist alles eitel Wonne – Ende 1907 gärt es auch bei Puch in der Arbeiterschaft. Zwar kommt es zu keinen Ausständen wie in den Styria-Werken, wohl aber zu fortgesetzten Spannungen vor allem wegen der *„Meisterangelegenheit"*. In den Augen der Sozialdemokratie handelt es sich dabei um ein gerade bei Puch *„chronisches Problem"*, das nicht gelöst sei, weil *„einzelne Meister doch immer noch keine Ahnung haben, ob `Knigges Umgang mit Menschen´ eine Leberwurst oder ein rotes Parapluie ist"*. So habe der Lackierermeister einem Arbeiter eine Ohrfeige angetragen, der Schlossermeister wird im „Arbeiterwille" mit dem das Betriebsklima wenig förderlichen Ausspruch *„Ihr sollt arbeiten und wenn ihr dabei krepiert!"* zitiert. (Arbeiterwille 14.12.1907, 4) Wie Puch selbst sich in dieser Angelegenheit verhalten hat, ist nicht bekannt.

Starker, aber kurzer Marktauftritt: Cless & Plessing

Tod des Pioniers

Nach einem schweren Herzanfall angesichts einer Flugzeugnotlandung, fabriziert von Oberstleutnant Eduard Nittner mit seinem Etrich-Hieronimus-Eindecker, und zwei Anfällen bei Pferderennen muss sich Johann Puch 1912 von der Leitung der Puchwerke zurückziehen. Er beschließt, sich ganz seinem Rennstall zu widmen. Doch der Fünfzigjährige kann seinen Tätigkeitsdrang schwer in Zaum halten, weshalb er sich ab dem Frühjahr 1914 als leitender Verwaltungsrat wieder in die Führung des Werkes einschaltet. Die damit verbundenen Anstrengungen übersteigen offensichtlich seine Kräfte – am 19. Juli 1914 sinkt er abends nach einem Pferderennen im Hotel Royal in Agram (Zagreb) im Freundeskreis mit einem Gehirnschlag vom Stuhl. In seinem Todesjahr zählen die Puchwerke 1.100 Beschäftigte, der Jahresausstoß beträgt 16.000 Fahrräder, 300 Motorräder und etwa 300 Automobile.

Erst in den letzten Jahren wird Puch auch vom offiziellen Slowenien als Industriepionier und „großer Slowene" entdeckt. Bis dahin gilt er als Unternehmer, der mit dem Streben nach persönlicher Entfaltung seine Heimat und mit ihr seine kulturellen wie sprachlichen Wurzeln vergessen hat. Slowene im nationalen Sinn war Puch sicher nicht: So pflegt er zwar freundschaftliche Bande etwa zum Marburger RC und dem Fahrradfabrikanten Franz Neger, mit dem er verschwägert ist, doch setzt sich dieser Club aus Mitgliedern des deutschsprachigen Bürgertums zusammen.

Cless & Plessing: Weg mit den Ketten

Durch die Erzeugung kettenloser Fahrräder mit Kardanantrieb und vor allem durch die schönen Jugendstil-Sujets, mit denen sie beworben werden, schafft die Fahrradfabrik von Cless & Plessing in der Grassergasse 36 (heute: Raiffeisenstraße 38–40) einen starken, aber kurzen Marktauftritt. Gemeinderat Heinrich Cless (geb.1838 in Winnenden/Württemberg) und der vormalige Direktor der „Graziosa"-Fahrradwerke, Rudolf Plessing, (geb. 1870 in Wien), Mitglied des GRC und des GBC und erfolgreicher Radrennfahrer,[88] tun sich zusammen: Sie beginnen ihre Tätigkeit am 12. Mai 1898 und melden die endgültige Fertigstellung ihres Neubaues am 1. August den Behörden. Als Architekt hat Josef Bullmann die Pläne für die Fabrik entworfen. (FGWG 1999, 60ff)

---

[88] Plessing gewinnt u.a. das 50-km-Gauverbandsrennen (nachmals steirische Meisterschaft) auf dem Niederrad 1891 in Feldbach und ist 1894 auf der Strecke Bruck – Graz Zweiter.

Das Unternehmen wird am 8. Juni als offene Handelsgesellschaft unter dem Namen Fram-Fahrradwerke Cless & Plessing handelsgerichtlich eingetragen, die Prokura erhält Max Kleinoscheg. Eröffnet wird der Betrieb, der auch unter dem Firmennamen „Noricumwerke" firmiert, (=> Plakat S. 109) am 1. Oktober 1898 mit 60 Arbeitern und Angestellten. (CLESS 1948, 3f)

Im ersten Firmenkatalog von 1899 werden die Vorzüge des kettenlosen Fahrrades genau erklärt und die Qualität des für Fram-Räder verwendeten Materials – etwa *„Ia Mannesmannrohre"* für den Rahmen – betont. Angeboten werden ein Herren- und ein Damenmodell in jeweils drei Größen. Außerdem sind zwei Noricum-Modelle (Herren- und Damenrad) im Programm. Im Gegensatz zur Grazer Konkurrenz, die den Kardanantrieb in Lizenz nach dem 1895 vorgestellten Alcatène Métropole/Paris fertigt, entwickelt man die Antriebseinheit selbst, allerdings in Anlehnung an das französische Vorbild. (SCHIEFFERDECKER 1900, 125) Die Modelle werden auf der Fahrradmesse in Leipzig mit einigem Erfolg Publikum und Händlern vorgestellt.

Doch die Goldgräber-Ära in der Fahrradbranche ist schon vorbei, der Marktauftritt mit den kettenlosen Räder erfolgt zu einer Zeit, als die anderen Hersteller am Platz diese Neuerung schon im Programm haben. Wie Cless-Sohn Max in der Firmen-Chronik schreibt, muss man erkennen, dass die Nachfrage nach den teureren „Chainless", vor allem bedingt durch billigere Importe aus Deutschland, zu gering ist, um rentabel produzieren zu können. Schon 1900 muss der Belegschaftsstand halbiert werden, der Geschäftsgang wird immer schlechter. In dieser Zeit beginnt sich Noricum nach einem anderen Standbein umzusehen – und findet es in der Produktion von Zahnrädern und Getrieben.[89] 1902 wird das erste Motorrad hergestellt. Trotz sportlicher Erfolge kann sich diese Entwicklung jedoch nicht durchsetzen.

1903 wird das neue Modell „Noricum kettenlos" mit Freilauf und Rücktrittbremse angeboten. Im Jahr darauf kommt es, so die Firmenchronik, aufgrund des katastrophalen Jahresabschlusses in der Fahrrad- und Motorradabteilung zum – vorübergehenden – Zerwürfnis zwischen Fritz Cless, der seinem Vater gefolgt ist, und Rudolf Plessing, der schließlich seine Tätigkeit mit 21. Dezember 1904 beendet. Eine Folge ist die Einstellung der Fahrraderzeugung.[90]

1906 landet man mit Fahrradteilen noch einen nachträglichen Erfolg: Aus den Stahlrohrbeständen fertigt man 5.000 „Leobener Stahlrodeln" für das Wiener Sporthaus Mitzi Langer. (CLESS 1948, 6)

4.3. Zwischen Nähmaschinen und Musikalien

Die erste Ausgabe der Mitteilungen des Steirischen Radfahrer-Gauverbandes (1.8.1887) weist zwei Reparaturwerkstätten, beide in Graz auf: Jene von Johann Luchscheider und Alexander Gayer. Luchscheider ist einer der ersten aus der Zunft der Nähmaschinenmechaniker, die sich in Richtung Fahrrad diversifizieren: In seiner Familie ist er nicht der einzige, der sich mit Nähmaschinen beschäftigt, er wohnt in der Stockergasse 1 und arbeitet zunächst als Vertreter der Nähmaschinenniederlassung Johann Jax in der Sackstraße 20, 1. Stock. 1887 übernimmt er dann das Geschäft und betreibt neben der Produktion von Strick- und Nähmaschinen auch eine *„Mechanische Reparatur-Werkstätte jeder Construction Bicycles und Tricycles"*. Sein Nahverhältnis zum Radsport zeigt sich 1886 im Beitritt zum Grazer Bicycle-Club, später ist er beim RV „Austria" aktiv, zeitweise auch als Obmann. Für kurze Zeit findet sich bei ihm auch ein Werkführer namens Johann Puch. Luchscheider dürfte die Fahrrad-Sparte in seiner aktiven Zeit bis Mitte der zwanziger Jahre immer eher neben oder zusätzlich zum Nähmaschinen-Geschäft geführt haben. Nach ihm wird aus dem Familienbetrieb ein Elektroinstallationsunternehmen, eine Neuausrichtung, wie sie etliche andere aus der Branche, etwa die Firmen Friebe oder Franz, ebenfalls vornehmen.

Eine enge Bindung zum Radsport hat auch Alexander Gayer, Besitzer einer Metallwarenfabrik in der Köflacher Straße 20. Er ist ebenfalls Mitglied und kurzzeitig auch Zeugwart beim GBC, Rennfahrer und später Betreiber der „Grazer Rennfahrerschule". Er führt vermutlich aus Verbundenheit zum Radsport und zu Kollegen in eher kleinerem Umfang Fahrrad-Reparaturen durch. (Mitt. StRGV 1.8.1888)

Doch auch außerhalb von Graz gibt es schon früh Schmiede, Schlosser und Mechaniker, die vom Gauverband im „Tourenbuch" 1887 für Re-

---

89 Nach dem Abgang von Plessing konzentrieren sich Fritz und später sein Bruder Max Cless sowie Betriebsleiter Max Kleinoscheg voll auf die Zahnrad- und Getriebefertigung. Vor allem im Zuge der Elektrifizierung der Bundesbahnen erfährt diese Sparte einen Aufschwung.
90 Während beider Weltkriege ist das Unternehmen in der Rüstungsproduktion tätig, zweimal – 1928 und 1992 – sind die Noricumwerke insolvent. 1992 kauft die deutsche Firma Kachelmann GesmbH den Betrieb, die 2000 vom finnischen Unternehmen Kumera Drives Oy übernommen wird. Der Betrieb firmiert nun als Kumera Antriebstechnik GmbH und setzt 2004 mit 55 Mitarbeitern 4,5 Mio. Euro um. Erzeugt werden Maschinen für die Metallerzeugung, Walzwerkseinrichtungen und Gießmaschinen sowie Sondergetriebe und Zahnräder. (KSV)

Vielseitige Gewerbetreibende: In Pettau handelt Hans Spruschina auch mit Fahrrädern

Hans Spruschina • Pettau
Vernickelungs- und Emaillierungs-Anstalt
Färbergasse 3
Reichste Auswahl sämtlicher Bestandteile
Fabriks-Niederlage und mechanische Reparatur-Werkstätte von Motorfahrzeugen, Nähmaschinen, Fahrrädern und Haustelegraphen
General-Vertretung der Puchwerke Graz und Gritzner Nähmaschinen.

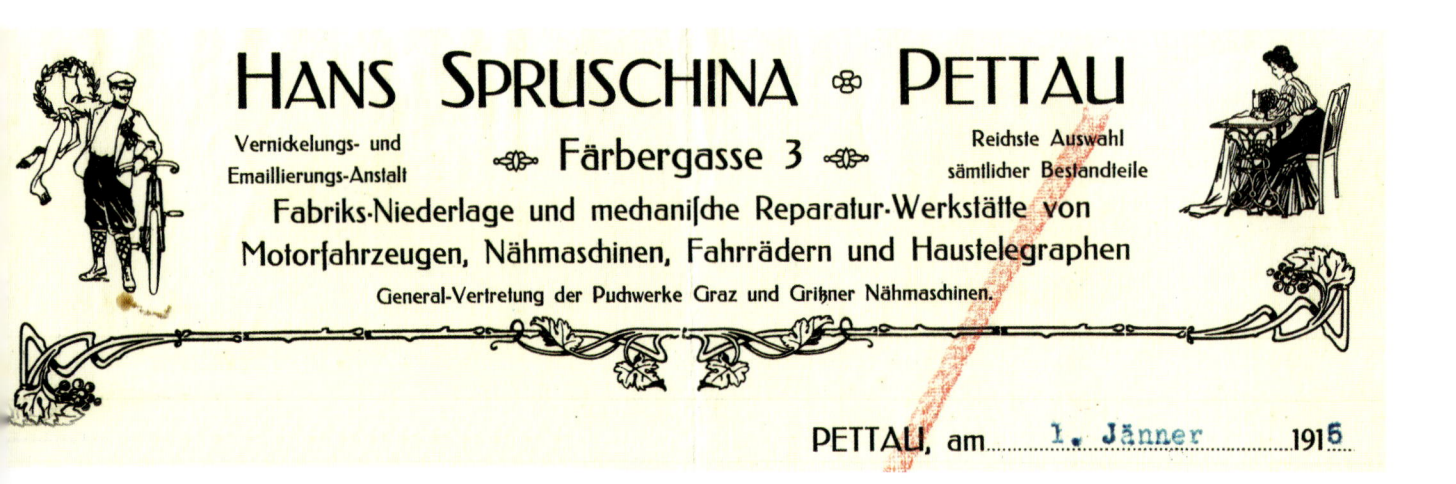

PETTAU, am 1. Jänner 1915

paraturen empfohlen werden: Sie befinden sich in Feldbach, Fürstenfeld, Judenburg, Kindberg, Knittelfeld, Leoben, Radkersburg, Voitsberg und Weiz sowie in der Untersteiermark in Cilli, Marburg, Pettau und Windischfeistritz. Dazu kommen noch Schmiede und Ortschlosser in kleineren Gemeinden wie Gratwein, Feldkirchen, Fehring, Friedberg, St. Ruprecht an der Raab, Sinabelkirchen und Mahrenberg (Untersteiermark).

Im Handbuch des Gauverbandes von 1892 ist das Verzeichnis der „Fahrrad-Fabriken, -Handlungen und Reparatur-Werkstätten" weniger umfangreich. Neben den Grazer Betrieben Albl, Almer, Eigler, Puch und Sorg sowie Neger in Marburg finden sich je zwei Werkstätten in Feldbach,[91] Bruck, Cilli, Gleisdorf, Ilz, Leibnitz und Marburg. Darüber hinaus gibt es Werkstätten in Aussee, Burgau, Fürstenfeld, Hartberg, Hausmannstätten, Kindberg, Leoben, Mürzzuschlag (Bleckmann's Fabrik), Mureck, Pischelsdorf, Pöllau, Radkersburg, Voitsberg, Weiz, Wildon und Windischfeistritz. Hier kann man mit Hilfe von einschlägig versierten Schlossern, Schmiedemeistern und Mechanikern, hie und da auch eines Klempners oder Uhrmachers rechnen,[92] wenn die Maschine ein Gebrechen hat.

Dass zu dieser Zeit zum Teil noch ziemlich improvisiert wird, darauf weist auch die Anmerkung *„Reparaturen aus Gefälligkeit"* hin, die offensichtlich dazu dienen soll, die Ansprüche der Kundschaft zu mäßigen. Sie werden von der Zündwarenfabrik in Maria Rast und der mechanischen Werkstätte der Lederfabrik Schönstein in der Untersteiermark ausgeführt. (Handbuch 1892, 52)

Mit dem Aufkommen des Niederrades übernimmt vor allem jenes Gewerbe, das mit Nähmaschinen zu tun hat, die Hauptrolle: Die Feinmechaniker entdecken ihre Liebe zu den nunmehr fragiler werdenden Komponenten und orten zu Recht ein neues interessantes Geschäftsfeld. Handel und Reparatur erfahren eine Spezialisierung, wie ein Blick ins Grazer Adressbuch ab 1894 zeigt: Franz Koller, Jakominigasse 23, der als Vertreter der Brennabor-Fahrradwerke fungiert, kommt in dieser Funktion auch im Land herum, Bela Kindl, der im Hof des alten Postgebäudes, Jakominiplatz 16, eine Geschäftsniederlage eröffnet und für Brömer-Elmershausen den Vertrieb übernimmt,[93] M. Ruzicka, der in seinem Geschäft am Jakominiplatz 1 auch „überbrauchte Fahrräder" und „wenig gebr. Pneumatic" mit dem Attribut „sehr billig" offeriert, (Tagespost 17.6.1895) sowie Carl Anton

---

91 Einer ist der Schlosser Krobath bei Feldbach. Das von Ferdinand Krobath 1880 in Feldbach gegründete Unternehmen widmet sich zunächst dem Landmaschinenhandel und wird 1936 auf Haustechnik erweitert. Von der Krise der europäischen Landwirtschaft in den 1980er-Jahren ist auch diese Firma betroffen, 1990 trennt man sich vom Landmaschinenhandel. Seither setzt die Krobath-Gruppe erfolgreich auf den Bau von Heizungsanlagen, Lüftungstechnik und Sanitäranlagen, betreibt heute zahlreiche Filialen mit rund 600 Mitarbeitern.
92 Klempnermeister Josef Petzolt in Leibnitz und Uhrmachermeister A. Lang in Weiz. (Handbuch 1892, 52)
93 Der in Budapest geborene Bela Kindl ist seit 1887 Mitglied des GBC, übernimmt 1892/93 die Hauptvertretung der „Adler"-Fahrradwerke,

Alfred Pravecek, 1912 Sieger des Rennens Graz - Feldkirchen. Später begründet er eines der traditionsreichsten Grazer Fahrradgeschäfte in der Elisabethinergasse

Steininger, Pfeifengasse 18 (heute: Adolf-Kolping-Gasse 12–14), in dessen Radfahrschule mehrere Generationen von Grazerinnen und Grazern den Umgang mit dem Drahtesel erlernen. (=> „Als Radfahren noch in Schulen erlernt wird", S. 80)

Ziemlich breit ist die Dienstleistungspalette der Schlosser Hans Spruschina und August Scheichenbauer in Pettau: Sie bauen auch Brunnen, installieren Telefone und Telegraphen oder stellen Blitzableiter und „*Closets mit selbstthätiger Wasserspeisung*" auf. (Briefkopf Spruschina; Pettauer Zeitung 11.5.1893, Inserat)

Experimentierfreudig zeigt sich der Handel in Bruck und Marburg in Bezug auf Bambus-Räder: Franz Nagler und Rudolf Straßmayer führen als einzige steirische Fahrradhändler das Bambus-Rad von Grundner & Lemisch im Programm. In dieser Zeit hat sich schon eine reichhaltiges Sekundärgewerbe ums Fahrrad etabliert: Von der Emaillierungsanstalt Heinrich Bluhme in der Grazbachgasse 44 werden Fahrräder „*nach engl. Manier elegant schwarz emailliert*", Dienstleistungen wie „*Putzen, Reinigen u. Einstellen von Fahrrädern*" oder das „*Ausleihen von Fahrrädern*" finden sich um die Jahrhundertwende häufig in den Anzeigenrubriken. Später, in den zwanziger Jahren, führen die 1894 gegründeten Styria-Strickmaschinen-Werke Dr. Hans Schreiner in der Falkenhofgasse 47 eine eigene Abteilung, die Fahrradbestandteile wie Sättel, Taschen, Glocken, Naben und Pumpen fertigt. (Compass 1929, 186)

Im ländlichen Gebiet sind es Landmaschinenhändler wie Karl Gingl in Fehring, die nach der Jahrhundertwende ins Fahrradgeschäft einsteigen, reparieren, verkaufen und teilweise auch fertigen. Franz Preßler jun. (geb. 1911) setzt ebenfalls auf das nun auch in entlegenen Winkeln nachgefragte Fortbewegungsmittel und richtet in den 30er-Jahren in der Stube des Wohnhauses neben der Schmiede seines Vaters in Winzendorf, Gemeinde Schönegg bei Pöllau, ein Fahrradgeschäft ein. Allerdings nur für kurze Zeit – Preßler kommt im Zweiten Weltkrieg in Stalingrad um. (Info Kolligasser)

Nicht nur zu Nähmaschinen und Eisenwaren (zum Beispiel A.G. Greinitz, Griesgasse 10), auch zu Musikalien gibt es eine Verwandtschaft: So etwa bei Johann Steinberger, in der Annenstraße 44/46 in Graz, der 1928–38 unter „Fahrräder-, Musikinstrumenten-, Grammophon- und Nähmaschinenhandlung" firmiert, der Brucker Firma Langbauer & Co., die, wie aus einem Briefkopf

Frankfurt/Main, bietet aber auch original englische Fahrräder an, für die Brömer-Elmershausen & Reich die Generalvertretung in der Monarchie besitzen. Gleichzeitig wirbt der 1895 früh verstorbene Kindl für „Schneeschuhlaufen" als neue Wintersportart. (Mitt. StRGV 15.10.1892)

94 Der aus Arad (heute Rumänien) gebürtige Adolf Friebe meldet 1883 das freie Mechanikergewerbe in der Elisabethinergasse 22 an, 1886 erwirbt er das Nähmaschinengeschäft Agnes Tetek in der Sporgasse 21, wo fortan der Firmensitz ist. Die Werkstätte befindet sich am Dominikanerriegel 19 und wird 1904 in die Jakob-Redtenbacher-Gasse 25 verlegt. (FRIEBE) 1910 übernimmt Adolf Friebe laut Geschäftskalender die Steininger-Fahrschule in der Pfeifengasse 18 (26) nebst ebendort etablierter Werkstätte und Vertretung für das Steyr-Waffenrad.

Linke Seite:
Schlosserei und Reparaturwerkstätte Franz Stark, Schlossbergkai 68, um 1912. In den 1990er-Jahren betreibt „Bicycle" hier eine Werkstatt

Rechte Seite:
Wilhelm Pech vor seinem Geschäft Joanneumring 12, 1937. Enkelin Monika und ihr Sohn Martin Pyffrader heute

ersichtlich, 1912 das gleiche Programm plus auch noch Motorräder offeriert (vgl. ZVITKOVITS 1999, 29) oder beim heutigen Musikfachgeschäft, Elektroplanungs- und Installationsunternehmen Friebe in der Grazer Sporgasse 21.[94]

Seit den 30er Jahren bieten auch Radiohändler Fahrräder an. Friebe-Sohn Hans gehört dazu oder Radio Kortschak, Griesplatz 14, später auch die Brüder Reiß, Mariahilferstraße 61A.

Zu Beginn des Jahrhunderts eröffnen der Hausmannstättner Schlosser und „Styria"-Mitglied Josef Gotthardt in der Herrgottwiesgasse 88 – später Klosterwiesgasse 66 sowie Steyrergasse 82 – und Philipp Serth, Mariahilfer Platz 5, in Nachfolge von Johann Kindl Geschäfte und Werkstätten. Bei Serth steigt kurze Zeit später der Mechaniker Hans Waska ein, der schon seit 1897 in der Radetzkystraße gearbeitet hat. Dieser führt das Geschäft in den zwanziger Jahren allein als „Fahrrad- & Motorenhaus" weiter, das bis in die sechziger Jahre in Betrieb ist. Ebenfalls zu den alteingesessenen Fahrradhäusern zählte jenes in der Schlögelgasse 7, in dem seit 1911 Vinzenz Frühauf zunächst Fahrräder und Nähmaschinen, später als neuer Hauptvertreter insbesondere das Steyr-Waffenrad anbietet. 1922 wird in einer Einschaltung die „besteingerichtete mech. Werkstätte" angepriesen. An diesem Platze folgt Alexander Duller.

Zwei traditionsreiche Adressen befinden sich in der Elisabethinergasse: Auf Nr. 22 hatte sich zunächst Adolf Friebe etabliert – siehe oben –, um 1910 folgte Johann Lehrach, später befindet sich hier die Emaillierungsanstalt Schwarz. 1927 siedelt sich in der Elisabethinerstraße 15 Alfred Pravecek an, ein ehemaliger Rennfahrer, der sich als Rennmechaniker spezialisiert. In seine Fußstapfen tritt 1955 Franz Vychodil, der beim Mechaniker Strallegger am Grieskai 15 gelernt hat und sich in der Folge um den steirischen Radrennsport besonders verdient macht. Auch heute noch befindet sich in der Elisabethinergasse 15 eines der renommiertesten Reparatur- und Handelsgeschäfte von Graz, jetzt geleitet von Sohn Michael.

Eine auffallend starke Konzentration an Händlern und Mechanikern findet sich in der Grazbachgasse: Hier etablieren sich die Großhändler JKA Josef Küttner – Nachf. Franz Egger Nr. 56, Ernst Neger in Nachfolge von Heinrich Färber Nr. 59, Franz Weiß Nr. 47 und der Mechaniker Josef Lener (später Adolf Stoiser) Nr. 48. Vorübergehend hat auch Dr. Herbert Pech in Haus Nr. 60 eine Niederlassung – das heute noch betriebene Haupt-

---

95 Wilhelm Pech (1885–1954), geboren in Wr. Neustadt und dort schon bei einem Landmaschinen- und Fahrradhändler beschäftigt, hat 1909 bei den Vereinigten Styria-Dürkopp-Werken in Graz begonnen und ist 1920 zur Austro-Daimler-Puch AG gewechselt, für die er die Grazer Verkaufsniederlage leitet. 1936 verliert er den Job aus Rationalisierungsgründen, wird selbstständig und richtet am Joanneumring 12 Zweirad-Geschäft und -Werkstätte ein. Sohn Dr. Herbert (1913–2003) führt den Betrieb weiter, der 1979 von Enkelin Dr. Monika Pyffrader (geb. 1943) übernommen wird und heute von ihr gemeinsam mit Sohn Martin (geb. 1971) geführt wird. (Steirische Wirtschaft 23.4.2004, 47)

geschäft hat Wilhelm Pech 1936 am Joanneumring 12 gegründet.[95] Der mit der Schließung des Puch-Zweiradwerkes 1987 aufgelassene Großhandel befand sich in der Zeilergasse 12.

Auch die Keplerstraße hat einen Ruf als Radmechaniker-Straße: Um 1914 eröffnet auf Nr. 16 Anton Seceny, der langjährige Obmann des Arbeiter-Radfahrvereins „Wanderer", Geschäft und Werkstätte, 1924 findet man ihn in der Pestalozzistraße 62, wo er 1938 noch aktiv ist. In der Keplerstraße finden sich 1938 drei Einträge: Johann Sampt, Nr. 61, Bella Patz, Nr. 5 und H. Patz, Nr. 24 (Ecke Lendplatz).

Frauen als Betriebsinhaberin sind die Ausnahme, etwa Henriette Elbel als Chefin des Fahrradhauses Glacis, Glacisstraße 61A, das von 1940 bis in die 1970er-Jahre in Betrieb ist.

In der Rösselmühlgasse 26 etabliert sich 1924 der Großhändler Franz Zisser, in der Triesterstraße 15 nimmt 1929 Otto Schimetschek den Handel mit Markenfahrrädern unter dem Namen „Handelshaus Atlas" auf und findet sich 1936 unter dem Namen „Sioux" in der Reitschulgasse 16. Angeblich leitet sich der Name „Sioux" vom Vertrieb US-amerikanischer Fahrräder ab.[96] Bis Ende 1993, als Christian Schimetschek den Ausgleich anmelden muss, ist dieser Name Garant für Qualität der – auch als Eigenmarke vertriebenen – Fahrräder: Der Indianerkopf findet sich heute noch hin und wieder als Plakette auf einem Steuerkopf oder häufiger als Pickerl auf einem Kotblech.

Mehrere Sioux-Mitarbeiter machen sich selbstständig und sind heute z.T. selbst als Betriebsführer tätig wie Alois Schnabl (2-Rad-Express Friedhofgasse 3, Grazbachgasse 48) und Karl-Heinz Köllich von Kienzer & Köllich. Sie gehören zu jener Generation an Gewerbetreibenden, die den Fahrradboom Ende der 1980er-Jahre genutzt haben.

Zu einem renommierten Unternehmen hat sich das sozialökonomische Projekt „Bicycle" (Körösistraße 5, Kaiser-Franz-Josef-Kai 56, Rechbauerstraße 57) entwickelt. Als qualitätsvolle Einrichtung gilt auch die Fahrradabteilung bzw. Werkstätte von Kastner & Öhler, die es seit den 1930er-Jahren gibt. Mit Otto Buttlar hat der eigene Sportverein auch einen erfolgreichen Dauerfahrer.

Weitere anerkannte Spezialgeschäfte der Gegenwart im Raum Graz sind Roman Neubauer in der Alten Poststraße, Kotnik in der St. Peter Hauptstraße, Rupert Weninger in der Plüddemanngasse, Edelsbrunner in Andritz sowie Janger

---

96 Schimetschek hatte den Markennamen „Sioux" schon 1927 eintragen lassen. (Handelsregister)

Bosniakischer Meldefahrer, vermutlich vom in Graz liegenden 2. bosnisch-herzegowinischen Infanterieregiment

5 Volksverkehrsmittel

Die technische Weiterentwicklung und die zunehmend industrielle Fertigung führen dazu, dass das Niederrad breiten Kreisen zugänglich, praktisch „volkstümlich" wird. Das Fahrrad ist längst nicht mehr nur Sportgerät einer bürgerlichen Elite - diese wendet sich vielmehr den aufkommenden Motorfahrzeugen zu -, es wird zum Alltagsverkehrsmittel und Nutzfahrzeug. In der Arbeiterbewegung spielt es eine wichtige Rolle. Inzwischen haben die zunächst skeptischen Militärs das Fahrrad entdeckt: Im 1. Weltkrieg werden zahlreiche Radfahr-Einheiten an die Front geschickt.

5.1. Verkehrsmittel für alle

Einig im Kampf gegen die Fahrradsteuer

Mit der anwachsenden Schar von Radfahrern wachsen auch die Probleme. Die Beschwerden häufen sich. So berichtet das „Obersteirerblatt", dass Radfahrer Fußgeher entlang der Reichsstraße belästigen würden: *„Gestern abends hatte einer sogar die Rücksichtslosigkeit, von einer größeren und zumeist aus Damen bestehenden Gesellschaft, die in unmittelbarer Nähe der Stadt promenierte, zu verlangen, daß sie ihm ausweiche und über den Straßengraben flüchte."* (Obersteirerblatt 26.5.1895, 3) Auch wenn in der folgenden Nummer darauf hingewiesen wird, dass das Radfahren auf den Fußwegen entlang bestimmter Reichsstraßen als fahrtüchtig ausgewiesenen Radlern erlaubt sei – das Klima ist belastet und man hat den Eindruck, dass auch das organisierte Radfahrwesen die Gelegenheit nutzt, nochmals gegen die „Wilden" zu Felde zu ziehen und sich die Kontrolle, wer im öffentlichen Raum mit dem Fahrrad unterwegs sein darf, zu sichern.

Der Gauverband appelliert angesichts der *„so überhand nehmenden Unfälle"* besonders an die Fahrwarte seiner Vereine, dafür zur sorgen, dass nur ausgelernte Radfahrer die Straßen befahren: *„Wir haben nicht zu schwarz gemalt und geben Ihnen selbst zu bedenken, ob es nicht hoch an der Zeit ist, nach Kräften dem Unfuge Einhalt zu thun."* Gelinge dies nicht, würde man es sich mit Publikum und Behörden verscherzen und *„die Freiheit, der wir uns dermalen erfreuen"*, sei in Gefahr. (Schreiben des StRGV, in: Obersteirerblatt 27.9.1896, 3f)

Die alte Radfahrordnung ist schon 1891 neuer-

Frühe Ortsgruppen des Steiermärkischen Arbeiter-Radfahrer-Bundes entstehen 1897 in Knittelfeld (links) und Marburg (rechts) – die Knittelfelder mit Wappen (1899), die Marburger in Festschmuck mit Standarte sowie Trinkhorn und Signalpfeife (1897)

lich verlautbart worden, um die Regeln in Erinnerung zu rufen bzw. die wachsende Schar an neuen Radfahrerinnen und Radfahrern darauf aufmerksam zu machen.

In Graz plant man den Einsatz drastischerer Mittel: 1894 diskutiert der Grazer Gemeinderat die Einführung einer Fahrradsteuer, am 25. September 1895 beantragt Gemeinderat Josef Lucheschitz eine Fahrrad-Nummerierung. Tatsächlich beschließt der Gemeinderat in einer vertraulichen Sitzung die Einführung einer Fahrradsteuer von fünf Gulden. Doch ehe sie vom Landtag genehmigt werden kann, kommt es zu einem Sturmlauf der Gegner. *„Die Grazer Fahrradfabrikanten beeilten sich, in einer Eingabe an den Gemeinderat auf die durch eine solche Steuer erwachsende empfindliche Schädigung der jungen Industrie, welche schon gegen 400 Arbeiter beschäftigt, hinzuweisen"*, berichtet die Radfahr Chronik. Der Radfahrer-Gauverband unter Oskar Zoth legt ein Memorandum vor, in dem darauf hingewiesen wird, dass *„das Fahrrad heute nicht mehr als Sportfahrzeug, sondern als Verkehrsmittel im weitgehendsten Sinne des Wortes"* zu betrachten sei: *„Der Beschluss des Gemeinderates wird als eine ungerechtfertigte, unbillige, unzweckmäßige und unergiebige Massregel bezeichnet, welche geeignet wäre, den ohnehin spärlichen Fremdenverkehr noch mehr zu schwächen, den ärmeren Volksklassen die Benützung eines billigen Verkehrsfahrzeuges, manchem Kranken jedoch die Ausübung einer ihm heilsamen körperlichen Bewegung zu erschweren."* (R-Chronik VIII/305/1894, 462)

Der Entwurf für die neue Radfahrordnung, der zusätzlich zur Steuer eine Kennzeichenpflicht beinhaltet – die Nummertafel sollte mindestens neun mal sechs Zentimeter messen[97] – sieht noch weitere Nachteile für die Radfahrer vor: So sollen etwa Fahrverbote vor Schulen bei Unterrichtsende gelten und der Erwerb eines Fahrtüchtigkeitsausweises, verbunden mit einer Prüfung vor einer behördlichen Kommission und einer Taxe von drei Gulden, verpflichtend werden. Gerade die Prüfungstaxe wird von Vertretern der Arbeiterradfahrer als unzumutbare finanzielle Belastung zurückgewiesen. Bei einer Radfahrer-Versammlung am 23. März 1896, zu der rund 600 Personen, darunter 19 Gemeinderäte auf Einladung von Josef Baltl in die Puntigamer Bierhalle kommen, meint etwa ein Herr Feichtinger, *„dass er als Freund der Freiheit und als `Wilder´ gegen jede Einschränkung der Freiheit sei und gegen die Besteuerung so lange sprechen und stimmen werde, als die Equipagen des*

---

97 Die Nummertafel soll links an der Lenkstange nach der Längsseite angebracht werden. Geplant ist, in weißer Ölfarbe beidseitig Ziffern und die Inschrift „Graz" auf dunkelgrünem Grunde anzubringen. (StLA, Fahrradkennzeichen)

Zur Erinnerung an die Banner-Enthüllung

vermögenden Theils der Bevölkerung noch unbesteuert blieben. (Beifall.)" (Tagespost 23.3.1896, 2. Bogen, Abendblatt) Im Kampf gegen die Fahrradsteuer gelingen breite Allianzen. So schlägt Adolf W.K. Hochenegg, bekannt deutschnationaler Exponent und einer der Wortführer der Radlerszene,[98] vor, den Vollzugsausschuss der Versammlung um Arbeiterführer Hans Resel zu erweitern.

Parallel tauchen auch im Land Überlegungen auf, eine Radfahrordnung für Steiermark zu schaffen, die sich am Inhalt des Entwurfs zur Grazer Verordnung orientiert. Herausgekommen ist allerdings nur eine „Ergänzung der Straßenpolizei-Ordnung für die öffentlichen, nicht ärarischen Straßen vom 18. September 1870". (Handbüchlein 1895, 51f)

Mit dem Nachdruck einer großen allgemeinen Radfahrerversammlung am 15. Februar 1898 kann schließlich Fahrradnummerierung, behördlicher Prüfungszwang und eine Besteuerung des Radfahrens abgewehrt werden. 1903, als die Debatte erneut aufflammt, wendet sich der Gauverband erneut mit einer Eingabe an den Gemeinderat.

„Kavallerie des Proletariats"

Am 3. Februar 1896 wird der Steiermärkische Arbeiter-Radfahrerbund als erster Verband der Arbeiterradfahrer in Österreich in Schönbachers Gasthaus gegründet. Die Abwehrmaßnahmen gegen die geplante Verschärfung der Grazer Radfahrordnung spielen dabei eine wesentliche Rolle.

Mit der Gründung von Arbeiterradfahrer-Vereinen – der erste Arbeiter-Radfahrerverein ist 1893 „Die Biene" in Wien – werden nicht nur die bisherigen Zielsetzungen des bürgerlichen Radsports in Frage gestellt. Das Motto lautet, zumindest in den ersten Jahren: „Massensport statt Kampfrekord". Es werden auch klar politische Ziele verfolgt, wie aus den Aufzeichnungen des Weggefährten von Hans Resel, des „Arbeiterwille"-Redakteurs und nachmaligen Abgeordneten Michael Schacherl hervorgeht: *„Im Laufe der Wahlrechtsbewegung, wo es sich darum handelte, die Flugblätter aufs Land hinauszubringen, wurde von dem Gründungskomitee im `Arbeiterwille´ ein Aufruf an alle Arbeiterradfahrer zum Beitritt erlassen; besonders die Arbeiter, die bisher Mitglieder eines bürgerlichen Radfahrervereines waren, wurden aufgefordert, sich in den Dienst ihrer Klasse zu stellen, also aus der bürgerlichen Organisa-*

---

98 Hochenegg ist Obmann des Gau 36 Steiermark des Deutschen Radfahrer-Bundes und hat enge Beziehungen zum Verein Südmark. (vgl. Protokollbuch Grazer Tourenfahrer)

Links:
Arbeiter-Radfahrer-Verein Mürzzuschlag, 1903

Rechts:
Gautag des Steirischen Radfahrer-Bundes 1908 in Hartberg – nicht nur gegrüßt wird unterschiedlich

tion auszutreten. Dies geschah und die Arbeiterradfahrer – damals war das Fahrrad das einzige Mittel des Schnellverkehres auf den Straßen – leisteten bald während des Wahlkampfes und am Wahltage der Partei die größten Dienste." Schacherl bezeichnet die Arbeiter-Radfahrer als „Kavallerie des Proletariats". (SCHACHERL 1920, 86f) Auch von „roter Kavallerie" ist die Rede.

Dass es bei den organisierten Arbeiterradlern nicht nur um die zeitweilige Flucht aus kärglichen Wohnverhältnissen und körperliche und geistige Erholung von der harten Werktätigkeit geht, hat die Behörde bald erkannt. Mit untauglichen Mitteln versucht sie, mit einem Vermerk zu den Satzungen der Gefahr des Missbrauchs als Vehikel der Agitation entgegen zu wirken: „Die polizeiliche Bewilligung des öffentlichen Tragens des in den Statuten beschriebenen Vereinsabzeichens ist in jenen Fällen hieramts zu erwirken, in welchen der Verein als solcher korporativ öffentlich auftritt". (R-Chronik IX/56/1896, 842)

Immer wieder kommt es zu politisch motivierten Zusammenstößen, bei denen die Radler als „schnelle Eingreiftruppe" dienen, etwa, als es nach der Vereitelung der Wahlrechtsreform im Landtag in Hitzendorf zu Prügeleien zwischen christlich-

sozialen Parteigängern des Abgeordneten Franz Hagenhofer und 60 Arbeiterradfahrern rund um Hans Resel kommt. (SCHACHERL 1920, 90)

Gemäß des verfolgten Ziels „der Loslösung der Arbeiter aus dem Schlepptau des Bürgertums" werden 1897–1899 zahlreiche Ortsgruppen des Steiermärkischen Arbeiter-Radfahrer-Verbandes gegründet. Ab 1910 kommen Ortsgruppen des 1899 gegründeten Verbandes der Arbeiter-Radfahrvereine Österreichs VARVÖ dazu, zum Teil mit klingenden Namen wie „Freiheit", „Wandervogel" oder „Frisch auf".[99] Bestimmte Gast- und Kaffeehäuser werden als Einkehrstellen empfohlen – etwa das Lokal List in Mürzzuschlag –, das in Wien gegründete Fahrradhaus „All frei" hat später, in der Zwischenkriegszeit, auch Filialen in Leoben und Knittelfeld. (ARBÖ 1999, 31f; ARBÖ 1993, 11)

Die Arbeiter-Radfahrervereine sorgen für Radfahr-Unterricht, organisieren gesellige Zusammenkünfte und widmen sich dem Reigen- und Tourenfahren. Vor allem aber kümmern sie sich in Zeiten, in denen die Kranken- und Unfallversicherung oder Rechtsschutz noch in den Anfängen stecken, um „Gewährung von Unterstützungen an verunglückte Mitglieder; Gewährung eines Rechtsschutzes durch Beistellung eines Advocaten in durch

---

99 Der VARVÖ hat in seinem Abzeichen neben Handschlag und Hammer sowie Rad eine Freiheitsgöttin mit Jakobinermütze als Zitat der französischen Revolution. Er wird 1927 in Arbeiter Radfahrerbund Österreichs ARBÖ umbenannt, 1932 in Arbeiter Rad- und Kraftfahrerbund Österreichs. (ARBÖ 1984, 29)

das Radfahren herbeigeführten Klagefällen", wie es etwa in den Statuten des 1902 gegründeten Arbeiter-Radfahrer-Vereins „Wanderer" heißt. (StLA, Vereinsakten)

Die Vereine werden mit „Großfamilien" verglichen, eine zusammengeschweißte Gruppe, in der persönliche Verbindungen entstehen und sich so manche Ehe anbahnt. (ARBÖ 1984, 30) Ausfahrten folgen, wie bei den bürgerlichen Vereinen, genauen formalen Kriterien: „An der Spitze radelte der Fahrwart, und gleich dahinter kam der Bannerwart mit dem schweren Banner und einer prächtig bestickten Schärpe. Anschließend radelten die Frauen, und erst dann folgten die Männer. Das Schlusslicht bildete der Zeugwart, der eine große Luftpumpe mitführte. Immer wieder gab es Pneudefekte. Auch ein Mann mit dem Trinkhorn war mit von der Partie. Radfahren machte Durst. Eine besondere Aufgabe hatte der Trompeter zu erfüllen (…). Die Trompetensignale gingen ins Ohr, sie hatten verschiedene Bedeutung – beispielsweise dann, wenn man in der Kolonne aufschließen oder beim Wirtshaus absitzen sollte." (ARBÖ 1984, 30)

Spätestens mit dem Austritt der großen Grazer Vereine GBC, Edelweiß, Schönau und Tourenfahrer 1910 und der Abspaltung des „Alpenländischen Radfahrerbundes" 1912 ist die Vormachtstellung des Radfahrer-Gauverbandes gebrochen. Doch auch unter den Arbeiterradlern ist man sich nicht immer einig. So widersetzt sich der StARB lange einer zentralen Führung von Wien aus, was ihm als „böses Beispiel zur Verderbung guter Sitten" ausgelegt wird. Im Gegenzug rechtfertigt man sich mit „Wir sind Steirer und haben in Wien nichts zu suchen", wie aus dem „Reichs-Organ der Arbeiter Radfahrer Österreichs" zu erfahren ist. (in: ARBÖ 1999, 28; vgl. ARBÖ 1993, 13) 1928 erfolgt schließlich der Anschluss an die Zentralorganisation, die jetzt schon ARBÖ heißt.

Während die Arbeiterradfahrer sich formieren, kämpft der Gauverband um die Verbesserung der Infrastruktur: Wiederholt wird eine bereits 1896 dem Gemeinderat übermittelte Bitte um Anlage von Radfahrwegen vorgetragen, ein frühes Radverkehrskonzept, das bereits die wichtigen, rund neun Jahrzehnte später tatsächlich realisierten Strecken wie Glacis, Wickenburggasse und Keplerstraße beinhaltet und auch Zweirichtungs-Radwege vorschlägt. Zu dieser Zeit angelegt wird lediglich probeweise ein besandeter Seitenstreifen entlang des schlecht gepflasterten Lend- und Grieskais. Wie überhaupt das Motiv, die Anlage von Radfahrwegen zu fordern, anders als heu-

Straßenszene mit Transportdreirad (Bäckerei „Franz Tax", später: Edegger-Tax) in der Morellenfeldgasse, um 1900

te gelagert ist: Zwar wird auch damals mit den unterschiedlichen Tempo-Niveaus der einzelnen Verkehrsmittel und den daraus resultierenden Konflikten argumentiert, nur sind damals die Radler der Schnellverkehr, der durch Fuhrwerke und das allgegenwärtige Katzenkopfpflaster behindert wird. Der Gauverband schlägt vor, die „Notstandsarbeit" in den Wintermonaten auf den Radwegbau auszuweiten und bietet der notorisch finanzschwachen Gemeinde auch konkrete Geldzuwendungen aus Spendenaufrufen an. (KLEINOSCHEG 1892, 18)

5.2. Praktisch zu Diensten

Anno 1883, als der Grazer Bicycle-Club in die Industriehalle zur I. Akademie lädt, werden auch „heitere Zukunftsbilder" vorgeführt. Zu sehen sind *„...ein Briefträger auf dem Bicycle, ein Tourist, ein Ordonnanzofficier, ein Milchmädchen auf dem Tricycle, ein Dedectiv und ein Handwerksbursche, die Zeitungsreclame und ein Engländer samt Familie auf Reisen."* (KLEINOSCHEG 1892, 18) Dieser Ausblick auf das Fahrrad als Transport-, Berufs- und Reiseverkehrsmittel für alle wird in nicht allzu ferner Zu-

kunft Realität. Auch dafür ist die Einführung des Niederrades Spiel entscheidend.

So wird 1889 aus Eggersdorf berichtet, wo zwei geistliche Herren zu den eifrigsten Anhängern des Radfahrsportes zählen: *„Dieselben benützen ihre Safeties fast täglich zu Ausfahrten in die Umgebung, was zur Popularisierung unsres Sports und insbesonders zu dessen Ansehen bei der Landbevölkerung nicht wenig beiträgt"*, liest man in einem Fachblatt. Auch der Postbote in Eggersdorf bediene sich auf seinem Weg von Gleisdorf – neun Kilometer hin und retour – *„zu seinem dienstlichen Wege eines Fahrrades und nimt auf diesem ausser den Briefen etc. selbst kleinere Fahrpoststücke mit"*. (ÖuRZ IV/20/1889, 295) Der Kreis der Berufsgruppen, die sich des Fahrrades bedienen, wird immer umfangreicher: Er reicht von der Hebamme auf dem Lande bis zum Schneiderlehrling, der die Aufträge zustellt, wie der Leobner Stephan Stremitzer berichtet, der um 1910 in einem Kleiderhaus arbeitet: Er muss mit dem Fahrrad weite Strecken zurücklegen, einkassieren und auch Kleider liefern. (Doku Stremitzer)

In der „Radfahrer-Chronik" wird 1895 auf Inserate verwiesen, über die in Grazer Tagesblättern nach Reisenden und Agenten gesucht werde, die

Mit dem Rad auf den Radlpass: Lubers Gasthaus zum Kälberhansl am Radl ob Eibiswald, 1911

des Radfahrens kundig sind: „*Mancher, der sein Rad ursprünglich bloss als Sportfahrzeug benutzte, hat dem... heute eine verbesserte Lebensstellung zu verdanken und hat dieser Umstand wohl vorzugsweise dazu beigetragen, dem Fahrrade jene angesehene Stellung zu schaffen, welche es im Kulturleben einzelner Länder bereits einnimmt.*" (R-Chronik VIII/41/1895, 749) Josef Wichner kommt im „Heimgarten" um diese Zeit zu einer ähnlichen Diagnose: Vom Beamten bis zum Arbeiter, vom Arzt bis zum Soldaten, vom Eilboten, Landbriefträger bis zum Reisenden würden sich immer mehr Menschen des Rades mit „*großem Vortheil bedienen, und thatsächlich findet das Rad auch immer mehr Verwendung im Getriebe des geschäftlichen Lebens*". Weil auch Diebe bereits auf das Fahrrad gekommen sind, bleibe über kurz oder lang nichts übrig, „*als daß wir der Verfolgung halber auch die Polizei beritten machen*". (WICHNER 1895, 52)

Noch weiter fortgeschritten ist die Entwicklung zur Jahrhundertwende, wie aus einer Eingabe beim Grazer Gemeinderat hervorgeht, die die Anlage von Radfahrwegen zum Ziel hat und darauf verweist, dass die Fahrradnutzung stark zugenommen habe und schon mindestens 10.000 in Graz in Gebrauch seien: Es sei „*heute Gemeingut fast der ganzen Bevölkerung und ein wichtiges Beförderungsmittel aller Kreise geworden. Heute benützt das Rad der Arzt, um seine Kranken zu besuchen, so wie der Dienstmann zum raschen Ausführen seiner Aufträge, der Post- und Telegraphenbote, der Geschäftsmann, wie der Beamte, um schneller dem Berufe zu folgen, kurz alle, jung und alt, Mann und Weib, benützen heute das Rad als Verkehrsmittel. Es dient aber auch zur Kräftigung der Gesundheit, als Erholungs- und Zerstreuungsmittel.*" (ASZ I/6/1901)

Eine frühe, quasi amtliche Anerkennung des Dreirades, das sich zur Bewältigung größerer Transportvolumina besser zu eignen scheint, gibt es bereits, als die Wiener Oberpostdirection 1886 ein Tricycle der Firma A. H. Curjel zur Entleerung der Briefsammelkästen in der inneren Stadt versuchsweise in Dienst stellt. (ÖuRZ IV/6/1887, 63f) Es dauert allerdings, bis die Industrie, namentlich die Grazer, auf diesem Sektor reagiert: Johann Puch stellt im Modellprogramm 1896 neben dem bereits eingeführten Militärfahrrad auch zwei Gepäcksdreiräder mit je 250 kg Traglast vor, eines mit Hinterrad-Antrieb, eines mit übersetztem Vorderrad-Antrieb. Ein Jahr später offeriert Puch auch ein Gepäcksdreirad mit Lenkung über einen vorne auf zwei Rädern montierten Transportbehälter und Kettenantrieb auf das Hinterrad, was weltweit Nachahmung findet. (HARRER 1998, 216f) Lasten-Dreiräder werden auch von „Graziosa" und den Styria-Werken angeboten, das Modell Styria „Atlas" sogar bis Anfang der 30er-Jahre. Der durchschlagende Erfolg dürfte diesen Transport-Alternativen aber hier zu Lande nicht beschieden gewesen sein. Es gibt kaum Bild- oder sonstige Dokumente, die auf einen verbreiteten Einsatz der Transport-Dreiräder schließen lassen.

Dennoch schreitet der Wandel des Fahrrades zum Verkehrs- und Transportmittel voran, und zwar zügig, wie aus einer Bestandsaufnahme von 1897 durch den Grazer Offizier und Lehrer Filipp Czeipek zu entnehmen ist: *„Vorerst lediglich nur dem Sport dienend, ist es heute, (...) ein Verkehrsmittel im eminentesten Sinne des Wortes geworden, dessen sich der Handwerker wie der Geschäftsmann, der Briefträger wie der Polizist, Civil wie Militär – mit einem Worte jeder, dessen Beruf die häufige Zurücklegung großer Wegstrecken erfordert, mit gleichem Vortheile bedient."* Folgt man Czeipeks Ausführungen, dann gehört zu diesem Zeitpunkt der Einsatz des Fahrrades als Verkehrsmittel zum Personen- und Gütertransport bereits zum Alltag, was auch durch andere Quellen bestätigt wird.[100] Auch Feuerwehren greifen auf das Fahrrad zurück, auch wenn es das private Zweirad der freiwilligen Helfer ist, wie dies etwa bei der Löschtruppe in Bruck an der Mur der Fall ist.

5.3. Neue Impulse im Sport

Bruck springt ein

Um die Jahrhundertwende ist es um den organisierten Radsport schlecht bestellt. Der Glanz vergangener Zeiten ist verblasst, die Grazer Rennbahn verfallen. Der Gauverband will, nach den Problemen von 1899, die Straßenmeisterschaft von Steiermark nicht mehr veranstalten – der Brucker Bicycle-Club springt ein und veranstaltet diese bis 1906.

Das Zentrum der steirischen Radsportszene wechselt in dieser Phase ins Oberland: In den Jahren 1900–04 holen Hans Radmann (Kapfenberger RC „Edelweiß", BBC), Franz Kadletz (RV Bruck), Franz Prodinger (Leobner „Schwalben") und Karl Kammerlander (RV Bruck) die Meistertitel. Ein Höhepunkt ist zweifellos das zum 60. Regierungsjubiläum von Kaiser Franz Josef I. am 12. Juli 1908 veranstaltete Kaiser-Jubiläumsrennen, das zwar an Wiener Fahrer geht, aber ein von der Brucker Stadtkapelle mit Stücken wie dem „Radfahrer-Bundesmarsch" und dem Galopp „Rennsport" begleitetes großes Fest wird. Nur ein Grazer Racer funkt damals der Brucker Phalanx dazwischen, nämlich Franz Seeger, der 1899 und 1902 für den GRC siegt. Mit der von ihm 1905 gegründeten Radsektion im Grazer Athletik-Sportclub kehrt wieder Leben an den Rennplatz Graz zurück.[101] Schon im Jahr davor will man auf der Reichsstraße Graz – Bruck die eingeschlafenen Straßenrennen reanimieren, wird aber von der Behörde eingebremst, die eine Austragung untersagt. (ASZ V/35/1904)

1905 veranstaltet der GAK ein Bahnrennen auf dem Trabrennplatz (heute: Messefreigelände), weil die Radrennbahn gegenüber der Industriehalle nicht mehr benutzbar ist.[102] GAK-Racer Egon Schmitz stellt auch den Rundenrekord mit 42,4 km/h auf, der noch 1930 gültig ist, ebenso wie jener mit Motorradführung durch Heinrich Haas aus dem Jahre 1910 mit 47,1 km/h. (KUBINZKY 1991, 34) Schmitz gewinnt 1906 auch die Meisterschaft von Steiermark, nachdem im Jahr davor schon Club-Kollege Rudolf Baumgartner erfolgreich ist. Im folgenden Jahr übernimmt der GAK die Ausrichtung des Straßenrennens Klagenfurt – Graz und des traditionellen Faßlbergrennens, das erstmals 1897 ausgetragen wird und über sechs Kilometer von Mariatrost zum Faßlwirt führt.

Auf einem Puch-Rad siegt Franz Kaulfersch beim Rennen Wien – Graz in 8 Stunden 31 Minuten, 1908 gewinnt Alexander Braun de Praun die Bergmeisterschaft auf der Ries, 1909 wird er hinter Heinrich Haas („Edelweiß") Zweiter beim Rennen Graz – Marburg – Graz. Haas stellt zudem einen Rekord auf der Strecke Graz – Wien – Graz (380 km) mit Radfahrerführung in 17 Stunden und 30 Minuten auf und siegt bei den steirischen Straßenmeisterschaften 1909 und 1910. Der Grazer Kunstradfahrer Anton Wiedner wird bei der WM in Wien 1913 Dritter. (Steirischer Radsport 24.3.1925, 1)

---

100 So bedienen sich etwa 1896 bereits ein Drittel der Radfahrer in Wien des Rades auch zu beruflichen Zwecken, auf dem Land sind es zu dieser Zeit bereits zwei Drittel. (SANDGRUBER 1986, 295)
101 In den dreißiger Jahren wird das Rennen Graz - Semmering - Graz als „Franz-Seeger-Gedenkrennen" ausgetragen.
102 Die Trabrennbahn ist 1885 östlich der Rennbahn des GBC auf städtischem Grund errichtet worden. 1910 wird eine neue Bahn gebaut, 1952 muss die Anlage aufgegeben werden, weil die Messe AG expandiert. (KUBINZKY 1991, 34)

Schießübungen vermutlich am Feliferhof bei Graz

„Ausdauer 1909" - Aufschwung 1919

Als eine der wenigen wesentlichen Neugründungen dieser Zeit kann der Radfahrer-Verein „Ausdauer 1909" gelten, der von verbandstreuen Mitgliedern des RV „Wanderlust" ins Leben gerufen wird, als dieser aus dem StRGV austritt. „Ausdauer" zeichnet sich durch eine verpflichtende Mindest-Sonn- und Feiertagsleistung von 1000 km aus, bringt einige erfolgreiche Rennfahrer hervor (Smolnik, Waldmann, Luttenberger, Podgorschek, Plommer, Stanzl, Schesek, Schäffner jun., Skrabl, Wertitsch, Mandl) und firmiert bis zum Ersten Weltkrieg als Veranstalter des Klassikers Graz – Marburg – Graz, danach Graz – Mureck bzw. Radkersburg – Graz.

1913 stellt Adolf Kofler einen österreichischen Rekord über 100 km auf (3:20:10,2), Anton Smolnik verbessert den 12-Stunden-Rekord auf 314,5 km. Unmittelbar vor Ausbruch des Ersten Weltkrieges kommt am 28. Juni 1914 das legendäre Rennen „Rund um den Hochschwab" das erste Mal zur Austragung – es sollte das letzte bedeutende Radsportereignis der alten Donaumonarchie sein.[103]

Einen Aufschwung erfährt der Radsport durch den 1919 von Michael Zuzic gegründeten „Verband Steirischer Radrennfahrer", der von Franz Seeger und Franz Gerger geleitet wird und durch die Zusammenarbeit zwischen dem Steiermärkischen Arbeiter-Radfahrerbund und dem Steirischen Radfahrer-Gauverband im „Landes-Radsportausschuß Steiermark". Nach mehrjähriger Pause finden wieder Bahnrennen vor 5000 Zuschauern auf der Trabrennbahn statt, man wälzt Pläne für einen neuen Sportplatz mit eigener Radrennbahn, hinter denen vor allem der Rad- und Motorsportclub Schönau steht. (DA Sportblatt II/3/1920; II/10/1920)

5.4. Militärs satteln auf

Auf der Suche nach neuen Transportmöglichkeiten entdeckt auch das Militär das Fahrrad. Wenn auch schon früher Erprobungen passieren – der erste Manövereinsatz ist bei den Tullner Kaisermanövern 1885 durch eine in Wiener Neustadt stationierte Ausbildungseinheit erfolgt –,[104] der wirkliche Durchbruch gelingt erst mit dem Distanzrennen Wien – Berlin 1893. Schon der Aufruf lässt keinen Zweifel an der Intention, „... in erster Linie zu zeigen, dass der Radfahrsport seinen Jüngern

---

103 Die 3. Auflage, bei der auch ein Militär-Stafettenlauf am Programm steht, findet am 7.7.1935 statt. (Obersteirerblatt 10.7.1935, 6)
104 Radfahren steht seit 1882 beim k. u. k. Militär-Fecht- und Turnlehrer-Kurs in Wiener Neustadt unter Kommandant Oskar Schadek von Degenburg auf dem Ausbildungsplan. Die erste Tour führt 1883 über den Semmering nach Mariazell und über den Lahnsattel zurück, 250 km in vier Tagen mit 20 kg Ausrüstung pro Mann. 1884 geht es nach Bruck/Mur, über die Fischbacher Alpen nach Birkfeld und über Aspang retour, 1885 legen zwölf Offiziere die 157 km nach Graz in zwölf Stunden zurück, immer noch auf Hochrädern. Weitere Touren führen nach Triest sowie ins Salzkammergut (Juli 1888), wobei auf den 821 Kilometern Hoch- und Niederräder zum Einsatz kommen. (R-Chronik VIII/37/1895, 667f)

Radfahrkompanie in Aufstellung, GAK-Platz, 1910

nicht nur zur angenehmen Erholung, zu einer vornehmen Spielerei zu dienen hat, dass er vielmehr auch berufen ist, im Dienste des Vaterlandes seine praktische Verwendbarkeit zu beweisen." (R-Chronik VI/16/1893, 629) Die Demonstration gelingt: Verglichen mit dem Pferderennen unter Offizieren vom Vorjahr, wo der Sieger 71 Stunden benötigt, brauchen die schnellsten Radler kaum die halbe Zeit. Ebenso demonstrativen Charakter mit militärischem Hintergrund hat eine Relaisfahrt, bei der ebenfalls 1893 15 Radfahrer die Strecke Wien – Graz – Klagenfurt (391,5 km) in 17 Stunden zurücklegen. (R-Chronik VI/35/1893, 1375f) Diese Leistungen überzeugen sowohl die zuvor skeptischen deutschen wie auch die österreichisch-ungarischen Militärs. (RABENSTEIN 1997, 20)[105]

Bei der k. u. k. Armee werden Fahrräder in den Herbstmanövern 1894 ausgiebig getestet. Nach Wiener Neustadt wird Graz zur Ausbildungsstätte für Militär-Radfahrer: Der erste Kurs wird 1895/96 von Lieutnant Franz Smutny abgehalten. Im Gegensatz zur bisherigen Meinung, im Bedarfsfall könnten genügend Radfahrer mit ihren eigenen Maschinen rekrutiert werden, verfolgt der Grazer Kurs mit seinen 28 teilnehmenden Unteroffizieren und Soldaten den Zweck, aus dem aktiven Stand Militär-Radfahrer heranzubilden. (BURCKART 1897, 142) In diesem und in den folgenden Kursen sollen in erster Linie Militärradler für den Ordonanz- und Meldedienst, aber auch für andere Aufgaben, die bisher bei der Kavallerie angesiedelt sind, geschult werden. Bei den Herbstmanövern an der ungarisch-steirischen Grenze wird der Kurs als Radfahrdetachment *„in vollständig kriegsmäßiger Ausrüstung"* mit Kavallerie-Karabiner und Infanterie-Seitengewehr unter Oberlieutnant Leber im 31. Feldjäger-Bataillon eingesetzt. Im abschließenden Manöver ist das Detachment dem 8. Husarenregiment zugeordnet. Während des fünfwöchigen Einsatzes werden jeweils 2400 bis 2800 km zurückgelegt. Die Bedenken, die pneumatischen Reifen könnten der Belastung nicht gewachsen sein, werden ausgeräumt.

Auch die Industrie wittert Chancen: Die Österreichische Waffenfabriksgesellschaft in Steyr stellt spezielle Swift-Räder unentgeltlich zur Verfügung, bei denen die blanken Teile dunkel brüniert sind und die über höher gestellte Tretkurbellager verfügen. Auch die von Johann Puch & Comp. gebauten Räder finden Anklang, während das von Benedict Albl bereitgestellte Modell nicht entspricht. (ULREICH 1995, 124) Nicht positiv

---

105 Die Ressentiments sind hartnäckig, schenkt man der Behauptung von Burckart Glauben, dass sich in Wien kein Offizier in Uniform auf dem Rad blicken lassen dürfe. Burckart führt diese Haltung in erster Linie auf das *„unmilitärische Aussehen"* zurück. (BURCKART 1897, 140 ff)

Verabschiedung des k. k. Husarenregiments Nr. 16 durch Bürgermeister Oswald von Kodolitsch, Radkersburg am 3.8.1914

verläuft auch der Test von zusammenlegbaren Rädern von Albl und den Wiener Fabrikanten Curjel und Greger: Das Handling beim Zerlegen und Zusammenbauen erweist sich als mühsam, die Trageweise als unbequem und hinderlich.

Das Klapprad in der k. u. k. Armee

Dennoch setzen Konstrukteure wie Puch weiter auf das Klapprad und finden in Filipp Czeipek, Lehrer an der k. u. k. Infanterie-Cadettenschule in Graz, einen Fürsprecher: 1897 berichtet er, dass das neue, mit 26-Zoll-Rädern ausgerüstete Puch-Modell nur noch 12,5 Kilogramm wiegt und in 30 Sekunden zusammengeklappt und noch schneller wieder zusammengebaut werden könne. Außerdem kann bei Bedarf hinter dem Sattel ein zweiter Sitz für einen Passagier angebracht werden. Der unbestreitbare Vorteil des Klapprades: In mit dem Fahrrad schwierigem Gelände kann man die Maschine wie einen Tornister schultern. Auch wenn die Erprobung in Manövern 1896 in nur geringem Umfang erfolgt sei, *„erbrachte sie immerhin den vollgiltigen Beweis, dass nur das zusammenklappbare Rad für den Krieg brauchbar ist."* (CZEIPEK 1897, 57ff)[106] Auch von positiven Erfahrungen während eines Manövers bei Radkersburg wird berichtet. (Ö. Illustrierte Zeitung 20.5.1897, 659f)

Doch es soll noch Jahre dauern, bis sich die Idee durchsetzt: 1906 beauftragt das Reichskriegsministerium die ÖWG und die Styria-Werke mit dem Nachbau des italienischen Modells Rossi-Melli, im Folgejahr wird bei beiden Firmen ein kleines Kontingent bestellt. Auch wenn noch eine Reihe anderer Fabrikate mit starrem Rahmen erprobt wird, wie etwa eines von Noricum, ersetzt das Klapprad bis zum Ersten Weltkrieg das normale Militärrad. (ULREICH 1995, 124ff) In erster Linie dürften die Radfahrer-Einheiten mit Material von der ÖWG und Puch ausgerüstet gewesen sein.[107]

Die Entwicklung des Fahrradeinsatzes bei der k. u. k. Armee: 1898 wird beim Infanterieregiment Nr. 27 eine Versuchs-Radfahrerabteilung aufgestellt, 1908 bis 1911 bestehen drei Radfahrerkompanien, davon eine in Graz. 1912 kommt es zur Aufstellung dauernder Formationen: Jeweils die vierte Kompanie der Feldjäger-Bataillone Nr. 11, 20, 24 und 29 werden in Radfahrer-Einheiten umgewandelt. (Ö. Illustrierte Zeitung 20.7.1913, 1026) Die Feuerkraft wird erhöht: Neben den Repetierstutzen der Mannschaft werden jeweils auch zwei Maschinengewehre mitgeführt.

---

106 Entgegen der Präferenzen seines „Kollegen" Czeipek sieht Franz Smutny um diese Zeit die Typen-Entscheidung bereits zu Gunsten der ÖWG Steyr gefallen. (SMUTNY 1898, 62)
107 Das einzige aus dieser Zeit erhaltene Militär-Klapprad österreichischer Provenienz, ein „Styria", befindet sind im Besitz des Technischen Museums Wien.

Eibiswalder Radfahrer-Brigade, vermutlich Landwehreinheit

Im Krieg 1914–1918 kommen Radfahrer-Kompanien auf österreichisch-ungarischer Seite zunächst an der russischen Grenze im Raum Gorlice zum Einsatz. 1915, inzwischen zum Radfahrer-Jägerbataillon Nr. 1 umgewandelt, werden die Einheiten an die italienische Front verlegt und in den Garnisonen Monfalcone, Cormons, Rovigno und Gradisca verwendet. (KRAUSE 1934/35)[108] Wie es im Bericht eines Offiziers heißt, werden die Radler zunächst in Gorlice, später im italienischen Hochgebirge, wo die Räder klarerweise nutzlos waren, eingesetzt. Von allen Kommanden sei das Fehlen größerer Radfahrerformationen anlässlich des Durchbruchs von Karfreit bedauert worden. Ebenfalls zum Einsatz kommen das aus Freiwilligen bestehende „Freiwillige Radfahrerbataillon", dessen Mannschaften sich hauptsächlich aus Graz, Leitmeritz und Budapest rekrutieren. Diese Einheit wird dann in das k. u. k. Radfahrerbataillon Nr. 2 umgewandelt, in eine Sturmtruppe umgebildet und an der Piave eingesetzt. *„Hierbei erlitt es gräßliche Verluste und viele Grazer ruhen in einem Friedhofe zirka 12 Kilometer südlich San Dona di Piave"*, berichtet der Offizier, der diese Einheit eine Zeitlang als stellvertretender Kommandeur geführt hat.

Traurige Bilanz

„So mancher brave Radlerkamerad mußte sein junges Leben lassen und mit Wehmut müssen wir ihrer gedenken die die Radlerlust mit dem Leben bezahlten", heißt es in dem in den zwanziger Jahren erschienenen Nachruf im „Steirischen Radsport". (ZUZIC 1926, 13) Am Beispiel des Brucker Bicycle-Club werden die Verluste deutlich: Von den 113 männlichen Mitgliedern wurden 76 eingezogen, 14 kamen ums Leben, 36 wurden verwundet, fünf gerieten in Gefangenschaft. (Steirischer Radsport 25.2.1934, 8) Nicht zurück kehren u. a. die Meisterfahrer Adolf Kofler und Franz Gregl. In ihrem Namen werden später Gedenkrennen sowie ein „Heldenerinnerungsrennen" ausgetragen.

Den Ersten Weltkrieg überleben auch viele Vereine nicht: Jene, die sich nicht anderen Organisationen angeschlossen oder sich freiwillig aufgelöst haben, sind durch den Blutzoll unter den Mitgliedern und die Notzeit nach dem Krieg so geschwächt, dass sie die Tätigkeit einstellen.

In der Ersten Republik werden im Bundesheer in gemischten Brigaden wieder Radfahrbataillone aufgestellt, nicht jedoch in der Steiermark. (Info Ursik)

---

108 Insgesamt sollen im Ersten Weltkrieg 250.000 Soldaten auf Fahrrädern, vor allem als Melder, zum Einsatz gekommen sein. (HOCHMUTH 1991, 94)

Links unten:
Infanterist einer Radfahrer-Kompanie mit einem Puch-Klapprad
Rechts unten:
Puch-Patent: Ein Fahrrad wird zum Fahrgestell für eine Bahre
Ganz unten:
Militär-Radfahrer am Grazer Schöckl

V : 133

Erwirbt sich Verdienste um das Militär-Radfahrwesen:
Franz Smutny (rechts, daneben GRC-Kollege Carl Högelsberger)

Die Instruktoren:
Franz Smutny und Filipp Czeipek

Franz Smutny, landschaftlicher Rechnungsaccessist und Lieutnant d. R. beim Inf.-Reg. Nr. 47 (Graf Beck), macht als Ordonanzoffizier auf dem Rad bei Manövern auf sich aufmerksam.[109] Er bekommt vom kommandierenden General des 3. Corps, Feldzeugmeister Freiherr von Rheinländer, im Winter 1895/96 den ersten k. u. k. Militärradfahrkurs in Graz als Instructeur zugewiesen. In Manövern bei einem Husarenregiment eingesetzt, wird Smutny in einem Artikel des Münchner Offiziers- und Militärradfahrlehrer-Kollegen Julius Burckart für sein *„zielbewusstes Handeln und zähe Ausdauer"* gewürdigt: Ihm sei es in erster Linie zu verdanken, dass das ursprünglich in dieser Frage rückständige Österreich im Armee-Radfahrwesen aufgeholt, ja sogar eine Führerrolle übernommen habe. (BURCKART 1897, 143)

Smutny veröffentlicht als Instructions-Officier des k. u. k. Militär-Radfahr-Curses 1896 ein „Nachschlage- und Instructionsbuch", das er als Mitglied des Grazer Bicycle-Clubs auch dem zivilen Publikum unter dem Titel „Anleitung zur Behandlung des Fahrrades und dessen praktische Verwendung" im Verlag Paul Cieselar, Graz (1897), zugänglich macht. Darin werden Tipps mechanisch-technischer Art, aber auch über das Erlernen des Radfahrens, die richtige Kleidung und gesundheitliche Fragen gegeben. Im Festbuch des Deutschen Radfahrer-Bundes 1898 setzt er sich nochmals mit dem Thema „Das Fahrrad als Hilfsmittel im Kriege" auseinander, wobei er insbesondere die Stärken und Schwächen des Drahtesels im Vergleich zum Pferd analysiert. (SMUTNY 1898, 61-68)

Filipp Czeipek, k. u. k. Oberlieutnant, Fecht- und Turnlehrer an der k. u. k. Infanterie-Cadettenschule zu Liebenau bei Graz, tritt als Autor zur gleichen Zeit wie Smutny in Erscheinung: Er will in praktischen Ratgebern sein im militärischen Bereich erworbenes Wissen ums Fahrrad unters Volk bringen. Auf sein Büchlein „Das Zweirad und seine militärische Verwendung" (1896) lässt er im Jahr darauf die zivile Version „Der Herren- und Damen-Radfahrsport" folgen. Darin geht er zwar auch auf technische Ausrüstungsfragen und das Erlernen des Radfahrens ein, behandelt aber auch die richtige Kleidung, gesundheitliche Aspekte

---

109 Über das Privatleben und den weiteren Lebensweg Smutnys ist wenig bekannt. Es liegt lediglich ein Bericht von 1896 vor, dass er Berta Hantich, Schwester eines Kunstradfahrers, geheiratet hat. (R-Chronik IX/79/1896, 340)

Wirkungsstätte von Smutny und Czeipek: Die k. u. k. Infanterie-Kadettenschule Liebenau

sowie Touren- und Trainingsfahren. Im Anhang widmet er sich dem Militärrad, und zwar speziell dem Militär-Klapprad, das von Styria nach seinem Patent hergestellt wird. Hier unterschiedet er sich von Smutny, der zu dieser Zeit die prestigeträchtige Typen-Entscheidung schon zu Gunsten der Österreichischen Waffenfabriksgesellschaft in Steyr gefallen sieht.

Ebenfalls im Unterschied zu Smutny, den er sicher gekannt haben wird, zeigt er sich dem Damenradfahren gegenüber aufgeschlossen. Generell vertritt er die Auffassung, dass Radfahren für alle Altersgruppen gesund ist, *„für gesunde Nerven das beste Präservativ gegen Erkrankungen derselben"* und für leidende Nerven ein ausgezeichnetes Heilmittel, schlicht deshalb, weil man beim Radeln das Hirn ausschalten muss: *„Ist es doch eine bekannte Thatsache, dass ein fortgesetztes logisches Denken beim Radfahren eine Unmöglichkeit ist. Welch ein Vortheil dies für das überanstrengte Gehirn des modernen Culturmenschen ist, braucht wohl nicht weiter erörtert zu werden, wenn man bedenkt, dass also der Radfahrer während der Ausübung seines Sportes nachgerade gezwungen ist, die Sorgen daheim zu lassen. Und dazu das tiefe Athmen in staubfreier, frischer, ozonreicher Luft und die gesunde, den Stoffwechsel fördernde Bewegung!"*. (CZEIPEK 1898, 8)

Während der „Herren- und Damen-Radfahrsport" im Verlag von Hans Wagners Buch- und Musikalien-Handlung in Graz erscheint, kommt Czeipeks im folgenden Jahr veröffentlichte Schrift „Handbuch für Radfahrer" bei Wilhelm Braumüller in Wien heraus. Der Inhalt ist im Wesentlichen der gleiche – offenbar will der Autor seine praktischen Tipps einem noch breiteren Publikum zugänglich machen –, der militärische Teil fehlt.[110]

Czeipek nimmt selbst beim Militär-Wettfahren 1893 und 1894 auf der Grazer Rennbahn teil und wird jeweils Zweiter. 1896 kommandiert er eben dort das Militär-Preis-Hindernisfahren, bei dem elf seiner Zöglinge an den Start gehen und Barrieren, Treppen usw. bewältigen müssen. Sieger wird übrigens Ernst Graf Seilern, der schon als achtjähriger Eleve bei der GBC-Akademie 1888 mitgemacht hat.

---

110 Eine gekürzte Fassung ist unter dem Titel „Das Radfahren als Heilmittel für Jung und Alt. Ein unentbehrlicher Ratgeber", ohne Hinweis auf Autor und Erscheinungsdatum im Selbstverlage vermutlich des Englischen Hauses erschienen. Die Bewerbung des Etablissements W. Skarda als hervorragende Bezugsquelle für Radfahrerdress im „Handbuch" (CZEIPEK 1898, 25) ist überklebt durch den Hinweis auf das Englische Haus. Statt der Räder „*der Styria-Fahrradwerke Joh. Puch & Comp.*" werden die „*österreichischen Styria-Fahrräder aus den Styria-Fahrradwerken in Graz*" empfohlen, was auf einen späteren Erscheinungstermin schließen lässt.

Bäckerjunge
auf Fahrrad mit
Hakenkreuz-
wimpel, 1938

6 Harte Zeiten

Der Erste Weltkrieg hat auch unter den Radfahrorganisationen schreckliche Opfer gefordert. Der Zerfall der Monarchie, die wirtschaftlichen und politischen Probleme verstärken den Erosionsprozess, der etwa den Arbeiter-Radfahrer-Vereinen Österreichs 80 Prozent ihrer Mitglieder kostet. Dass der Organisierungsgrad zurückgeht, heißt aber nicht, dass die Bedeutung des Fahrrades als Verkehrsmittel abnimmt. Im Gegenteil: Das Fahrrad ist das Verkehrsmittel der Massen, denen es neben dem Alltagsgebrauch auch erste Reisemöglichkeiten eröffnet. Das bleibt auch in der Zeit des NS-Regimes so, auch wenn die Motorisierung propagiert und die Straßenverkehrsvorschriften zum Nachteil der Radler geändert werden.

6.1. „Auto der Armen"

Gut meinende Protagonisten des Radsports halten dem Fahrrad die Stange, glauben weiter daran, dass es dazu geeignet ist, einen Brückenschlag zwischen den gesellschaftlichen Gegensätzen zumindest zu begünstigen: *„Gerade weil das Fahrrad keinen Unterschied in der Auswahl seiner Anhänger macht, gerade weil es alt und jung, arm und reich, hoch und niedrig dient, wird es über alle Anschauungen von Standesbewußtsein gehoben. Es gibt kein demokratisches, kein sozialdemokratisches, kein konservatives und kein Fahrrad der Zentrumspartei. Es gibt nur das Fahrrad, das seinen Segen jedem gibt, der frei von aller politischen und gesellschaftlichen Ueberhebung seinem Leib Gutes tun und sich selbst das Leben im Beruf und in den Feierstunden leichter zu gestalten gedenkt."* (Steirischer Radsport 6.5.1926, 2)

Seit das Fahrrad nicht mehr Sportgerät der Elite ist, die sich inzwischen dem motorisierten Zweirad und dem Auto zugewendet hat, verliert es an Prestige, erfährt eine Demokratisierung bzw. Proletarisierung. Das Fahrrad erhält den wenig schmeichelhaften Beinamen „Auto der Armen" oder „Auto des kleinen Mannes". (Steirischer Radsport 10.1.1926, 3; 7.4.1927, 2) Diese Abkehr des Bürgertums wird durchaus auch bedauernd zur Kenntnis genommen: *„In standesbewußten Kreisen glaubte man nicht mehr radfahren zu dürfen, weil der Portier ein Rad hatte, der Schlächtergeselle mit dem Rade lieferte und die Zeitungsfahrer nicht im eleganten Radfahrerdreß durch die Straßen eilten. Man* *schätzte das Radfahren nach dem ein, was man in der Großstadt sah, und tröstete sich mit dem Gedanken, ein feiner Mann zu sein, wenn man von der Straßenbahn oder dem Omnibus herab dem die Gefahren der Straßen überwindenden Radfahrer zuschauen durfte."* (Steirischer Radsport 6.5.1926, 2)

„Gesunder Ersatz mit sportlicher Note"

In den 1920er-Jahren wird von Graz nur noch als *„einstige Hochburg des Radsportes"* gesprochen. (Steirischer Radsport 6.5.1926, 2) Der zunehmende motorisierte Verkehr, der sich mit gezählten 547 Pkw, 537 Lkw und 638 Motorrädern (1924) vergleichsweise bescheiden ausnimmt, birgt neue Konflikte. Mehr polizeiliche Überwachung, gerade auch auf dem flachen Lande, wird eingefordert, (Steirischer Radsport 4.11.1926, 1) ebenso mehr Disziplin seitens aller Verkehrsteilnehmer sowie die Anlage eigener Radfahrerstraßen. Wieder wendet sich die Radfahrer-Interessensvertretung gegen „Fahrradwildlinge", die auf dem Gehsteig, abends ohne Beleuchtung und gegen die Fahrrichtung unterwegs sind: *„Jedem disziplinierten Radfahrer geht die Galle über, wenn er in so und so vielen Fällen Zeuge sein muß, wie rücksichtslos und unverschämt halbwüchsige Burschen zum Schaden der anständigen Radler ihren `Sport´ ausüben"*. Man beruft sich auf das Verkehrsamt, das darauf aufmerksam macht, dass Übertretungen der Radfahrordnung *„strengstens, unter Umständen mit Arreststrafen, geahndet werden"*. (Steirischer Radsport 25.11.1924, 2) Doch mit der Verbreitung des Radfahrens und dem Sinken des Organisierungsgrades unter den Radfahrern ist auch der Einfluss der Vereine und Verbände geschwunden – derartige Appelle dürften wenig Wirkung gezeigt haben, zumal sie ohnedies die Falschen erreichen.

Zu dieser Zeit, nach dem großen Krieg und vor noch viel schlimmeren Katastrophen, bestimmen die Arbeiterradfahrer die Szene. Am 1. Mai fahren die Radler mit Papierblumen am Lenker und rot-weiß-roten Kreppbändern in den Speichen den sozialdemokratischen Aufmärschen voraus, zahlreiche sportliche und gesellige Veranstaltungen gehen auf Initiative der Arbeiterradfahrer zurück. So wird im Jänner 1926 kokett zur „Tanznacht am Pensionistengletscher" (= Schloßberg) eingeladen, zum 30-jährigen Gründungsfest musiziert eine eigene Radfahrer-Kapelle, es gibt einen Festzug durch die Stadt und Feierlichkeiten in den Juliensälen, Annenstraße, sowie in der Brauhausrestauration in Gösting mit Kunstradfahren. Mit Rudolf Ottitsch hat man auch einen erfolgreichen Straßen-Rennfahrer in den eigenen Reihen, der ARBÖ veranstaltet Bahnrennen auf der Trabrennbahn, Eintritt 50 Groschen. (StLA, Vereinsakten)

Die Arbeiterradfahrer sind klarerweise in den Orten mit Industrie stark vertreten. Von den 1898 als StARB-Verein gegründeten Voitsberger Arbeiterradlern wird berichtet, dass sie in der Zwischenkriegszeit 500 Mitglieder haben, vornehmlich Glasmacher, Bergleute und Eisenbahner sowie ihre Frauen. Beliebt sind die Ausfahrten am Wochenende, die über zwei Tage nach Judenburg, Hartberg, Radkersburg oder Marburg führen. Doch auch den Klassenkampf kommen die Arbeiterradler zu spüren, erinnert sich Ferdinand Slabnik, dessen Gasthaus in der Bahnhofstraße in den fünfziger Jahren als Vereinslokal dem „Unteren Kutroff" nachfolgt: In manchen Gastwirtschaften werden sie nicht bedient und auf der Straße passiert es, dass sie mit Steinen beworfen werden. (ARBÖ 1998, 14) Einige Arbeiter-Radfahr-Vereine, etwa der Zeltweger ARV, treten dem (1923 gegründeten und 1933 aufgelösten) Republikanischen Schutzbund, der Wehrformation der Sozialdemokraten, bei.

Ruf nach Radfahrwegen

Obwohl die Idee der Radwege nicht neu ist, sind diese für unsere Breiten praktisch Neuland, wie aus einem im „Steirischen Radsport" abgedruckten Artikel zu entnehmen ist. Als beispielhaft werden die „Radfahrerstädte" Amsterdam und Kopenhagen angeführt, wo man an vielen Straßen am Rande des Fahrdamms einen nur einen halben Meter breiten Radfahrstreifen aus Steinpflaster – in Magdeburg und Deutschland *„in der Art des Chausseebelags"* – angelegt habe. (Steirischer Radsport 23.4.1926, 1f) Das Fahrrad ist etwas ganz Selbstverständliches geworden *„und für die jüngste Generation `etwas Veraltetes´, weil dem Fahrrad der motorische Antrieb fehlt"*, heißt es 1927 resümierend, räumt aber zugleich ein: *„Trotzdem wird das Fahrrad noch lange das ideale Fahrzeug für alle Vielen sein, denen rasches Erreichen ihrer Berufsstätten bei gleichzeitiger Freude an körperlicher Bewegung die Hauptsache ist, und für die, die nicht in der Lage sind,*

Straßenmeisterschaft des Verbandes steirischer Radrennfahrer am 12.10.1924: Sieger Ferdinand Gatternig (mit Lorbeerkranz) vor Josef Böheim (links) und Franz Göhry (alle Schönau)

das Mehr, das die Anschaffung, Betrieb- bezw. Erhaltungskosten eines Motorrades ausmachen, auszugeben, ein gesunder Ersatz mit großer sportlicher Note. Ganz davon zu schweigen, daß normalerweise der perfekte Motorradfahrer nur aus dem perfekten Radfahrer hervorgehen kann." (Steirischer Radsport 12.5.1927, 6)

Mit dem Ziel, die „Volkstümlichkeit" des Fahrrades als Sport- und Verkehrsgerät zu erhöhen und eine „große Propagandawirkung" zu erzielen wird am 31. Juli 1927 unter der Ägide des Österreichischen Radfahrer-Bundes der erste Allgemeine Radfahrertag abgehalten. In der Steiermark ist der Erfolg eher punktuell, in Strass laden der Straßer RV „Wanderlust" und die Spielfelder „Tourenfahrer" zu einer bunten Kundgebung, in Mureck finden sich u. a. Gäste vom Leibnitzer und Abstaller RV unter den Klängen des Radfahrer-Marsches zu einem Radfahrer-Fest zusammen. In Radkersburg hält der örtliche RV ein Hindernisrennen ab, an dem auch Frauen teilnehmen. (Steirischer Radsport 26.5.1927, 3f)

Bis in die dreißiger Jahre werden die wenigen straßenverkehrsrechtlichen Bestimmungen, so ferne sie Radler betreffen, kaum verändert. Lediglich Radlaufglocken und Huppen werden verboten. (Steirischer Radsport 3/1930, 11) Eher seltsam muten Vorschriften an, wie dass Gegenstände (Latten, Heugabeln, und dergleichen) nur mitgenommen werden dürfen, wenn sie die Bewegungsfreiheit des Radfahrers nicht einschränken oder dass die Verwendung von Schlepphölzern und anderen Mitteln zum Bremsen verboten sind. (Verkehrsbestimmungen 1931, 201f) Das ändert sich 1937, als ein Alleinfahrverbot für Kinder unter zwölf Jahren eingeführt und die technische Beschaffenheit genauer geregelt wird. Die relativ ausführliche Beschäftigung mit mehrspurigen Fahrrädern und Anhängern in einem eigenen Paragrafen mit zehn Absätzen lässt den Schluss zu, dass diese Transportmöglichkeiten stärker genutzt werden. (Verkehrsbestimmungen 1937, 285ff)

Wie man liest, sind „die Zeiten, wo der Radfahrer noch der Herr der Straße war, [...] längst vorbei". (Steirischer Radsport 6.5.1931, 2) Wehmütig wird auf die goldene Zeit zurückgeblickt: *„Während in diesen Zeiten der Radfahrer noch der schnellste Mann der Straße war, musste er sich wohl oder übel durch den Fortschritt der Technik doch allmählich geschlagen geben. Heute ist nur mehr das Kraftfahrzeug auf der Straße dominierend und kann der Radfahrer auf der Straße nur mehr die Rolle eines Geduldeten spielen."* (Steirischer Radsport 6.5.1931, 3)

Start zu einem Rennen des ARV der Gemeindearbeiter auf der Grazer Trabrennbahn

Der mit dem Allgemeinwerden des Radfahrens vernachlässigten Ausbildung soll wieder mehr Augenmerk gewidmet werden, wie Jugendfahrwart Fachlehrer Franz Spiller formuliert: *„Der gesteigerte Straßenverkehr und die damit verbundenen Gefahrenmomente veranlassen auch den steirischen Rad- und Kraftfahrer-Gauverband, die Erfassung der Jungradler in eine zweckmäßige Erziehungsorganisation strenger zu bewirken."* (Radfahrer 20.4.1934, 15)

Anders als noch in der Pionierzeit, als die schlechten Straßenverhältnisse die Radfahrvereine nach eigenen Verkehrsflächen rufen lassen, wird nun die zunehmende Gefährdung durch den anwachsenden Kfz-Verkehr für die Forderung nach eigenen Verkehrsflächen ins Treffen geführt: *„Eigene Radfahrwege sind heute nicht mehr ein Luxus, sondern eine glatte Notwendigkeit im modernen Kraftfahrzeugverkehr."* (Steirischer Radsport 2.6.1930, 2) Eine „Zentralstelle für Radfahrwege" soll den Staat zur Anlage von Radfahrwegen überreden, der Österreichische Radfahrer-Bund richtet ein eigenes Verkehrsreferat ein, das sich dem Kontakt zu den Behörden, Verbreitung der Rechtsvorschriften und der *„überaus wichtigen Angelegenheit der Radfahrwege"* widmen soll. (Radfahrer 20.11.1934, 4)

In Graz entsteht der erste Radweg 1938: Er wird, nach einem Hochwasser in Weinzöttl, das die Verlegung der alten Wiener Reichsstraße (heute B 67) notwendig macht, entlang der neuen, weiter östlich verlaufenden Trasse auf einer Länge von 1,8 km zwischen St. Gotthard und dem Kanzelfuß angelegt. (MAURIN 1999)

Doch das Fahrrad verschwindet nicht von der Straße, im Gegenteil: Der gleiche Autor, der anno 1931 die Dominanz des Autos konstatiert, räumt schon im nächsten Satz ein, dass das Fahrrad nunmehr Verkehrsmittel des Volkes geworden ist: *„Aber dennoch gibt es heute weit mehr Radfahrer, als es in der sogenannten Blütezeit des Radsportes gab; nur mit dem Unterschied, daß sich gegenwärtig das Heer der Radfahrer aus jenen Kreisen rekrutiert, die das Fahrrad lediglich als Verkehrsmittel benützen, d.h. der Fabriksarbeiter fährt in die Fabrik, der Beamte fährt in sein Amt, der Bauer fährt aufs Ackerfeld usw."* (Steirischer Radsport 6.5.1931, 3)[111]

---

111 Der Befund, dass das Fahrrad in der Zwischenkriegszeit das Hauptverkehrsmittel blieb, wird auch von Roman Sandgruber unter Hinweis auf stark gestiegene Verkaufszahlen in Österreich - 40.000 Räder 1934, 102.000 und 150.000 in den Folgejahren - geteilt. 70 Prozent der Wiener Radfahrer benutzten damals ihr Vehikel für Berufsfahrten. (SANDGRUBER 1986, Anm. 47, 303)

Graz – Maribor – Graz 1928: Einfahrt der Spitzengruppe in Wildon

6.2. Kunstrad-Meister und Olympioniken

Abgesehen von den Lücken, die der Krieg in die Reihen der Vereine gerissen hat, ist auch die materielle Situation in der jungen Republik eine schwierige. So kann der Brucker Bicycle-Club das Rennen „Rund um den Hochschwab" 1919 *„wegen der herrschenden Gumminot"* nicht ausschreiben. (Obersteirerblatt 10.9.1919, 4)

Trotzdem oder gerade deswegen erlebt der Radsport wieder ein kurzes Hoch in der Publikumsgunst: 5000 Menschen kommen im ersten Nachkriegsjahr auf die Grazer Trabrennbahn, um die Bahnrennen zu verfolgen. 1922 findet die Geländefahrt „Rund um den Schöckel" über 100 km statt – mit acht Jahren Verspätung, weil beim 1914 angesetzten Bewerb die Mobilmachung dazwischen gekommen war. Der Steirische Radfahrer-Gauverband und der Steirische Arbeiter-Radfahrerbund schließen einen Sportvertrag ab und versuchen so einen sportlichen Brückenschlag über ideologische Grenzen hinweg.

1932 finden die ersten steirischen Meisterschaften im Rollen-Radfahren im Orpheum statt (Sieger: Anton Pfnier, „Ausdauer"), im Sommer 1933 wird am Thaler See eine 400m-Radrennbahn eröffnet. (Radfahrer 28.12.1932, 31; 10.8.1933, 7) 1930 stellt Otto Buttlar vom S.V. Kastner und Oehler mit 554 km eine neue 24-Stunden-Bestmarke auf.

1934 kommt der Vorläufer der Österreich-Rundfahrt, die Semperit-Rundfahrt, erstmals in die Steiermark. Josef Poschgan holt nach langen Jahren wieder einen Kunstrad-Meistertitel nach Graz. Er erringt ihn in der Folge noch insgesamt zehn Mal. Als bedeutendstes Straßenrennen der Steiermark gilt zu dieser Zeit „Rund um den Schöckl", das 1934 vom Brucker Rakitnik gewonnen wird. Wenig zu bestellen haben hingegen die steirischen Rennfahrer beim Franz Seeger-Gedenkrennen Graz – Semmering – Graz: Die ersten fünf Plätze gehen an Wiener Teilnehmer. (Radfahrer 20.11.1934, 4)

Die Stars der Zwischenkriegszeit sind Rudolf Ottitsch (ARBÖ, RV „Edelweiß") und Ferdinand Gatternig („Schönau"). Ottitsch gewinnt 1924 als 17-Jähriger das Edelweiß-Eröffnungsrennen, stellt einen neuen österreichischen 30-km-Rekord auf, siegt 1931 bei der Arbeiterolympiade in Wien und entscheidet 1935 das Dr.-Dollfuß-Gedenkrennen

Der Start für viele Rennen ist beim Bachwirt in der Wiener Straße: Hier die Teilnehmer an Graz – Knittelfeld – Graz 1933

Graz – Knittelfeld – Graz über 200 km für sich. Gatternig wird zwölffacher steirischer und 1935 österreichischer Straßenmeister, holt auf der Trabrennbahn 1924 die Bahnmeisterschaft gegen den damaligen steirischen Champion Valentin Luttenberger und fixiert 1936 einen österreichischen Rekord über 50 km (1:21:36,1), der wiederum 1938 von Heinz Jager („Wanderlust") mit 1:18:46,6 unterboten wird.

Gatternig tritt 1936 nach 92 Siegen bei 150 Starts frustriert ab, nachdem er ein 100-km-Olympia-Vorbereitungsrennen hinter Karl Bellin („Kornblume") als Zweiter beendet, eine neue steirische Bestleistung über 50 km vor Bellin aufstellt und dennoch nicht zur Olympiade nach München fahren darf. Auch der Radsport wird in die politischen Turbulenzen hineingezogen, etwa bei der 1933 vom ARBÖ veranstalteten ersten österreichischen Etappenfahrt, die in Bruck/Mur von einem *„Nazi-Anschlag, der leicht hätte schlimme Folgen haben können"*, überschattet wird: Beim Start der letzten Etappe am 5. Juni ist die Straße mit Nägeln übersät. Der „Arbeiter-Rad- und Kraftfahrer" dazu: *„Der verbrecherische Anschlag führte zu besonders lebhaften Kundgebungen von mehr als viertausend Menschen für die Arbeitersportler"*. Den Sieg trägt schließlich Karl Hamedl vom Verein „Freiheit Hernals" davon. (ARBÖ 1999, 36)

Beachtlich sind die Jahresleistungen von 19.800 km, gefahren von Hans Novak vom Eggenberger RV im Jahre 1936 und die im Jahr davor von Karl Wretschko („Ausdauer") aufgestellte neue Jahresbestleistung von 22.546 km. (Radfahrer 14.12.1936; 31.1.1936, 11)

6.3. Auf dem und über Land

Auf dem Land ist das Fahrrad, abgesehen davon, dass man hin und wieder durchkommende Radtouristen zu Gesicht bekommt, noch lange kein Gemeingut. So berichtet Hermine Prevolschek, Jahrgang 1919, aus Wöbling, Gemeinde Hart bei Graz, in ihren Kindheitserinnerungen über einen Arzt, der seine Hausbesuche mit dem Fahrrad macht: *„Er saß auf einem seltsam hohen Gestell, an dem zwei Räder befestigt waren. Eines vorne und eines hinten. Der Mann hielt sich an der Querstange fest, und seine Füße waren ständig in Bewegung. Es war wie ein Spuk! Kaum sah ich ihn kommen, war er auch schon wieder hinter dem Wald verschwunden!"* Bis die kleine Hermine dann selbst ein sehnsüch-

Radlergruppe mit Kastanienblätter-Schmuck. Aufgenommen vom Fotografen Krautwaschl aus Eichkögl bei Kleinmariazell, Oststeiermark

tig gewünschtes Fahrrad bekommt, sollen noch viele Jahre vergehen. Erst mit 15 ersteht sie eines am Flohmarkt in Graz von dem Geld, das sie vom Metzger für ein vom Vater geschenkt bekommenes und von ihr gemästetes Ferkel bekommt. In ihrer Schulzeit, so Prevolschek, gehört die Dorfstraße den Fußgängern, ab und zu sieht man ein Pferdefuhrwerk oder einen Ochsenkarren: *„Dazwischen – noch sehr selten – einen stolzen Radfahrer, doch das war ein Fremder. Keiner aus unserem Ort war schon glücklicher Besitzer eines solchen Wunderrades".* (PREVOLSCHEK 2003, 91) Dies ändert sich erst, als ein Mann namens Bokan im Nachbarort eine Fahrradwerkstatt eröffnet: *„Da waren die Menschen nicht mehr zu bremsen".* Selbst fährt Prevolschek in Jugendjahren drei bis vier Mal die Woche früh morgens in die Stadt, um am Bauernmarkt Erzeugnisse aus Garten und Feld zum Kauf anzubieten: *„Einen voll bepackten Korb band ich am Gepäckträger fest, zwei riesige Taschen hingen an der Lenkstange, links und rechts. Für meine Beine blieb der Platz ziemlich eng, und das Treten wurde ein kleines Kunststück."* (PREVOLSCHEK 2003, 94f)

Auf die Hungerjahre der Zwischenkriegszeit weist auch das eine oder andere Inserat hin, etwa jenes der Firma A. Kohlhuber, Münzgrabenstraße 5, die *„Fahrräder auf Teilzahlung – wöchentlich S 5.- oder monatlich S 20.-"* offeriert. (Steirischer Radsport 12.12.1930, 4) Einer, der dieses oder ein gleich lautendes Angebot angenommen hat, ist Alois Schönthaler, Jahrgang 1909, aus Mürzzuschlag. Er ist im väterlichen Polstererbetrieb beschäftigt und will sich, da er eben zum Gesellen aufgestiegen ist, ein Fahrrad leisten. Von der Möglichkeit des Kaufs gegen Ratenzahlung liest er in der Zeitung, dennoch: 20 Schilling sind soviel, wie er im Monat verdient. Außerdem muss er noch einen „Gutsteher" haben. Sein Vater will zunächst nichts davon wissen, denn: *„dann hast du wohl das Fahrrad, aber keinen Groschen Geld".* Alois Schönthaler findet dennoch einen Ausweg: *„Damals war es der Brauch, dass ab und zu Pferdegeschirre am Sonntag repariert werden mussten. Da sagte ich, dass ich fest mitarbeiten werde, um mir ein paar Schilling dazu zu verdienen".* So gelingt es, den Vater doch dazu zu überreden, die Bürgschaft zu übernehmen: *„Ich war der glücklichste Mensch auf der Welt".* Das Fahrrad wird aus Graz geliefert, gemeinsam mit seinen Freunden stellt er es zusammen und los geht die erste Fahrt durch Mürzzuschlag: *„Viele Leute haben auf mich geschaut. Ich kam mir vor wie ein kleiner König. Meine besten Freunde hatten ja alte verrostete Räder und so*

Schulterschluss: Die Tourenfahrer des GBC von 1894 Franz Kadelic, Dr. Hans Rucker, Wolfgang Thomich, Karl Wodrazka, Otto Engel (v.l.n.r.)

konnten wir schöne Touren machen. Es war eine herrliche Zeit". (Doku Schönthaler) Ähnlich klingen die Erinnerungen von Rudolf Hödl, der als 17-jähriger Kaufmannslehrling sein erstes Fahrrad bekommt. Der Fuhrknecht seines Chefs bringt es vom Puch-Werk mit nach Hartmannsdorf, wo man am Sonntag gerade mit Feldarbeiten beschäftigt ist. In der Jausenpause fragt der Lehrling seinen Chef, ob er das Fahrrad ausprobieren dürfe. Doch statt einer Proberunde fährt er zu einem Bekannten nach Riegersburg und kehrt erst am Abend zurück, was ihm ein paar Ohrfeigen und die Drohung des Hinauswurfs einbringt. Hödl rückblickend: *„Ich wollte nur mal endlich aus dem gewohnten Trott ausreißen".* (Doku Hödl)

Wie er im Frühjahr 1933 auf einem Bauernhof in Moar bei Graden Rad fahren gelernt hat, schildert der Knecht und Senner Heinrich Schneidler. Das Fahrrad hat er gebraucht bei einem Schlosser in Knittelfeld um 60 Schilling gekauft: *„Jeden Abend nach der Arbeit und dem Nachtmahl, bestehend aus einer Milchsuppe in einer großen Schüssel, die von allem Gesinde gemeinsam ausgelöffelt wurde, ging ich mit dem Fahrrad hinaus auf einen Wiesenweg, um die Balance, die man beim Fahren braucht, zu trainieren."* (Doku Schneidler, 125)

Wilhelm S. aus dem Weinviertel verschlägt es 1934 auf der Job-Suche nach Hartberg, wo er in einer Gärtnerei arbeitet. Als er und seine Kollegen Mädchen kennen lernen, die in Graz beschäftigt sind, beschließt man eines Tages, diese per Fahrrad zu besuchen. Wilhelm borgt sich das Betriebsfahrrad, eine „alte Kraxn" von 1918 ohne Licht, aber mit Rollglocke (Radlaufglocke). Einmal geht es leicht bergauf und als ein Lastwagen in damals noch langsamem Tempo überholt, nutzt man die Gelegenheit und hängt sich an der Bordwand an. Am Wagen befindet sich Vieh und Wilhelm stellt sich plötzlich die Frage, *„Was ist, wenn ein Vieh die Schleusen öffnet?"* und dreht ab: *„Es dauerte nicht lange, und es wurde Wirklichkeit, was ich gedacht habe. Die Bescherung war da. Ich glaub, die Kuh oder Ochs (...) haben vorher Spinat gefressen."* Denjenigen, der gerade in „Schusslinie" hinter dem Lkw gefahren war, hat es arg erwischt. *„Ich meinte, er hat Guggaschecken (Sommersprossen) im Gesicht."* Es gelingt dennoch, den Kollegen einigermaßen zu reinigen und es wird ein schöner Tag, der erst spät in der Nacht nach einer beschwerlichen Rückfahrt in Hartberg endet. (Doku Wilhelm S.)

Erst mit 20 Jahren lernt der Hilfsarbeiter Lorenz Möstl (1912–1987) aus Stattegg bei Graz Rad fahren. Er bekommt ein altes Steyr-Waffenrad geschenkt und ein Nachbar, der auch anderen Leuten Radfahr-Unterricht gibt, schult ihn ein: *„Dies war eine andere Art des Fortkommens. Einige Stürze gab es im Verlauf dieser Lehre, aber bei uns daheim waren es Feldwege und die Sturzräume waren Wiesen und Äcker."* (Doku Möstl, 28f) In den folgenden Jahren bereist Möstl mit dem Fahrrad (*„Ein Fahrrad oder gar ein Motorrad waren für uns Arbeiter Statussymbole wie heute ein Auto"*) seine alte und neue Heimat. Meistens alleine fährt er nach Mariazell (1933, 1934), ins Salzkammergut (1936), nach München (1937), in die nördlichen Bundesländer (1939), nach Kärnten und Osttirol (1940), um zu resümieren: *„Diese Fahrten mit meinem Tourenrad Marke `Puch´ haben mir damals viele unvergessene Eindrücke von der österreichischen Heimat gebracht."* Die Großglocknerfahrt bleibt in besonderer Erinnerung, weil er von hier seiner künftigen Ehefrau Johanna die erste Postkarte schickt. Davor hatte er sie erst einmal gesehen.

Belegt wird die wichtige Rolle des Fahrrades als Reisefahrzeug in dieser Zeit auch aus einem Schreiben von 1935, das sich gegen die Einführung einer Fahrradsteuer richtet: *„Wohl der Großteil der Jugend und des mittleren Alters benützt sein Fahrrad auch zur körperlichen Erholung und Kräftigung der Gesundheit, um billig und schnell ins Freie und auf das Land zu kommen. Es werden Ausflüge und Erholungsfahrten in die schöne Heimat, Fahrten in die oft entfernten Schwimmbäder und hauptsächlich aber die großen Ferien- und Urlaubswanderfahrten mit dem Fahrrad unternommen. Wie viel Geld wird da in dieser Hinsicht wieder den Fremdenverkehrsinteressen, dem so arg danieder liegenden ländlichen Gastgewerbe und den damit verbundenen Geschäftsunternehmungen zugeführt, die hauptsächlich auf die Radfahrer angewiesen sind, umso mehr als der besser situierte Kraftfahrertourist zumeist doch nur mehr die entfernteren, ohnedies besser gestellten, Hotels der Städte aufsucht oder sich seine Zehrung von daheim mitnimmt oder gar nur mehr die jetzt modern gewordenen Weekendfahrten mit Kampieren im Freien und Zeltlagern vorzieht."* (Stellungnahme Fahrradabgabe 26.11.1935, Vf)

„Weil es so schön war"

Auch Frauen sind inzwischen voll mit von der Partie und bekleiden Funktionen in den Vereinen, wie beispielsweise Frisörmeisterin Mitzi Lindes (geb. 1888), Kassierin beim Radfahr-Verein „Kornähre 1904" in Gratkorn (1926) oder Friedericke Hierstand, die im Vorstand und als Fahrwartin der „Grazer Tourenfahrer" aktiv ist und 1936 für die Sonn- und Feiertagsleistung von 1568 km mit der „bronzenen Plakette" des StRGV und im folgenden Jahr für über 2000 gefahrene Kilometer mit dem Clubpreis ausgezeichnet wird. (Protokollbuch Tourenfahrer)

Kurt Bauer, der eine Sammlung von mobilitätsbiografischen Erinnerungen vor allem von Menschen, die in der Zwischenkriegszeit Kindheit und Jugend erlebt haben, ediert hat, bemerkt in seinem Resümee, dass das Fahrrad in den meisten Erzählungen einen besonders breiten Raum einnimmt: *„Es ist das Fahrzeug der Kindheit und Jugend – und dieser Lebensabschnitt ist der eigentliche Erinnerungsraum des Alters. Das Fahrrad ist einfach zu benützen. Es stellt keine große finanzielle Verpflichtung dar, man bewegt sich damit, indem man sich selbst bewegt. Damit verbunden ist ein Hochgefühl der eigenen Körperlichkeit. Es verhilft zu den ersten Ausbrüchen aus der engen Welt der Kleinstadt, des Dorfes, des bäuerlichen Hofes, des Elternhauses, der Familie. Gerade aus weiblichen Erinnerungstexten ist eine ganz spezielle Beziehung von Frauen zu ihrem ersten Fahrrad, zum Radfahren und der dadurch konkret erlebten Freiheit herauszulesen…"* (BAUER 2003, 38)

Alma Zimmermann (Jg. 1913), deren Eltern in Graz ein Lebensmittelgeschäft führen, drückt das Gefühl so aus, als sie im Alter von zwölf oder 14 Jahren ein schwarzes Puch-Rad bekommen hat: *„Radfahren erfüllte mich mit einem enormen Gefühl von Unabhängigkeit, Beweglichkeit und Freiheit – oft bin ich schon um 5 Uhr morgens nach Wetzelsdorf oder Eggenberg gefahren, weil es so schön war."* (nach: SCHIMANOVSKY 1998, 38)

6.4. Politische Eingliederung

Der Steirische Radfahrer-Gauverband, 1909 um eine Motor-Radfahr-Riege erweitert und im April 1932 auf „Steirischer Rad- und Kraftfahrer Gauverband" umbenannt, kämpft in den 20er-Jahren mit einer in den Mitgliedsbeitrag integrierten Unfall- und Haftpflichtversicherung gegen den Mitgliederschwund. (Mitt. StRGV Feb. 1924; Steirischer Radsport 27.4.1929, 2f) Weil Not erfinderisch macht und offenbar durch eine wachsende Zahl von Diebstählen auch der Bedarf gegeben ist, entsteht die „Fahrradbewachung" als

1936-38: Drei Jahre Fahrradabgabe und Kennzeichenpflicht in der Steiermark

neue Verdienstquelle: 1938 bieten in Graz sechs Personen an zentralen, stark frequentierten Orten – Fischmarktplatz (heute Andreas-Hofer-Platz), Finanzgebäude, Augartenbad, Amtshaus, Landeskrankenhaus – ihre Dienste an. (GAB 1938, 712)[112]

Auch die Radvereine und -verbände geraten nun unter das Kuratel des austrofaschistischen und dann des nationalsozialistischen Regimes. Der Gauverband, der noch 1932 den Arier-Paragrafen eingeführt hat, wird 1936 in den Österreichischen Radfahrer Bund (der Österreichischen Sport- und Turnfront) als Landesverband Steiermark eingliedert. (Steirischer Radsport 20.6.1936, 2) Schon 1934 wird mit allen anderen sozialdemokratischen Einrichtungen der ARBÖ aufgelöst, dem zu dieser Zeit in der Steiermark rund 70 Arbeiter-Radfahrer-Vereine angeschlossen sind. (ARBÖ 1998, 12) Den Vereinen, die noch überlebt haben, ergeht es ähnlich: Auch sie werden der Sport- und Turnfront einverleibt, die Satzungen werden angepasst – so wird etwa das zwischenzeitlich auf 16 Jahre abgesenkte Mitgliedsalter beim Grazer RV „Wanderlust" wieder auf 18 angehoben; darüber hinaus bestimmt ein behördlicher Vermerk, dass ehemalige Mitglieder der NSDAP nicht Mitglieder werden können und ehemalige „sonstige Parteimitglieder" nicht in den Ausschuss gewählt werden dürfen. Das öffentliche Tragen von Vereinsabzeichen muss genehmigt werden. (StLA, Vereinsakten)

Einführung der Fahrradabgabe

Einen Eindruck davon, welche Bedeutung in den dreißiger Jahren dem Fahrrad als Verkehrsmittel und Wirtschaftsfaktor beigemessen wird, gibt die Debatte im steirischen Landtag über die Einführung einer Fahrradabgabe. Sie ist, so der Grazer Historiker Martin Polaschek, *„einzigartig in der vierjährigen Geschichte des berufsständischen Landtages. Weder vorher noch nachher gibt es eine derart lange Diskussion, zum ersten und einzigen Male kam es zu einer wirklichen Konfrontation der verschiedenen Interessensvertreter..."* POLASCHEK 1995, 280)[113] Gegen die Abgabe in der Höhe von fünf Schilling sind Handels- und Arbeiterkammer sowie Industrie und Gewerbe, dafür war die Landwirtschaftskammer. Im Vorfeld nehmen die Radfahrerverbände gemeinsam mit dem Landesverband der Elternvereinigungen und der Steyr-Daimler-Puch AG in einem Ansuchen an den Landtag gegen das Gesetz Stellung. (Stellungnahme Fahrradabga-

---

112 Die Rubrik „Fahrradbewachung findet sich im Grazer Adressbuch bis in die 60er Jahre.
113 Der folgende Abriss über die Fahrradabgabe in der Steiermark fußt, so nicht anders ausgewiesen, auf der Arbeit Polascheks.

Anna Grabner in Begleitung, Ottendorf, um 1930. Fotos aus dieser Zeit zeigen immer Radlerinnen und Radler im Sonntagsstaat

be 26.11.1935) Die Puchwerke befürchten einen Einbruch der Fahrradproduktion und die damit notwendige Entlassung von hunderten Arbeitern. Durch die Einführung der Steuer würden außerdem viele Menschen gezwungen, ihre Fahrräder „unter der Hand" zu verkaufen, was dem Fahrradhandel Einbußen bescheren würde. Daneben führt man auch den zu erwartenden Rückgang des Radsports sowie die immense Bedeutung des Fahrrades als Fortbewegungsmittel, das genauso unentbehrlich sei wie ein Paar Schuhe, ins Treffen: Arbeitslose, die es zu „Beeren- und Schwämmesuchfahrten" benützten, wären genauso betroffen wie Arbeiter und kleine Beamte, die mit dem Fahrrad oft weite Strecken zur Arbeit führen, oder Familienväter, deren Kinder auf diese Weise den Schulweg zurücklegten. Impulsiv bezeichnet man die Besteuerung *„eines der notwendigsten und billigsten Fortbewegungsgeräte, ja die Besteuerung einer Körperbetätigung, die längst schon der sechste Sinn des Menschen geworden ist, als ungeheuerlich"*. (Stellungnahme Fahrradabgabe 26.11.1935, IV) Die Fahrradsteuer sei deshalb *„rückschrittlich und unsocial"*, wurde doch im Gegensatz dazu die Kraftfahrsteuer aufgelassen, um den Kraftfahrbetrieb anzukurbeln.[114]

Im Memorandum der Steyr-Daimler-Puch AG kommt der Vorschlag, statt der allgemeinen Besteuerung von Fahrrädern eine Abgabe auf Pneumatics einzuheben – weil sie auf Verschleißteile angewandt würde, wäre dies gemäß dem Verursacherprinzip, einfacher administrierbar und hätte keine Auswirkungen auf den Fahrradverkauf.

Die in Wien am 7. Dezember 1935 tagende „Konferenz der Arbeitnehmer in der Auto- und Fahrradindustrie" befürchtet, dass die Fahrradsteuer, deren Ausdehnung auf das ganze Bundesgebiet erwartet wird, den Fahrradmarkt mit einem Umsatzrückgang von 20 bis 30 Prozent treffen könnte, wobei die Fahrraderzeugung gerade in der Steiermark und in Oberösterreich eine „Schlüssel-Industrie" darstelle. (Stellungnahme Fahrradabgabe 7.12.1935) Auch aus dem Bauernstand kommt Ablehnung, wie dies aus einem Appell der Bauernbund-Ortsgruppe Höch an Landeshauptmann Anton Rintelen hervorgeht: Die *„überaus schwere kommende Last"* würde vor allem Bauern und Bauernknechte mit einem Monatslohn von 15 bis 20 Schilling belasten. Das Fahrrad sei für viele Bauern kein Luxusartikel, gebe es doch in vielen entlegenen Dörfern weder andere Verkehrsmittel noch ein Telefon. (Stellung-

114 Diese war durch eine Benzinabgabe ersetzt worden, welche mehr als die Hälfte des Benzinpreises ausmachte. Da eine solche bei Radfahrern nicht möglich sei, sollten diese so zu den Straßenlasten beitragen. (vgl. Grazer Volksblatt 20.11.1935, 3)

nahme Fahrradabgabe 1.12.1935)

Die Regierungsvorlage, die über die Abgabe hinaus den Gemeinden die Möglichkeit einräumt, auf diese einen Zuschlag bis zum doppelten Betrag einzuheben, wird am 4. Dezember 1935 in einer nicht öffentlichen Sitzung debattiert. Der Berichterstatter des Finanzausschusses, Dr. Adolf Enge, weist auf die Bedenken hin, trotz der schlechten Wirtschaftslage eine neue Steuer einzuführen, von deren Notwendigkeit Finanzreferent Peter Krauland den Ausschuss letztlich doch überzeugt hat. Enge räumt ein, dass insbesondere die weniger bemittelten Kreise des Landes getroffen würden. Der erste Redner, Karl Leskovar, spricht sich als Arbeitnehmervertreter gegen die Steuer aus. Durch die Steuer würden viele Arbeitslose und Ausgesteuerte betroffen, *„die ihr Fahrrad in die jetzige Situation als Heiligtum herübergerettet und sich dadurch eine kleine Verdienstmöglichkeit geschaffen haben"*. Viele Arbeitslose, die im Sommer bei Straßenbauten Arbeit fänden, benötigten das Fahrrad, um damit zu oft zehn bis fünfzehn Kilometer entfernten Baustellen fahren zu können. Adalbert Masnak, Abgeordneter des Gewerbestandes, weist darauf hin, dass die Fahrradsteuer in erster Linie eine soziale Frage sei. Schon die Bekanntgabe der beabsichtigten Einführung der Abgabe in den Zeitungen habe eine *„ziemliche Erregung in der ganzen Bevölkerung"* hervorgerufen. Nicht nur die ärmere Bevölkerung in den Städten wäre betroffen, sondern auch Kleinbauern, die den Knecht oder die Magd mit dem Fahrrad in die Stadt schicken, um dort ihre Produkte zu verkaufen.

Auch Max Haider, bei den Puchwerken beschäftigt und als Vertreter der Industrie und des Bergbaues im Landtag, unterstreicht die soziale Härte der geplanten Belastung und appelliert, *„besonders im Namen der Arbeitslosen und Ausgesteuerten"*, die Vorlage abzulehnen.

Als Proredner tritt Prälat Prosper Berger, der Abt des Chorherrenstiftes Vorau, auf: Die Steuer bringe Vorteile für die Arbeiterschaft, da sie in den Straßenbau investiert werde, was wiederum vielen Arbeitern Beschäftigung sichere. Der schlechte Zustand der Bezirks- und Landesstraßen erfordere dringend Maßnahmen, von denen letztendlich auch die Radfahrer profitierten. Das Rad fahren würde *„angenehmer, leichter, schneller, sicherer und auch billiger. (…) Sind schlechte Straßen da, wird der Radfahrer viele Reparaturen zahlen müssen, sind die Straßen gut, wird er weniger Reparaturen haben."* Berger hebt zudem die Bedeutung besserer Straßen für die Förderung des Fremdenverkehrs hervor und hält den wirtschaftlichen Bedenken die positiven Erfahrungen in Ländern entgegen, wo die Fahrradsteuer bereits eingeführt ist.[115]

Gegen die Steuer spricht sich Dr. Alphons Gorbach, Vertreter des öffentlichen Dienstes, Landesleiter der „Vaterländischen Front" und nachmaliger Bundeskanzler (1961–1964) aus. Diese treffe den *„kleinen Mann"* und damit jene Bevölkerungsgruppen, die sich stärker zu Österreich und dem vaterländischen Gedanken bekannten *„als jene Kreise, die in besonderem Maße Kraftfahrzeuge und Autos benützen"*. Die erwarteten Einnahmen von 300.000 Schilling stünden nicht *„im Verhältnis zur Beunruhigung und Belastung der davon Betroffenen"*. Wie erwartet, wird die Vorlage nach längerer hitziger Debatte doch mit Mehrheit angenommen, allerdings entschärft durch den Entfall des möglichen Gemeindezuschlags, wofür der Abgeordnete Leskovar nach dreimaliger Abstimmung eine knappe Mehrheit gewinnt. Die von der Landesregierung überarbeitete Gesetzesvorlage wird erneut eingebracht und der Landtag fasst – nach weiterer, zwei Tage dauernder öffentlicher Debatte – am 10. Dezember den endgültigen Beschluss.

Doch mit dem Beschluss legt sich die Debatte keineswegs. Der Steirische Arbeitersportverband, Fachverband Rad- und Kraftfahrer, der Alpenländische Radfahrerbund und die Rad- und Kraftfahrerhilfe Österreichs richten ein Ersuchen um Intervention an das Bundeskanzleramt. Die bundesweite Einführung von Nummerntafeln für Radfahrer als straßenpolizeiliche Maßnahme wird vom Bundesministerium für Handel und Verkehr verworfen, sowohl aus verkehrstechnischen Gründen als auch wegen des Verwaltungsaufwandes. Umso mehr scheint es *„im Interesse der gesamten Radfahrerschaft, der Industrie und des Fremdenverkehrs"*, in der Steiermark keine Nummerntafeln einzuführen. Die Antwort verweist darauf, dass die in der Steiermark ausgegebenen Tafeln eben nur dem Nachweis der Abgabenleistung dienen und daher gegen diese nicht die gleichen Bedenken bestünden. Versucht wird auch, die Befreiung bestimmter Gruppen von Fahrradnutzern, etwa Rennfahrer oder Kriegsinvalide, zu erreichen, was teilweise auch gelingt.

Doch es nützt alles nichts: Mit einiger Verzöge-

---

115 Zu diesem Zeitpunkt ist dies in Oberösterreich (1933), Salzburg (1934) und Kärnten (1935) der Fall. In Wien und Niederösterreich werden entsprechende Gesetze 1937 beschlossen.

„Auch die Radfahrer sind in die Volksgemeinschaft eingerückt..."
Auffahrt im April 1938 vor der Oper

VI : 149

rung läuft die Ausgabe der „Steuertafeln" im Februar 1936 an, in Graz wird erst am 4. Mai mit der Einhebung begonnen. Das Finanz- und Abgabenamt kann dem Stadtrat am 8. Mai berichten, dass in den ersten drei Tagen bereits 2000 Fahrräder angemeldet wurden, *„allerdings macht sich bereits auch die außerordentliche Unbeliebtheit dieser Abgabe bemerkbar, da sie gerade solche Kreise trifft, welche durch Arbeitslosigkeit und andere Wirtschaftskrisenerscheinungen schwer betroffen sind."* Schließlich werden bis 9. Juni rund 29.000 Fahrräder erfasst.

Aus Graz und Knittelfeld wird von Unterschriftensammlungen gegen die Abgabe berichtet. In Graz zeichnet ein 36-jähriger Assistent der Technischen Hochschule, Ing. Traugott Schiffmann, im Einvernehmen mit dem Radfahrer-Gauverband und der Sportsektion des Gewerkschaftsbundes verantwortlich. Nach seinen Angaben hat er 6000 Unterschriften mit dem Ziel gesammelt, den Landeshauptmann zum Einlenken zu bewegen. Die Sicherheitsbehörden finden die Vorgangsweise „bedenklich" und untersagen die Fortführung der Aktion. (BP Graz 1936)

Nicht ganz unerwartet werden rasch Mängel in der Kontrolle sichtbar. So werden Radfahrer angehalten, die aus anderen Bundesländern kommen, in denen keine Abgaben- und somit Kennzeichnungspflicht besteht. Um den Fremdenverkehr nicht zu schädigen, ersucht das Landesabgabenamt die Landeshauptmannschaft, das Landesgendarmeriekommando anzuweisen, die Kontrollen in der Reisezeit „schonend" durchzuführen. Auch Missbräuche und Diebstähle sowie die doppelte Entrichtung der Abgabe bei Verlust der „Steuertafel" beschäftigen Exekutive und Behörden. Viele Radfahrer haben zwar die Tafel montiert, können aber die Entrichtung der Abgabe nicht nachweisen, weshalb auch gleich die erste Novelle zum Fahrradabgabengesetz vorgenommen wird, die das Mitführen des Zahlscheins verpflichtend macht. Zudem werden bedürftige Arbeitslose und Ausgesteuerte befreit. Ende 1937 wird in einer zweiten Novelle die Ausnahmeregelung auf alle Arbeitslosen ausgedehnt.

Doch mit dem überraschend positiven Rechnungsabschluss 1937 – die Abgabe hatte Einnahmen von 837.000 Schilling erbracht – ist die ungeliebte Steuer auch schon wieder Geschichte: Eine der ersten Maßnahmen der Nationalsozialisten nach der Machtübernahme ist ihre Aussetzung, die am 29. März 1938 von der Landesregierung beschlossen wird. Zwar wird eine Wiedereinfüh-

Linke Seite:
Etappenstart „Großdeutschlandfahrt" vor der Thalia in Graz, 1939

Rechte Seite:
Kriterium „Rund um das Hochhaus", das um das 1930-35 erbaute Stadtwerke-Hochhaus gefahren wird

rung 1946 nochmals angesprochen, es gibt aber dafür deutlich keine Mehrheit mehr.

Ganz verschwindet die Debatte um Steuer, Kennzeichen oder das Schweizer Modell der Haftpflichtversicherungs-Plakette bis heute nicht.

Volk in Leibesübungen

Alle noch bestehenden Vereine werden in den Deutschen Reichsbund für Leibesübungen als Gau 17 „Deutschösterreich" eingegliedert. Aufgabe es ist, *„an der Heranbildung eines starken, von nationalsozialistischer Gesinnung durchdrungenen Geschlechts mitzuarbeiten"*, wobei nur *„Volksgenossen (arischer Abstammung)"* als Mitglieder aufgenommen werden. (StLA, Vereinsakten) Den Gau- bzw. Landesverband ereilt am 1.6.1939 der Auflösungsbescheid. Andere Vereine, etwa der einst mächtige Brucker Bicycle-Club, ziehen es vor, sich vorher selber aufzulösen – wegen *„beschaulicher Teilnahmslosigkeit"*, wie es in einem Bericht heißt. (Obersteirerblatt 5.5.1937, 5) Wiederum andere Vereine zeigen sich wenig beeindruckt vom Ende der Republik und dem Einmarsch der Hitler-Truppen: Während andere Sportveranstaltungen abgesagt werden, lädt der Radsportklub „Sturmvogel" für den 13. März 1938 zur ersten Klubausfahrt nach Stift Rein ein. (Kleine Zeitung 13.3.1938, 7)

Mit dem „Anschluss" und der damals üblichen politischen Propaganda ködert man die Radfahrer mit neuen Möglichkeiten, die sich nun eröffnen würden, so der Vorsitzende des Radfahrer-Verbandes Tirol und Vorarlberg, Fritz Zederfeld: *„Neue Reiseziele winken jetzt, herrliche Straßen und Radfahrwege führen zu diesen und nicht lange wird es dauern, werden auch in der alten Ostmark eigene Radfahrwege dem Wanderfahren neuen Anreiz bieten. Und der Kampfsport erst! Der Saalsport! Welche Aussichten eröffnen sich nun diesen Sportzweigen! Dem Radball, dem Kunstfahren, dem Reigenfahren! Welche Startmöglichkeiten!"* (Radfahrer April 1938, 2) In Inseraten wird das Fahrrad als Reisefahrzeug angepriesen: Das Fahrradfachgeschäft „Sioux" in der Grazer Reitschulgasse verspricht: *„Der Radwanderer hat mehr vom Leben!"* (Kleine Zeitung 26.6.1938, 27)

Die erste große Sportveranstaltung in Graz, der Staffellauf rund um den Schlossberg, eben noch wegen seiner Teilnahmebeschränkung auf Arier verboten, wird auch zur Solidaritätsbekundung der Radfahrer benutzt, deren Fahrräder alle mit Hakenkreuzwimpel geschmückt sind. Unter ihnen auch Kunstradfahrer Poschgan und Rennfahrer Gatternig: *„Mit größter Freude dankte Prof. Geißler dem Kreisfachwart Dr. Thomich und stellte fest, daß nun auch die Radfahrer in die Volksgemeinschaft eingerückt sind"*. (Tagespost 30.5.1938, 4) Als ehrenvoll empfunden wird die Berufung von Schmaderer vom Postsportverein in die deutsche Nationalmannschaft anlässlich eines Kriteriums in München. (Kleine Zeitung 17.4.1938, 11)

Vor der Anschluss-Abstimmung gibt es einen „sportlichen Werbefeldzug", an dem bei einer Veranstaltung der Kreispropagandaleitung der NSDAP am 9. April 1938 in Graz auch 2000 Radfahrer mitmachen. Sie dient der Bewerbung der Volksbefragung und ist *„gleichzeitig Dankeskundgebung für die Aufhebung der Fahrradsteuer."* (JARITZ 1998, 146; Kleine Zeitung 9.4.1938, 14; 17.4.1938, 11)

Graz soll als „Stadt der Volkserhebung" auch den Führer-Auftrag *„ein Volk in Leibesübungen"* eingebunden werden. So sieht das größte radsportliche Ereignis, die der Tour de France nachempfundene und noch größer angelegte Großdeutschlandfahrt (5000 km) Graz als Etappenziel. Am 11. Juni führt die neunte Etappe quasi als Abstecher von Wien über den Semmering nach Graz, um am folgenden Tag über den Schoberpass nach Salzburg fortgesetzt zu werden. (Tagespost 18.3.1939, 10) Am 18. September 1938 findet in Graz das erste Innenstadt-Kriterium statt, das Heinz Jager („Wanderlust") für sich entscheidet. (Radfahrer Nov. 1938) In den folgenden Jahren beherrscht Jager die steirischen Straßenmeisterschaften: Er siegt zwischen 1938 und 1948 sechs Mal, einmal, 1946, gewinnt er die Bergmeisterschaft.

1939 wird das erste Querfeldeinrennen am Grazer Rosenberg ausgetragen. Es sollte gleichzeitig für längere Zeit das letzte sein, denn wenig später werden derartige Rennen mit dem Hinweis auf die hohe Materialbeanspruchung untersagt, *„…denn die Räder müssen als wichtiges Gemeingut der Volkswirtschaft nach besten Kräften geschont werden."* (Kleine Zeitung 21.12.1944, 6)

Der Regimewechsel bringt in der Steiermark auch nicht unerhebliche verkehrsrechtliche und organisatorische Neuerungen, auch für jene, die mit dem Rad auf der Straße unterwegs sind. Da ist zunächst der Wechsel von der linken auf die rechte Seite per 1. Juli 1938. Der Umstand, dass dieser in der Steiermark früher eingeführt wird als in Niederösterreich, übt, wie der Maler Franz Breiter

Linke Seite:

„Bäckerrennen" beim Kriterium „Rund um das Hochhaus"

Rechte Seite:

Sammeln vermutlich für das Winterhilfswerk in der Oststeiermark, Anfang der 1940er-Jahre: Rudolf Artauf aus Ziegenberg und Franz Schweiner aus Oed

Ganz rechts:

Kunstradfahrer Poschgan, österreichischer Meister im Einer-Kunstradfahren 1935-1944

aus Neunkirchen erzählt, einen besonderen Reiz aus: *„Wir Freunde machten uns einen Spaß daraus, mit dem Fahrrad auf den Semmering zu fahren, um das Gefühl auszukosten, auf der Passhöhe, wo die Landesgrenze verläuft, einfach die Seiten zu wechseln und von der linken auf der rechten Seite weiterzufahren."* (Doku Breiter, 28) Dabei gibt es ein weiteres Kuriosum: Begründet mit den notwendigen Adaptierungsarbeiten an der Wiener Straßenbahn wird in der Bundeshauptstadt erst mit 2. Oktober umgestellt. Dies trifft auch auf die Wiener Ausflugsgebiete zu, zu denen auch das Mariazeller Land gezählt wird. (Tagespost 2.7.1938, 5)

Über ein besonderes Erlebnis im Zusammenhang mit der Änderung auf die Rechtsfahrordnung, berichtet Rudolf Kern: Als 14-jähriger ist er mit einem aus alten Fahrradteilen selbst zusammengebauten Rad im Frühjahr 1941 zwischen seinem Heimatort Apace/Abstall (heute: Slowenien) und Mureck unterwegs, und zwar auf der linken Straßenseite, wie bisher in Jugoslawien üblich. Plötzlich stößt er mit einem deutschen Soldaten einer Radfahrer-Kompanie zusammen, der rechts daherkommt und wird arg zurechtgewiesen. Nicht deshalb, aber weil er dringend Geld braucht, verkauft er wenig später sein Rad: *„Mit dem Geld habe ich mir den ersten Anzug beim Kastner & Öhler in Graz gekauft."* (Info Kern)

Die seit Anfang 1938 in Deutschland geltenden Verkehrsvorschriften werden übernommen: Abgesehen vom Verbot des Nebeneinanderfahrens (außer in geführten geschlossenen Verbänden) stellen die Einführung der – heute noch gültigen – Radwegebenützungspflicht sowie der Passus, der den Kraftfahrzeugen an allen Kreuzungen das Vorfahrtrecht einräumt, nachhaltige Verschlechterungen für die Radler dar. Tempolimits werden abgeschafft: *„Die bisher bestehenden ziffernmäßig bestimmten Geschwindigkeitsgrenzen stellen besonders im Innerortverkehr eine unbegründete Behinderung des motorisierten Verkehrs dar."* Stattdessen wird der Generalpassus eingeführt, wonach die Geschwindigkeit so zu wählen ist, dass der Bremsweg nicht größer ist, als die Übersicht über die Fahrbahn reicht. (Tagespost 2.7.1938, 5)

Am Tag der Einführung notiert die „Tagespost" befriedigt, dass eine der neuen Vorschriften, das Verbot des Nebeneinanderfahrens, bereits Früchte trägt: *„Erfreulich ist es auch, dass die Radfahrer, denen sich die mehrfachen entschiedenen Ankündigungen der Polizei doch ins Gedächtnis geprägt haben, heute schön säuberlich hintereinander fuhren, anstatt, wie es früher* war, zu dritt oder viert in traulichem Gespräch nebeneinander die Fahrbahn zu blockieren". (Tagespost 1.7.1938, 3) In den Zeitungen wird jetzt wöchentlich über die Unfallstatistik berichtet – die Radfahrerinnen und Radfahrer stellen dabei die größte Gruppe. Berichtet wird, dass Kfz-Lenker vermehrt beim Überholen von Radlern Unfälle verschulden, weil sie einen zu geringen Seitenabstand einhalten. (Tagespost 14.7.1938, 7)

Doch die Rechnung der totalen Automobilmachung geht nicht auf. Insgesamt können die hochgesteckten Erwartungen in eine rasche und breite Bevölkerungskreise erreichende Motorisierung nicht erfüllt werden. *„Statt des propagierten Autos nahm der Kauf von Fahrrädern stark zu, was vor allem auf die gestiegenen Einkommen, die Aussetzung der Fahrradsteuer und eine allgemeine Preisreduzierung für Fahrräder zurückzuführen war"*, resümiert der Zeithistoriker Stefan Karner. (KARNER 1986, 219) Statt des in Aussicht gestellten und von vielen schon angezahlten „Volkswagens" stellen sich schon bald Restriktionen in der Fahrrad-Verfügbarkeit ein. Der Bezug von Fahrrädern ist ab 1939 staatlich gelenkt und per „Scheck" kontingentiert. Ein Rad wird nur jenen Personen zugewiesen, die es für die Fahrt zur Arbeitsstätte brauchen. (HARING 2000, 62) Auch für Reifen und Schläuche ist ein Bezugsschein notwendig.

Im Jahr, als Österreich aufhört zu existieren, kommen 88 Prozent der bundesweit gefertigten Fahrräder aus der Steiermark. (KARNER 1986, 214) Auch im Zweiten Weltkrieg spielt das Fahrrad eine nicht unwesentliche Rolle – Militärhistoriker behaupten sogar, im so genannten „Blitzkrieg" der Deutschen eine größere, als die Propagandabilder von motorisierten Einheiten glauben machen wollen. (HINRICHSEN 1996, 11, 66ff) Die standardisierten Truppenfahrräder sind insbesondere auf den westlichen Kriegsschauplätzen in Holland, Belgien und Frankreich, aber auch in Polen und zu Beginn des Russland-Feldzuges im Einsatz. Die Steiermark bildet mit Puch (inklusive RADOM-Werken), Junior und Assmann das Zentrum der Truppenfahrräder-Produktion des Deutschen Reiches. (HINRICHSEN 1996, 11)

Kindermodenschau als Rahmenprogramm des Rennens „Rund um die Hauptpost", Graz 1951

7 Wiederaufbau und Niedergang

Nach dem Zweiten Weltkrieg ist das Fahrrad noch immer oder – notgedrungen – wieder Verkehrsmittel Nummer eins. Bis Ende der 50er-Jahre war es durchaus üblich, ein Fahrrad zu haben – es ist eines der wichtigsten Alltagsverkehrsmittel und wird auch im Dienstleistungsgewerbe und für die Bewegung von Gütern eingesetzt. Doch nach den Jahren des Mangels kommt mit dem Wiederaufbau das Wirtschaftswunder und mit diesem die wirkliche Motorisierung der Massen: Das Fahrrad hat seine Schuldigkeit getan und wird zunehmend von der Straße verdrängt. „Radsport-Volkstag" und „Tag des Fahrrades" sollen für eine Widerbelebung sorgen.

7.1. Berichte aus den Nachkriegstagen

Hermine Prevolschek (Jg. 1919) erzählt, wie sie ihr Fahrrad vor den Besatzern im Heu versteckt hat und mit ihm nach Abzug der russischen Truppen an einer Dankeswallfahrt nach Mariazell teilnimmt. (PREVOLSCHEK 2003, 96f) Auch Johanna Hacker (Jg. 1928) aus Feldbach bringt ihr Radl vor den Russen in Sicherheit – sie hat schon als Schulmädchen eines bekommen, weil sie sechs Kilometer zur Schule hat. Als das Fahrrad nach zwei Jahrzehnten treuer Dienste zusammenbrach, ist es Frau Hacker, als ob sie *„einen guten Kameraden"* verloren hat. Jedes ihrer Räder hat sie zwei Jahrzehnte in Gebrauch – derzeit ihr viertes. (Doku Hacker)

Andere haben weniger Glück – in vielen lebensgeschichtlichen Erinnerungen findet Erwähnung, dass die Besatzer Fahrräder beschlagnahmt, mitgenommen, gestohlen haben. Erinnerungen eher positiver Art sind mit den britischen Besatzungssoldaten verbunden, etwa jene, dass sie in Graz ungeniert ihre Fahrräder mit in die Straßenbahn nahmen, für gewöhnliche Bürgerinnen und Bürger damals – wie heute – ein Tabu.

Kurt Bauer, der aus biografischen Texten ein Tableau zum Thema „Faszination Fahren" montiert hat, weist resümierend darauf hin, dass in den meisten Lebensgeschichten – die meisten stammen von im ersten Viertel des 20. Jahrhunderts geborenen Autorinnen und Autoren – das Fahrrad einen besonders breiten Raum einnimmt. (BAUER 2003, 214) Zum einen deshalb, weil es sich um das Fahrzeug der Kindheit und Jugend

Offenbar schon unterbeschäftigt: Nach dem Krieg geht die Dienstmann-Ära in Graz zu Ende

handelt, und dieser Lebensabschnitt der eigentliche Erinnerungsraum des Alters ist. Zum anderen, weil es in dieser Zeit das am besten verfügbare Fahrzeug ist, mit dem man kleine individuelle Freiheiten ausleben kann. Dies gilt insbesondere für Frauen, denen mit dem Kriegsdienst ihrer Väter und Männer neue Rollen in der Gesellschaft zugewachsen sind, verbunden auch mit anderen Formen der Mobilität und einem erweiterten eigenen Aktionsraum. *„Gerade aus weiblichen Erinnerungstexten ist eine ganz spezifische Beziehung von Frauen zu ihrem ersten Fahrrad, zum Radfahren und der dadurch konkret erlebten Freiheit herauszulesen, die zu einer ausführlichen Analyse einladen würde"*, umreißt Bauer diese weibliche Seite der Radelns, die ein Zeitfenster zwischen dem Fahrrad als „gesunkenes Kulturgut" der männlich-bürgerlichen Elite der Jahrhundertwende und der rebellischen (männlichen) Jugend der 50er-Jahre auf ihren motorisierten Zweirädern zu markieren scheint.

Abenteuerliches erlebt Soldat Rudolf Kern, der nach Kriegsende einen Großteil des Heimwegs von Waidhofen an der Ybbs bis Mureck mit einem Rad zurücklegt, das er einem Fremdarbeiter abgekauft hat. In Eisenerz, das er rot beflaggt vorfindet, lernt er, dass es von Vorteil sein könnte, das Hakenkreuz aus dem roten Wimpel am Fahrrad herauszutrennen. Mehrfach gerät er in Kontrollen von russischen, slowenischen und bulgarischen Einheiten. Weil er als Kind einer deutschen Familie im untersteirischen Abstall, die durch die Grenzziehung nach dem Ersten Weltkrieg plötzlich im SHS-Staat lebte, Slowenisch lernen musste, schlägt er sich durch und erreicht unbehelligt seine Heimat. (Info Kern)[116]

Mangelwirtschaft

Im Krieg und in den Jahren nach dem 2. Weltkrieg herrscht Mangel an vielem, nicht nur an Lebensmitteln. Wie Zeitzeuge Peter Seelich berichtet, stehen kaum Reifen zur Verfügung, weshalb man zu Alternativen wie Korkstoppel greift, die an den Felgen angebracht werden. (Protokoll FGWG 18.2.1999) Franz Huber, der keinen Bezugsschein für Fahrradmantel oder Schlauch bekommen hat, ergattert auf dem Schwarzmarkt einen Vollgummireifen. Auf den Felgen montiert, ist dies eine rutschige Angelegenheit, insbesondere bergab, und prompt baut der Zimmerer, mit einem Bekannten auf der Stange, einen Unfall. (Doku Huber) Im Puch-Werk, wo es offenbar noch Be-

116 Nach dem Krieg wohnt Kern in Weixelbaum und radelt jeden Tag 16 km nach Mureck zur Arbeit bei einem Tischlermeister. Wenn er nach Graz fährt, um Schwester oder Tante zu besuchen, fährt er auch mit dem Rad, nach seiner Heirat auch gemeinsam mit seiner Frau. 1949 übersiedelt er schließlich nach Graz, benutzt aber das Rad noch eine Zeitlang für Ausflüge.

1. Mai 1956: Auffahrt der Arbeiterradler mit Standarte, Kreuzung Grieskai-Belgiergasse, verstärkt durch motorisierte Begleitung

stände an Autoreifen gibt, stanzt man aus diesen Gummiringe, die aufgefädelt und als Reifenersatz montiert werden. (BENZE 1999) In ärmeren Familien greift man noch in den fünfziger Jahren zu derartigen Notlösungen. (Info Staudinger) Bei Schnee wird ein „Kalblstrick" um die Räder gewickelt, was dann als Schneekette funktioniert, weil es noch keine Backenbremsen gibt, berichtet Johann Kirchberger, der damals als Briefträger in Graz-Mariatrost unterwegs ist. (Protokoll FGWG 18.2.1999) Vielfach wird berichtet, wie man sich damals brauchbare Teile vom Schrott holt, um sich selbst ein Fahrrad zu bauen. So macht sich auch Kirchberger auf Müllplätzen auf die Suche, wobei die Teile von Waffenrädern als „Luxus" gelten. Günther E. aus der Umgebung von Leoben sammelt Schrott, um ein paar Groschen zu machen und trägt sich so die Teile für ein Rad zusammen, das ihm dann sein Vater zusammenbaut und das wegen angeblicher Ablenkung von schulischen Erfordernissen in der Folge immer wieder Gegenstand des Zwists mit den Eltern ist. (Doku Günther E.)

Der Umstand, dass in der Nachkriegszeit ein akuter Mangel an fahrbaren Untersätzen, auch an Fahrrädern, besteht, fordert das Improvisationstalent. Die Grazerin Ursula Schimanovsky, die ihre Diplomarbeit über „Radtourismus" verfasst hat, erinnert sich, dass sie und ihre Schwester sich Räder organisieren mussten, damit sie bei den Familienausflügen dabei sein konnten. Sie selbst fährt das Fahrrad ihres Onkels: *„Es kann sich niemand vorstellen, was es für mich bedeutete, als ich endlich ein eigenes Rad bekam"*. (SCHIMANOVSKY 1998, 44) Als wenig radbegeistert outet sich hingegen der Werbetafelunternehmer und Präsident des Grazer Fußballklubs Sturm, Hannes Kartnig (Jg. 1951): Als er einstens zu Weihnachten statt eines Rollers ein Fahrrad geschenkt bekommt, testet er das neue Gefährt gleich auf dem Weg zur Mette, reißt einen Stern und muss mit nassen Zehen ministrieren. (Kleine Zeitung 24.12.2004, 61) *„Mit einem Roller wäre mir das nicht passiert"*, so Kartnig, der in der Folge eine Vorliebe nicht für Tretroller, sondern für die Fortbewegung in vierrädrigen Nobelkarossen entwickeln sollte.

Kahlschlag in der Vereinsszene

Mit dem Weltkrieg sind die Aktivitäten der wenigen verbliebenen Vereine fast völlig zum Erliegen gekommen. 1946/47, als die Vereinsbehörde

Straßenszene am Grazer Hauptplatz, 60er-Jahre

wieder zu arbeiten beginnt und über die örtliche Exekutive in Erfahrung bringt, welche Clubs noch Lebenszeichen von sich geben und welche schon entschlummert sind, gibt es eine große Auflösungswelle. Davon betroffen sind renommierte Vereine wie Weizer BC, Leibnitzer RV, Burgauer Zweirad-Club oder die Grazer Vereine „Ausdauer 1909", „Schönau" oder „Edelweiß". Letzterer Verein ist der laut seinem damals noch aufzutreibenden ehemaligen Mitglied Richard Lotschak seit 1942 nicht mehr aktiv: Die meisten Mitglieder seien „infolge der Kriegsereignisse verzogen, gefallen oder nicht zurückgekehrt", heißt es in den Protokollen. (StLA, Vereinsakten) Zäh verteidigt der letzte Obmann des Radkersburger RV, Karl Pratscher, seinen Verein: Als er von der Behörde verständigt wird, dass der Radverein wegen nicht mehr feststellbarer Aktivität aufgelöst werde, beruft er mit der Begründung: „Nachdem noch einige Mitglieder dieses Clubs am Leben sind, jedoch derzeit keine Fahrräder besitzen, weil sie während der Kriegszeit endwendet wurden, sind wir nicht mit der Auflösung des Vereines einverstanden. Denn es kann die Jugend, wenn wieder Räder kommen, den Verein weiter leiten. Daher bitte ich, den Verein einige Jahre im Ruhestand zu belassen. Der gewesene Obmann K. P., Radkersburg am 24.5.1947". Schließlich lässt sich Pratscher doch von der Aussichtslosigkeit seines Bemühens überzeugen und zieht die Berufung zurück. (StLA, Vereinsakten)

Wieder zum Leben erweckt wird hingegen der Gauverband, und zwar als „Steirischer Radfahrer Verband" durch den ersten Obmann des RV „Ausdauer 1909" und Mitbegründer des Alpenländischen Radfahrerbundes, Ferdinand Pelkhofer. Einige der älteren Arbeiter-Radfahrer-Vereine, die zwischenzeitlich verschwunden waren, tauchen als ARBÖ-Vereine wieder auf.

7.2. Radsport-Volkstag und „Tag des Fahrrades"

In den 50er-Jahren unternehmen der Steirische Radfahrer-Verband und die „Kleine Zeitung" einen Anlauf, um den abflauenden Radsport wieder zu beleben: Zu Pfingsten 1952 (8. Juni) veranstaltet man anlässlich des 70-jährigen Jubiläums des steirischen Radsportes eine Jubiläums-Radfahrt (auch als Radsport-Volkstag bezeichnet). Mit der Bewertung der Gleichmäßigkeit – und nicht der Schnelligkeit – kann diese Veranstaltung gewis-

Radsport-Volkstag, Graz 1952

sermaßen als Vorbild für heutige Radwandertage und -marathons gelten. Die Steyr-Daimler-Puch AG beteiligt sich mit einem Preisausschreiben, bei dem es drei Fahrräder (ein Puch Bergmeister Straßenrennrad mit 8-Gang-Kettenschaltung im Wert von 1.840 Schilling, ein Steyr-Sportrad Modell S 50 im Wert von 1.290 Schilling und ein Puch-Markenrad um 1.010 Schilling) zu gewinnen gibt. Beantwortet soll u. a. die Frage werden, warum das Radfahren ein so beliebter und verbreiteter Sportzweig geworden ist. Die vorgegebenen Antwortmöglichkeiten: *„Radfahren erhält jung und gesund./ Das Radfahren bringt Freude und Entspannung zum Wochenende und vermittelt ungetrübte Urlaubsfreuden./ Die Fahrt zur Arbeit in der frischen Morgenluft ist gesündester Frühsport./ Das Fahrrad ist das billigste und verläßlichste Verkehrsmittel, es macht unabhängig von Fahrplänen und jeder starren Zeiteinteilung."* (Kleine Zeitung 1.6.1952, Beilage) Rund 400 Radler starten bei der Wertungsfahrt, die über 27 Kilometer in einer Schleife durch den Süden von Graz führt. (Kleine Zeitung 10.6.1952, 6)

1956 lockt die Veranstaltung, diesmal als Sternfahrt aus allen Landesteilen organisiert, über 1000 Radler und 15.000 Zaungäste an, die „Kleine Zeitung" jubiliert: *„Tag des Fahrrades – alle Rekorde gebrochen"*. Als Senior unter den teilnehmenden Radlern wird der 81-jährige Alois Schitteg aus Goritz bei Radkersburg gefeiert, ein Freiheitskämpfer des Jahres 1919, *„der seinem Geburtsschein zum Trotz munter nach Graz strampelte"*. Neben der Wertungsfahrt und einem Geschicklichkeitsfahren gibt es einen Dreiländerkampf Slowenien – Kärnten – Steiermark und einen Auftritt der Kunstradfahrerinnen von ARBÖ Puch, die u. a. einen Einradreigen zeigen. Die Junior-Werke und die Puch-Werke präsentieren neue Modelle, drum herum herrscht Volksfestatmosphäre. (Kleine Zeitung 29.5.1956, 9)

Doch ganz ungetrübt ist das Radlerleben nicht mehr, wie am Tag der Veranstaltung zu lesen ist: *„Das einstens sehr beliebte Radwandern wird durch den starken Kraftfahrzeugverkehr freilich, besonders im Umkreis größerer Städte oder auf Hauptverkehrsstraßen, immer mehr zurückgedrängt."* (Kleine Zeitung 27.5.1956, 23) Während man etwa für die Kraftfahrer „Millionen-Projekte" überlege, *„findet man es anscheinend kaum der Mühe wert, sich einmal Gedanken über die Erbauung viel weniger kostspieliger Radfahrwege zu machen"*, übt ein Autor Kritik an der vorherrschenden Verkehrspolitik. (Kleine Zeitung 27.5.1956, 34)

Linke Seite:

„Tag des Fahrrades" 1957

Rechte Seite:

Plakat zu den Bahn-Radrennen am GAK-Platz 1947

1959 findet der „Tag des Fahrrades" mit weit weniger publizistischer Begleitung in Leoben statt – neben einem Radkriterium, einem Sandbahnrennen im Stadion und einem Länderkampf Steiermark gegen Kroatien gibt es auch ein Geschicklichtsfahren für Jugendliche und ein Rollerrennen für Kinder. Grazer, Knittelfelder und Zeltweger Kunstradfahrer treten auf, auch eine „Miss Velo" wird gewählt. (Kleine Zeitung 9.6.1959, 7)

Zu Pfingsten 1960 gehen die Veranstaltungen zum „Tag des Fahrrades" in Deutschlandsberg und Schwanberg in Szene, mit Renn-, Wander- und Sternfahren. 1961, als am „Tag des Fahrrades" der Zieleinlauf der ersten Steiermark-Rundfahrt am Grazer Opernring stattfindet, wird die Werbung bereits auffällig mit Hinweis auf die gesunde Bewegungsform verbunden, auch wenn der Slogan etwas holpert: *„Nicht Auto oder Bahn – nein – nur ein Fahrrad dein Leben verlängern kann!"*. (Programm 1. Steiermark-Rundfahrt 1961) Man habe festgestellt, dass *„in neuerer Zeit die körperliche muskuläre Entwicklung vor allem der jüngeren Generationen ganz erheblich hinter der Norm zurückbleibt, seitdem man an irgendwelchen technischen Dingen hängt und sich nicht mehr genügend Bewegung verschafft. Diese Bewegungsarmut bringt nun auch mit sich, daß Herz und Kreislauf nicht mehr genügend geübt und trainiert werden."* Argumentiert wird mit der Volksgesundheit: Die Lebensdauer werde zwar verlängert, die Leistungslänge aber verkürzt: *„Das bedeutet einen Ausfall an Produktionskraft, bedeutet aber auch eine ständige Zunahme der Sozialkosten…Wir begreifen nicht mehr, daß nur aus der körperlichen Anstrengung heraus eine Kräftigung und Gesundung des Organismus eintreten kann. Hier hat das Fahrrad eine bedeutungsvolle und sehr wichtige Aufgabe zu erfüllen."*

Wie sich jedoch das Verhältnis von motorisierten und nicht motorisierten Verkehrsteilnehmern zu Beginn der 60er-Jahre gewandelt hat, davon zeugt die Statistik des ARBÖ: Von den 28.000 Mitgliedern österreichweit sind bereits 20.000 Kraftfahrer. (ARBÖ 1999, 37)

In den folgenden Jahren wird der von Fahrradhandel und dem Reifenhersteller Semperit veranstaltete „Tag des Fahrrades" immer mehr zum Ereignis für die Kleinen: *„Den Muttis und Vatis, die ihre Sprösslinge zu den Radrennen begleiteten, zeigte das Autohaus Elsner sein Chrysler-Sunbeam- und Simca-Verkaufsprogramm in einer Sonder-Automobilausstellung."* (Kleine Zeitung 9.4.1972, 6)

VII : 161

Dienstag, 30. September, 16 Uhr
INTERESSANTE
Bahn-Radrennen
auf dem
GAK.-Platz, Körösistraße
Verfolgungsrennen, Jagdrennen, Einstunden-Mannschaftsrennen etc.
Die Wiener Meisterklasse am Start

Kartenvorverkauf: Sporthaus Prasthofer, Schmiedgasse

Linke Seite:
Der Sieger in der steirischen Meisterschaft in, vor und nach dem Krieg: Wanderlust-Renner Heinz Jager (links, vor Rauschl) 1941 und 1945 vor Georg Dietrich (Postsport)

Rechte Seite:
Empfang nach Österreich-Rundfahrt in der zerbombten Annenstraße 1952: Siegreiche Grazer Mannschaft Willi Fischer, Josef Stadler, Josef Perschy, Alfred Sitzwohl, Franz Deutsch, Widmann (v.l.n.r.)

Reisen und Transportieren

Für viele ist das Fahrrad in den 50er-Jahren noch immer das Verkehrs- und Reisefahrzeug schlechthin. *„Im Sommer gab es für mich nur das Fahrrad. Wenn ich an einen Kärntner See wollte, fuhr ich mit dem Fahrrad. Alles andere war zu teuer"*, erzählt Franz Zimmermann (Jg. 1939) aus Graz. (in: SCHIMANOVSKY 1998, 45)

Im Dienst ist Postbeamter Kirchberger in den 1950er-Jahren auf dem Rad, in der Freizeit braucht er mit einem gewöhnlichen Rad von Graz zum Packer Stausee – ein beliebtes Ausflugsziel – zwei Stunden. (Protokoll FGWG 18.2.1999) Auch der später erfolgreiche Radsportler Felix Damm (Jg. 1937) ist in der Freizeit mit seinem 1-Gang-Rad auf die Pack unterwegs – hier wird er auch „entdeckt", als er zwei trainierende Puch-Rennradler überholt –, ebenso wie im Job, wo er als Elektrikerlehrling 21 Häuser in Plenzengreith hinter dem Schöckl beleuchtet und die Strecke mehrfach mit 30 Kilogramm Gips im Rucksack radelt. (Info Damm)

Massive Räder wie das Steyr-Waffenrad oder der Junior „Büffel" sind für Transportzwecke – auch in Kombination mit einfachen Anhängern[117] – geradezu prädestiniert. Neben der Post, wo das Fahrrad traditionell großen Stellenwert hat, sind beispielsweise auch Rauchfangkehrer und Bäckerei-Zusteller per Rad unterwegs. Beim Weinrebenbäcker Sorger wird die Ware in Kraxen (Körben am Rücken) transportiert, was nur die Zustellung von kleinen Mengen erlaubt, etwa an Restaurants oder als Nachlieferung an Geschäfte. Diese Tätigkeit, die meist von den Lehrlingen durchgeführt wird, ist bei diesen keineswegs beliebt. Immer wieder gibt es Komplikationen, oft geht die Ware bei Stürzen kaputt. Außerdem ist es wirklich anstrengend, berichtet Bäckermeister Albin Sorger, selbst bis ins hohe Alter passionierter Radler. In den 50er-Jahren wird auf Lieferwagen umgestiegen und die Kraxen werden fortan nur noch für Dekorationszwecke verwendet. (Protokoll FGWG 1999, 85)

Ähnlich auch die Situation bei der Rauchfangkehrer-Zunft: Laut Karl Reiter (Jg. 1936), der in Judenburg gelernt hat und auch in Graz noch mit dem Fahrrad seine Dienstfahrten unternimmt, wird Anfang der 60er-Jahre auf Mopeds umgestiegen. In der Obersteiermark, wo er zuvor im Bretstein-Graben, in Pusterwald und Möderbrugg unterwegs ist, tut er sich mit einem Briefträger zusammen: Er nimmt für ihn die Post mit auf den ei-

---

117 In Graz-Liebenau betreibt „Ing. Johann Exel´s Witwe" zu dieser Zeit eine „Bauanstalt für Fahrrad- und Motorrad-Anhänger" (GAB 1949/50, 482) - laut Adressbuch seit 1936.

nen Berg, dafür schiebt dieser sein Fahrrad mit bis zum nächsten Treffpunkt. Ab 1952 werden vom Rauchfangkehrerlehrling gemeinsam mit einem Fleischer- und einem Bäckerlehrling Wochenendtouren an den Wörthersee unternommen, wo man als Selbstversorger mit von den Lehrherren mitbekommenen Naturalien zeltet. (Info Reiter)

7.3. Das Duell Junior - Puch

Die 50. Straßenmeisterschaft geht als „Befreiungs- und Jubiläumsrennen" unter britischem Protektorat am 16. September 1945 mit Start und Ziel beim Bachwirt in Gösting und Wende in Frohnleiten in Szene. Alter und neuer Meister ist „Wanderlust" Fahrer Heinz Jager. Auch die Bahnbewerbe werden wieder aufgenommen, und zwar sowohl auf dem GAK-Platz, als auch auf der Trabrennbahn. In der Klasse der Wulstreifenfahrer siegt das Nachwuchstalent Franz Deutsch. (PROPST 1996, 233)

Die steirische Bergmeisterschaft im Rahmen des Ries-Rennens 1948 sehen 50.000 Zuschauer, Karl Tramschek siegt vor Heinz Jager. Im gleichen Jahr steigt das erste Nacht-Kriterium „Rund um die Hauptpost". Es ist die große Zeit der Kriterien.[118] Der 1946 erstmals ausgetragene „Große Preis von Österreich", einer dreiteiligen Etappenfahrt Wien – Graz – Wien mit einem Kriterium dazwischen („Rund um die Hauptpost") und 1949 – 1952 unter dem Namen „Semperit Derby" ausgetragen, wird zur Vorläuferveranstaltung der Österreich-Rundfahrt. (KÜHSCHWEIGER 2005, 34) Die bedeutenden steirischen Rennveranstaltungen dieser Zeit sind das Johann-Puch- und das Ing.-Weiß-Gedenkrennen sowie Graz – Semmering – Graz und Graz – Bruck – Graz, die Hans Resel und Josef Zotter gewidmet sind.

Ing. Heinz Jager (1920–1995), nach seiner Rennfahrer-Karriere Techniker bei den Junior-Werken und später Fluglehrer, bringt ein weiteres Talent zum Radrennsport: seinen Nachbarn Fredl Sitzwohl. Im Alter von 21 Jahren ist er bereits zweifacher österreichischer Straßenmeister, 1950 gewinnt er auf dem Hilmteich vor 8000 Zuschauern ein Eisrennen.

Während die 40er-Jahre dem Verein „Postsport" gehören, sind die folgenden Jahrzehnte vom Duell der Werksteams der lokalen Fahrraderzeuger Puch und Junior gekennzeichnet.[119] Das 1949 gegründete Junior-Team holt 1950, 1952,

---
118 Gefahren wird „Rund um die Handelskammer" - gemeint ist die alte Handelskammer in der Burggasse -, ein Rennen, das als Vorläufer des heutigen Altstadt-Kriteriums gelten kann und das auch als „Internationaler Grazer Messe-Preis" in Kombination mit einem Zeitfahren auf den Schlossberg ausgeschrieben wird. (Info Damm) In den 50er- und 60er-Jahren werden beim Publikum beliebte Städtekriterien in Feldbach, Leoben, Fürstenfeld, Leibnitz, Deutschlandsberg, Fehring, Weiz und Knittelfeld veranstaltet.
119 Zunächst starten beide für die Alpenländische Radfahrervereinigung, 1954 wechselt der RV Puch zum ARBÖ.

Massensturz auf der Sandbahn im Liebenauer Stadion, 50er-Jahre

1953 und 1963 die österreichischen Mannschaftsmeistertitel, neben Sitzwohl sorgen vor allem Josef Perschy, Hans Rucker, Kurt Postl und Franz Weiß jun. für die Einzelsiege. Das um ein Jahr jüngere Puch-Team kommt mit Edi Ignatowicz, Stefan Mascha und Richard Durlacher ab 1954 in die Spitzenränge. Es wird hart gefochten, mitunter auch unter der Gürtellinie, wie sich Felix Damm erinnert: *„Damals durfte man Trinkflaschen nicht direkt annehmen, sie mussten an der Straße abgestellt werden. Da passierte es schon, dass vor einem fahrende Konkurrenten das sehnlich erwartete Nass einfach wegkickten".* (Info Damm)

Die schillerndste Figur der Nachkriegsjahre ist ohne Zweifel Franz Deutsch. Zuerst Jungkicker bei „Sturm" wird er 1949 Zweiter der Österreich-Rundfahrt, die erstmals über den Großglockner geführt wird, 1951 und 1952 beendet er sie für das „Junior"-Team als Sieger. Deutsch ist mit zwölf Etappen-Siegen bis heute ungeschlagen, je Etappe mit *„sechs Bier mit jeweils einem Underberg"* als Doping, wie er später gesteht. (Kleine Zeitung 1.8.2001, 54) Sein Wiener Sportkollege Max Bulla nennt ihn einmal *„Dulliöh-Sieger, aufgeputscht mit Wein und Bier."* (Kleine Zeitung 30.5.1998, 42)

Am Berg sind die 50er-Jahre Perschy und Ig- natowicz die Dominatoren, auf der Straße zeigt Richard Durlacher auch jenseits der Landesgrenzen auf: 1958 gewinnt er die Österreich- und die England-Rundfahrt, 1959 stellt er mit 414,6 km einen neuen 12-Stunden-Rekord auf. Die Siege in der Österreich-Rundfahrt der Jahre 1959 und 1961 gehen an den Wiener Mascha, der ebenfalls für das Puch-Team fährt. 1962 trägt die Tour Trauer: In St. Anton laufen Zuschauer über die Straße, der 33-jährige Steirer Anton Frisch, ob seiner Erfolge im Querfeldein „Waldgigant" genannt, stürzt und erliegt seinen Kopfverletzungen.[120]

Mitte der 50er-Jahre locken die mitreißenden Rundfunkreportagen von Heribert Meisel und Edi Finger einen jungen Grazer zum Radrennsport: Felix Damm (geb. 1937), fährt für die „Union" und gewinnt sein erstes Rennen 1955 in der Obersteiermark – An- und Abreise erfolgen damals per Rad. Spätestens als er 1960 und 1963 „Glocknerkönig" und jeweils Zweiter der Österreich-Rundfahrt wird, spricht man über ihn als „die steirische Gämse". Wie er erzählt, hat er den Glockner insgesamt 34 Mal bezwungen, bergab geht's dabei mit bis zu 108 km/h. (Info Damm) Nach dem Ende seiner Karriere bleibt er dem Bergradsport treu und steigt als einer der ersten in der Steiermark

---

120 Besondere Tragik: Sein älterer Bruder Hermann, steirischer Bergmeister 1957 und 1961, pausiert nach dem Unglück mehrere Jahre, steigt dann als Senior erfolgreich wieder ein und stürzt im Juni 2001 keine 300 m von seiner Haustüre in Ligist so schwer, dass er genau am 30. Todestag seines Bruders stirbt. Das nach Anton Frisch benannte Gedenkrennen in der Weststeiermark wird 25 Mal ausgetragen - 2002 wird es als „Frisch-Gedenkrennen" wieder belebt. (=> Bild S. 181)

Kriterium rund um das Rathaus, 1965

als Hobbysportler auf das Mountainbike um. Neben dem GAK-Platz sind in der Nachkriegszeit die Wildoner und die Grazer Trabrennbahn, wo auch Parallelbewerbe mit Motorrädern stattfinden, Schauplätze von Bahnrennen.

Ein anderer Stern geht 1961 bei der 1. Steiermark-Radrundfahrt mit dem Sieger Kurt Schattelbauer (Union Verpoorten Graz) aus Deutsch Goritz auf. Der Landwirt aus Deutsch Goritz (geb. 1940) gewinnt nach zwei zweiten Plätzen 1973 die Österreich-Rundfahrt und ist *„Held vieler Radschlachten"*, (Info Damm) etwa als dreimaliger Gewinner des Klassikers Wien – Eisenstadt – Wien.

Dem Ende neigen sich die Bahnbewerbe zu: 1952 muss die Trabrennbahn einer Erweiterung des Messeareals weichen, einige Bewerbe werden noch auf der Wildoner Trabrennbahn und im 1954 errichteten Liebenauer Stadion gefahren, bis sie Mitte der sechziger Jahre als Pausenfüller bei Fußballspielen endgültig ausklingen.

In den 50er- und 60er-Jahren gilt die Steiermark – gemeinsam mit Vorarlberg – als führend im Saalsport: vom Puch-Team kommen die österreichischen Meister Rudi Gollner (1951–56), Erika und Martha Nopp (1955/56), und Hermann Kovacic, sechsfacher Meister 1951–60. Dazu kommen aus Graz Lilli Leiner und Anna Wolf als Meisterinnen 1959/60 und die Meister-Paare Hans Huber und Gerlinde Steinkogler und Rainer/Flitsch (1957) sowie der meisterliche Fünfer-Reigen Lutz Wurzinger, Gandhi Nedoc, Toni Leiner, Rudi Gollner und Bossi Kovacic. Die Familie Schwarzbauer macht sich als Profis über Österreich hinaus einen Namen. Die Knittelfelder Saalsportler erleben 1964 ihr bestes Jahr: Sie werden Staatsmeister im Kunstradfahren (Sechser-Reigen), die Mädchen kommen auf Platz drei. (REINWALD 1990, 156) Das obersteirische Zentrum des Kunstradfahrens ist ab 1952 Zeltweg: 25 Staatsmeistertitel werden unter Trainer Hans Hofmann eingefahren. Kurt Maier bringt es auf 16, sein Bruder Willi Maier, Oswin Sammer und Franz Hruby stehen ihm mit 14 kaum nach. Emmy Gröbl ist mehrfache Staatsmeisterin im Einer-Kunstfahren (später für Puch), Willi Kalcher wird bei der WM 1971 Sechster.

1970 geht ein internationales Kunstrad- und Radballturnier in Zeltweg in Szene. Nach einer zehnjährigen Pause wird die Kunstrad-Sektion des ARBÖ Zeltweg von Willi Maier durch eine intensive Jugendarbeit neu belebt. Als er 1993 wegen zu geringem Interesse aufhört, endet die Ära des Kunstradfahrens in der Steiermark.

---

120 Besondere Tragik: Sein älterer Bruder Hermann, steirischer Bergmeister 1957 und 1961, pausiert nach dem Unglück mehrere Jahre, steigt dann als Senior erfolgreich wieder ein und stürzt im Juni 2001 keine 300 Meter von seiner Haustüre in Ligist so schwer, dass er genau am 30. Todestag seines Bruders stirbt. Das nach Anton Frisch benannte Gedenkrennen in der Weststeiermark wird 25 Mal ausgetragen – 2002 wird es als „Frisch-Gedenkrennen" wieder belebt.

Erfolgreiches Zeltweger Kunstradteam in den 50er-Jahren beim Steuerrohrreigen

„Mein größter Sieg"

Eine respektable Leistung gelingt der Grazerin Elfi Werthan: Mit 15 gewinnt sie 1956 die Österreich-Fernfahrt und lässt 200 Männer hinter sich. Gemeinsam mit ihrem um zwei Jahre älteren Bruder Sepp ist sie in fünf Tagen 592 km auf den Großglockner unterwegs – es zählen nur die direkten Strecken und Bonus gibt es für Bergpässe. Insgesamt kommen die beiden in acht Tagen auf 1200 km über sieben Pässe.

Bereits das Training klingt ordentlich: *„Schon um 4 Uhr früh sind wir am Sonntag zu unseren Trainingsfahrten aufgebrochen. Gegen 7 Uhr reihten wir uns in einer der Ortschaften, die wir gerade passierten, unter die Kirchgänger ein. Um sie ob unserer sportlichen Kleidung nicht zu verärgern, knieten wir stets weit hinten in den Bänken, wo mein Bruder sogleich seinen Kopf auf die gefalteten Hände legte und fast augenblicklich in tiefen Schlummer fiel."*

Gestartet wird in Drasenhofen an der tschechoslowakischen Grenze, weil er vom Großglockner der am weitesten entfernte Ort in Österreich ist. Das Bahngeld nach Drasenhofen kann man sich nicht leisten, also entschließen sich Elfi und Sepp, auch die 300 Kilometer von Graz zu radeln.

„Mein Bruder übernahm die Funktion eines Mechanikers, ich verwaltete die Kasse, hatte für das Essen und die Wäsche zu sorgen. Als erstes färbte ich zwei weiße Leibchen mit gelber Stofffarbe und nähte Steiermark-Wappen drauf. `Gelbe Trikots´, so wie sie die Besten der Österreich-Rundfahrt trugen, sollten auch für uns Zeichen des Sieges sein, falls wir den Glockner erreichten."

Schwer hingen die Rucksäcke auf den Gepäckträgern: Werkzeug, Ersatzreifen, ein altes Wehrmachtszelt, Wäsche und Tourproviant sind mit von der Partie. Schon vom Start an gehen sie an die Grenze ihrer Kräfte: *„Bald aber rächte es sich, dass wir über 300 km ohne wesentliche Rast gefahren waren und schon die zweite Nacht im Sattel saßen. Wir begannen, das Gleichgewichtsgefühl zu verlieren und zogen im winzigen Licht unserer Scheinwerfer gefährlich oft im Zickzack-Kurs dahin. Wenn es gar nicht mehr weiterging, legte wir das Rad zu Seite und warfen uns in den Straßengraben."* Nach einigen Zwischenfällen, einen Lenkerbruch und einer vorübergehenden Festnahme der Jugendlichen durch die Polizei erreichen die Geschwister das Ziel: *„Irgendwann habe ich die vorletzte Kehre erreicht und das Zieltransparent gesehen. Ich legte mein Rad*

Felix Damm am Glockner

auf den Boden und prägte mir das Bild für alle Zeiten ein: `Nie wird es für mich einen größeren Sieg geben´, fühlte ich.

Als ich das Rad aufheben wollte, brachte ich es nicht mehr hoch. Ein Tourenfahrer, der ebenfalls zum Fuschertörl unterwegs war, hat mir geholfen und mich zu trösten versucht, weil unentwegt Tränen über mein Gesicht rollten." Im Ziel werden die Tourenpässe abgegeben und die Teilnehmerplaketten entgegengenommen. „Auch ein Säckchen mit einer Tafel Schokolade und einem Packerl Manner-Schnitten gab es als Willkommensgruß und so habe ich mich etwas abseits auf einen Stein gesetzt und diese Köstlichkeiten andächtig verzehrt."

Der Großglockner war bewältigt – jetzt wuchs in Elfi Werthan die Sorge, wieder rechtzeitig in Graz zu sein: In drei Tagen musste sie zur Drogisten-Diplomprüfung antreten. Die beiden schaffen zurück in zweit Tagen, auf sie wartet ein großer Empfang mit Fahne und Blumen. *„Und doch war das Glück erst vollkommen, als ich am Tag darauf die Drogisten-Diplomprüfung bestand"*, so die nachmalige Sportjournalistin in ihren Erinnerungen. *(Auszug aus: WERTHAN)*[121]

---

121 Werthans Bruder Sepp wird Radrennfahrer, Elfi Werthan siegt noch bei der Steiermark-Sternfahrt 1958 (1030 km in sechs Tagen), wendet sich dann der Leichtathletik zu, wo sie sich im Diskuswerfen versucht und im Kugelstoßen, Speerwerfen und Geländelauf Erfolge feiert. Als Reporterin der „Tagespost" berichtet sie u.a. von der Österreich-Radrundfahrt und fungiert bei Wolfgang Faschings erster Teilnahme am Race Across America als Pressebetreuerin. Später arbeitet Werthan für „Kurier" und „Steirerkrone", heute ist sie als freie Autorin tätig.

Frauen-Job
Einspeichen
bei Puch,
70er-Jahre

8 Die steirische Fahrradindustrie

Die steirische Fahrradindustrie fokussiert sich zu Beginn des 20. Jahrhunderts auf Puch und Styria. In der Zwischenkriegszeit entstehen in Graz-Puntigam zwei Produktionsstätten, die „Montana Fahrradwerke" und die „Grazer Motorenwerke" („Titan"), die allerdings nur von kurzem Bestand sind und - ebenso wie die Styria-Werke - die Wirtschaftskrise und deren Auswirkungen in den 30er-Jahren nicht überleben. Aus den Resten der Pleite-Betriebe erwachsen 1937 die „Steirischen Fahrradwerke Junior", die sich in der Kriegs- und Nachkriegszeit zum - nach Puch - zweiten wichtigen Fahrradindustriebetrieb der Steiermark entwickeln und etwa im Rennsport für einige Zeit sogar den „großen Bruder" überflügeln. Auch in Leibnitz werden beim Sattel- und Fahrradteileerzeuger Brüder Assmann 1937 bis 1945 komplette Fahrräder produziert. Mit dem Ende von Junior 1975 und des Puch-Zweiradwerks 1987 geht die Ära der Fahrradindustrie in der Steiermark zu Ende.

8.1. Styria-Werke: „Aus" nach Streiks und Wirtschaftskrise

Nach dem Ausstieg von Puch bei den Styria-Werken 1897 holen die deutschen Eigentümer den ehemaligen Puch-Mitstreiter Ing. Victor Rumpf als Direktor an Bord. Rumpf, der sich selbst gemeinsam mit Puch als Gründer der österreichischen Fahrradindustrie sieht, (RUMPF 1927, 3) hat sich 1893 mit dem Einstieg der Bielefelder Maschinenfabrik zurückgezogen. Das Unternehmen scheint gesund, beschäftigt rund 400 Leute und erzeugt jährlich rund 23.000 Fahrräder komplett oder in Teilen. (Grazer Tagblatt 24.3.1908, 3) Der Exportanteil ist hoch – er beträgt über 50 Prozent der gesamten steirischen Ausfuhr an Fahrrädern. (ASZ V/13/1904)

1899, als Puch wieder mit einer eigenen AG verstärkt auf den Plan tritt, gibt es markenrechtliche Streitigkeiten[122] und bei Styria schlägt man bewusst einen anderen Kurs ein: Der Aufwand für Reklame wird reduziert, der Radsport-Etat gestrichen – lediglich die Werbe-Postkarte, die Franz Gerger hinter einem Sechssitzer auf der Rennbahn

Kataloge der Styria-Dürkopp-Werke
1930

zeigt (=> Bild S. 63), wird noch in großen Mengen und auch außerhalb Österreichs gratis unter die Leute gebracht. Die Strategie der Styria-Fahrradwerke lautet: Durch die Güte der Erzeugnisse überzeugen. So bietet man 1900 als Neuerungen u. a. staubdichte Lager, ein neues Styria-Patent-Kurbelgetriebe, Innenbremse und einen stählernen Kettenkasten an. Dabei wird darauf hingewiesen, dass mit Ausnahme der Leder- und Gummibestandteile und der Glocken alles selbst erzeugt wird. (ASZ I/17/1900)

Die Strategie geht jedoch nicht wirklich auf: Puch, der massiv das „echte Puch-Rad" bewirbt und ab 1903 dem sportbegeisterten Publikum seine Motorräder anpreist, erzwingt Gegenmaßnahmen – beispielsweise in Form von Inseraten, die man sich eigentlich sparen wollte. Auch in der Produktpalette zieht man nach und bringt 1905 ein Motorrad auf den Markt, das allerdings mit einem zugekauften Motor ausgestattet ist, was wiederum von Puch werbestrategisch gegen die Konkurrenz verwendet wird.

Inzwischen gärt es auch wieder in der Arbeiterschaft. Tatsächlich scheint die Werksleitung zumindest auf die Qualität der Arbeitsplätze nicht sehr geachtet zu haben: Schon 1900 werden die Einrichtungen zur Staubansaugung bemängelt – wie übrigens bei Albl und Cless & Plessing auch – und davon, wie Victor Rumpf mit der Behörde umgeht, zeugt die Antwort auf ein Schreiben des Stadtphysikus, in dem dieser beanstandet, dass die Arbeiter Wasser aus dem Mühlgang zum Waschen verwenden müssten: Wahrscheinlich stamme die Trübung vom Rost, wie dies bei Wasserleitungen eben möglich sei, das Heranschaffen von Wasser aus dem Brunnen wäre zu aufwendig, eine neue Pumpe zu teuer. Außerdem: *„Wir benutzen dasselbe Wasser auch zu Vernickelungs- und anderen Zwecken in unserer Fabrikation und dürfte ferner bekannt sein, dass insbesondere für erstere Zwecke nur reines Wasser Verwendung finden darf. Es dürfte auch ferner bekannt sein, dass das Mühlgangwasser von den Wäscherinnen im ganzen Stadtgebiete zum Schwemmen der Wäsche direct im Mühlgange Verwendung findet; wenn der löbl. Stadtrat aus sanitären Grünen dagegen nichts einzuwenden hat, so glauben wir, dass das Mühlgangwasser wohl auch für die Zwecke des Händewaschens – also zur Verwendung als sogenanntes Nutzwasser – rein genug sein wird."* (StA, Gewerbeakten) Letztlich gibt sich der Stadtphysikus mit der Anbringung des Warnhinweises „Kein Trinkwasser" zufrieden.

122 So werden auf Betreiben der „Johann Puch & Comp., Styria Fahrradwerke" 400 Rahmen aus markenschutzrechtlichen Gründen konfisziert. (Centralblatt für Radsport und Athletik 10/1899, 7; zit. in: 100 Jahre 1999, 60)

Ende 1907 brechen Arbeitskämpfe aus. In der deutschen Konzernzentrale setzt man offenbar auf hartes Durchgreifen, ignoriert die Lohnforderungen und beginnt, von auswärts Arbeiter anzuheuern, um den Betrieb aufrecht zu erhalten.

Fünf Monate Streik

Arbeiterführer Michael Schacherl kommentiert später diese Vorgangsweise naturgemäß anders – für ihn zeigt sich in den Styria-Werken *„die entfesselte Bestie des kapitalistischen Terrors"*. Es kommt zu einer noch nie da gewesenen Kraftprobe, die in sich über fünf Monate hinziehenden Streiks, politischen Versammlungen und über die Medien ausgetragen wird und auch gewalttätige Formen zwischen Streikenden und Streikbrechern, Demonstranten und Ordnungskräften annimmt. Schließlich folgt eine Reihe von Prozessen gegen Streikende, die mit Urteilen enden, die von Arbeiterseite als Klassenjustiz empfunden werden.[123]

Direktor Rumpf verkündet den Streikenden mit 6. Februar eine letzte Frist, nach deren Verstreichen sie *„für alle Zukunft von der Aufnahme in unseren Werken ausgeschlossen"* würden und lässt die Streikbrecher einen Revers unterschreiben, in denen sich diese verpflichten, sich nicht der organisierten Arbeiterschaft anzuschließen. (Grazer Tagblatt 5.2.1908, 6; SCHACHERL 1920, 251) Gleichzeitig bemüht sich Rumpf, nach außen hin den Eindruck der Normalität zu vermitteln: Der Polytechnische Club bekommt bei einer Besichtigung mit Pressebegleitung vor Augen geführt, dass die Arbeiter im Werk auch essen und schlafen, damit sie aus Sicherheitsgründen – so sind Streikbrecher am 6. Februar von einem Steinhagel empfangen, mehrere Arbeiter und Wachleute verletzt worden – das Areal nicht verlassen müssen. (Grazer Tagblatt 7.2.1908, 4; 24.3.1908, 3) Nach Zusammenbruch des Streiks berechnet der „Arbeiterwille" den Verdienstentgang für die Streikenden mit 136.840 Kronen, den Schaden für die Firma als *„kolossal"* sowie als *„durch Jahre nicht hereinzubringen"* und ruft zum Boykott von Styria-Produkten auf. (Arbeiterwille 10.5.1908, 7)

Es ist davon auszugehen, dass Puch vom Arbeitskampf in den Styria-Werken profitiert hat. Auch im Namensstreit bleibt Puch siegreich: Unmittelbar nach Ende des Streiks wird am 22. Juni 1909 die Umbenennung der Styria-Fahrradwerke Johann Puch & Comp. in Vereinigte Styria-Fahrrad- und Dürkopp-Werke AG offiziell verlautet und somit die zehnjährige Phase beendet, in der in Graz zwei Unternehmen bestanden, die den Namen „Puch" in ihrem Firmenwortlaut führten. Doch indirekt bleibt Konkurrent Puch weiter im Spiel, wie sich zeigen sollte.

1927 übernimmt die Steyr AG 70 Prozent der Aktien, die Fahrradmarken „Styria" und „Dürkopp" werden weitergeführt. Weltwirtschaftskrise und womöglich auch übergeordnete Konzernstrategien sorgen für das Ende der Styria-Fahrradwerke.[124] *„Die schwere Wirtschaftskrise hatte für die Gesellschaft eine wesentliche Verminderung des Absatzes zur Folge. Die in den Nachfolgestaaten in den letzten Jahren errichteten Fahrradfabriken beeinträchtigten durch ihre Konkurrenz das Auslandsgeschäft des Unternehmens"*, heißt es im Geschäftsbericht 1930. (Compass 1932, 759) Im letzten Quartal 1931 wird der Betrieb weitgehend eingeschränkt, am 1.1.1932 schließlich ganz eingestellt und die Erzeugung überwiegend in die Steyr-Werke, zu einem geringeren Teil in die Puchwerke verlagert. (Compass 1933, 758)

8.2. Das Puch-Rad - ein Mythos lebt

„Nach dem 1. Weltkrieg war für Graz zuerst die Fahrraderzeugung und anschließend die Motorradproduktion für die Wiedererstarkung des Betriebes ausschlaggebend", schreibt Rudolf Krammer, zuletzt Leiter der Zweirad-Produktion. (Bürgerinitiative Puch 1987, 15) 1919 wird ein Neubau für die Fahrraderzeugung in Betrieb genommen, der in der Folge mit modernen Werkzeugmaschinen ausgestattet wird. (Steirischer Radsport 8.5.1932) 1928 werden die Puchwerke AG und die Österreichische Automobil-Fabriks AG unter Patronanz der Österreichischen Daimler-Motoren AG zur „Austro-Daimler-Puchwerke AG" fusioniert. Die Autoproduktion wird aufgelassen, die Fahrrad- und Motorräderproduktion hingegen ausgebaut. Zu dieser Zeit beschäftigt man 1200 Angestellte und Arbeiter. (Graz 1928, 367) Ein Rundgang anno 1932 beschreibt eine Schmiede, in der teils auf warmem, teils auf kaltem Wege alle gestanzten, gepressten Teile aus dem Rohmaterial hergestellt werden. Die Verbindungsmuffen der Rahmenrohre und der Vordergabeln werden aus Blech gepresst.

Direkt daneben werden diese leichten, aber hochfesten Teile *„auf nahezu ganz maschinellem*

---

[123] So wird der Tischlergehilfe Anton Schmied zu zwei Monaten Kerker verurteilt, weil er am 6.2.1908 als Streikposten einem Wachmann bei einer Rangelei ein Salz-Pfeffer-Gemisch in die Augen streut und ihn leicht verletzt. (Grazer Tagblatt 15.2.1908, 15) Insgesamt kommt es zu 103 Anklagen und 95 Abstrafungen. (Arbeiterwille 10.5.1908, 7)

[124] Die 1934 erfolgte Fusion mit der Steyr AG, die nach Zusammenbruch ihrer Hausbank seit 1930 – wie Daimler - im Besitz der Kreditanstalt am Hof ist, und die Verlagerung der gesamten Fahrradproduktion in das Puch-Werk legen diese Vermutung nahe. Schon 1932 werden die „österreichischen Qualitätsräder Puch, Styria, Dürkopp und Steyr" in Inseraten gemeinsam beworben.

Linke Seite:
Werbung für Puch-Markenräder, um 1940

Rechte Seite:
Emil und Loni Trenkler aus Chicago mit steirischen Wurzeln haben Ende der 60er-Jahre bei „Sears" Räder „made in Austria" gekauft und lange in Gebrauch gehalten (Aufnahme 2004)

Ganz rechts:
Motiv aus Puch-Katalog Mitte der 70er-Jahre für den US-amerikanischen Markt

Weg" geschweißt. In der Maschinenhalle sind automatische Stoßmaschinen für die Vierkantlöcher der Drehkurbeln, Maschinen zum Gruppenfräsen z. B. der Kettenräder, Mehrspindelbohrmaschinen zum gleichzeitigen Bearbeiten eines Werkstücks von mehreren Seiten sowie Gewinderollmaschinen, mit denen die Lenker gebogen werden. Die nächste Abteilung beherbergt die Rahmenmontage: Nach dem Zusammenfügen der Teile durch Rahmenpressen werden die Rahmen durch elektrische Punktschweißung, an weniger zugänglichen Stellen autogen fest verfügt, bevor sie in die Löterei kommen. Dort werden die Rahmen durch Tauchlötung endgültig verbunden, in der Entmessingungsanlage wird dann noch das überflüssige Messinglot auf elektrolytischem Weg entfernt. Mit Sandstrahlgebläse und Poliermaschinen gesäubert und geschliffen, sind sie dann für die Lackiererei oder die Vernickelung bereit. Der Emaillack wird in drei Schichten durch Tauchen oder im Spritzverfahren aufgebracht, dazwischen wird in Emaillieröfen getrocknet.

In der Vormontage werden die kleineren Teile wie Pedale montiert und die Räder gespeicht. Das Zentrieren der Laufräder geschieht mit optischen Zentrierapparaten. Abschlossen wird die Fabrikation durch die Montage am laufenden Bande. *„Hier sehen wir weitgehende Unterteilung der Arbeit und können die modernsten Montagebehelfe, wie mechanische Kurbelpresse, elektrische Schraubenzieher etc. bewundern"*, geht die Besichtigung ins Finale, ehe der Feinschliff für verschiedene Typen wie Touren-, Luxus- und Luxussporträder – letztere unterscheiden sich durch eine besonders elegante Ausstattung, farbigen Rahmen und technische Details wie Bowdenbremse und Flügelmuttern an den Laufrädern. (Steirischer Radsport 8.5.1932)

1934 entsteht aus der Fusionierung mit Steyr der Konzern Steyr-Daimler-Puch AG, im folgenden Jahr wird die gesamte Fahrradfertigung in Graz konzentriert – fortan kommt auch das „Waffenrad" aus Graz.

Die Nationalsozialisten verwenden die Fabrik als Rüstungsbetrieb, ein Drittel der Belegschaft rekrutiert sich aus Zwangsarbeitern und Kriegsgefangenen, (KARNER 2000, 359) die zum Großteil in einem Lager im Bereich der heutigen Murfeldsiedlung interniert sind. Man ist auch Arbeitgeber für die KZ-Lager Aflenz bei Leibnitz und Peggau. (KARNER 2000, 254) Die Puch-Werke sind der größte reichsdeutsche Fahrraderzeuger: 1938–45 werden 140.000 Truppenfahrräder produziert.

(SCHAUSBERGER 1970, 195) Bombentreffer richten vor allem im 1941/42 neu errichteten Werk in Thondorf (heute Areal von Magna-Steyr) schwere Schäden an.

90 Prozent Eigenfertigung

Schon im Herbst 1945 wird in der Puchstraße wieder mit der Produktion von Fahrrädern begonnen. Mit Jahresende sind es 8.164 Stück, die das Werk verlassen. Bis Ende 1947 werden 50.000 Einheiten produziert, (100 Jahre 1999, 61) wobei man sich wegen der Zulieferprobleme auf zwei Modelle in Damen- und Herrenausführung beschränkt. (HAFNER 1992, 108) Die ersten Freilaufnaben gehen auch in den Export, der bei den Fahrrädern erst 0,3 Prozent beträgt. (KARNER 2000, 359) 90 Prozent der Bestandteile werden selbst angefertigt – am Ende der Zweiradproduktion kommen nur noch Rahmen und Gabel aus dem eigenen Haus.

1949 kommt man mit 500 Stück bereits auf die doppelte Tagesproduktion an Fahrrädern wie vor dem „Anschluss", zusätzlich werden 1700 Freilaufbremsnaben, Lichtanlagen, Ersatzteile, Ketten ausgestoßen. 1961 fertigt man 600 Fahrräder, 2000 Freilaufnaben und 1500 Dreigangnaben pro Tag.

Eine Spitze in der Fahrradketten-Produktion wird 1957 mit 366.000 Stück erreicht. (KRASSER 1962, 49)

Die Fahrräder wurden unter den Markennamen „Puch" und „Styria", die Luxus-Version unter „Austro-Daimler" verkauft. Die legendären Modelle dieser Zeit: S 50 (1949), S 60 (1950), beide auch mit Sturmey-Archer-Dreigangnabe zu haben, „Bergmeister" (1952) und „Jungmeister" (1953).

Sprung über den Großen Teich

Inzwischen ist auch der Export voll angelaufen: Gibt es zunächst eine starke Fluktuation an Abnehmerländern,[125] bringt die 1953 mit der US-Kaufhaus-Kette „Sears" paktierte Kooperation nun einen neuen Schwerpunkt auf dem Übersee-Export.[126] Der Großteil der 3-Gang-Naben- und Freilaufnaben-Produktion und rund 70 Prozent der Fahrrad-Produktion geht in die USA, die 1956 rund 97 Prozent der Puch-Exporte kauft; 1958 beträgt der Puch-Anteil am US-Importmarkt 8,3 Prozent.

Zwischen 1956 und 1960 werden jährlich zwischen 110.000 und 130.000 Fahrräder, 200.000 bis 310.000 Freilaufnaben, 90.000 bis 150.000 Drei-

---

125 1947: 44 Prozent nach Bulgarien, 25 Prozent nach China, 18 Prozent nach Brasilien; 1948: 94 Prozent nach Jugoslawien; 1950: 27 Prozent nach Mexiko, 20 Prozent nach Rumänien, 15 Prozent nach Tanger, 11 Prozent nach Jugoslawien. (KRASSER 1962, 61ff)
126 Eine Spitze wird bei Fahrrädern 1955 mit 119.859 erreicht, bei den Freilaufnaben liegt der Höhepunkt 1959 mit 195.480 verkauften Stück. (KRASSER 1962, 63ff) Die US-Exporte werden auch unter dem Namen „J.C. Higgins" über den Fahrradhandel vertrieben.

Linke Seite:
Arbeit in der Fahrrad-Montage bei Puch, 1962

Rechte Seite:
Mit dem Fahrrad auf dem Dach ins Grüne: Puch hat auch Fahrradträger im Angebot, Katalog 70er-Jahre

gang-Naben und 210.000 bis 240.000 Pedale hergestellt. (KRASSER 1962, 58) Wie sehr auch Zulieferer und Nebengewerbe von dieser Entwicklung profitieren, lässt sich allein daran ermessen, dass Puch mit 26 Großhändlern und 452 Zweiradhändlern Verkaufsabkommen hat. (KRASSER 1962, 108)

1954 wird die Angebotspalette im Zweirad zusätzlich zu Motorrad (seit 1903) und Motorroller (seit 1952) um das Moped erweitert, das in direkter Konkurrenz zum Fahrrad steht. Entstanden aus der ursprünglichen Idee, Fahrräder mit Hilfsmotoren auszustatten, sollten „von der Möglichkeit der führerscheinfreien Benützung eines motorisch betriebenen Fahrzeugs (…) neue und breite Käuferschichten angesprochen" werden: „Einerseits fand die Jugend im Moped das geeignete Gerät, um sich mit den modernen Verkehrsverhältnissen schon vor der Führerscheinreife vertraut zu machen und andererseits bot das Moped vielen älteren Leuten, die schon die Aufregungen und Mühen einer Führerscheinprüfung scheuen, die Möglichkeit, sich angenehmer und müheloser als mit dem Fahrrad fortzubewegen. Wesentlicher war vielleicht noch die Tatsache, dass dieses billigste der mit Motorkraft betriebenen Fahrzeuge einem echten Bedürfnis entsprach, ein wirtschaftliches und anspruchs-

loses Fahrzeug zur Zurücklegung des Weges von und zur Arbeitsstätte zu haben. Laufend erfolgte Fahrpreiserhöhungen bei den öffentlichen Verkehrsmitteln trugen das ihrige dazu bei, dass das Moped rasch an Popularität gewann und richtiggehend zum Fahrzeug des kleinen Mannes wurde". (KRASSER 1962, 52f)

„Spannerin" - Fingerfertigkeit um wenig Geld

Auch wenn viel dafür getan wird, dass sich die Beschäftigten wohl fühlen und mit sozialen Einrichtungen vom Werks-Freibad über einen eigenen Zahnarzt bis zu Urlaubsaktionen an der Adria Firmenbindung geschaffen wird – die Arbeit am Fließband ist monoton und teilweise schwer, vor allem im Akkord. In der Fahrradproduktion sind mehr Frauen als Männer beschäftigt, während im Gesamtbetrieb Anfang der sechziger Jahre ein Verhältnis von etwa 3:1 zu Gunsten der Männer besteht. So gilt etwa die Speichenmontage als typische Frauenarbeit wegen der dazu benötigten Fingerfertigkeit, wie in einer staatswissenschaftlichen Dissertation von 1962 erläutert wird: „`Spannerinnen´ sind Frauen, die mit dem Einziehen von Speichen in die Felgen von Fahrrädern oder Mopeds beschäftigt sind. Anschließend müssen sie die Speichen an den Speichennippeln mittels eines Schlüssels spannen, und zwar so, dass die fertigen Räder schlagfrei laufen. In der Normalschicht von acht Stunden beträgt die Durchschnittsleistung einer Spannerin 80 Laufräder, wozu sie 2880 Speichen spannen muss." (KRASSER 1962, 80) Dabei müssen Frauen, auch wenn sie Männerarbeit leisten, mit 15 bis 20 Prozent weniger Verdienst rechnen, wie Puch-Arbeiterin Alma Reiter berichtet. Reiter, die von geregelten Toilettenzeiten, aber auch von Prämien für Verbesserungen erzählt, hat sich selbst bei der schweren Arbeit ein Wirbelsäulenleiden zugezogen. (Protokoll FGWG 8/11.3.1999) Man sucht auch die Zusammenarbeit mit dem Odilien-Blindeninstitut: Die besonders fingerfertigen Blinden besorgen das Einspeichen, picken die Kugeln in die Lagerschalen ein, montieren Stangenbremse und Glocke für das Styria-Waffenrad, wie sich Zweirad-Controller Josef Benze erinnert. (Protokoll FGWG 8/11.3.1999)

Renn- und Kunstrad-Team

Wie schon in den frühen Jahren durch den Firmengründer Johann Puch setzt man in den 50er-Jahren wieder auf den Radsport als Werbeträger: Motiviert durch den erfolgreichen RV Junior der Konkurrenz baut Puch ab 1950 einen eigenen „Rennstall" auf, dem es mit Edi Ignatovic und Franz Durlacher sowie Franz Vychodil als Mechaniker gelingt, in die absolute Spitze vorzufahren. Die Fahrer sind zum niedrigsten Lohn bei Puch angestellt – erst später gibt es Prämien für Siege, weiß der frühere Rennradler und langjährige Radsportfunktionär Hans Propst. (Protokoll FGWG 8/11.3.1999) Noch in den sechziger Jahren wird neben dem Renn- auch das Kunstradfahren betrieben. Den beiden Teams stehen eigene Trainingsräumlichkeiten zur Verfügung, die Radrennfahrer haben darüber hinaus noch einen eigenen Werkstättenraum. (KRASSER 1962, 99)

Mit dem 1978 neu formierten Puch-Rennteam (Walter Eibegger, Rudi Mitteregger, Siegfried Seitinger, Hans Summer) gelingen auch einige schöne Erfolge.

Schlingernde Strategie

1966 will man mit dem Klapp- und Minirad den Anforderungen der Auto fahrenden Kunden gerecht werden, 1969 wird der aus Amerika kom-

Vor dem „Ausphasen": Josef Benze mit einem „Royal Force"

mende Modetrend des Highrisers aufgegriffen. Der Verfall des Dollar-Kurses bringt Anfang der 70er-Jahre das USA-Geschäft ins Trudeln, die Firmenleitung sieht sich nach anderen Exportmärkten um.[127] Gleichzeitig steigt jedoch der Konkurrenzdruck aus Billiglohnländern vor allem des Fernen Ostens, worauf man wiederum mit Qualitätsprodukten im Sportsegment („Mistral") bis hin zum 8,40 kg leichten „Alutron" (1979) zu kontern versucht. Aktuelle Neuentwicklungen, wie das Freestyle-BMX-Rad oder ein Puch-Mountainbike (1983), werden ausschließlich oder zunächst nur am US-amerikanischen Markt angeboten. (STRUBREITER 1999, 61) Auch solide Stadträder werden zwar exportiert, ein 1982 für den heimischen Markt auf Druck von Politik und Initiativen angekündigtes Modell – mit Akkulicht, geschlossenem Radkasten, integriertem Schloss und Speichenschützern am Hinterrad – geht nie in Produktion.[128] Ein letzter Höhepunkt in der Fahrradproduktion wird 1980 mit 310.000 Stück erreicht. Dann geht's bergab. *„Ab 1983 wurde die Lage immer trister"*, berichtet der Controller Benze. (BENZE 1999) Der Belegschaft wird vorgerechnet, dass man mit den bestehenden Stückkosten auf dem Weltmarkt nicht konkurrenzfähig sei, die Mitarbeiterschaft wirft der Konzernleitung Missmanagement vor. Die Overhead-Kosten seien überproportional dem Zweirad zugerechnet worden, das nunmehr als Verlustbringer gehandelt wird. Auch in den USA seien Milliardenverluste eingefahren worden. Nun verlagert sich der Schwerpunkt der Konzernstrategie zunehmend vom Zweirad- in den Vierrad-Bereich.

Das Ende: Für immer radlos

Mit der Umsetzung des Sanierungskonzepts VK 90 werden auch hohe Beträge in die Modernisierung der Produktionsanlagen für das Zweirad investiert. So wird der Rahmenbau modernisiert und von Tauch- auf Massenlöten und Computerschweißen umgestellt. Vor der Abstoßung des Zweirads kommt die Neugliederung oder, wie Kritiker meinen, die „Zerschlagung" des Konzerns: Mit 1.1.1987 entstehen drei selbstständige Gesellschaften (darunter die Steyr-Daimler-Puch Fahrzeugtechnik GmbH, SFT) sowie 16 selbstständige Bereiche. Die Weichen sind schon vorher gestellt worden: Im Spätherbst 1986 beschließt der Aufsichtsrat gegen die Stimmen der Belegschaftsvertreter das „Ausphasen" des Zweirades.

127 Gelungen ist das z. B. mit einem Geschäft über die Lieferung von 2700 Standardrädern, das mit Ugandas Diktator Idi Amin abgeschlossen wird. (MAIER-PATZKE 1978, 70) Angeblich war Amin vom Puchrad so begeistert, weil es sein Gewicht problemlos aushielt.
128 Erwin Gsöll hat anno 1982 für Puch das „Stadtrad" präsentiert. Der Marktauftritt ist für März 1983 angekündigt gewesen. (NZ 30.10.1982, o.S.; Info Gsöll)

„Es ist vielleicht eine Ironie des Schicksals, dass jener Ing. Franz Weiss in der Endphase der Zweiradproduktion zum Direktor der SDP bestellt wurde, um das Puch-Zweirad zu sanieren. Böse Zungen behaupteten, dass er das, was über ein Jahrhundert niemand geschafft hatte, nämlich das Puchrad endgültig in die Sackgasse zu manövrieren, geschafft habe. Ing. Franz Weiss war auch jener Mann, der die Verhandlungen mit Piaggio über den Verkauf des Zweirades geführt hat", schreibt Josef Benze bitter über diesen letzten Akt.[129]

Die Schließung des Zweiradwerkes stellt zweifellos die tiefgreifendste Zäsur in der Firmengeschichte dar. Bei einer Demonstration vor der Creditanstalt in der Herrengasse gibt es letzte verzweifelte Rettungsappelle, so auch von Rudolf Krammer: *„Das Puch-Zweirad gehört zu Graz wie der Uhrturm zum Schlossberg."* (Bürgerinitiative Puch 1987, 27) In Liebenau konstituiert sich ein Bürgerkomitee unter der Leitung der Ärzte Gustav Mittelbach und Rainer Possert und setzt alle Hebel in Bewegung, um die Schließung zu verhindern.

Doch das Ende ist nicht mehr aufzuhalten: Am 26. Februar 1987 wird der Verkauf an die Fiat-Tochter Piaggio besiegelt, die Zweiradproduktion läuft im Zuge des Jahres aus, die Maschinen werden demontiert und nach Italien gebracht.[130] Gewisse Betriebsmittel, die für die Zweiradfertigung notwendig gewesen sind, werden nun einer neuen Nutzung zugeführt. So werden in der Galvanik Stoßstangen verchromt, die Zweirad-Halle erlebt ihre „Verallradisierung". (WEHAP 1992, 69)

Zwar minimiert der Umstand, dass zu dieser Zeit die Produktion des Mercedes-Geländewagens „G" und des VW-Transporters voll anläuft, die Zahl der unmittelbaren Freisetzungen, es kommt jedoch zu großen Veränderungen in der Belegschaftsstruktur. Haben die Serienarbeiter früher rund 60 Prozent der Belegschaft – darunter mehrheitlich Frauen – ausgemacht, sind nun angelernte Hilfskräfte immer weniger gefragt. Von den ursprünglich 1800 „Zweiradlern" werden letztlich noch 650 in den Vierrad-Bereich „umgeschichtet". Für die ehemaligen Zweirad-Arbeiter bedeutet der Wechsel mehr Lohn, aber auch mehr Leistungsdruck. Für viele angelernte Arbeiterinnen bringt die Umstellung schwerere körperliche Belastung mit sich: Anstelle der verhältnismäßig leichten Fahrrad- und Mopedteile müssen nun Autoteile manipuliert werden.

Seitens der damals Verantwortlichen wird die Schließung des Zweirad-Werkes nie als Fehler bezeichnet. Noch 1990 meint SDP-Vorstandsdirektor Otto Voisard auf den Hinweis, dass das Fahrrad inzwischen wieder einen Boom erlebe: *„....im Vergleich zur Zeit vor zwanzig Jahren ist auch die derzeitige Nachfrage mickrig. Damals fuhr noch jedermann Rad, heute ist es lediglich ein Freizeitvergnügen, ähnlich wie Hula-Hoop-Reifen".* (Wochenpresse 27.4.1990, 36) Im Nachschlagewerk „Die Steiermark im 20. Jahrhundert" wird die Entscheidung für den Verkauf des Fahrradbereichs höflich als *„etwas kurzsichtig"* bezeichnet. (KARNER 2000, 445) Aber sie folgt dem Megatrend, der in Richtung voll motorisierte (und möglichst verallradisierte) Gesellschaft ging und geht, wobei einschränkend sicher zu sagen ist, dass selbst bei einer Ausgliederung und Weiterführung heute wohl nur noch die Entwicklung und vielleicht eine teilweise Assemblierung am Standort Graz verblieben wären.

Dass der Mythos „Puch-Rad" auch heute noch lebt, dafür sorgen nicht nur Sammler und Alltagsradler, die in der Steiermark und darüber hinaus mit den Oldtimern „made in Styria" den Straßenraum noch recht zahlreich bevölkern, sondern auch die dänische Firma „Cycle Europe", der größte Fahrraderzeuger Europas und Inhaber mehrerer Fabriken und Brands (u.a. Peugeot, Bianchi), der heute „Puch"- Fahrräder im Mittelpreis-Segment anbietet.

8.3. Junior: Der Löwe aus Puntigam

In der Zwischenkriegszeit entstehen in Graz-Puntigam zwei Produktionsstätten, an denen auch Fahrräder gebaut werden: Die „Montana Fahrradwerke" der Alpenländischen Karosseriefabrik AG und die „Steirischen Fahrradwerke Junior", die aus den Steirischen Fahrzeugwerken und der Grazer Motorenwerke AG hervorgehen. Das Junior-Werk von Franz Weiß entwickelt sich in der Kriegs- und Nachkriegszeit zum – nach Puch – zweiten wichtigen Fahrradindustriebetrieb der Steiermark, etwa im Rennsport überflügelt er in einigen Phasen sogar den großen Konkurrenten.

„Titan" und „Montana"

Die 1921 unter Mitwirkung des früheren Puch-Financiers Viktor Kalman konstituierte Alpenländische Karosseriefabrik ist aus der Umwandlung

---

[129] Weiß sieht zwar auch heute die Verkaufsentscheidung als richtig an, räumt aber ein, dass das Fahrrad - im Gegensatz zum defizitären Moped - nicht in das *„Auto-Produktionsdenken"* gepasst hat: *„In den Führungsetagen von Steyr-Daimler-Puch ist nie eine Person gesessen, die das Fahrrad von Branche und Produktkenntnis her verstanden hat."* (Interview-Auszug, in: FGWG 1999, 108ff)

[130] Die Fahrradmarke „Puch" existiert weiter: Zunächst bei Piaggio, dann beim schwedischen Sportartikelhersteller „Monark Stiga" und schließlich beim dänischen Fahrradhersteller „Cycle Europe", der in Frankreich produziert und seine Modell-Palette seit dem Frühjahr 2003 auch im österreichischen Fahrrad-Handel anbietet.

Das neue Marken-Fahrrad „Titan"

Die Überraschung
und der Wunsch
aller Fachkreise!

Sorgfältigste Arbeit, gediegenste Ausstattung, hochwertige Qualität!

Werbung für „Titan"-Fahrräder, produziert bei den Grazer Motorenwerken und Marken-Logos

der Alpenländischen Karosserie- und Wagenbaufabrik GesmbH in eine AG entstanden. 1925 bis 1930 produzieren die zur AG gehörenden „Montana Fahrradwerke" in der Triester Straße 78/80 Fahrräder und Fahrradbestandteile, daneben aber auch Karosseriebauteile und Wintersportgeräte. (Compass 1927, 926) Wie ein Blick auf die im „Steirischen Radsport" veröffentlichten Inserate zeigt, werden unter dem stilisierten steirischen Panther als Logo „Präzisions-Fahrräder" angepriesen (1926), die angeblich „überall begehrt" sind (1927) und dessen Qualität und Beliebtheit ein „von Jahr zu Jahr verdoppelter Umsatz" (1928) beweise. Über den tatsächlichen Geschäftsgang bzw. die Produktions- und Verkaufszahlen gibt es keine Hinweise: Anzunehmen ist, dass – wie auch bei den Styria-Fahrradwerken – die Weltwirtschaftskrise eine entscheidende Rolle dabei spielt, dass eine außerordentliche Generalversammlung am 22. Oktober 1930 die Auflösung der Gesellschaft beschließt. (Compass 1931, 645) In den folgenden Jahren übernimmt Puch kurzzeitig den Namen „Montana" für ein Modell.

Nicht weit entfernt, auf dem Areal der ehemaligen Autoreparaturwerkstätte der Heeresverwaltung Feldhofstraße 49 (später Alte Poststraße 307 und 408) wird 1920 ein wirtschaftliches Experiment gestartet: Republik, Land und Stadt gründen die „Steirischen Fahrzeugwerke, gemeinwirtschaftliche Anstalt". (FGWG 1999, 110) Dabei handelt sich um die einzige in der Steiermark tatsächlich durchgeführte Sozialisierung, die vom Parlament in Wien unter dem Sozialdemokraten Otto Bauer initiiert wird und das Ziel einer von der öffentlichen Hand dominierten Volkswirtschaft ist. (KARNER 1986, 179)

Gefertigt werden ab Herbst 1921 Hilfsmotoren namens Austro-Motorette, die auf jedes Fahrrad montiert werden können, sowie Zweizylinder-Leichtmotorräder. Doch schon bald stellen sich Probleme ein: Die „Motorette" kann bald überhaupt nicht mehr verkauft werden, die rund 300 Beschäftigten produzieren nur noch auf Halde, der Betrieb wird durch Bankkredite am Leben erhalten, die Eigentümer finanzieren die Defizite. Gemeinsam mit der Unternehmensgruppe Wutte[131] wird das marode Unternehmen Anfang 1926 in die Grazer Motorenwerke AG (gegr. 1923) hineinfusioniert, an dem ebenfalls das Land beteiligt ist. Ing. Willibald Rath wird Geschäftsführer. Produziert werden nun das neue schwere Motorrad „Titan" sowie Gepäcksdreiräder.

Aloisia Schützenhöfer (1913-1989) präsentiert ihr Junior-Rad, 1942

Bedingt durch die fortgesetzten wirtschaftlichen Schwierigkeiten wird der Betrieb schon 1927 vorübergehend eingestellt. Es kommt zum Ausgleich. Mit Wiener und Schweizer Geldgebern wird schließlich eine Auffanglösung versucht, Land, Bund und Stadt verzichten unentgeltlich auf ihre Firmenanteile. Als Betriebsleiter fungiert nun der bisherige Verwaltungsrat und Direktor der Pleite gegangenen Alpenländischen Karosseriefabrik, Leopold Klarmann.

Als Erzeugnisse werden 1931 im Briefkopf „Titan"-Motorräder, „Titan"-Fahrräder und Spezial-Fahrräder angeführt. Zu diesem Zeitpunkt wird die Jahreskapazität mit 1500 bis 2000 Motorrädern und 15.000 Fahrrädern angegeben, der Belegschaftsstand mit 150. Ob diese Produktionsziffern jedoch jemals erreicht wurden, ist zu bezweifeln. Zwar wird für 1931 noch ein „guter Auftragsstand" berichtet, doch schon Anfang des Folgejahres ist man wieder insolvent – diesmal ist der Konkurs nicht abzuwenden, der schließlich am 3. Juni 1932 eröffnet wird. (Compass 1934, 815)

Der „Junior" zieht ein

1934 erwirbt Franz Weiß jun. das Industrieareal in Puntigam. Sein Vater Franz Weiß hat bei Puch gearbeitet und sich nach seinem Ausscheiden 1919 als Fahrrad- und Automaterial-Großhändler in der Grazbachgasse 47, später auch in der Schießstattgasse 45, selbstständig gemacht.

Mit der Übernahme des 8.800 Quadratmeter großen Areals werden die vorhandenen Hallen der Grazer Motorenwerke teilweise weiterverwendet und teilweise adaptiert. Zu Beginn nimmt sich die Produktion mit einigen Fahrrädern wöchentlich noch sehr bescheiden aus.

1935 beginnt man mit dem Bau einer Montagehalle zwischen dem alten Magazin und Lackier- und Verchromgebäude. Nachdem alle Auflagen erfüllt worden waren, erteilt die Behörde am 24. Februar 1937 die gewerbe- und baubehördliche Benützungsbewilligung für die „Fahrrad- und Fahrradteilefabrik des Franz Weiß jun.", welche bald darauf als „Steirische Fahrradwerke Junior". Um die Marke einzuführen, setzt man für damalige Begriffe moderne Werbeträger ein, wie ein Junior-Lied, das auf Schallplatte veröffentlicht wird:

---

131 Alois Wutte besitzt in Wien VII, Zieglergasse 7, ein Spezialhaus für Fahrzeug- und Motorradindustrie und erzeugt auch die „Rational" Fahrräder.

Plakatwerbung Junior

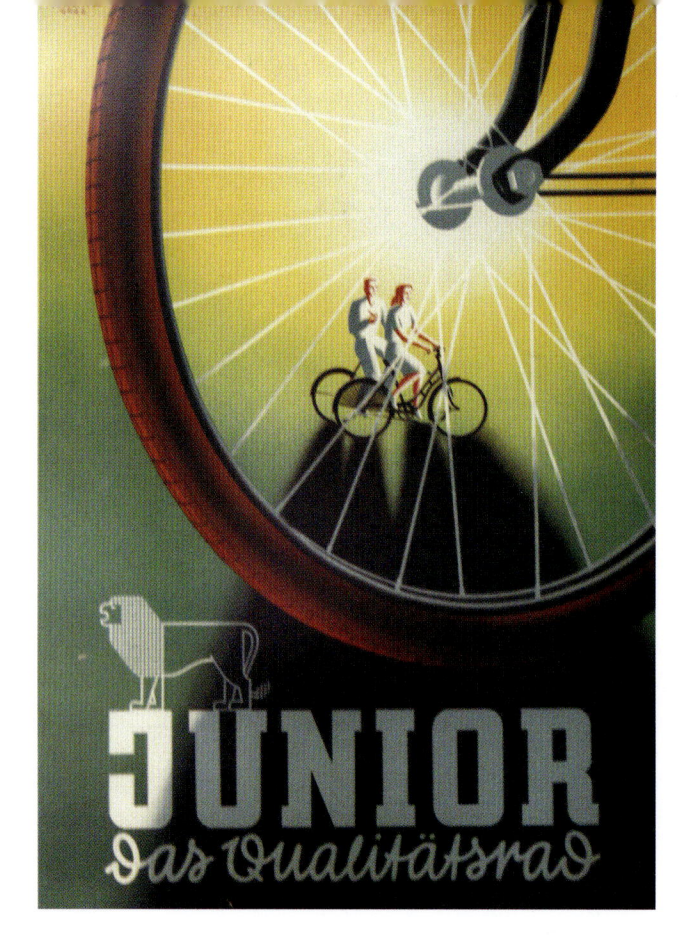

Ein jedes süße Madl
wünscht sich ein Junior-Radl
Und dazu einen netten jungen Mann.
Und hat er auch ein Junior-Radl,
so fährt mit ihm das Madl
am Sonntag so ins Grüne dann und wann!

Und stellt sich später gar ein Junior
höchstpersönlich ein,
so kann daran, verzeih´n Sie mir,
nur schuld das Junior-Radl sein.
Drum Kinder, Männer, Madln,
wollt ihr durchs Leben radln,
so kanns nur mit dem Junior-Radl sein!

Der Name scheint sich wohl aus dem Umstand hergeleitet zu haben, dass „der Junior" Franz Weiß jun. sein eigenes Werk aufbaut und sich so vom Geschäft des Seniors unterscheiden will. Ende 1940 werden die Junior-Werke in die NS-Rüstungsbetriebe aufgenommen, 1944 werden 210 Beschäftigte gezählt. (KARNER 1986, 240, 260) Mit dem Werk II entsteht in der Niesenbergergasse 67–71 eine zweite Fabrikstätte, die im 2. Weltkrieg durch Bomben völlig zerstört wird.

Aufschwung nach dem 2. Weltkrieg

Unter Führung von Ing. Franz Weiß jun. nimmt die Junior-Fahrradproduktion nach dem 2. Weltkrieg einen beachtlichen Aufschwung, das Unternehmen wächst zu einem österreichischen Paradebetrieb heran. Früher als die Konkurrenz bringt man Farbe aufs Rad und bricht die Vorherrschaft des allgegenwärtigen Schwarz. Der Löwe – zunächst mit der Pranke auf einem kleinen Globus vor dem Grazer Uhrturm, dann in kantig-aufrechter Haltung – wird zur Trademark und findet sich auch als Kotblechfigur. Noch vor Puch setzt man auf ein eigenes Rennteam, das 1949 mit Hilfe des erfolgreichen Radrennfahrers Heinz Jager aus der Taufe gehoben wird und mit Franz Deutsch einen mehrfachen Sieger der Österreich-Rundfahrt in seinen Reihen hat. Das begehrteste Produkt aus der damaligen Produktion ist das „Jagerrad", an dessen Entwicklung Heinz Jager mitgearbeitet hat.[132]

Im Jahre 1952 sind bei Junior insgesamt 300 Personen beschäftigt. In der Münzgrabenstraße 38a befindet sich das „Velo Fahrradteile-Werk Franz Weiß", wo 14 Arbeiter Fahrradteile wie Lichtanlagen, Rückstrahler oder Leichtmetallpe-

Franz Weiß jun. mit Anton und Hermann Frisch (v.l.n.r.)

dale erzeugen.

Am 17. September 1951 überschattet ein schwerer Schicksalsschlag den Familienbetrieb: Bei einem Autounfall in Gratkorn sterben Ing. Franz Weiß jun. sowie der kaufmännische und der technische Direktor. Die Drei hatten sich in den frühen Morgenstunden zu einem geschäftlichen Treffen auf dem Weg nach Wien befunden, als sie im Zuge eines Überholmanövers gegen einen Lkw krachen.

Franz Weiß sen. übernimmt im Auftrag des Vormundschaftsgerichts abermals die Werksleitung. Er sollte das Unternehmen bis 1961, bis zur Übergabe an seinen mittlerweile 23-jährigen Enkelsohn, Ing. Franz Weiß, führen. Der Bulme-Absolvent, der nicht nur den Vater, sondern auch die Mutter früh verloren hat, kann sich in seinen Jugendjahren als Radrennfahrer profilieren – er ist der einzige Werksdirektor mit Staatsmeister-Titel.

Sowohl für den alten Herrn als auch für den jungen Techniker ist die Leitung eines Betriebes dieser Größenordnung in einer derartigen Wettbewerbssituation kein leichtes Unterfangen. Ein Hauptproblem ist, dass Junior es in den fünfziger Jahren nicht geschafft hat, am boomenden Moped-Markt mitzumischen. Man baut noch einen Fahrradhilfsmotor (System Lohmann) und ist damit eine Generation zu spät dran. Die Entwicklung des knapp vor der Serienreife stehenden Mopeds „Flocky" bleibt mangels technischem und kaufmännischem Geschicks der Leitung stecken.

Puch als übermächtiger Konkurrent

Während also die Mopedwelle an Junior vorbeirollt, beginnt sich die erste Fahrradkrise der Nachkriegszeit abzuzeichnen. Verschärft wird die Situation durch den Umstand, dass der Großhandel gegen eine vertikale Konzentration (Produktion und Großhandel in einer Hand) vorgeht, was Puch Vorteile verschafft. Junior hingegen fehlen die Mengen, um kostendeckend produzieren zu können. Gleichzeitig setzt sich der Trend des Assemblings, also des Zukaufs von immer mehr Teilen und die Reduktion der Tätigkeit auf die Endfertigung, europaweit durch.

Ist in der Kriegs- und Nachkriegszeit eine möglichst hohe Eigenproduktionsquote unerlässlich (Schmiede, Härterei, Schleiferei, Galvanik, Sattelerzeugung, Lichtanlagenbau, etc.), so geht es jetzt an die Schließung jener Abteilungen, die wegen der Kleinheit der Serien im Vergleich zu

---

132 Heinz Jager, geb. 23.3.1921, erfolgreicher Rennfahrer für den RV „Wanderlust" in den Jahren 1938–48?, wird 1953 auch Obmann des RV „Wanderlust". (SD IV Ver Ra 40/1947: Statth 53-17388/1889) Bevor er zu „Junior" kommt, arbeitet er bei Assmann.

spezialisierten Teileerzeugern nicht mehr konkurrenzfähig sind. Im Jahr 1960 produziert Junior ca. 120 Fahrräder, 240 Kinderroller, 200 Kinderdreiräder und zehn Rennräder täglich. Mit der Freilaufnabe „Büffel" und dem – an das Steyr-Waffenrad angelehnten – Tourenrad „Junior Büffel" sowie dem teilweise aus Aluminium gebauten Sportrad „Edelweiß" gelingt es Anfang der 60er-Jahre dennoch wieder, mit interessanten Produkten aufzuzeigen.

Ing. Franz Weiß sieht sich genötigt, das Unternehmen umzustrukturieren. Er verkauft die beiden Großhandlungen an die frühere Konkurrenz und gewinnt so neue Kunden für seine Produkte. Das Exportgeschäft vor allem in die USA wird extrem forciert, denn – so der damalige Direktor rückblickend – *„in Österreich war Puch-Graz mit seinem Kombinationsangebot Mopeds – Fahrräder unantastbarer Marktleader".* (Info Weiß 1999)

„Go West"

Gegen Ende der 60er-Jahre zeigt sich mit einem Fahrradboom in den USA ein Silberstreif am Horizont. Die Geschäfte laufen gut, auch wenn sich die Kapazitäten bald als zu klein erweisen. Man entwickelt für diesen Markt ein zusammenlegbares Minirad („Auto-Mini"), nachdem man schon in den 50er-Jahren Erfahrungen auf diesem Gebiet mit einem 16-Zoll-Minirad gesammelt hat.

1968 zieht es Junior gegen Westen: In Köflach, wo man von der Größe des Geländes und von den Rahmenbedingungen her bessere Möglichkeiten vorzufinden hofft, wird ein Neustart unternommen. *„Junior erlag dem verlockenden Angebot, die gesamte Produktion in ein staatlich stark subventioniertes Wirtschaftsnotstandsgebiet zu verlegen"*, resümiert Franz Weiß im Nachhinein. Der Sprung von Graz nach Köflach ist allein von der Kapazitätsausweitung her ein gewaltiger: Werden in Graz zuletzt von 130 Mitarbeitern rund 160 Touren-, Sport- und Kinderräder pro Tag gefertigt, sind es nun plötzlich 1.500 Einheiten.

Wie sich zeigt, fehlt es an Eigenkapital. Dazu kommt, dass durch einen Brand gegen Ende der Grazer Ära zwei Hallen eingeäschert werden und Produktion und Auslieferung teils unter freiem Himmel bewerkstelligt werden muss, um die neuen US-Kunden nicht gleich wieder zu verlieren. Unter diesen Umständen bleiben Reklamationen nicht aus. Mit der Übersiedelung fallen zudem viele Facharbeiter weg, die nicht nach Köflach mitziehen wollen. Wie sich herausstellt, verschlingt die Umschulung von ehemaligen Bergleuten zu Fahrzeugbauern außerdem ein Vielfaches der staatlich gewährten Subventionen.

Dreimal werden die Junior-Werke von schweren Bränden heimgesucht. Der erste beschädigt im Sommer 1959 die Gießerei, der zweite äschert am 5. August 1967 das Lager und die mechanische Fertigung sowie einen Teil der Montagehalle des in unmittelbarer Nähe eines Tanklagers situierten Werkes ein. Schon vor dem zweiten verheerenden Feuer, das einen Sachschaden von rund zehn Millionen Schilling anrichtet, ist die Übersiedelung nach Köflach beschlossene Sache. Der dritte Brand schließlich vernichtet am 13. Juli 1971 das neue Werk in Köflach bis auf die Grundmauern. Der – versicherungsmäßig gedeckte – Schaden wird mit 150 Millionen Schilling beziffert.

Dollar-Absturz bringt den Fall

Der „Finanzengpass", in den Junior trotz öffentlicher Förderungen geraten ist, soll durch einen potenten Partner behoben werden: 1970 übernimmt der Konzern Stelber Industries/ New York, schon bisher Hauptabnehmer in den USA, 90 Prozent der AG. Ing. Franz Weiß bleibt Minderheitseigentümer und Geschäftsführer und kauft sich umgekehrt in die Stelber-Gruppe ein. In dieser Zeit macht Junior mit 340 Beschäftigten einen Umsatz von 230 Millionen Schilling.

Nach dem Großbrand wird das Köflacher Werk wieder aufgebaut und auf eine Hallenfläche von 4.000 Quadratmetern erweitert. 4.000 Fahrräder täglich verlassen die Fertigung, 830 Mitarbeiter sind beschäftigt. Dem Problem, dass es immer wieder zu Verzögerungen durch unzuverlässige Zulieferer kommt, will man mit Investitionen in mehr Autarkie begegnen: In Pichling kommt noch ein Tochterwerk für Sondermaschinenbau (Stahl-Industrie GesmbH, 100 Beschäftige) und in Gleisdorf eine Produktionsstätte für Fahrradteile („Silver Parts", 180 Beschäftigte) hinzu. Franz Weiß jun. setzt auf Innovation: 1973 stellt er stolz eine vollautomatische Einspeichmaschine vor, die den industriellen Fahrradbau revolutionieren und die monotone Frauenarbeit des händischen Einspeichens vergangen machen sollte.

Im Tagesgeschäft werden aber die Turbulenzen immer ärger. Schuld ist vor allem die Dollarkrise,

Nach dem Brand im Junior-Werk in Graz-Puntigam, 1967

zumal 90 Prozent der Produktion in die Vereinigten Staaten gehen. Die Leitwährung purzelt von 24 auf 17 Schilling, laut damaligem Vorstand erreicht der Schilling-Gegenwert eines in den USA erzielbaren Verkaufspreises nicht einmal mehr den Wert des Rohmaterialzukaufs: *„Innerhalb von nur sechs Monaten waren der US-Dollar und Junior am Ende"*.

Durch finanztechnische Verflechtungen über Garantien, Ausfallshaftungen, Exportfinanzierungen etc. ist, so Weiß heute, eine rasche Abwicklung des letztlich erfolgreich abgeschlossenen Zwangsausgleichs nicht möglich. Selbst Finanzspritzen der öffentlichen Hand hätten nichts genutzt, weil mit einer Neuausrichtung auf den europäischen Absatzmarkt zu große neuerliche Investitionen verbunden gewesen wären. Junior produziert für Amerika sämtliche Rahmen in geschweißter Ausführung, einer später in Europa durchwegs üblichen Technologie. Damals herrscht aber in Europa der gemuffte, gelötete Rahmen im oberen Qualitätssegment vor. Eine Umstellung auf dieses Verfahren hätte im Personal- wie Produktionsbereich enormer Anstrengungen bedurft und sechs bis zwölf Monate gedauert. Diese Zeit bleibt aber nun, Anfang 1975, nicht mehr. Die Medien titeln mit Sarkasmus: „Vom Glück und Ende der Konjunkturritter". (KLEINE ZEITUNG 16.2.1975, 2f)

Neben dem Zusammenbruch der drei österreichischen Stelber-Betriebe verliert der Konzern durch die akute Dollarkrise auch die Produktionsstätte in Portugal und die gesamte europäische Vertriebsorganisation. Diesen Aderlass verkraftet auch der „reiche Onkel" selbst nicht. Die Meldung an die Aktionäre über den Niedergang des Europa-Geschäfts hat fatale Wirkung: Die Aktie muss vom Markt genommen werden, die Konzernmutter, eben noch weltweit zweitgrößter Fahrradproduzent, geht selbst in den Ausgleich und wird anschließend liquidiert.

An Junior oder, besser gesagt, dem, was davon noch übrig ist, versuchen sich in den folgenden Jahren noch zwei weitere Sanierer mehr oder minder erfolglos, nämlich der vormalige Puch-Zweiraddirektor Quint und der deutsche Heidemann-Konzern.

8.4. Assmann: Gut gesattelt

Zu einem der wichtigsten Fahrradteileproduzenten der Monarchie, dessen Fertigung im Zeitraum

Anzeige der Brüder Assmann, um 1900

Oesterreichische Fahrradsattel Fahrradtaschen Lederwaren Brüder Assmann Reiseartikel-Fabrik Leibnitz

Buchdruckerei H. Stiasny, Leibnitz.

1937–45 auf komplette Fahrräder ausgeweitet wird, gehört die Firma Brüder Assmann in Leibnitz.

Gegründet wird die Firma von Stephan Assmann (geb. 1792), der 1806 aus dem Sudetenland einwandert und zunächst in Ehrenhausen und ab 1809 in Leibnitz ansässig ist.[133] 1816 erwirbt er in der Schmiedgasse 25 (vormals 19) eine Riemerei, spezialisiert sich aber mehr auf Sattlereiprodukte wie Sattel und Taschen, später auch Rucksäcke und Pferdegeschirr. Sohn Josef Martin (1818–1905) führt den Betrieb weiter, ihm folgt sein ältester Sohn Johann Josef (1855–1928), während die Brüder Alois (1858–1936), Emmerich (1863–1917) und Vinzenz (geb. 1861) im Jahr 1891 die Firma „Brüder Assmann" mit Sitz im gleichen Haus gründen und zu einer fabriksmäßigen Fertigung übergehen. Vinzenz scheidet bald aus und gründet in Nürnberg eine eigene Fahrrad-Sattelerzeugung.

Alois ist einer der Initiatoren des 1887 gegründeten Leibnitzer Radfahrer-Vereines (Steirischer Radsport 11.8.1927, 1) Emmerich ist später auch einige Zeit Obmann und einer der ersten Autofahrer im Bezirk.

Enge Kooperation mit Puch

In die Zeit des ersten größeren wirtschaftlichen Erfolges fällt auch der Boom der Fahrradindustrie. Der Zufall will es, dass man mit Johann Puch in Kontakt kommt, der gerade in der Grazer Strauchergasse dabei ist, seine eigene Fahrraderzeugung aufzuziehen: Eine der Assmann-Schwestern, Anna (verheiratete Pablitschek), führt in der Parallelstraße, der Annenstraße, ein kleines Geschäft mit den Lederwaren aus dem Unternehmen ihrer Brüder. Aus dieser Bekanntschaft entwickelt sich eine Geschäftsbeziehung: Offenbar überzeugt Puch die Brüder Assmann davon, ihr Sortiment auf Fahrradausrüstungsteile zu erweitern, was 1894, zunächst in Form von Fahrradtaschen, auch realisiert wird.[134] Mit Puch, dem ersten und lange Zeit besten Kunden in diesem Segment, ist das Leibnitzer Unternehmen geradezu schicksalhaft verbunden. Ebenfalls Lieferverträge bestehen mit den Firmen Franz Neger und Hans Wegscheider in Marburg.

Um auch in die Sattelproduktion einsteigen zu können, ist eine Erweiterung notwendig, die auf dem Areal der ehemaligen Zündholzfabrik Alfons Seredinsky in der Lastenstraße erfolgt. Weil man

---

133 Die folgenden Ausführungen zu Assmann fußen, so nicht anders ausgewiesen, auf den Diplomarbeiten von Christian Sametz (1998) und Heide Haring (2000).

aber in Leibnitz noch keine eigene Metallverarbeitung betreibt, werden die Sattelgestelle von der im Mai 1899 gegründeten Niederlassung in Nürnberg, für die Vinzenz Assmann die Hauptverantwortung trägt, zugeliefert. Der erste Auftrag über Fahrradsättel – ein Posten von 5000 Stück zu zusätzlich 4000 Stück Fahrradtaschen – kommt im Jahr 1900 von der Johann Puch Erste Steiermärkische Fahrrad-Fabriks-Actien-Gesellschaft. Auch Franz Neger und drei Wiener Firmen ordern das neue Produkt.

Mit dem Austritt von Vinzenz Assmann aus dem Unternehmen Brüder Assmann 1902 – er betreibt die Nürnberger Niederlage alleine weiter – wird die Einrichtung einer eigenen Galvanik unumgänglich. Vorläufig wird noch in den Styria-Fahrradwerken vernickelt. Zu dieser Zeit sind 18 verschiedene Sättel und acht verschiedene Fahrradtaschen im Sortiment.

1911 erfolgt in der Kernstockgasse nahe dem Frachtenbahnhof eine Erweiterung für die Fertigung von Fahrradzubehörteilen. Im neuen Werk werden Maschinen zur Metallverarbeitung installiert, ins alte Werk kommt die Galvanik. Die vergrößerte Produktpalette spiegelt sich im geänderten Firmennamen wieder: „Brüder Assmann Leibnitz Fahrradsattel-, Taschen-, Fahrradspeichen- Nippel- und Lederwarenfabrik. Spezialabteilung: Fabrikation von Fahrrad-Stahlfelgen und -Kotschutzblechen".

Im Ersten Weltkrieg ist das Unternehmen, das nun 76 Leute beschäftigt, in die Rüstungsgütererzeugung eingebunden. Der Tod Emmerich Assmanns 1917 und der Wegfall großer Märkte nach dem Ende der Donaumonarchie bringt große Probleme: Emmerich Assmann jun. (1899–1964) übernimmt 1919 als 20-jähriger die Geschäfte und konzentriert sich auf die Erzeugung von Fahrradteilen.

Ab 1922 geht es wieder bergauf. Die Produktionsstätten werden um eine neue Stanzerei und Federmontage erweitert, die Belegschaft wächst auf 111 Personen, die jedoch überwiegend nur saisonal beschäftigt werden. 1926 und 1928 erfolgen weitere Ausbaumaßnahmen, eine neue Schleiferei und Vernickelei wird eingerichtet. Zu dieser Zeit wird auch schon ein eigener Werkzeugbau geführt. Die Hälfte des Umsatzes wird mit Zweirad-Sätteln gemacht, von denen nicht weniger als 34 Typen angeboten werden. Auch Gepäckträger werden produziert. Neben den Fahrradwerken Puch, Styria und der Österreichischen Waffenfabrik Steyr zählen auch Großhändler zu den Kunden.

Um die Beschränkung auf den Binnenmarkt zu überwinden und das Auslandsgeschäft anzukurbeln, engagiert sich Emmerich Assmann nun in der ehemaligen Tschechoslowakei und in Polen. 1927 gründet er gemeinsam mit Ernst Weikert, Eigentümer der „Ailleswerke", die Assmann-Werke Oberpolitz in der Tschechoslowakei, wo man in erster Linie Fahrradsättel erzeugt.[135] 1929 erfolgt in Dziedzice, Polen, mit den „Apollo Polnische Fahrrad- und Fahrradteilewerke" eine weitere Unternehmensgründung. Hierher wird auch ein Teil der Leibnitzer Produktion verlegt. Für Holtgreve liefert man nach Holland und Holländisch-Indien.[136]

In Leibnitz richtet ein Brand in der Galvanik am 27. August 1930 beträchtlichen Schaden an. Dennoch setzt man auf Expansion, um die Ausfälle durch Weltwirtschaftskrise und den Abzug von Kapazitäten in der Folge einer gesteigerten Eigenfertigung durch Puch zu kompensieren: Nunmehr werden auch Lenker, Stangenbremse, Kurbelteile, Ständer, Griffe, Schmutzfänger, Werkzeug, Hosenspangen, Kindersitze, Glocken, Dynamos, Scheinwerfer sowie Pedale, Gabeln, Steuersätze, Kettenräder, Zahnkränze und Rahmen hergestellt. Mit der Konstruktion eines komfortablen Federsitzsattels („Triumph") setzt man europaweit neue Qualitätsmaßstäbe. Größtenteils in Heimarbeit durch Angehörige der Arbeiter werden Fahrradglocken produziert.

Fahrradfertigung ab 1937

Das Betriebsstätte wird abermals erweitert, um Platz für die Fertigung kompletter Fahrräder zu bekommen, die im August 1937 anläuft. Produziert werden einfache Räder mit bei Fichtel & Sachs zugekauften Torpedo-Freilaufnaben, aber auch die Assmann-Luxus-Zweigangräder mit verchromtem Gabel- und Steuerkopf, einem Keilgetriebe, Zweigangnabe und verchromten Schutzblechen und Felgen. Der Preis liegt bei rund 200 Schilling für die Herrenversion. Nach 700 Stück im ersten Rumpfjahr werden 1938 bereits 12.000 komplette Fahrräder verkauft. Der Weg in die Fahrradproduktion ist nicht ganz freiwillig erfolgt: Steyr-Daimler-Puch hat 1936 die Geschäftsbeziehungen völlig eingestellt, weil man nun fast

---

134 Wie ein Inserat (Grazer Morgenpost 4.8.1895) zeigt, werden auch im eigenen Geschäft in der Annenstraße u. a. Radfahrtaschen angeboten.
135 1938 wird der Betrieb in eine aufgelassene Spinnerei nach Höflitz bei Bensen nahe Opolitz transferiert, wo 200 Arbeiter während des Krieges auch Fahrradsättel für Leibnitz fertigen.
136 Mit 100 Beschäftigten werden in Bielitz Fahrradteile hergestellt, 1935 wandert die Produktion nach Czechowice, wo drei Jahre später 300, von 1939 bis Anfang 1945 bis zu 500 Arbeiter beschäftigt sind. Hier wird die Speichen- und Nippelfertigung konzentriert, u. a. für Leibnitz. Es werden auch komplette Fahrräder für Polen („Apollo") und Truppen-Fahrräder hergestellt. Beide Firmen werden 1945 enteignet.

Auswahl von Fahrradsätteln

alle Fahrradteile selbst erzeugt und lieber billigere Gummisättel zukauft.

Wegen seines Engagements für den Nationalsozialismus wird Emmerich Assmann 1934 interniert, ein Vertrauter, Karl Spielhofer, führt die Geschäfte weiter. Der „Anschluss" an Nazi-Deutschland 1938 bringt – wider Erwarten – zunächst eher Schwierigkeiten mit sich: Die Konkurrenz der rund 100 deutschen Fahrradfabriken ist im Bereich der Fahrradteile übermächtig. Auch am heimischen Markt erreicht Assmann gerade acht Prozent Anteil, in Leibnitz sitzt man auf vollen Lagern, während Steyr-Daimler-Puch mit 85 Prozent dominiert (1939). Assmann setzt nun auf eine Vorwärts-Strategie: Man reduziert die Preise um gut ein Viertel und steigert die Fahrraderzeugung auf 20.000 Stück.

In einem Schreiben an die Händler heißt es: *„Wir haben uns daher entschlossen, unsere Preise den im Altreich geltenden, ohne Rücksicht auf die Herstellungskosten, anzugleichen, um das augenblicklich gänzlich daniederliegende Fahrradgeschäft in Schwung zu bringen. Auch wollen wir den zehntausenden Volksgenossen, die durch den Wiederaufbau der deutschösterreichischen Wirtschaft zu Arbeit und Brot gekommen sind, die Anschaffung eines Fahrrades so leicht als möglich machen".* (Assmann Schreiben 1938) Als Werbezeichen der Firma ragte in dieser Zeit ein riesengroßer Fahrradsattel auf dem Fabriksdach über das Gelände.[137]

Tatsächlich zieht der Markt an, nicht zuletzt durch die verbesserte Einkommenssituation und die Abschaffung der Fahrradsteuer. 1939 werden 75 Prozent der Kapazitäten mit der Fahrradproduktion ausgelastet, 15 Prozent werden für die Motorfahrrad-Fertigung aufgewandt – das Assmann-Saxonette kämpft mit Kinderkrankheiten und verkauft sich eher schleppend –, die Fahrradteileproduktion wird hingegen stark reduziert.

Schon zu Beginn des Zweiten Weltkriegs wird das Leibnitzer Werk zum Rüstungsbetrieb erklärt, neben Truppen-Fahrrädern werden auch Motorfahrzeuge und Munition gefertigt. (KARNER 1986, 240ff) Die Sattelerzeugung wird nach Höflitz verlegt. 1941 umfasst die zivile Produktion nur noch den kleineren Teil der Fertigung, der größere geht an die verschiedenen Teile der Wehrmacht, Reichsarbeitsdienst und auch Luftwaffe und Marine. Von den 4000 Truppen-Fahrrädern, die ab April 1943 pro Monat in der Steiermark produziert werden, kommen 1000 von Assmann, weitere 1000 von Junior und 2000 von Steyr-Daimler-Puch.

137 Beim Festzug, der anlässlich des 41. Hauptgautages des StRGV am 7. August 1927 in Leibnitz abgehalten wird, ist ein von vier Pferden gezogener Festwagen der Firma Assmann mit einem Riesensattel, *„auf welchem ein herziger Steirerbub thronte"*, zu sehen. (Steirischer Radsport 11.8.1927, 2)

Blick in die Maschinenhalle bei Assmann, vermutlich 30er-Jahre

Nach dem Tod von Bruder Alois an der Front 1943 ist Emmerich Assmann alleiniger Eigentümer. Die wachsenden Produktionserfordernisse und der Entfall männlicher Arbeiter führen zunächst zur Beschäftigung von Frauen – darunter Trude Assmann, die Frau des Firmenchefs –, von Umsiedlern aus Südtirol und Dienstverpflichteten. Ende 1942 werden schließlich auch Zwangsarbeiter eingesetzt, allerdings kaum in der Fahrradproduktion. Bis zu 420 Mitarbeiter werden beschäftigt, mit den Tochterfirmen gemeinsam über 1000.

Den Bombenkrieg übersteht das Leibnitzer Werk unbeschadet, doch im Herbst 1944 verschärft sich die Rohstofflage dramatisch, und in den letzten Kriegsmonaten kommt die Produktion fast völlig zum Erliegen. Ob die vom „Sonderausschuss Fahrräder" im Oktober für das vierte Quartal 1944 und das erste Quartal 1945 in Auftrag gegebene Stückzahl von 17.300 Fahrrädern erreicht werden konnte, ist zu bezweifeln. (Sonderausschuss Fahrräder 1944) Von den rund 100 letzten Truppenfahrrädern, die 1945 noch hergestellt werden, gehen 30 an Burschen der Hitlerjugend, die damit zum letzten Aufgebot einberufen werden.

Mit dem Fahrrad auf der Flucht

In den letzten Kriegstagen werden die Lagerbestände des Leibnitzer Werks geplündert. Emmerich Assmann flüchtet vor den sowjetischen Truppen – bezeichnenderweise mit dem Fahrrad – in die Obersteiermark, wird dann von Briten für ein Jahr interniert. Die Sowjets demontieren die Maschinen. Dennoch werden bereits 1946 wieder in bescheidenem Umfang Fahrradteile und Sättel erzeugt und damit die Steyr-Daimler-Puch AG sowie die Junior-Werke in Graz beliefert. Zwei Jahre später beschäftigt das Werk wieder rund 250 Mitarbeiter. Bis 1948 ist das Unternehmen unter öffentlicher Verwaltung. Dann übernimmt Emmerich Assmann jun. (1926-2005) den Betrieb, der gemeinsam mit seiner Schwester Gertrude als Gesellschafter der neu gegründeten offenen Handelsgesellschaft fungiert.[138]

Bezog man bisher das Bandeisen für Felgen und Schutzbleche von der Alpine in Kindberg, geht man nun dazu über, selbst kalt gewalztes Bandeisen zu produzieren. 1950 wird wieder die komplette Palette an Fahrradteilen hergestellt, die Zahl der Mitarbeiter steigt auf über 350. Mit Hilfe von ERP-Krediten (European Recycling Program)

Arbeit in der Felgenproduktion bei Assmann

wird der Maschinen- und Fahrzeugpark wieder aufgerüstet und in Ausbauvorhaben investiert.

Als wenig erfolgreich stellte sich ein Engagement in Mexiko heraus, zu dem sich Assmann jun. von den Brüdern Hessel, ausgewanderte Österreicher, die hier eine Fahrradfabrik („Acermex") aufgebaut haben und Zulieferer suchen, überreden lässt.

Nach einem Umsatz-Hoch durch Fertigungsaufträge für Fahrrad- und mittlerweile auch Mopedteile und einem Belegschafts-Höchststand von über 420 kommt es Ende 1955 zu einem Einbruch: Puch storniert Aufträge über Schutzbleche und Felgen, weil man die Teile fortan bei dem – von den Sowjets zurück gegebenen – Staatsbetrieb KROMAG in Hirtenberg fertigen lässt. Insgesamt geht die Nachfrage nach Fahrradteilen zurück, weil diese billiger importiert werden und der Trend sich insgesamt vom Fahrrad zum Auto bewegt. Ende 1956 hat sich die Mitarbeiterzahl beinahe halbiert.

Assmann diversifiziert den Betrieb bzw. den seiner Tochterunternehmen in andere Bereiche, etwa Elektromaterial, Kunststoffe, Rüstungsgüter und ab 1959 Ladeneinrichtungen. 1970 wird die Fahrradteileproduktion, die über die Jahre konti-nuierlich sinkende Erlöse bringt, auf Grund des mangelnden Absatzes und zu hoher Stückkosten endgültig eingestellt.[139]

138 Nach seiner Rehabilitierung nimmt der für seinen patriachalen Führungsstil bekannte Senior wieder einen Großteil der Führungsaufgaben wahr, und zwar bis zu seinem Tod im Frühsommer 1964.
139 Das Unternehmen expandiert in verschiedenste Branchen in 24 Firmen - Metalle, Elektronik, Holz, Kunststoff - und geht 1993 in Konkurs. Einige Unternehmensteile können verkauft und weitergeführt werden. Die Belegschaft reduziert sich von 1127 auf 851 (1996).

PR für „Rollip" als letzter Schrei „mit Superradio" im „hobby"-Magazin, 1955

Wien: 'Rollip' heißt das neue, mit Superradio versehene Roller-Fahrrad, das auf der Wiener Frühjahrsmesse vorgeführt wurde. Mit einer kraftsparenden Übersetzung erreicht man die gleiche Geschwindigkeit wie mit einem normalen Fahrrad.

Das Rollip aus der Schmiedgasse und andere Mechanikerräder

Neben der industriellen Fertigung gibt es in und um Graz auch immer wieder kleinere Werkstätten, die Fahrräder bauen. Kriterium für diese so genannten „Mechanikerräder" ist die Eigenfertigung des Rahmens. Heute gibt es in Graz und ganz Österreich keinen eigenen Rahmenbau mehr – auch für renommierte Marken wie KTM oder Simplon wird dieses Herzstück in Fernost gefertigt.

Lange noch bevor der Klapprad-Boom durch „Moulton" aus England auf den Kontinent schwappt, fertigt Theodor Lipscha in der Schmiedgasse 21 Universal-Rollerräder mit 12-Zoll-Rädern unter dem Namen „Rollip". Insgesamt werden bis cirka 1960 rund 1500 dieser lustigen Klein-Fahrräder gebaut, die sich durch einen U-förmigen Rahmen auszeichnen und heute einen hohen Sammlerwert besitzen. Das Zehner-Ritzel an der Hinterradnabe erzeugt Lipscha selbst, einige Teile kauft er bei Junior zu, auch Karl Wendl arbeitet für ihn. Ein Sondermodell mit eingebautem Radio wird auf der Wiener Frühjahrsmesse 1955 präsentiert und sorgt für überregionales Echo.

Ebenfalls Rollerräder baut Karl Bellin (Jg. 1911), der von 1950 bis 1975 rund 200 Stück erzeugt. Insgesamt verlassen rund 3600 Fahrräder unter dem goldenen Adler – der sehr an das Firmenzeichen von Bianchi erinnert – die Werkstatt in der Peter-Rosegger-Straße 54. Produziert werden vor allem Sporträder. Für Bellin baut Karl Sodec Rahmen.

Zu den besonders in Kreisen der Radrennfahrer geschätzten Rahmenbauern gehört Franz Wendl (geb. 1915). Um 1935 beginnt Wendl in bescheidenem Umfang, selbst Fahrradrahmen zu fertigen. Unter anderem baut er für Rudi Ottitsch ein Bahnrad, mit dem dieser auch einige Erfolge erzielen kann. Gatternig wird 1936 auf einem „Wendl" Staatsmeister. Die ersten Rahmen hat er, wie er später erzählt, *„mit einfachsten Mitteln am Küchentisch"* gebaut. Dann mietet er sich in einer Schmiedewerkstatt in der Lagergasse ein, wo er – mittlerweile Meister – bis zum Beginn des Zweiten Weltkriegs arbeitet. In den Kriegsjahren ist er im ausgelagerten Puch-Rüstungsbetrieb Aflenz bei Leibnitz tätig, wohin er täglich per Rad pendelt. 1945/46 eröffnet er ein kleines Geschäft in der Vorbeckgasse, die Rahmen baut er in einer Werkstätte in der Einödgasse in Eggenberg. Parallel ist

Wendl bis zu seiner Pensionierung Kalkulant in der Andritzer Maschinenfabrik. Seine Arbeit in Sachen Fahrradreparatur und Rahmenbau stellt er in den siebziger Jahren ein. Bis dahin dürfte er nach Schätzungen 7000 bis 9000 Räder bzw. Rahmen gebaut haben, darunter 200 bis 300 Rollerräder. Unter den Auftraggebern war auch Kastner & Öhler.

In Abtissendorf (Feldkirchen) bei Graz erzeugt J. Gneist in den 50er-Jahren Kinder-, Damen- und Herrenräder – geschätzte 1000 Stück – sowie Gepäckstäger und Kleinteile. (Info Lampl)

Ein Sprung in die Gegenwart: Interessante Raddesign-Entwürfe liefert der Restaurator und Bildhauer Fred Höfler (Jg. 1934) aus Judendorf-Straßengel. Er gestaltet Rennräder und Mountainbikes, wobei er letztere gemeinsam mit dem Konstrukteur Alfred Krauß (Jg. 1947) realisiert. Das „Krauss" wiegt unter neun Kilogramm, verfügt über einen extrem kurzen Hinterbau (373mm), ein spezielles Mittelgetriebe und konische Steuersätze. Krauß, selbst mit Renn- und Tourenrad, dann mit dem MTB unterwegs und mit den ersten Modellen unzufrieden, baut von 1987–93 mit einem kleinen Team im SGP-Werk eine kleine Serie maßgeschneiderter Alu-Bikes. Auf einem Krauss reitet auch der Grazer Extrem-Biker Rudi Stangl 1994 in sechs Tagen und 18 Stunden quer von Nord nach Süd (3100 km) durch Australien. (Neue Kronen-Zeitung 27.11.1994, 18)

Seit März 2004 übernimmt die Müller GmbH, die bisher als Großhändler für Fahrradzubehör tätig ist, in Kooperation mit der italienischen Firma Sintema die Assemblierung und teilweise die Entwicklung der Marke „Kuota". Das slowenisch-österreichische Rennteam setzt auf ein Vollkarbonrad mit 6,8 Kilogramm, in das auch Entwicklungsarbeit aus Graz eingeflossen ist – die Karbinprodukte kommen aus Fernost. (Info Müller)

Auch Handbikes für Behinderte werden in Graz hergestellt. Das sozialökonomische Projekt „Wheelrider" erzeugt von 1996 bis Ende 2001 in einer Werkstatt in der Karlauer Straße mit zwölf Jugendlichen und sechs Angestellten jährlich 80 Rollstühle mit Handantrieb, die zum Teil im sportlichen Bereich eingesetzt und zur Hälfte exportiert werden. Mit Kürzung der Fördermittel muss das Projekt stillgelegt werden.

Auch Diagonale-Preisträger Martin Bruch ist mit einem „Wheelrider" unterwegs, als er seinen Film „handbikemovie" dreht. Sein 2004 mit dem „Großen Preis" des österreichischen Filmfestivals ausgezeichneter Film lässt die Zuschauer vermittels Helmkamera an einer waghalsigen, provokant monotonen Fahrt mit dem Handbike durch das Verkehrsgewühl von New York, Paris, London und Istanbul teilnehmen.

Erfinderschicksale

Die Geschichte auch der steirischen Fahrradindustrie ist begleitet von mehr oder minder erfolgreichen Erfindungen, interessanten technischen Lösungen und skurrilen Ideen, die sich auch in jüngerer – radindustrieloser Zeit – fortsetzen.

Als der kettenlose Antrieb Ende des 19. Jahrhunderts besonders „in" ist, probiert es der Grazer Bautechniker Johann Resch. Der Antrieb seines „Universalrades", das er 1897 in europäischen Staaten und in den USA patentieren lässt, ist besonders leicht zerlegbar, läuft leicht und ist mit auswechselbarer Übersetzung und ausschaltbaren Pedalen versehen. 1901 präsentiert er sein – bis dahin offenbar nicht angebrachtes – Patent auf einem Wander- und einem Bergrad auf der I. Steiermärkischen Automobil-Ausstellung. (ASZ I/25/1900, II/23/1901) Ebenso wenig Erfolg ist Franz Elgetz beschieden, der ein Planetengetriebe mit Zweigang-Schaltung, die vom Lenker aus zu bedienen ist, konstruiert und 1898 dafür ein Schweizer Patent erwirbt. (Schweizer Patentschrift 1898) (=> „Erste Mechaniker, Händler und Fabrikanten", S. 91)

Einen ambitionierten Anlauf, den Fahrradbau in unseren Breiten zu revolutionieren, unternimmt eine Gruppe Grazer Studenten fast hundert Jahre später. Das „Entwicklungsprojekt Fahrrad" um den damals 24-jährigen Physik-Studenten Heinz Deutschmann will ein „Zukunftsfahrrad" mit Wechselzuggetriebe bauen (Motto: „Pumpen statt treten"), scheitert aber an der biomechanischen Unzulänglichkeit des Menschen: Computersimulation und 1:1-Modell versprechen 30 Prozent weniger Energieaufwand, was sich leider in der Praxis nicht realisieren lässt, weil die Entlastungsphasen des runden Tritts beim konventionellen Lineargetriebe offenbar eine regenerative Notwendigkeit darstellen.

„Zukunftsfahrrad" mit Wechselzuggetriebe – es bleibt beim Prototyp

Interessante Studien liefert eine eigene Design-Gruppe: Das Langstrecken- und das Lastenrad – ein voll verkleidetes Dreirad, in dessen Stauraum immerhin 13 Bierkisten Platz finden sollten – bleiben Papier, vom Stadtfahrrad wird nur ein Prototyp gebaut. Neben dem Wechselzuggetriebe und der Kraftübertragung mittels Stahlseilen plus stufenloser Schaltung sind es Schikanen wie der Nabendynamo mit Rekuperationsbremse sowie Stoß dämpfende Kammerreifen, die ein neues Fahrerlebnis versprechen. (APA131, 133 5.5.1989)

1990 geht die nunmehr in „fahrradtechnik graz g.m.b.h. (ftg)" umgegründete Projektgruppe daran, den Nabendynamo für die Serienproduktion vorzubereiten: Das Mini-Kraftwerk sollte den Wirkungsgrad von 36 auf 95 Prozent steigern. Man strotzt geradezu vor Optimismus, als man die Pläne der Presse präsentiert: *„Der Automarkt ist ein sterbender Ast – wir setzen auf die Umwelt und damit auf die Zukunft."* (APA151 30.5.1990) Doch die Kapitalgeber lassen sich bitten und so versandet das Projekt. Prokurist Gerd Kronheim entwickelt das „Entwicklungsprojekt Fahrrad – Bicycle" konventionell, aber mit sozialökonomischer Komponente (Integration von schwer vermittelbaren Jugendlichen), erfolgreich weiter.

Einen spannenden Vorschlag legen 2001 Nora Langes und Christian Koppold (beide Jg. 1977) im Rahmen ihres Studiums am Lehrgang für Industrial Design an der FH Joanneum in Graz für ihr Studentenfahrzeug „Ubique" vor: Ihr nabenloses Rad basiert auf der Idee einer komfortablen, aufrechten Sitzposition (ähnlich jener bei einem Liegerad), wobei durch einen Vorderradantrieb über Kette und Zahnräder eine erhöhte, und daher übersichtlichere Sitzposition sowie Platz für einen versperrbaren Transportkoffer im Rahmen geschaffen wird. Zwar bleibt es beim Modell, die beiden Absolventen können sich aber später erfolgreich als Produktdesigner in Wien etablieren.

Ohne Kette will auch der Erfinder Rudolf Koch auskommen, der seinen „Hand-Foot-Driver" patentieren lässt. Sein Radfahrzeug ist mit Wipparmen und Wippgetriebe ausgerüstet, *„die Bewegung erinnert an Geräte in der Kraftkammer",* heißt es in einem Bericht. (Kleine Zeitung 14.7.2002)

Nicht immer zielen Erfindungen darauf ab, am Markt zu reüssieren: Das von ihm konstruierte Eisrad bringt den Grazer Zweiradhändler und langjährigen Kammerfunktionär Peter Edelsbrunner (1948–2004) immerhin 1984 ins Guinness Buch der Rekorde: Mit dem Kunststoff verkleideten Lie-

Mit Temporekord auf dem Eis ins Guinness Buch der Rekorde: Edelsbrunners Flitzer, im Bild die Straßenversion, 1984

gerad – vorne mit zwei Kufen und einem (spikeslosen) Laufrad hinten, über das auch der Antrieb läuft – erreicht er auf dem Kärntner Längsee eine Höchstgeschwindigkeit von 46,8 km/h. (Guinness 1984, 259)

In die Kategorie „Experimentalfahrrad" gehört ein mehrspuriges, mit Muskelkraft betriebenes Vehikel, das in den achtziger Jahren, von einem Flugzeugbau-Ingenieur entwickelt wird: Ähnlich einem Segelflieger hätte das aufwendig gebaute Ding mit den Beinen gesteuert und gleichzeitig durch gerade stoßende Pedalkräfte fortbewegt werden sollen. Die zu übertragende Kraft sollte noch durch händische Zugkräfte verstärkt werden, was bald an zu schwachen Zugseilen scheitert. „Schlichtweg unfahrbar", lautet der Befund von Sepp Hammerle, der das Gefährt am Radparkplatz an der Alten Technik parkt – bis es irgendwann entsorgt wird. Der Konstrukteur ist angeblich im Krieg im ehemaligen Jugoslawien ums Leben gekommen.

Gewissermaßen nach den Sternen greift Sonnenforscher Karl Birzele (1913–1992). Der Gründer des Anton-Afritsch-Kinderdorfs und der Volkssternwarte am Steinberg bei Graz baut in den achtziger Jahren mit dem „Soli-Birzele" einen drei- und einen vierrädrigen Prototypen eines Solarfahrrades, ausgerüstet mit Gleichstrommotor und zusätzlichem Pedalantrieb.[140] Im Bereich der Elektrofahrräder hat er mit Planetengetrieben experimentiert.

Zwar Low-Tech, aber dennoch ein Flop war das Geschäft mit mechanischen Winkern, die ein unbekannter Erfinder auf den Markt bringt. Karl Reiter, dessen Vater in den achtziger und neunziger Jahren in einem Nebengebäude der Villa Hartenau Fahrräder privat repariert und für karitative Zwecke instand setzt, entdeckt das ihm genial erscheinende Produkt, mit dem das Abbiegen sicherer werden soll: Er kauft dem Hersteller ein größeres Kontingent der ausklappbaren Richtungsanzeiger für vorne und hinten in Bausch und Bogen ab – und bleibt prompt darauf sitzen. Denn irgendwie will niemand die unpraktischen Dinger und so lagern sie eine Weile im Keller, ehe sie – unverwendet entsorgt werden. Reiter, der seit 1993 in Graz die „Forschungsgesellschaft Mobilität" mit aufgebaut hat und dabei auch den Einsatz des Fahrrades als Verkehrsmittel beforscht und fördert, blickt schmunzelnd auf den schlechten Deal zurück: *„Ich weiß nur noch, dass er ein gebürtiger Tscheche war und auf jeden Fall ein Verkaufsta-*

---

140 Der vierrädrige Prototyp, basierend auf einem Behindertenfahrzeug vom Typ „Graf Carello" ist im Sonnenhaus des Kinderdorfs ausgestellt. (Info Evelyn Bader-Birzele, Tochter des Erfinders)

Dragan Starcevic setzt seit zwei Jahrzehnten auf „Plastikhaube"

lent." (Info Karl Reiter, jun.)

Mehr Erfolg, wenn auch nur im privaten Rahmen, ist Dragan Starcevic beschieden. Der heute pensionierte Bauingenieur, Jg. 1939, investiert viel Zeit und Geduld, um sein Fahrrad wetterfest zu machen. 1982 baut er ein Verdeck, basierend auf einem Alu-Gerippe – nur für das tragende Rohr wird Stahl verwendet – über das eine Kunststofffolie gespannt wird und das, nach Bedarf, aufgespannt oder zusammengefaltet werden kann. Freilich liegen die Tücken im Detail: Zum einen kann er „unter der Haube" keine Handzeichen geben, zum anderen zeigt sich, dass die Regentropfen auf der Folie bald den Durchblick rauben. Die Lösung beim Nachfolgemodell: Elektrische Blinker, ein handbetriebener Scheibenwischer und aufklappbare Seitenscheiben. *„Die Seitenscheiben brauche ich, dass ich mit dem Polizisten reden kann, wenn er mich aufhalten sollte"*, witzelt Starcevic, der mit seinem „Cabrio" eigentlich noch immer recht zufrieden ist, auch wenn er seine 7000 Jahres-Kilometer vorzugsweise „oben ohne" absolviert. Binnen einer Minute ist das Verdeck montiert, das Aufspannen – es erfolgt nach hinten mit Verankerung am Gepäckträger-Koffer – dauert wenige Sekunden, das Abspannen geht noch schneller. Aus Platzgründen muss der Konstrukteur den Panoramarückspiegel am Unterrohr des Rahmes befestigen, was sich auf Grund der besseren Stabilität – im Vergleich zur Befestigung am Lenker – als genereller Vorteil herausstellt.

Günstig erweist sich das Verdeck im Winter als Schutz vor dem kalten Fahrtwind. Noch nicht gelöst sind hingegen der relativ rasche Verschleiß der Kunststofffolie und das Blinkerproblem. Doch bei Modell Nr. 3, das demnächst in Angriff genommen werden soll, gibt es sicher auch dafür eine Lösung.

Schon vor Starcevic, um 1980, hat Karl Reinprecht, vulgo Pumpen-Charly,[141] mit einem eiförmigen Verdeck aus Kunststoff experimentiert. Doch auch das Allwetterrad des Maschinenbauers, der dann bis zur Pensionierung als HTL-Professor tätig ist, kann sich nicht durchsetzen und bleibt ein Prototyp.

---

141 Der Spitzname rührt von seiner Tätigkeit für Pumpen Bauer, Voitsberg, her, nicht, wie man vermuten könnte, von einem etwaigen Naheverhältnis zu einer Fahrradpumpe. (Info Tischler)

Fahrrad-Demo
Graz, 1980

9 Die Renaissance

Erst die gesellschaftlichen Umbrüche der 68er-Protestbewegung und die sich daraus entwickelnden alternativen, ökologisch orientierten Lebensentwürfe bringen das Fahrrad zurück ins Spiel. In Graz gelingt der Durchbruch 1980. Damit verbunden der Name eines Stadtpolitikers: Erich Edegger. An Flüssen und über Land entsteht ein Netz an vornehmlich touristisch genutzten Radwegen, das später im Bergland durch Mountainbike-Strecken ergänzt und in vielen Regionen zu einem wichtigen wirtschaftlichen Faktor im Gastronomie- und Beherbergungsgewerbe wird.

9.1. The Roaring Seventies

Als symbolhaft für die Unterordnung der Mobilität unter das Auto und gleichzeitig den zivilen Ungehorsam dagegen darf eine heitere Episode gelten, die dem Hartmannsdorfer Original Gruber Seppl zugeschrieben wird. Als er Anfang der 70er-Jahre auf der neu errichteten Autobahn von Gleisdorf nach Graz – mit dem Fahrrad – unterwegs ist und von der Autobahngendarmerie gestoppt wird, lässt er sich nicht beirren: Warum solle er denn hier nicht strampeln, schließlich gehe es auf der Autobahn so schön „verlurn" (gleichmäßig, Anm.) dahin und außerdem müsse ja auch er Steuer zahlen. Die Streife eskoriert ihn nach Graz zum Fetzenmarkt. (KREMSHOFER 1990, 236)

Nimmt man die Zahl der eingetragenen und im Adressbuch aufgezeichneten Radvereine und Gewerbebetriebe als Maßstab, so ist 1973 der absolute Tiefpunkt erreicht: Gerade noch vier Eintragungen – der Steirische Radfahrerverband 1887, die Alpenländische Radfahrervereinigung „Silver Star" sowie die Vereine Pergler und „Rund um Graz" – finden sich in Graz, 29 Fahrrad- und Zweiradhändler- sowie -mechaniker offerieren ihre Dienste. Technisch gesehen symbolisiert das Minirad den Niedergang: Ein Fahrrad, das kofferraumgerecht, aber nicht für längere Fahrten konzipiert ist.

Eine Trendwende zeichnet sich Mitte der 70er-Jahre ab. Die Ölkrise bringt 1974 einen verordneten autofreien Tag in der Woche und somit ein Argument für ein zeitweises Umsteigen. Die Radfahrer sind zwar noch immer „die Stiefkinder des Straßenverkehrs", denen nicht vorhandene Radwege und das rücksichtslose Verhalten man-

„Happening" der Rad-Spontis am Grazer Hauptplatz. An den Megaphonen Günther Tischler (re.) und Peter Pritz; rechts oben Jörg Steinbach

cher Autofahrer das Leben schwer machen. Die Zeit des Fahrrades als Beförderungsmittel sei längst vorbei, liest man beispielsweise in der „Tagespost", aber nun finde es zunehmend als Sport- und Freizeitgerät Beachtung. Gleichzeitig werden Umwelt- und Gesundheitsgründe für das Radeln ins Treffen geführt und das Konzept von Stadtrat Erich Edegger vorgestellt, der ein integriertes Radverkehrsnetz aus Wohnstraßen und Radwegen plant. Sinnvoll seien diese Projekte nur, wenn *„ein zusammenhängendes Netz von Radwegen geschaffen wird, durch welches Zentren, das heißt Schulen, Einkaufsmärkte, Kirchen usw. miteinander verbunden werden"*. Diese Überlegungen, die zufällig vom Autor stammen und sich in einem seiner ersten journalistischen Beiträge finden, gehen von einer Verbindung des Sinnvollen mit dem Nützlichen aus: *„Bei all diesen Vorhaben ist die Kombination von `Fahrrad als Fitnessinstrument´ und `Fahrrad als Fortbewegungsmittel´ für den täglichen Gebrauch das Ziel. Vielleicht wird es dann, wie zum Beispiel seit langem in Amsterdam, zum `guten Ton´ gehören, mit dem Fahrrad zur Arbeit zu fahren"*. Schließlich werden Stimmen aus dem radelnden Volk abgedruckt, was so die persönlichen Gründe für die Fahrradnutzung sind. (WEHAP 1979, o.S.)

Der Radverkehrsanteil ist, als die Trendwende langsam ansetzt, bei nur noch 7 Prozent angelangt (1973). Graz, einst Fahrrad-Hochburg Österreichs, profitiert von seiner großen Vergangenheit und steht bald wieder im Ruf „Radnabe(l)" Österreichs zu sein. (Drahtesel VII/6/1990, 8) *„Als in Graz Ende der 70er-Jahre auf mehreren Ebenen das Fahrrad als Alternative ins Gespräch kam, stand Restösterreich noch fest am Gaspedal"*, befindet die „Arbeitsgemeinschaft Umweltfreundlicher Stadtverkehr – ARGUS" und zeichnet die Murmetropole 1993 mit dem „Goldenen Rad" als fahrradfreundlichste Stadt der Alpenrepublik aus.

Am Anfang steht Zwentendorf

Eingeläutet wird die Phase, in der das Radfahren wieder zum Faktor in der Verkehrspolitik wird, mit der Energiekrise und der Volksabstimmung gegen das Atomkraftwerk Zwentendorf. Im November 1978 treffen sich erstmals die vielen zersplitterten Alternativgruppen Österreichs auf Einladung der EVG (Erklärung von Graz). Ein Arbeitskreis „Energie und Verkehr" wird eingerichtet, der die Zurückdrängung des Autos und die Förderung des nicht motorisierten und des öffentlichen Verkehrs sowie eine Umorientierung der Stadt- und Raumplanung fordert. Aus diesem Arbeitskreis geht die Arbeitsgemeinschaft Alternative Verkehrspolitik Graz (AVG) hervor, die sich als *„eine Art `Anlaufstelle´ für die bereits reichlich vorhandenen Ideen und Vorstellungen einer humaneren Verkehrspolitik"* sieht. (AVG 1981, 7)

Die Radfahrer, die nichts zu verlieren haben, außer ihre Ketten, fordern: *„Macht Platz – Fahrrad kommt!"* Am 9. Juni 1979 kommt es in Wien, Linz Salzburg und Graz zu Fahrrad-Demonstrationen: Es wird für eine alternative Energie- und Verkehrspolitik in die Pedale getreten. In Graz beteiligen sich 1200 bis 1500 Radlerinnen und Radler[142] an einer Sternfahrt zum Hauptplatz und weiter in den Stadtpark. Auf Transparenten heißt es: *„Wir wollen nicht unter die Räder kommen: noch strampeln wir!"* und *„Immer nur Autofahren, nein danke"*. Das Rathaus wird in „Radhaus" umbenannt. *„Aktionismus ist damals wirkungsvoller gewesen als heute, die Medien sind uns nachgelaufen"*, blickt Günther Tischler, Organisator mit Berlin-Erfahrung und nachmaliger Grünen-Gemeinderat der ersten Stunde, zurück.

Das Radfahren und der nachdrückliche Wunsch nach dem raschen Bau von Radwegen dienen als Hebel, um generell eine Wende von der auto- zur menschengerechten Verkehrspolitik einzufordern. (WEHAP 1979, o.S.) Ziel ist eine *„prinzipielle Verkehrsberuhigung"*. In einer Pressekonferenz am 2. August 1979 fordert die AVG die Aufhebung von Fahrverboten und Einbahnen für Radfahrer. (Tagespost 3.8.1979, 8) Ein interessanter Modellvorschlag für eine Grazer Fahrradstiftung soll alle Initiativen in Sachen Fahrrad vernetzen. (NZ 12.6.1980, 7)

Hinter dem verkehrspolitischen Engagement stehen freilich auch gesellschaftspolitische Anliegen: Basisdemokratie, dezentrale Strukturen, sanfte Technologien, weniger liberale Wirtschaftspolitik. *„Kurz und bündig: wer ein vernünftiges Verkehrssystem will, muss die Wirtschaftsstruktur so ändern, daß die Automobilindustrie von ihrer Schlüsselposition verdrängt wird"*. (AVG 1981, 7) So revolutionär – oder *„velo-rutionär"*, wie es auf einem AVG-Pickerl mit einer aus dem Fahrrad herauswachsenden geballten Faust heißt, – diese Forderung auch gewesen sein mag, durchgesetzt konnte sie nicht werden. Denn während seinerzeit die Autoindustrie eine untergeordnete Rolle spielt, ist sie heute die Schlüsselindustrie in der Steiermark.

Erster Radweg Marke Eigenbau

Den Kern der „Velo-rution" bilden Tischler und August Gogg. Massive Unterstützung kommt von den Universitäten und dem Institut für Umweltforschung (IfU), von Studierenden (insbesondere der Katholischen Studierenden Jugend) wie Lehrenden. Legendenumwoben ist die Nacht-und-Nebel-Pinselaktion, die Graz den ersten Radweg der Nachkriegszeit bescherte: Weil ihnen der Magistratsapparat zu langsam arbeitet, greift die Truppe um Tischler und Gogg (Peter Hagenauer, Walter Lendl, Franz Holzer, Norbert Kotzurek, Gottfried Weißmann) zur Selbsthilfe und markiert mittels einer, aus einer Waschmaschinenschachtel ausgeschnittenen Schablone den ersten Radweg in der Wilhelm-Fischer-Allee einfach selbst. Auch auf die Felgen schonenden Anrampungen mit Bitukies wird nicht vergessen. Papp-Verkehrstafeln weisen auf Radwegüberfahrten hin. Die Eröffnung erfolgt unmittelbar darauf im Rahmen des 2. Grazer Radlertages.

Im Übereifer hatten die Aktivisten ihre nächtliche Pinsel-Aktion bereits in den Abendzeitungen angekündigt, sodass die Polizei informiert und rasch zur Stelle ist. Den Aktionisten drohen Anzeigen wegen Sachbeschädigung und Amtsanmaßung. Doch Erich Edegger lenkt ein. Er hat gemeinsam mit TU-Verkehrsplaner Gerd Sammer längst einen Entwurf für ein Radwegenetz in der Schublade und ist in Wirklichkeit über den Druck der Straße nicht unglücklich, um die Umsetzung zu beschleunigen: Edegger planiert die Anzeigen, „konfisziert" im Gegenzug die Schablone und stellt sie in den Dienst des eigenen Markierungstrupps. Die blechernen Nachfolgemodelle sind übrigens bis in die späten neunziger Jahre in Verwendung und werden erst im Zuge einer neuen Bodenmarkierungsverordnung durch kleinere, perspektivische Piktogramme verdrängt.

Trotz erster lokaler Erfolge hält sich das Verständnis der etablierten Politik in Grenzen, besonders auf Bundesebene. Der damalige Bundeskanzler Bruno Kreisky und sein Energieexperte Jörn Kaniak (Energieverwaltungsagentur) finden in einem Schreiben an die AVG zwar deren Energiesparinitiativen lobenswert, dem Fahrrad wird aber abseits vom Sport- und Freizeitbereich keine ver-

---

142 Laut Schätzung der Polizei. Die Veranstalter sprechen von 2000 Teilnehmenden. Mit dabei ist u. a. der spätere Naturschutzbeauftragte des Landes, Jörg Steinbach (1939-92; er stirbt bei einem Segelflugunfall). Das Logo der AVG gestaltet der Künstler Gerald Brettschuh.

Ergebnis der nächtlichen Malaktion: Erster Radweg in der Wilhelm-Fischer-Allee, Graz, Juni 1980

kehrswirksame Bedeutung eingeräumt.[143] Auch im Puch-Werk, wo man bezüglich eines stadtverkehrsgerechten, langlebigen Stadtfahrrad-Modells (à la Amsterdam-Rad) vorstellig wird, stößt man auf taube Ohren. Die zornigen Radler teilen aber auch aus: *„Die entscheidenden Personen sind sozial vergreist, isoliert und sehen eben alles aus der Windschutzscheibenperspektive… es ist, als ob Diabetiker Chefs einer Zuckerlfirma wären".* (LUKAS 1981, 15)

Immerhin gelingt es den Aktivisten, über einen Koordinationsausschuss in der Grazer Radwegeplanung mitzumischen. Einen wesentlichen Beitrag leistet der damalige Verkehrsinspektor der Polizei, Fritz Möstl, der die Vorschläge der „narrischen" Radler ernst nimmt und sich alsbald zu deren Fürsprecher entwickelt.[144] Rückblickend meint er in einem Tagungsbeitrag 1982, in dem er bereits positiv über das Experiment bilanziert: *„Als uns im Jahre 1980 das Grazer Radwegekonzept vorgestellt wurde, war unsere erste Reaktion: unmöglich! Es ist nach der gegebenen Rechtslage unmöglich, daß sich Fußgänger und Radfahrer ohne bauliche Trennung nebeneinander auf einer gemeinsamen Verkehrsfläche bewegen und es ist gleichfalls unmöglich, Radfahrer in Einbahnstraßen in der Gegenrichtung fahren zu lassen."* (MÖSTL 1983, 71)

Noch 1980 wird der erste echte Radweg Richtung Andritz auf der Trasse des eben zugeschütteten Mühlgangs links der Mur in Angriff genommen, der „illegale" Radweg im Stadtpark wird legalisiert und entlang der Glacisstraße, wo es noch ein Radweg-Fragment aus der Nachkriegszeit gibt, fortgesetzt. Die Tagespresse konstatiert: *„Ansturm der Radler ist nicht aufzuhalten"* (NZ 26.11.1981, o.S.) und meint etwas zweideutig, dass Graz, *„die Stadt der Raderhebung"*, den Anschluss an die BRD gefunden hat. (Tagespost 26.11.1981, 6) Auch wenn das Radwegenetz Mitte 1988 erst 25 km umfasst, speziell der Umstand, dass dadurch die Innenstadt erschlossen wird, bedeutet im Österreich-Vergleich schon einen Vorsprung.

Freilich gibt es auch Widerstände: Etwa gegen die Öffnung von Einbahnen, die seit der Schaffung des Einbahnsystems in den 70er-Jahren auch die Radler zu großen Umwegen zwingen,[145] gegen die Mitbenutzung ausreichend breiter Gehwege z. B. am Opernring. Ende 1981, rund 20 km Radwege sind in Betrieb, schmollt der steirische ÖAMTC-Ableger: *„Nun – seit Einführung eines provisorischen Radwegenetzes in Graz hat es viel Kritik und (ganz versteckt) auch Lob gegeben. Vor allem die ungewohnte Situation für viele Autofahrer – in manchen Einbahn-*

---

143 Die AVG fordert in einer Resolution 1979 Mittel aus der Mineralölsteuer für den Ausbau des Fuß- und Radwegenetzes, Fußgänger- und Radler-freundliche Rechtsnormen, eine Verkehrsberuhigungskampagne sowie die Abschaffung der Mehrwertsteuer auf Fahrräder. (AVG 1981, 18)
144 „Abteilungsinspektor Fritz Möstl gilt als einer der Architekten der modernen Grazer Radverkehrspolitik", heißt es in einer Laudatio anlässlich seines 75. Geburtstages. Als Verkehrssicherheits-Experte ist Möstl (1925-2002) nach seiner Pensionierung der erste Vorsitzende des Verkehrsclub Österreich VCÖ (1986-1990), arbeitet für die „Aktion minus 10 Prozent" und vertritt die Plattform „fairkehr" in der Grazer Integrierten Verkehrsentwicklung GIVE.

Kommen heute noch nebeneinander vor: Die größeren, früher gelben Radsymbole und die perspektivischen kleineren, die auf schmäleren Radwegen besser aussehen

straßen kommt plötzlich munter pfeifend und ganz erlaubt ein Radfahrer in Gegenrichtung daher – hat Diskussion und gefährliche Augenblicke ausgelöst." (start 6/1981, 24) Hart gefightet wird auch um die Umgestaltung der Keplerstraße, die zugunsten einer von Parkplätzen unterbrochenen Baumreihe und eines Zwei-Richtungs-Radweges verschmälert wird: Der steirische ÖAMTC-Filialklub initiiert sogar eine Unterschriftensammlung gegen Erich Edegger, weil von ihm dem Autofahrer, ohnedies *„die Melkkuh der Nation"*, das Wasser – sprich: die Verkehrsfläche – in wahrsten Sinn des Wortes abgegraben werde. (start 1/1983, 11) So etwas wie den Untergang des Abendlandes befürchtet auch der leitende Verkehrshofrat des Landes, der in der Grazer Radverkehrspolitik eine „erzieherische Katastrophe" zu erkennen glaubt: *„In Graz wird da ganz rauh gefuhrwerkt..."*

Doch Edegger lässt sich nicht beirren. Das prognostizierte Chaos auf den Radwegen findet nicht statt – gerade gegen die Einbahnen fährt es sich unerwartet sicher – und Planer Gerd Sammer initiiert in der Forschungsgesellschaft für das Verkehrs- und Straßenwesen in Wien einen Arbeitskreis, der planerische Richtlinien und eine Novelle der Straßenverkehrsordnung unter Berücksichtigung der Bedürfnisse der Radler angeht: Vorrangsbestimmungen, Einordnen, Abbiegen, Ausrüstung und Alter stehen auf der Agenda. (WEHAP 1984, 5) Tatsächlich wird mit der StVO-Novelle 1988 das Radfahren gegen die Einbahn auch von Gesetzes wegen ermöglicht, der prinzipielle Nachrang auf Radwegen wird abgeschafft und bevorrangte Radfahr-Überfahrten eingeführt (sie werden in Graz probeweise in roter Farbe, heute zum Teil in roten, rutschfesten Klinkersteinen ausgestaltet), das Kuriosum, dass auch das geschobene Fahrrad als Fahrzeug gilt (und daher das Schieben am Gehsteig und in Fuzos verboten war) wird beseitigt.

Auf Initiativenseite gibt nun das Referat für sanfte, angepasste friedliche Technik (SAFT) der Hochschülerschaft an der TU den Ton an. Von hier geht auch die Gründung des Verkehrsclub Steiermark, einem Landesverein des VCÖ, aus, der bis zu seiner Auflösung 1998 auch in Belangen des Alltagsradelns stark engagiert ist.

Die Aufbruchsstimmung in Graz strahlt auch auf die Bezirks- und kleineren Städte aus: Fast überall entstehen Radrouten und Radverkehrsanlagen, laufen Bemühungen an, das Fahrrad als ideales Fortbewegungsmittel für kurze und mitt-

145 In Graz wird 1981 nach einem kurzen Stück in der Schmiedgasse die Zinzendorfgasse als erste wesentliche Route gegen eine Einbahn für den Radverkehr geöffnet, und zwar mit Hilfe der Regelung einer „unechten Einbahn". (de facto Einbahnen, die in der Gegenrichtung nicht mit „Einfahrt verboten", sondern mit einem „Fahrverbot ausgenommen Radfahrer" versehen sind, Anm.)

1981: Das Radweg-Fragment an der Glacisstraße wird ausgebaut

lere Strecken wieder in das Verkehrsgeschehen zu integrieren. Dass gerade kleinere Städte von ihrer Infrastruktur her günstige Voraussetzungen für den Radverkehr haben, wird zwar vielerorts erkannt – die Umsetzung und Weiterentwicklung der Konzepte verliert sich aber bald im Stop-and-go des verkehrspolitischen Alltags, der nach wie vor und mehr denn je vom Kfz dominiert ist.

„Eine Stadt steigt um"

Das Radfahren kommt auch in der öffentlichen Meinung aus der Nische. Es gelingt auch, die Medien zu einer intensiveren Wahrnehmung des Verkehrsmittels Fahrrad zu bewegen – weg vom Image des Spielzeugs und Nur-Freizeitgeräts, hin zum ernst zu nehmenden Alltagsverkehrsmittel. Die Süd-Ost Tagespost richtet eine Rubrik „Radfahren in der Steiermark" ein, in der u. a. festgestellt wird: *„Das Radeln ist des Städters Lust. Am Beispiel Graz: Eine Stadt steigt um"*. (Tagespost 11.8.1985, o.S.) Ein Economy-Run, bei dem die Teilnehmer per Rad, Tram, Auto und zu Fuß unterwegs sind, geht laut Bericht in der gleichen Ausgabe zu Gunsten des *„optimalen Stadtfahrzeugs Fahrrad"* aus.

Mit der Zunahme des Radverkehrs bleiben auch Probleme nicht aus, die zu den – bekannten – Reaktionen der Sicherheitsbehörde führen. Schnell-Radlern in der Fuzo und Wild-Parkern werden Sanktionen nicht nur angedroht: Für Aufsehen sorgt der Fall des *„langhaarigen Literaten Edgar V."*, der nächtens durch die Fuzo radelt und von einem Polizisten unsanft vom Rad geholt wird. V. wird vorübergehend eingelocht, die Kalamitäten, die sich die Sicherheitsbehörde damit einhandelt, lassen sie in Zukunft von derartigen Methoden doch Abstand nehmen. Auch mit dem ruhenden Radverkehr gibt es Ärger: *„Unlängst hatte es in Graz Aufregung gegeben, weil ein Fahrrad auf Polizeianordnung `abgeschleppt´" worden war"*, berichtet die Austria Presse Agentur (APA191 22.8.1987). Kurzfristig glaubt man Mitte der neunziger Jahre sogar, den zu flotten Flitzern mit Laserpistolen Mores lehren zu müssen – die Kommentare in den Medien sind aber dann doch zu ätzend, als dass man diese „Aktion scharf" wiederholt hätte.

Zweifellos kaum lösbar erweisen sich die Konflikte mit Fußgängern in einigen engen und von Schanigärten und Werbeinventar weiter zugebauten Innenstadt-Straßen: Über die Gasse gespannte Transparente mit der radikalen Aufforderung „Bitte Schritt-Tempo" zeitigen nur wenig Erfolg. Doch sollte man die Kirche im Dorf lassen: Die Unfallzahlen sind so, dass nicht wirklich von einem Problem gesprochen werden kann.

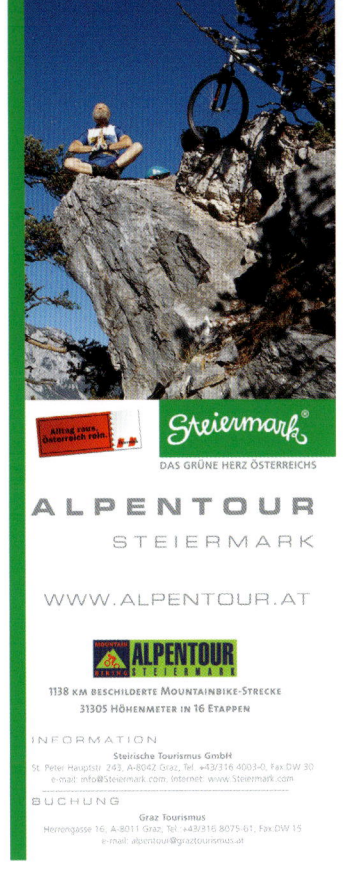

Rund um das Fahrrad etablieren sich verstärkt Gewerbe- und Dienstleistungsunternehmen. 1989 beginnt der Verein „Bicycle" als sozialökonomischer Betrieb mit einer Werkstätte und einem Verleih, wobei die Arbeitsmarktverwaltung Mittel zur Integration arbeitsloser bzw. schwer vermittelbarer Jugendlicher zuschießt. In der Folge expandiert das Unternehmen auf heute drei Standorte. Im gleichen Jahr tritt der Fahrradbotendienst „Bike-Trans" in Erscheinung, wird bald vom Bicycle-Ableger „Veloblitz" abgelöst, der seither lokaler Marktführer ist. Die Zahl der Radhändler steigt wieder an – nachdem es in den 80er-Jahren nur noch sechs sind, zählt man 2005 insgesamt 28, wobei auch mehrere Sportartikelhändler mitgerechnet werden. Das Geschäft ist hart – die Diskont-Konkurrenz von Baumärkten und Fahrrad und -equipment verkaufenden Ketten sorgt für sinkende Margen im breiten Segment und zwingen Mechaniker und Fachhändler, sich weiter zu spezialisieren.

Schubkraft Fitness

Parallel zur Umweltbewegung entwickelt auch die Fitnessidee Schubkraft für die Renaissance des Fahrrades. Der Makel der Körperlichkeit von Schweiß und Anstrengung tritt zurück hinter der wachsenden Einsicht, auch für die eigene Gesundheit was tun zu müssen. Ursula Schimanovsky kommt in ihrer Diplomarbeit über „Radtourismus" zum Schluss, dass körperliche Anstrengung, besonders bei sportlicher Betätigung, heute positiv gesehen wird: *„Sportausübung gilt als gesund. Die dadurch erreichte körperliche Leistungsfähigkeit ist erstrebenswert, daher ist das Radfahren als Sport fest im Freizeit- und Gesundheitssport verankert. Hobbysport, Fitnessstreben und Demonstration der persönlichen Leistungsfähigkeit fanden im „neuen Fahrrad" ein ideales Demonstrationsobjekt."* (SCHIMANOVSKY 1998, 51)

Die Österreichische Fremdenverkehrswerbung propagiert 1982 nach dem „Wanderbaren Österreich" das „Radlbare Österreich": Ein Netz von Radwanderwegen wird geplant, mit Tourismusbetrieben und den ÖBB wird ein Fahrradleih-System aufgezogen. Fahrradfreundliche Gaststätten – eine Auszeichnung, die an die vor 100 Jahren boomenden „Verbandsgasthöfe" des Steirischen Radfahrergauverbandes erinnert – und fahrradfreundliche Gemeinden werden von ARBÖ und KfV gekürt, die Bahnen greifen die Tradition als „Freund" der radelnden Zunft auf und stimmen ihre Serviceleistungen besser auf die Bedürfnisse der Tourenradlerinnen und -radler ab.

Auch das Land Steiermark zieht mit und engagiert sich für die Verbesserung der Infrastruktur, wobei der touristische Aspekt im Vordergrund stand und steht. Die erste ausgeschilderte „Ausflugsroute" aus Graz hinaus ist der Erzherzog-Johann-Radweg (heute R 9) nach Stainz, der im 200. Geburtsjahr des „steirischen Prinzen" 1982 eröffnet wird.

Objekt der Forschung

Verstärkt wird der Radverkehr Objekt der universitären Forschung: Herbert Köstenberger, Vorstand des Instituts für Straßenbau und Verkehrswesen an der Technischen Universität, analysiert 1984, wer wann das Fahrrad wie nutzt. Er findet heraus, dass die Fahrradnutzung im Alter zwischen zehn und 15 Jahren und dann zwischen 35 und 45 am größten ist. Nach Berufsgruppen aufgeschlüsselt sind Schüler, Arbeiter, im Haushalt Beschäftigte und Arbeitslose überrepräsentiert. Unter der Woche werden die meisten Wege per Rad zum Einkaufen zurückgelegt (32,3 Prozent), gefolgt von Wegen zur und von der Arbeit (23,7) sowie Freizeitverkehr (21,6).[146]

In den folgenden Jahren sind es vor allem angehende Geistes-, Natur-, und Rechtswissenschafter, die verschiedene Aspekte des Radfahrens in Diplomarbeiten beleuchten. (EDLINGER 1987, MAYRHOFER 1989, HAFNER 1992, SCHMID 1998, SCHIMANOVSKY 1998, LÄTZSCH 1999, OHRNHOFER 2000, SEEMAYER 2003)

Laut einer im Frühjahr 1991 veröffentlichten Befragung des Kuratoriums für Verkehrssicherheit sehen 45 Prozent der Befragten das Fahrrad als *„wichtiges Verkehrsmittel"* an, nur knapp 24 Prozent hingegen in erster Linie als Freizeitgerät. 70 Prozent sind dafür, dass der Radverkehr weiter gefördert werden sollte. (APA 74 19.4.1991) Auch eine Studie der Psychologen Erich Raab und Paul Jimenez kommt zum Schluss, dass das Fahrrad im städtischen Bereich *„ein allgemein durchaus akzeptiertes und als vollwertig anzusehendes Verkehrsmittel"* ist. (RAAB 1993, 29) Hauptnutzer des Fahrrads seien – nach wie vor – vor allem finanzschwache Gruppen, vor allem für jüngere Radler sei es Freiheits- und Ökosymbol, aber auch „Notnagel", bis sie sich den Umstieg auf ein motorisiertes Verkehrsmittel leisten könnten. An sachlichen Gründen für die Fahrradnutzung stehe die Schnelligkeit im Vordergrund, wobei die Vermeidung von Umwegen und Parkplatzsuche, aber auch selbst eingeräumte „Sonderregelungen", eine wichtige Rolle spielten. Interessanterweise halten alle anderen Verkehrsteilnehmer das Radfahren für gefährlicher als die Radfahrer selbst. Autofahrer können sich ein Umsteigen auf das Rad eher vorstellen als Nutzer der „Öffis".

Messbare Erfolge

Grundsätzlich hat Graz den Vorteil, auf ein traditionell tolerantes Klima aufbauen zu können, was das Verhältnis der Obrigkeit und der anderen Verkehrsteilnehmer zu den Radlern betrifft. Auch ist das Fahrrad nie völlig aus der Mode gekommen und auch Persönlichkeiten des öffentlichen Lebens zeigten und zeigen sich immer wieder auf dem Drahtesel. Dazu kommen natürlich noch günstige Voraussetzungen bezüglich Stadttopografie und Klima. Unter diesen Voraussetzungen und politisch getragen von Vizebürgermeister Edegger entwickelt sich der Radverkehr zu einer wichtigen Säule des Konzepts „sanfte Mobilität", also der Förderung des nicht motorisierten und öffentlichen Verkehrs. Dass das Fahrrad als Verkehrsmittel „von oben" ernst genommen wird, schlägt sich auch bald messbar im Alltag nieder.

Deutlich werden die intermodalen Zusammenhänge beim Modell des flächendeckenden Tempo 30 (ausgenommen Vorrangstraßen), das im Herbst 1992 eingeführt wird: Mit der Ausweisung von zwei Dritteln des Straßennetzes als Tempo-30-Gebiete wird nicht nur eine Reduktion der Luft- und Lärmbelastung für die Anwohner erreicht, sondern eine fußgänger- und radverkehrsfreundliche Struktur geschaffen, deren Wirkung sich in einem Rückgang der schweren Unfälle, insbesondere mit Beteiligung ungeschützter Verkehrsteilnehmer, niederschlägt.

Liest man die Programme und Forderungen aus dieser Zeit, so muss man einräumen, dass im Bereich der Radverkehrsinfrastruktur doch recht viel verwirklicht worden ist:

---

146 Köstenberger findet heraus, dass im Alter zwischen zehn und 15 Jahren die Fahrradnutzung am größten ist. Stark ist auch die Gruppe der 35- bis 45-Jährigen. Nach Berufsgruppen aufgeschlüsselt sind Schüler, Arbeiter, im Haushalt Beschäftigte und Arbeitslose über-, Landwirte, Selbstständige und Präsenzdiener hingegen unterrepräsentiert. Unter der Woche werden die meisten Wege per Rad zum Einkaufen zurückgelegt (32,3 Prozent), gefolgt von Wegen zur und von der Arbeit (23,7) sowie Freizeitverkehr (21,6). (KÖSTENBERGER 1986, o.S.)

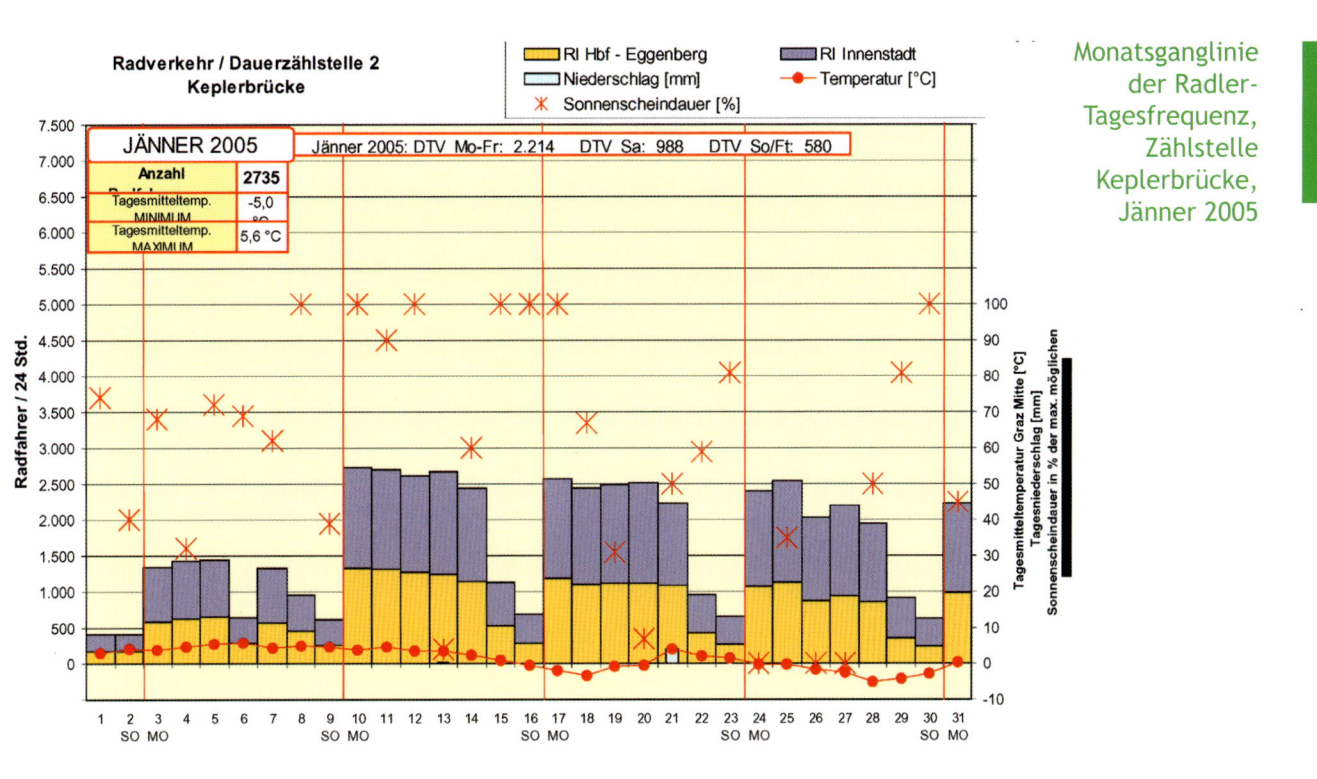

Monatsganglinie der Radler-Tagesfrequenz, Zählstelle Keplerbrücke, Jänner 2005

- ein ziemlich passables Radverkehrsnetz aus Rad-, Fuß-/Radwegen, Radfahrstreifen und beschilderten Radrouten (110 km)
- sinnvolle Verdichtungen durch Einbahnöffnungen (1979 wurde die Öffnung von 20 Einbahnen gefordert, heute sind 58 Einbahnen offen), teilweise Öffnung der Fuzos und Busspuren-Mitbenützung
- Sicherheitsgewinn durch verkehrsberuhigende Maßnahmen, insbesondere die Einführung von flächendeckend Tempo 30 (auf heute drei Viertel des Straßennetzes, rund 700 km);
- ein dichtes, qualitativ noch verbesserungsfähiges Angebot an Abstellanlagen im Straßenraum (rund 500)
- Orientierungshilfen in Form von seit 1982 aufgelegten Radkarten, eines seit 1999 entwickelten Wegweiser-Systems für Hauptzielgebiete und -punkte sowie von grünen Leitlinien, von denen man inzwischen wieder abgegangen ist.

Einschränkend ist freilich zu sagen, dass viele Radverkehrslösungen in Graz Provisorien waren und geblieben sind, dass der in Graz weit verbreitete Modus des kombinierten Geh- und Radwegs doch von erheblicher Konfliktanfälligkeit gekennzeichnet ist. Darüber hinaus ist der Standard der Radverkehrsanlagen unterschiedlich und, vornehm formuliert, verbesserungsfähig. In anderen Städten z. B. Deutschlands durchgesetzte Einrichtungen wie der „aufgeblasene Radfahrstreifen" an Kreuzungen, Radfahrstraßen oder eigene Ampelphasen und, wo nötig, eigene -anlagen sind bislang nicht realisiert und dem grundsätzlichen Bekenntnis aller Rathaus-Parteien, dem Radverkehr Priorität zuzuerkennen, folgen kaum größere Würfe. Und was eine Gruppe an Verkehrsteilnehmenden wert ist, kann auch schon an der einschlägigen Wartung und am Winterdienst abgelesen werden.

Unfallstatistik und Sicherheit

Die Zahl der Radunfälle mit Personenschaden pendelt in Graz um die 400 pro Jahr, d. s. um die 10 Prozent der Gesamtunfälle, was in etwa im Österreichschnitt liegt. Auf die Verkehrsbeteiligung gerechnet, ist das Unfallrisiko gesunken, nach dem Motto: je mehr Radlerinnen und Radler unterwegs sind, desto sicherer fahren sie, weil sie offenbar im Straßenraum besser wahrgenommen werden und Kfz-Lenkerinnen und -lenker zu rücksichtsvollerem Fahren veranlassen. Bedenk-

Links:
Rudi Mitteregger als Sieger beim Villacher Kriterium, 1971

Unten:
Mitteregger als Querfeldein-Crack

lich allerdings: 40 Unfälle mit Verletzungsfolgen (1997) gehen auf das Konto von unvorsichtig geöffneten Autotüren.

Rund 13 Prozent der Unfälle mit Radlerbeteiligung ereignen sich auf Radwegen. Landesweit sind in über 50 Prozent Pkw die Unfallgegner, rund 20 Prozent sind Alleinunfälle von Radlerinnen und Radlern.

In regelmäßigen Abständen wieder in die Diskussion gebracht ist die Helmpflicht – die Radlobby ARGUS ist dagegen, wenngleich sie auch eine Empfehlung für den Helm ausspricht. Dagegen spricht vor allem im Stadtverkehr die Verhältnismäßigkeit zwischen erzielbarer Verletzungsvermeidung und Attraktivitätsverlust und damit verbundenem Umsteigeeffekt.

Es gibt in der Zeit des Aufschwungs auch Niederlagen. Die an sich gute Idee eines Gratis-Fahrradverleihs der Steiermärkischen Sparkasse war – wie unzählige ähnliche Initiativen in anderen Städten vor- und nachher – von Schwierigkeiten geprägt und ist letztlich gescheitert. (=> „Das S-Radl", S. 211) Die schmerzlichste Niederlage wird aber am 26. Februar 1987 mit dem Verkauf der Puch-Zweiradfertigung besiegelt – Anfang August läuft das letzte Fahrrad „made in Graz" vom Band. Noch heute ranken sich verschiedenste Gerüchte und Spekulationen um die „Nadelstreifsanierung", wie Erich Edegger damals sagt. Hauptgrund, das Zweirad abzustoßen oder, wie es im Fachterminus heißt „auszuphasen", ist wohl der Umstand, dass die Konzernleitung im Konsens mit den Polit-Spitzen die Zukunft in der Autoproduktion sieht. Dass die Entscheidung just zu einer Zeit fiel, als sich weltweit ein Fahrradboom abzeichnet, ist eine weitere bittere Fassette, über die auch der heutige Erfolg im automotiven Bereich („Autocluster") nicht hinwegtrösten kann.

9.2. Die Ära Rudi Mitteregger

Nach den sechziger Jahren, von Felix Damm, Kurt Schattelbauer, Christian Frisch dominiert – alle Union, die vom Eierlikör „Verpoorten" zur gesunden „Peterquelle" als Sponsor wechseln –, sind die 70er die Zeit des Rudolf Mitteregger: 1970, 1974 und 1977 gewinnt er die Österreich-Rundfahrt, vier Mal wird er Zweiter. Er nimmt an den Olympischen Spielen von München und Montreal teil, ist vierfacher Glockner-König und achtfacher österreichischer Straßenmeister. (PROPST 1996, 83)

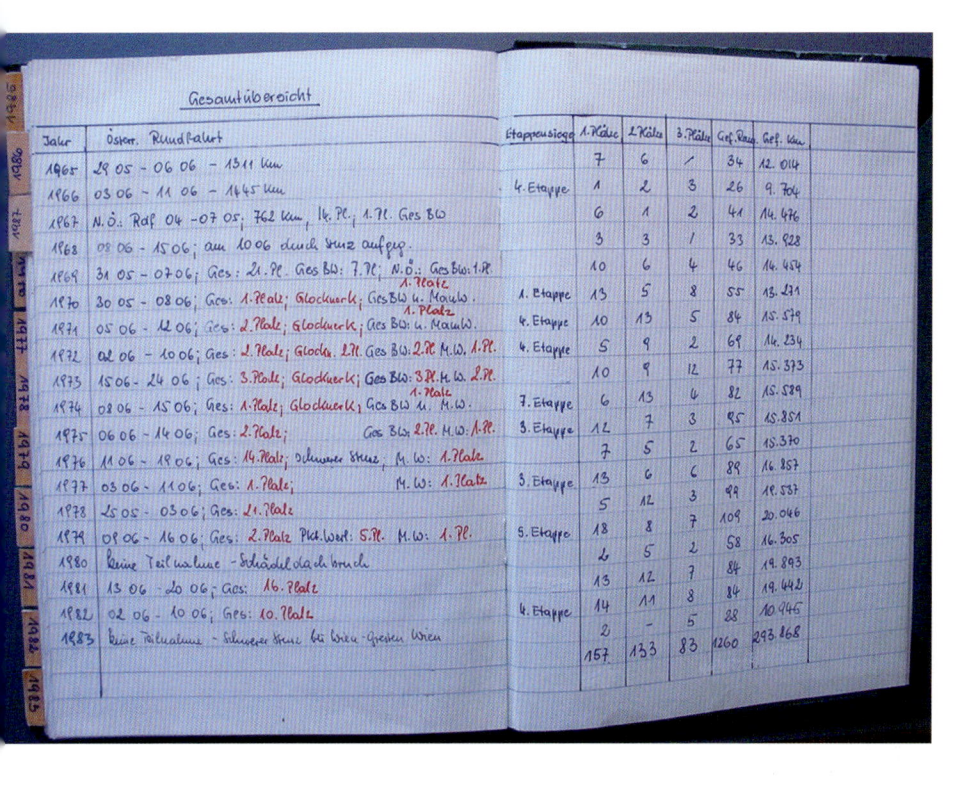

Auszug aus den Aufzeichnungen von Rudi Mitteregger

Als „elegantester Kletterer aller Zeiten" (Info Damm) gewinnt er auch neun Mal die steirische Bergmeisterschaft. Seine größte Enttäuschung erlebt er auf der Rundfahrt 1974, als er am Gaberl nach einem Bergsieg lange Zeit auf Material warten muss. „Wo bleib'n denn die Aff'n?", so der bekannt gewordene Ausspruch des verzweifelten Mitteregger damals. Der aus Gaal stammende Mitteregger hat den Grundstein für seine Karriere in der Kindheit gelegt: „Damals bin ich in den Sommermonaten jeden Tag von Gaal nach Knittelfeld zur Hauptschule und zurück gefahren – mit dem Hintergedanken, dem Vater das Geld für den Bus zu ersparen." Daraus werden später mehrere Erdumrundungen: „550.000 Kilometer sind es locker gewesen", bilanziert Mitteregger anno 2001 seine absolvierten Rad-Kilometer. (Kleine Zeitung 29.11.2003, 29)

1976 findet die erste „Steiermark-Rundfahrt" statt. In dieser Zeit nimmt der Damenradsport einen gewissen Aufschwung: Mit der „Tour de Styria", erstmals 1978 veranstaltet, wird die älteste Damenrundfahrt der Welt begründet. (PROPST 1996, 106) Später heißt diese Etappenrundfahrt unter Bezugnahme auf ein EU-Förderprojekt „Interreg Damen-Tour". Sie findet 2001 zum letzten Mal im Rahmen der 29. FIS-RSC EM-Weltradsportwoche in der Steiermark statt. (KÜHSCHWEIGER 2005, 43)

Im weniger bekannten „Querfeldein", einer Kombination aus Geländeradfahren und Laufen mit geschultertem Rad, profilieren sich in den 70er- und 80er-Jahren die ARBÖ-Teams von Kindberg und Knittelfeld. Die größten Erfolge kann der Trofaiacher Hermann Mandler mit den Staatsmeistertiteln 1984, 1985 und 1990 verzeichnen, dann betreibt er in seiner Heimat ein Fahrradgeschäft und arbeitet als Trainer und Veranstalter. Neben Staatsmeisterschaften organisiert er auf selektiven und publikumswirksamen Stadtkursen in Leoben und Trofaiach erstmals in Österreich Nacht-Querfeldeinrennen unter Einsatz von Flutlicht. (KÜHSCHWEIGER 2005, 70)

Nach Mitteregger kommen Hans Linhart (fünffacher Staatsmeister), Hans Summer und die Bergkönige Walter Eibegger und Harald Maier. Maier belegt bei der Straßen-WM 1985 den fünften Platz, 1984 und 1985 gewinnt er das Grazer Altstadt-Kriterium. Später wird Maier Mentaltrainer, gerät 2003 wegen seines Jobs für einen Strukturvertrieb in Betrugsverdacht und sitzt in Slowenien mehrere Monate hinter Gittern.

In den 80er-Jahren übernimmt der Radclub

Auf der BMX-Bahn in Judendorf-Straßengel, 1984

Union Laßnitzhöhe die Führungsarbeit im Land – für Größen wie Summer, Lienhart und Maier dient er als Sprungbrett. 1985 wird erstmals der Frühjahrsrennen Wien – Laßnitzhöhe veranstaltet. Auf das Jahr 1986 geht die Entstehung des Internationalen Raiffeisen Grand Prix Judendorf-Straßengel zurück – eigentlich liegen die Wurzeln weiter zurück, im Hans-Rinner-Gedenkrennen, das ab 1934 ausgetragen wird. (=> „Haltestelle für Radfahrer", S. 55) Im Schatten der großen Bewerbe reihen sich zwei Bergspezialisten hinter den Stars der goldenen sechziger und siebziger Jahre, Damm und Mitteregger, ein: Walter Eibegger erringt 1975–80 vier Bergmeistertitel, Gerhard Streit vom RC Liezen sogar sechs (1988–1991, 1994, 1995). Beide werden später erfolgreiche Trainer in Knittelfeld und Liezen. Nachwuchsfahrer Markus Eibegger (Jg. 1984) macht inzwischen seinem Trainervater alle Ehre und wird 2004 steirischer Meister und österreichischer Vizemeister am Berg. 2005 gewinnt er als erster Steirer seit Peter Luttenberger (1992) die „Select Tour".

Anfang der 80er-Jahre hält eine neue Disziplin auch in der Steiermark Einzug: Bicycle Moto Cross, kurz BMX: Die ersten Rennen steigen auf eigens errichteten Bahnen in Judendorf-Straßengel und Knittelfeld. In der Hochblüte gibt es in der Steiermark neun BMX-Bahnen (neben den erwähnten weitere in Unterkainisch, Bruck/M., Fohnsdorf, Graz-Liebenau, Hartberg, Leoben und Weiz). In der Anfangszeit erweckt BMX den Eindruck einer Moto-Cross-Simulation für Kinder. Von den USA aus hat sich der Sport weiter zu einer Art Kunstradfahren mit fünf Disziplinen (Flatland, Halfpipe, Street, Miniramp und Dirtjump), mit eigenen Begriffen und einer eigenen Subkultur entwickelt.[147] Immerhin auf Seite 1 der „Kleinen Zeitung" schafft es der angehende Mechanikerlehrling Hannes Sawatzki aus Thörl, als er 1985 als 15-Jähriger mit seinem „Monty T 19" die 406 Stufen auf den Schlossberg in 21 Minuten erklimmt. (Kleine Zeitung 6.8.1985, 1, 9) Der erste Steirer, der internationale Luft im BMX schnuppert, ist der heute in Wien lebende Grazer Michael Sommer (Jg. 1980): Er wird 1998 Weltmeister der Master in „Flatland", wechselt in die Königsklasse der „Professionals" und belegt international Top-Plätze. (DÖRR 2002, 14)

Ende der 80er-Jahre wird der BMX-Sport durch das Aufkommen des Mountainbikes in den Hintergrund gedrängt – entgegen diesen Trend entsteht 1989 in Baierdorf bei Weiz eine neue

---

147 Bob Haro, der auch im Kultfilm „E.T." (1982) mitgespielt hat, gilt als Vater der BMX-Bewegung. (DÖRR 2002, 14)

2004 Sieger beim Grazer Altstadtkriterium: Jan Ullrich

Bahn und ein neuer Club. Von hier wird bis in die Gegenwart das regionale Geschehen bestimmt und auch national und international mitgemischt. Mehrere österreichische Meistertitel sammeln die Brüder Harald, Herbert und Martin Weinfurter sowie Hubert Reithofer, Rowitha Unterberger und Manuela Käfer, Martin Weinfurter gewinnt den Europacup 2004. Der Umstand, dass die Disziplin 2008 in Peking olympisch wird, könnte dem BMX-Sport wieder einen Aufschwung bringen. (KÜHSCHWEIGER 2005, 47-53)

Die Mountainbike-Szene hält in der Steiermark - verspätet – Mitte der 80er-Jahre Einzug. Als Pioniere gelten Heinz Bauer, zu dieser Zeit Inhaber eines Sportgeschäfts in Graz, und der Radprofi Harry Maier. Das erste Rennen richtet Bauer, der auch heute noch als Veranstalter aktiv ist, mit einem MTB-Cross am 13. November 1988 am Thalersee aus. 1989 folgen die ersten Marathons in Wildalpen und bei Wettmannstätten, 1994 schließlich das erste Downhill-Rennen auf der Hebalm, veranstaltet vom „Bike Team Pech". Martin Pyffrader (Jg. 1971) ist einer der ersten, der sich auf diese Disziplin konzentriert und nationale und internationale Rennen bestreitet: Er landet beim ersten WC-Downhill in Österreich in Kaprun 1990 unter 178 Teilnehmern am 20. Platz. (KÜHSCHWEIGER 2005, 81) In der Anfangszeit gibt es übrigens noch keine Federgabel und nur Cross-Bewerbe: Erst in den 90er-Jahren splittet sich die Rennszene in Spezialdisziplinen auf und bewirkt die Entwicklung von eigens dafür gebauten Rädern.

Das Grazer Altadt-Kriterium, das ebenfalls von Heinz Bauer 1984 „erfunden" und bis heute alle Jahre unmittelbar nach der Tour de France ausgetragen wird, bringt die jeweils aktuellen Stars an die Mur und 25.000 bis 40.000 Zuschauer an den engen Parcours. Die Premiere und 1985 gewinnt Harald Maier, als zweiter Steirer kann sich 2001 Peter Luttenberger in die Siegerliste eintragen.[148]

---

148 Die ursprünglichen 70 Runden a 1,21 km sind seit 2004 auf 45 verkürzt worden. Vom Punktesystem pro gewonnener Runde bzw. gewonnenen fünf Runden wird 2000 abgegangen und es gewinnt jener Fahrer, der als erstes die Ziellinie am Ende überfährt. 2003 ist dies Lance Armstrong, 2004 Jan Ullrich.

Linke Seite:
Radelten vorne weg:
Erich Edegger und Fritz Möstl
(in Uniform)
Rechte Seite:
Rad- und Fußgängerbrücke im Herzen der Stadt, gewidmet dem sanft-moblien Vordenker

Edegger & Co.: Der Bäcker und die Ingenieure

"Grundsätze vertreten ist keine Sache für die Gschmeidigen, diejenigen, die sich allem anpassen; für Populisten, die das Wort von der sogenannten `Volksmeinung´ bewußt falsch verstehen und die nur das tun, was auf dem sowieso trügerischen Markt der Meinungsforschung scheinbar mehrheitsfähig ist. Erich Edegger wählte den schwierigeren, aber den richtigeren Weg." Die Worte von Bürgermeister Alfred Stingl bei der Trauersitzung des Grazer Gemeinderates am 9. November 1992 charakterisieren den Politiker Erich Edegger sehr gut: Als einen Politiker, der seine Profession mit Gestaltungswillen verbindet, der nach Abwägung und Einbeziehung der Bürgerinnen und Bürger entscheidet und in der Umsetzung auch bei Gegenwind auf Kurs bleibt. Dies gilt auch und gerade für seine Arbeit als Verkehrs- und Planungsreferent. Die Konzeption der von ihm verfolgten Verkehrskultur ist *"in Wirklichkeit auch eine neue Dimension von Sozialpolitik"*, so Stingl, dem er, obwohl von einer anderen Gesinnungsgemeinschaft, enger Verbündeter ist im Bemühen um eine lebenswerte Stadt.

Erich Edegger ist Motor der wieder erwachenden Radlerszene in Graz. Der Bäckermeister und Betreiber der Hofbäckerei in der Hofgasse kommt 1981 für die ÖVP in den Gemeinderat, übernimmt 1974 das Planungsressort und bald auch das Verkehrsressort. *"Er war immer Radler, weniger sportlich als aus Gründen der Zeitökonomie"*, erinnert sich seine Ehefrau Heidi. (Info Edegger) Schon in den sechziger Jahren hat er sich ausgerechnet, dass die echten Autokosten viel höher als angenommen sind – und steigt auf's Taxi um. Eine erste Ausfahrt mit den gerade erworbenen neuen Rädern Mitte der 70er-Jahre endet für ihn schmerzhaft: *"Wir fuhren beim Hilmteich weg und er drehte sich um, um mir zuzurufen: `Pass auf, die Schienen!´ – und schon ist er gelegen"*. Bilanz: eineinhalb Schneidezähne weg, die Oberlippe musste genäht werden.

Sein erster großer verkehrspolitischer Wurf, den er mit dem Institut für Straßenbau und Verkehrswesen (Vorstand Herbert Köstenberger) und dem damaligen Assistenten Gerd Sammer (Jg. 1944) realisiert, ist das innerstädtische Verkehrskonzept 1976: Es stellt auf Maßnahmen für den öffentlichen Verkehr, Parkraumbewirtschaftung und auf eine Integration eines modernen Verkehrssystems in eine gewachsene Stadt ab. Dass dabei, vor allem durch die Einrichtung von Einbahnen, die Bedingungen für das Radfahren nicht nur nicht berücksichtigt, sondern sogar verschlechtert werden, wird bald eingesehen.

Rasch bemüht sich Edegger um eine Korrektur. *„Hast du Studenten, die schauen könnten, ob man in Graz was für´s Radfahren machen könnte?"*, lautet die Frage, die er 1978 „seinem" Planer Sammer stellt. Sammer hat: Gemeinsam mit Kurt Fallast und Helmut Lackner erstellt er im Rahmen des Stadtentwicklungskonzeptes ein „Sachprogramm Verkehr – Fuß- und Radwegenetz", das im Jänner 1980 vorgelegt und im Juli vom Gemeinderat beschlossen wird. Es sollte grundlegend sein für die Schaffung einer Radverkehrsinfrastruktur, die auf eine Länge von 170 km ausgelegt ist. Erstmals sind Anforderungen an verschiedene Radverkehrsanlagen, Lösungen im Kreuzungsbereich sowie Ausnahmen vom Fahrverbot gegen Einbahnen inklusive Beschilderung und Bodenmarkierung vorgeschlagen. Im Vorwort unterstreicht Edegger die Notwendigkeit der Planung eines Wegesystems für Nichtmotorisierte aus Gründen der Ressourcenschonung, aus gesundheitlichen und sportlichen Überlegungen, aber auch, um es jenen, die kein Auto besitzen, zu ermöglichen, *„alle wichtigen Punkte unserer Stadt gefahrlos zu erreichen."* (STEK 1980) Dass dieses Bemühen, alternativen Verkehrsformen Geld, Platz und zum Teil auch Vorrang einzuräumen, *„zunehmend ins Grundsätzliche, ja fast Weltanschauliche"* geht, ist er sich voll bewusst.

Edegger setzt nicht nur auf Gleichgesinnte unter den Verkehrsplanern, er ermutigt auch engagierte Bürger, die eine neue, stadt- und menschengerechte Verkehrspolitik einfordern und sich als Gegengewicht zur Autolobby verstehen: Dass es sich bei den Aktivisten der ersten Stunde auch durchwegs um Diplomingenieure handelt, ist Zufall – oder auch nicht, weil sich eben gerade im Techniker-Milieu ein kreativer fortschrittskritischer Nukleus herausgebildet hat, um den sich die Arbeitsgemeinschaft für alternative Verkehrspolitik AVG schart.

Als es auch gelingt, die Polizei, namentlich Verkehrsinspektor Fritz Möstl, zu überzeugen, wird recht zügig an die Umsetzung gegangen, wobei eine grundsätzlich wohlwollende mediale Berichterstattung von Vorteil ist. Geschickt pflegte er Kontakte zu interessierten Journalisten, füttert sie mit Infos, ist immer für einen pointierten „Sager" oder einen geschliffenen Konter gut.

Erich Edegger ist ein Mann der Praxis, er traut eher der Realität als Plänen und folgt im Umgang mit der Beamtenschaft der Devise, dass Kontrolle besser ist. Weil seine Beamten meinen, die Platzsituation in der Wickenburggasse erlaube keinen Zweirichtungs-Radweg bei Beibehaltung von vier Auto-Fahrspuren, rückt er selbst mit dem Maßband aus, um dies zu widerlegen.

Obwohl selbst aus dem Wirtschaftsbund kommend, wird er diesem bald zum Reibebaum. Gegen seine Kfz-restriktive Politik und gegen ihn wird mobil gemacht, in Anspielung auf seine berufliche Herkunft nennen sie ihn „Bäcker des Staus", holen sich aber kalte Füße, als er bei den Wahlen 1983 zulegen kann.

Erich Edegger, der sich auch in Kunst und Architektur, Raumplanung (z. B. Hochhaus-Bauverbot) und durch sein Auftreten gegen *spekulativen Lobbyismus"* (Stingl) im Bereich der Altstadtsanierung oder der Shoppingcenter auf der „grünen Wiese" einen Namen macht, stirbt überraschend am 28. Oktober 1992. Seinen verkehrspolitisch größten Erfolg, die Einführung von „flächendeckend Tempo 30 – ausgenommen Vorrangstraßen", kann er selbst nicht mehr erleben. Im Andenken an ihn wird 1994 der Fuß-/Radweg Mariagrün – Mariatrost benannt, 2003 bekommt auch die im Volksmund längst „Edegger-Steg" genannte, Fußgängern und Radfahrern vorbehaltene Stahlbrücke zwischen Schlossberg- und Mariahilfer Platz (errichtet 1992) offiziell seinen Namen.

Im Fahrrad-Konvoi zur Kirche – zahlreiche Medien berichten, hier ein Ausschnitt aus der „Bunten"

In Graz „strampelte" ein junges Paar zum Traualtar **„Ja, mir san mit dem Radl da!"**

Radl-Hochzeit

Große Aufmerksamkeit erregt 1971 auch in den Medien eine Radl-Hochzeit in Graz: Die Hochzeitsgesellschaft von Erwin und Maria Leitner, 41 Mann und Frau hoch, fährt mit dem Fahrrad in der Kirche in Andritz vor. Vom Radlhändler Vychodil und von den Puch-Werken, die dem Brautpaar gerade aktuelle Miniräder zur Verfügung stellen, werden die Fahrräder geliehen, der Vater der Braut und ein Musikant bilden mit einem Tandem den Abschluss.

Wie es dazu kam, erinnert sich Maria Leitner (Jg. 1953) mit Schmunzeln: „Das Ganze ist aus einer Blödelei heraus entstanden. Damals war gerade `Ja, mir san mit´n Radl da´ ein Hit, der auch bei der Taufe unserer Tochter gespielt wurde. Spontan sagten wir, wenn wir die kirchliche Hochzeit nachholen, dann machen wir dus wie die im Lied".

Von der Nummer gibt es übrigens verschiedene Versionen. Jene mit dem Text von Walter Lechner lieferte in der zweiten Strophe quasi die Vorlage für die Grazer Radl-Hochzeit:

Unlängst hat mein Spezi gheirat,
Na, mir haben net wenig gschwitzt.
Drauf fragt uns der Herr Kanzleirat:
„Sagns, warum denn so erhitzt?"
„Schauns, mir brauchen kann Fiaker," sagt die Braut nur liab und süaß, „wozu haben mir miteinander denn a jeder no zwa Füaß?"
Jo, mit wos san mir denn do?...

Eine besondere „Radlerkarriere" ist damit nicht verbunden. *„Das aufregendste war eine Umrundung des Neusiedlersees"*, gesteht Maria Leitner. Erwin nimmt lieber das Moped, später, als er bei den Puch-Werken arbeitet, wieder mit dem Rad. Maria fährt nach wie vor im Sommer gerne in die Stadt, „weil ich nicht auf den Bus warten will, es überall Radwege gibt und es ein Genuss ist, mit dem Rad direkt vor das Geschäft zu fahren". Die bei der Radl-Hochzeit geschlossene Ehe hielt 25 Jahre – bis zum Tod von Erwin Leitner 1996.

Präsentation der Aktion „S-Radl", 1980

Das S-Radl

„Wir haben idealistisch gedacht und an das Selbstständige im Menschen appelliert", erinnert sich Hanne Spielberger, damals Werbechefin der Steiermärkischen, an die Aktion Gratis-Leihrad, im Volksmund unter „S-Radl" geläufig. Vor dem Start hat man sich über ähnliche Projekte im Ausland informiert, insbesondere in Holland. (Info Spielberger)

Am 7. Mai 1980 wird die Flotte leuchtend grüner S-Radln am Hauptplatz vor teils amüsierter, durchwegs aber interessierter Öffentlichkeit „vom Stapel" gelassen: *„Unter dem Beifall der vielen Kiebitze, die sich am Hauptplatz versammelt hatten, und den Klängen des Zweiradsongs („Jo, mir san mit'n Radl do") schwang sich die politische Prominenz bereitwillig auf die Drahtesel, um eine Ehrenrunde zu drehen"*, beobachtet ein Berichterstatter, nicht ohne anzumerken: *„Böse Zungen meinten zu diesem Spektakel: Wenn nicht einmal die Politiker radlfahren können, wer dann?"* (WITTMANN 1980, 25)

100 Stück robuste (Damen-) Räder „Puch Sprint" werden an 13 Sparkassen-Filialen quasi zur freien Entnahme bereitgestellt. *„Damals hat das Fahrrad keinen Stellenwert gehabt"*, resümiert Spielberger, die es auch 25 Jahre später noch toll findet, dass trotz anfänglichen Zögerns dann alle mitgemacht haben, inklusive Magistrat.

Dass es Ausfälle geben würde, ist man sich schon beim Start bewusst, doch binnen kürzester Zeit ist die Hälfte der Räder verschwunden oder demoliert. Der verbliebene Rest wird aus dem Verkehr gezogen, repariert und kehrt im Herbst – unter neuen Verleihbedingungen – zurück: Die Ausleiher müssen 16 Jahre alt sein und einen Ausweis vorlegen, die Verleihdauer wird beschränkt, die Räder sind zur Ausleihstelle zurückzubringen. (Kleine Zeitung 2.10.1980, 11; NZ 2.10.1980, 19)

Unter den neuen Spielregeln hält sich das S-Radl immerhin knapp ein Jahrzehnt. Das Netz der Verleihstellen wird ausgeweitet, auch außerhalb von Graz. *„Wir haben trotzdem viel in die Reparatur stecken müssen, das wurde zu teuer"*, so Spielberger. 1988 läuft die Aktion aus, einige Filialen machen noch ein bis zwei Jahre weiter. *„Es hat sich irgendwie überholt gehabt: Die Grazerinnen und Grazer, für die's gedacht war, hatten dann schon alle selber ein Rad."*[149]

---

[149] Ein Nachfolge-Projekt wird im Mai 1989 vom sozialökonomischen Verein „Bicycle" initiiert, erlebt aber aus ähnlichen Gründen das gleiche Schicksal: Als die Erstausstattung (160 Leihräder) verschlissen ist und sich kein Geldgeber für Nachschub findet, stellt man den günstigen flächendeckenden Verleih im Herbst 1993 ein und beschränkt sich auf den Verleih in den Geschäften zu Marktpreisen.

Die dunklen Seiten: Unfälle & Überfälle

"Sind Radfahrer bessere Menschen?" fragt vor einiger Zeit eine Grazer Verkehrsinitiative rhetorisch und nicht ganz ernst gemeint bei einer Werbeaktion. Faktum ist: Das Fahrrad gilt als umwelt- und sozialverträgliches Fortbewegungsmittel, wofür deren Nutzerinnen und Nutzer durchaus Anerkennung und Anspruch auf Bevorzugung gebührt. Anders als das Auto, von dem ein ungleich höheres Gefährdungspotenzial ausgeht, das als Waffe missbraucht werden kann und leider auch wird. Der Radler als ewiges Opfer? Nicht ganz: Dass auch Radler nicht immer gute Menschen sind, beweist die Kriminalgeschichte.[150]

Rowdies auf beiden Seiten

Radelnde Rowdies sind schon früh belegt, und sie sind mitunter auch für tragische Unfälle verantwortlich, wie ein Bericht in der Radfahr-Chronik 1896 zeigt: *"Kürzlich wurde durch einen von der Stellung zurückkehrenden berauschten Radfahrer, der auf einem vorsintflutlichen Safety, die Füße auf den Fußrasten, den ziemlich steil in unseren Ort abfallenden Weg herabbrauste, ein kleines Mädchen, das Töchterchen hier weilender Kurgäste, so unglücklich überfahren, daß es am gleiche Tage noch den erhaltenen Verletzungen erlag. Der schuldtragende `Sportgenosse´ entkam, dafür hätten die Bewohner Doblbads ihrer Misstimmung und Erregung gegen die Radfahrer (natürlich geht´s gleich wieder gegen den ganzen Sport) beinahe durch Durchprügeln eines ganz harmlosen Grazer Radlers, der Tags darauf hierher kam, Luft gemacht."* (R-Chronik IX/102/1896, 1725)

Doch auch damals ist man – wie schon eingangs ausführlich dargestellt – im Umgang mit den Radlern nicht gerade zimperlich. Nur ein Zitat aus einem Radfahrerblatt von anno 1895 sei hier angefügt: *"Die Unsicherheit auf den Straßen in der Umgebung von Graz nimmt seit einiger Zeit in Besorgnis erregender Weise zu. Es vergeht beinahe kein Sonntag, an welchem nicht Radfahrer durch die Rohheit der ländlichen Bevölkerung zu leiden hätten. Mit Insulten landläufiger Art, wie Spottnamen u.s.w., wird ja überhaupt nicht viel Aufsehens gemacht. Die Gemeinheit der verrohten Bauernburschen ist aber so weit gediehen, dass sie ruhig des Weges dahinfahrende Radfahrer überfallen, mit Steinen, Prügeln, Kegeln und Kugeln bewerfen und dergestalt in Thätlichkeiten ausarten, dass von nun ab – um seiner Haut und Knochen sicher zu sein – es für gerathen erscheint, nur mit einem `geladenen Sechsläufigen´ durch die mit vergilbten Blättern dicht besäten vom trotzigen Hauche des Herbstes leider schon stark mitgenommenen Gefilde dahinzuradeln."* (DRB VIII/33/1895, 1065)

Machen wir einen Sprung in die Gegenwart: Würde man den „Modal Split", also die Verkehrsmittelwahl von Bankräubern analysieren, es würde wahrscheinlich ein überproportionaler Radler-Anteil herauskommen. Der Grund, warum Fahrräder, zumeist natürlich gestohlene, gern für den Weg zum und vom Tatort verwendet werden, liegt auf der Hand: Ein Fahrrad kann man sich leicht besorgen, es ist unauffällig, mit ihm ist man in bestimmten Situationen wendiger und schneller als mit dem Auto. Sicher geht diese Masche nicht immer auf, wie ein Fall im November 2000 in Graz-Wetzelsdorf zeigt. Damals hat der Bankräuber seine Verfolger zwar abgeschüttelt, indem er eine Abkürzung über einen Fußweg nimmt, macht dann aber den Fehler, sein Fahrrad im Keller der nahe gelegenen Wohnung abzustellen, wo es vom überfallenen Filialleiter wieder erkannt wird. Glücklos ist auch einige Jahre vorher ein Weststeirer: Er radelt, voll gestopft mit Beruhigungstabletten, in abenteuerlicher Maskierung – mit grauem Arbeitsmantel, blonder Langhaar-Perücke, Baseball-Kappe und Sonnenbrille – zur Bank in Bad Gams, um sie auszurauben. Wenige Minuten nach dem Coup wird er gefasst. Ähnlich das Schicksal eines 45-Jährigen, der 1997 in Wagna bei Leibnitz die örtliche Sparkasse in unfreundlicher Absicht aufsucht: Er flüchtet mit dem Kinderrad seiner Tochter, wird aber beobachtet, wie er das Vehikel auf einem Parkplatz in sein Auto verladet. Schon bevor er überhaupt den Überfall realisieren kann, wird ein anderer Südsteirer im Februar 1999 erwischt: Er fällt einer aufmerksamen Passantin auf, als er mit offensichtlich (schlecht) aufgeklebtem Bart auf dem Rad vor einem Geldinstitut in Neutillmitsch herumkreuzt. Von der Gendarmerie gestoppt und nach dem Zweck der bei ihm gefundenen geladenen Pistole befragt, gibt er die Überfallsabsicht und auch gleich den Diebstahl des Fahrrades zu. Ebenfalls per Velo ist einer der bekanntesten Bankräuber der Grazer Kriminalgeschichte, ein in den Medien wegen seiner auffal-

---

150 Diese Zusammenschau stammt – so nicht anders ausgewiesen – aus den Tageszeitungen „Steirerkrone", „Kleine Zeitung", NZ, der Austria Presseagentur APA sowie den Presseberichten von Bundespolizeidirektion Graz und Sicherheitsdirektion für Steiermark.

Sprintet Handtaschenräuber nieder und erhält Polizei-Belobigung: Justice Igwenwa aus Nigeria

lenden Physiognomie „Pinocchio" genannter 26-Jähriger, unterwegs: Im April 1998 überfällt er eine Bankfiliale am Hauptbahnhof in rekordverdächtigen 28 Sekunden – trotzdem kommt er nicht weit: Beim Einbiegen in die Annenstraße radelt er direkt einer zufällig daherkommenden Polizeistreife in die Arme. Überliefert ist sein knapper Kommentar bevor die Handschellen klicken: *„Scheiße!"* Nachgewiesen kann ihm vor Gericht übrigens nur der eine Überfall werden. Die anderen sechs, deren er ebenfalls verdächtigt wird, bleiben ungeklärt.

Besonders „tricky" will es ein in Geldschwierigkeiten geratener Journalist angehen, als er im Oktober 1979 die Raika Graz-Mariatrost überfällt: Kurz zuvor hatte er die Filiale im Zuge einer Reportage ausgekundschaftet und den Coup genau geplant. Er bedroht eine 71-jährige Kundin mit einer Pistole, die, wie sich später herausstellt, aus Plastik ist, und erbeutet 260.000 Schilling. Doch er kommt nicht weit: Ein Bankangestellter und ein Motorradfahrer, übrigens ein angehender Journalist, nehmen die Verfolgung auf, stellen ihn und halten ihn bis zur Festnahme durch die Polizei fest.

Eine andere Geschichte zeigt, dass es auch mit dem Fahrrad nicht immer gelingt, „spurlos" zu verschwinden: Im Jänner 1999 wird in Kapfenberg ein Einbrecher geschnappt, nachdem eine Zeitungsausträgerin zu früher Stunde einen Verdächtigen davonradeln gesehen hat – die Gesetzeshüter müssen nur der Spur im frischen Schnee folgen, die zwei Kilometer entfernt vor dem Hause des Täters endet.

Kein Schwein hatte letztlich ein Sandler, der Ende der achtziger Jahre in Graz von Einbrüchen in Wochenendhäuser lebt. Einmal bricht er in Mariatrost in eine Selche ein, erbeutet ein ganzes Schwein, das er mit dem Fahrrad abtransportiert, wird aber dann geschnappt. Ein anderer radelnder Langfinger, der als „City-Bike-Räuber" eine Weile durch die Gazetten geistert, hat es vornehmlich auf Radlerinnen abgesehen, die ihre Handtasche im Korb am Gepäcksträger mitführen. Skrupellos hat er sogar einem im Kinderwagen sitzenden Kleinkind die Tasche der Mutter entrissen. Im August 1990 wird er schließlich aus dem Verkehr gezogen. Vermehrt werden räuberische Übergriffe vom Fahrrad aus in Graz im Herbst 2004 registriert: Binnen zwei Wochen sind jeweils betagte Fußgängerinnen die Opfer und deren Handtaschen die Beute. Die Polizei vermutet Beschaffungskriminalität von Drogensüchtigen.

Doch auch Bösewichte anderen Kalibers bedienen sich des Fahrrades: So flieht der Mädchenmörder Karl Otto Haas Ende der achtziger Jahre bei Außenarbeiten mit dem Fahrrad der Anstalts-Psychologin und radelt 50 km in die Oststeiermark. Nach 16 Jahren Karlau irgendwie verständlich. Dann gibt er auf und stellt sich am Gendarmerieposten St. Ruprecht an der Raab mit den Worten: *„Es war ein Blödsinn"*. Eine nur vorübergehende Läuterungsphase: Nach seiner offiziellen Entlassung ersticht Haas in Wien den 13-jährigen Sohn seiner Freundin und wird nach einem Messerattentat auf eine Nonne in Innsbruck von einem Polizisten auf der Flucht erschossen.

Kriminologisch gesehen können Radfahrer sowohl Täter als auch Opfer sein: Zu ersteren zählt ein 27-jähriger Geldbriefträger, der im August 1979 einen Überfall vortäuscht, indem er sein Dienstrad über die Murböschung wirft und sich mit dem Baren absetzt (letztlich aber doch erwischt und verurteilt wird), zu letzteren sein 52-jähriger radelnder Kollege, der im Dezember 1989 in Graz-Liebenau von zwei Männern auf einem Motorrad überfallen und ausgeraubt wird – die Täter stellen sich später freiwillig.

... als Waffe

Dass man sich des Fahrrads auch als Waffe bedienen kann, ist schon seit den Anfängen des Radfahrens bekannt: So wird in Nörning, Gemeinde Neustift (Bezirk Hartberg), die Käfer-Familie – Vater, Mutter, Sohn – ausgeforscht, die nach Fleisch- und Viehdiebstählen schließlich am 13.12.1912 einen bewaffneten Überfall auf einen Viehhändler und seinen Knecht verüben. Der beraubte Händler wird leicht verletzt. In ihrem Waffenarsenal finden die Gendarmen selbst mit Hilfe von Fahrrad-Rahmenrohren – u. a. dem Unterrohr eines Styria-Rades, Modell 1900 – gebastelte Gewehre und Handfeuerwaffen, mit denen sie Reizgas-Patronen abfeuern können. (BACHHIESL 2003, 37)

Auch die „Fladnitzer Bande" verwendet in den fünfziger Jahren für ihre verbrecherischen Aktionen ein Fahrrad: Die Ganoven werfen es aus dem Hinterhalt vor Motorräder, ein Lenker kommt zu Sturz, kann aber, wie ein Zweiter, entkommen. Weniger Glück hat ein Radfahrer, den sie vom Fahrzeug reißen, berauben und mit einer Hacke lebensgefährlich Verletzen. Doch auch zu Verteidigungszwecken kann ein Fahrrad dienen: 1991 verwendet ein Tankwart in St. Peter ob Judenburg – erfolgreich – ein Kinderrad als Wurfgeschoss, als er von einem mit einem Messer bewaffneten Maskenmann bedroht wird.

Ein an sich harmloses Billigrad der Marke „Europa super fast 2000" wird im Juni 1994, wenige Tage nach der Verurteilung Jack Unterwegers, beinahe zur Höllenmaschine: In der Sattelstütze finden sich 104 Gramm Sprengstoff, die vermutlich einem pensionierten Grazer Richter gelten, jedoch rechtzeitig gefunden werden.

Leider erfolgreicher ist ein anderer Sabotageakt, von dem im Mai 2005 ein Student in Graz betroffen ist: Er sprintet von der Zinzendorfgasse weg und baut bald einen argen Sturz – ein böser Zeitgenosse hat die Laufräder gelockert, die sich in voller Fahrt verabschieden.

...im Dienste der Sicherheit

Natürlich sind nicht nur Täter auf dem Rad unterwegs, sondern auch die Verfolger. Von einem „Superman" auf dem Bike wird Anfang Juli 2002 berichtet: Der unbekannte Radfahrer verfolgt in Graz einen Handtaschenräuber, entreißt ihm die Beute und bringt sie dem betagten Opfer zurück. So schnell wie er zu Hilfe gekommen ist, verschwindet der Helfer in der Not. Eine ähnliche gute Tat vollbringt – nomen est omen – Justice Igwenwa am 17. November 2003: Mit seiner Verfolgungsjagd im Lendviertel, im Zuge derer der kaum Deutsch sprechende 24-jährige Radler aus Nigeria drei Burschen stellt und ihnen eine kassierte Handtasche wieder abnimmt, kommt er in alle Gazetten und erfährt eine offizielle Ehrung durch die Polizei. Die ihm von der bestohlenen 77-jährigen Dame angebotenen fünf Euro lehnt er dankend ab: *„No problem"*, sagt er und radelt seines Weges. Erst auf polizeilichen Aufruf hin meldet er sich. Das besonders schnelle Stadtrad, das er fährt, hat ihm übrigens ein Grazer Freund kurz davor zum Geschenk gemacht. In Orsu-Ihiteukwa, woher er kommt, war er mit einem roten Sportrad unterwegs. (Info Igwenwa)

Bike Patrols der Polizei sind in verschiedenen Städten – leider nicht in Graz – im Einsatz. Dass *„der Verkehr der Radfahrer und sein überall rasches, kaum hörbares Erscheinen"* mehr öffentliche Sicherheit gerade in entlegenen ländlichen Gegenden bringt, hat übrigens schon 1935 den Gegnern der Fahrradsteuer als Argument gedient. Hauptsächlich Frauen und Kinder „*wurden in solchen Orten wiederholt von Radfahrern geschützt*". Weil der Radfahrer bei Unglücksfällen im Hause und auf der Straße „*der schnellste und verlässlichste Vermittler und Bote ist*", müsse im Interesse der Allgemeinheit und der Behörden danach getrachtet werden, die Radfahrer zu erhöhen – statt sie durch die Einführung neuer Steuern zu verringern. (Stellungnahme Fahrradabgabe 26.11.1935, IV)

Radfahrer als Opfer

Selten genug, aber hin und wieder doch legt die Exekutive Fahrraddieben das Handwerk: 1994 fasst sie einen 19-jährigen Burschen, der 50 Fahrräder gestohlen hatte, vornehmlich Damenräder, die nur mit Nummernschlössern gesichert gewesen waren. Mit den meisten fahren schon ausländische Zeitungs- und Werbemittel-Kolporteure umher, als die Polizei zuschlägt. Gar doppelt so groß, nämlich 100 Fahrräder im Umfang, ist die Beute eines 25-jährigen beschäftigungslosen Grazers, der im Juli 1999 den Ermittlern ins Netz geht.

Die Steiermark verzeichnet nach Wien die meisten Fahrraddiebstähle in Österreich. So werden 2004 nicht weniger als 3.757 Fahrräder als gestohlen gemeldet, darüber hinaus kann eine beträchtliche Dunkelziffer vermutet werden. Im Schnitt wird österreichweit nur jeder 18. angezeigte Fahrraddiebstahl aufgeklärt. Dass praktisch alles gestohlen wird, zeigt auch eine Suchmeldung, die im April 2005 die Runde macht: Vor dem Bioladen Rupert Matzer in der Sparbersbachgasse verschwindet ein Muskelkraft getriebenes Vierrad mit Holzschindeldach, das zuletzt beim Faschingsumzug als „Ökomobil" im Einsatz gewesen ist. Bei der Fahrrad-Geschichtswerkstatt 1999 berichtet Moderator Taliman Sluga, dass ihm in seinen 28 Jahren in Graz 17 Fahrräder gestohlen worden sind – inzwischen ist es eines mehr.

Ich selbst erinnere mich an eine Anekdote, die mein Stiefvater zum Besten gegeben hat: Er war Polizist und hatte dereinst in den 60er-Jahren sein Fahrrad vor dem Wachzimmer Thondorf abgestellt. Ein dreister Dieb „fladerte" es direkt vor der Nase der Gesetzeshüter, zog letztlich aber doch den Kürzeren: Einige Zeit später war mein Stiefvater – wie öfters – mit der Verkehrsregelung am Haupttor des Puch-Werks in der Liebenauer Hauptstraße beschäftigt, als er einen Unbekannten mit seinem Fahrrad vorbeifahren sah. Ein kurzer Spurt, und es war wieder in seinem Besitz und der dreiste Dieb hatte ein Problem.

874 Radlerinnen und Radler werden 2004 in der Steiermark bei Verkehrsunfällen verletzt, sechs sterben. (KfV 2005, 32) Besonders tragisch sind natürlich immer Unfälle, bei denen Kinder betroffen sind. Ein derartiger Radunfall ereignet sich zum Beispiel am 29. Jänner 1991 in Zeltweg: Eine 19-jährige Radfahrerin kommt durch eine Einkaufstasche, die sie am Lenker hängen hat und die in die Speichen gerät, so unglücklich zu Sturz, dass ihre einjährige Tochter im Kindersitz direkt vor einen Lkw fällt und von diesem überrollt wird.

Auch Prominente werden vom tragischen Schicksal nicht verschont: Selbst verschuldet kommt der Präsident der Österreichischen Richtervereinigung und ORF-Kurator Josef Klingler (52) in der Nacht des 26. Mai 1999 tödlich zu Sturz. Er touchiert auf der Landesstraße 305 zwischen Hönigtal und Schemerlhöhe bergab mit einem Pedal die Randsteinkante und prallt mit dem Kopf gegen einen Straßenbegrenzungspflock.

Wie schnell festliche Anlässe zu traurigen werden können, zeigt die Eröffnung der (ersten) Röhre des Plabutschtunnels am 20.6.1987, die von nicht motorisierten Verkehrsteilnehmern vorgenommen wird. Im Getümmel von 3000 Radlern gerät Franz Zotter (66) mit einem Rad in ein Kanalgitter, das nicht für schmale Fahrradreifen geeignet ist, stürzt unglücklich und erleidet so schwere Verletzungen, dass er im Krankenhaus stirbt. Großes Glück hingegen hat eine obersteirische Radlerin, als sie am 23.7.2004 bei Schöder (Bezirk Murau) vom Blitz getroffen wird: Die 49-jährige Lehrerin, die ihr Bike wegen eines Kettendefekts gerade schiebt, wird von der gewaltigen elektrischen Entladung zu Boden geworfen. Von Vorteil dürfte in diesem Fall der Helm sein, den sie trägt. Dieser wird geradezu auseinandergesprengt. Die Asphaltdecke der Straße wird, wie auch das Fahrrad, durch den Blitz beschädigt. Die Radlerin selbst bleibt, abgesehen von einem kurzzeitigen Gedächtnisverlust und einigen Schrammen, unverletzt.

Leider nicht von „Göttin Fortuna" behütet ist ein 56-jähriger Beamter, dem am 30.6.1992 ein Wildwechselunfall zum Verhängnis wird: Er ist mit dem Rad auf dem Weg von Eggersdorf nach Graz, als ihm ein Rehbock direkt ins Fahrrad springt und er an den Folgen des Sturzes stirbt.

„Frisch, radln, steirsich" - auf dem Edegger-Steg in Graz

10 Radfahren in Graz und in der Steiermark heute

Sportgerät des begüterten Bürgertums, Hilfsinstrument für Frauenemanzipation und Arbeiterschaft, Massenverkehrs- und Transportmittel, Reisefahrzeug für die Armen – die Entwicklungsgeschichte des Fahrrades hat in den ein einviertel Jahrhunderten seit Einführung des Hochrades verschiedene Stadien durchlaufen. Das Fahrrad ist, trotz „antiquierter" mechanischer Technik, trotz schnellerer und bequemerer Alternativen und trotz diverser Verdrängungsversuche noch immer auf der Straße (und auch abseits) präsent. Seine Nutzung ist fassettenreicher denn je, als Sport- und Freizeitgerät in sehr speziellen Formen, aber auch als Verkehrsmittel im urbanen Raum – wenn sonst nichts mehr geht und der politische Rahmen stimmt.

10.1. Im Zeichen von Tourismus und Wellness

Seit 1990 werden in der Steiermark mehr als 61 Mill. Euro von Bund, Land und Gemeinden in den Aufbau eines Radwegenetzes investiert. Die Streckenführung erfolgt nur zum Teil auf eigenen Trassen, entlang der Flüsse oder etwa auf stillgelegten Nebenbahnen (Kapfenberg – Thörl, Ratten – Anger). Häufig werden – sinnvollerweise – vom Kfz-Verkehr schwach frequentierte Nebenstraßen benutzt, wobei diese Abschnitte ebenfalls unter dem Sammelbegriff „Radwege" firmieren.

Heute umfassen diese ausgeschilderten Routen vom R 1 „Sulmtalradweg" bis zum R 69 „Ausseer Radweg" ein Netz von rund 1800 Kilometern. Der steirische Parade-Radweg ist der R 2, der Murradweg, der über 365 km vom Salzburger Lungau bis Bad Radkersburg führt. Hier ist das Beherbergungs- und Gastronomieangebot sehr dicht ausgebaut, vom Shuttle-Dienst bis zu einer Kette von günstigen Übernachtungsmöglichkeiten in Blockhütten (Rad-Dörfl) gibt es zahlreiche Features. Nach Schätzungen des Tourismus sind im Jahr 15.000 Packtaschen- und 50.000 bis 60.000 Tages-Tourenradler am R 2 unterwegs, die 5,5 Mio. Euro zu Gunsten des Gast- und Beherbergungsgewerbes auf der Strecke lassen. Radtourismus ist ein stabiler Faktor in der Fremdenverkehrswirtschaft geworden: Anders als bei vielen, im Rhythmus weniger Jahre wechselnder Mode-Massensportarten zeigt sich das Radfahren in seinen verschiedenen Ausprägungen seit nunmehr drei Jahrzehnten weitgehend trendresistent.

Jährlich aktualisiert wird ein eigener Bahnfahrplan für Radtouristen herausgegeben, bereitgestellte Downloads für das Satelliten gesteuerte Navigationssystem GPS sollen dafür sorgen, dass man immer auf der richtigen Route ist.

Freilich gibt es auch Kritikpunkte. Zu wünschen übrig lassen mitunter die Erhaltung und Wartung – beispielsweise die Beseitigung des Streusplitts im Frühjahr –, die in den Aufgabenbereich der Gemeinden fallen. Zu beobachten ist auch, dass Gemeinden die Gunst der Stunde nutzen, um Gehsteige ohne entsprechenden Aus- und Umbau in Geh- und Radwege umzuwidmen und so die Radler von der Fahrbahn zu verdrängen versuchen, zumal für sie ja die Radwegebenützungspflicht gilt.

Radwandern und Radmarathons

An vielen Orten entstehen als breiten- und volkssportliche Ereignisse Radwandertage und Radmarathons. In Hausmannstätten etwa wird der erste auf Initiative des ÖAAB 1979 abgehalten und seither gehen alle Jahre zu Fronleichnam, je nach Wetter, 500 bis 1200 Radlerinnen und Radler auf den etwa 20 km langen Rundkurs im Süden von Graz. (Info Kirchsteiger) Schon zum 33. Mal geht 2005 die „Weltradsportwoche" in Deutschlandsberg in Szene. Jährlich nehmen rund 2000 Radsportlerinnen und Radsportler aus über 30 verschiedenen Nationen an 120 Radrennen in 22 Kategorien teil, den Abschluss bildet der Ölspur-Radmarathon.

Zum größten Breitensport-Radevent Österreichs mit über 6000 Teilnehmenden ist der Wildoner Radmarathon avanciert, der seit 1992 am ersten Sonntag im September in Szene geht. Im Norden stehen der Neumarkter Natur-Bike- und der Fohnsdorfer Jedermann-Marathon auf dem Programm. Die „Tour de Mur", 1990 ursprünglich als Demo-Veranstaltung für den Ausbau des Murradwegs gedacht, ist inzwischen zur Institution mit Wohltätigkeits-Charakter geworden: 2005 nehmen an der 15. Auflage der Drei-Tages-Fahrt

Linke Seite:
Wichtiger Tourismusfaktor: Radreisen und Tourenradeln

Rechte Seite:
Viel Publikum alljährlich beim Grazer Altstadtkriterium

wieder rund 2000 Radlerinnen und Radler teil. Als besondere Herausforderung gilt der „Tourminator", die 340 km binnen zwölf Stunden – den Streckenrekord hält Thomas „Turbo Tom" Jaklitsch, der 2002 dafür 8 Stunden und 15 Minuten (für 320 km) benötigt hat. Beachtlich auch die Leistung von Reini Sampl und Oliver Anthofer, die als querschnittgelähmte Sportler mit dem Handbike 2001 den „Tourminator" schaffen, oder der Blindensportler Erwin Moser, der mit seinem „Piloten" Siegi Haberl auf dem Tandem einen Schnitt von 34,9 km/h fährt (2004).

Radreiseführer und Radkarten unterschiedlichster Form und Qualität begleiten die Ausflügler, wobei die Verlage „bikeline" und „Esterbauer" sowie bei den Führern die Familie Auferbauer (Touren) und Jürgen Pail (MTB-Alpentour) die bekanntesten Produkte anbieten. Auch Zeitungen beteiligen sich mit Sammelmappen und Tourentipps.

In Graz gibt es – nicht nur für Touristen – die Möglichkeit, die Stadt vom Sattel aus besser kennen zu lernen: Der Fremdenführerverein „Graz Guides" hat Radrundfahrten im Programm, im Kulturhauptstadtjahr 2003 werden gemeinsam mit der ARGUS Radlobby Kulturtouren zu den neuen Spielstätten, Architektur-Highlights und radhistorischen Meilensteinen organisiert.

10.2. Sport: Vielfalt mit Hang zum Extremen

Einige Steirer mischen heute im Profiradsport mit: Der aus St. Peter am Ottersbach stammende Peter Luttenberger (geb. 1972), Bernhard Eisel (geb. 1981) aus Stallhofen, Andreas Matzbacher (geb. 1982) aus Rein bei Graz und Jochen Summer (geb. 1977).

Luttenberger ist 1991 die heimische Entdeckung der Saison, fährt seit 1995 als Profi für renommierte Rennteams (Carrera, Rabobank, Once, Caldirola-Tacconi, CSC) und erreicht 1996 mit dem fünften Platz sein bestes Ergebnis bei der Tour de France, an der er fünf Mal teilnimmt. Im gleichen Jahr verlegt er seinen Wohnsitz, den er seit 1995 in Italien hatte, nach Monaco. Heute kurbelt er solide als „Edeldomestik" für das CSC-Team.

Bernhard Eisel eifert seinem um zehn Jahre älteren Bruder Arnold nach, der in Voitsberg ein Fahrradgeschäft betreibt. 2000 findet seine gerade begonnene Karriere beinahe ein abruptes Ende:

Linke Seite:
Erfolgreicher Steirer im Profi-Zirkus: Peter Luttenberger
Gewagter Sprung: Michael Gölles
Rechte Seite:
Wolfgang Fasching beim RAAM 04

Während einer Trainingsfahrt im Raum Voitsberg bricht ihm in voller Fahrt auf Grund eines Materialdefektes die Vorderradgabel. Der folgende Sturz hat schwere Gesichtsverletzungen zur Folge, er denkt ans Aufgeben. Der Zufall will es, dass gerade zu dieser Zeit die „Tour de France" über die Bildschirme flimmert und ein gewisser Lance Armstrong die Konkurrenz in Grund und Boden fährt. So motiviert, legt er seine Studienpläne auf Eis und setzt seine radsportliche Karriere beim Profiteam von „Mapei-Quickstep" fort. 2003 wechselt er zu „Français de Jeux" (fdjeux) und zählt nach Spitzen-Etappenplätzen beim „Giro d´ Italia" 2003 auf der „Tour de France" 2004 zu den besten Nachwuchs-Profis. Er ist auch im österreichischen Straßen-Radteam bei den Olympischen Spielen in Athen dabei, muss aber aufgeben.

Seit 2003 zeigt auch Andreas Matzbacher von „Rapso Knittelfeld" durch gute Platzierungen auf – u. a. Dritter bei der Slowenien-Rundfahrt –, fährt in die österreichische Nationalmannschaft und 2004 ins Team „Saeco". 2005 wechselt er zu „Lampre-Caffita".

Die höchste Dichte an Radsportlern hat ohne Zweifel die südoststeirische Grenzregion zu bieten: Auch der für Elk Haus Schrems startende Profi Jochen Summer, Sohn des früheren Schartner-Bombe-Fahrers Hans Summer, kommt aus dieser Gegend, aus Diepersdorf. Einen ersten Erfolg feiert er mit dem Sprinttrikot bei der Österreich-Rundfahrt 2002, seither gewinnt er regelmäßig Rundstreckenrennen in Österreich und auch im Ausland.

Ein weiterer Profi muss 2003 in die Warteschleife: Christian Pfannberger wird wegen Dopings für zwei Jahre gesperrt. Zwei andere Obersteirer, Arno Kaspret (Jg. 1964), wie Pfannberger aus St. Peter ob Judenburg, und Stefan Rucker aus Knittelfeld, bekommen wegen des gleichen Delikts 2002 ein halbes bzw. zwei Jahre Pause verordnet. Kaspret und Rucker melden sich im Team Rapso Knittelfeld erfolgreich zurück.

Die Suche nach immer extremeren Herausforderungen ist ein Zug der Zeit. Wolfgang Fasching (geb. 1967) aus Bad Radkersburg – am Anfang Trainingspartner von „Nachbar" Peter Luttenberger – ist eine der Galionsfiguren dieser Generation. *„Ich habe mich immer schon für das Extreme interessiert"*, erzählt er in einer Biografie. Eigentlich will er Triathlet werden, erkennt aber nach seinem relativ späten Einstieg als Amateur mit 20, dass er für den Profisport zu langsam ist, dafür aber großes Stehvermögen besitzt: *„Die anderen hatten nach 180 km genug, ich aber fuhr noch weiter. Manchmal 80, manchmal auch 120 km. Selbst am Wochenende, nach den Rennen, ging ich noch trainieren, während die anderen in den Mannschaftsbus stiegen."* Fasching, der rund 35.000 Jahreskilometer macht, konzentriert sich auf das „Race Across America". Nach einem dritten Platz 1996 siegt er 1997. Im folgenden Jahr wird er trotz gebrochenen Schlüsselbeins Zweiter, legt nach einem weiteren zweiten Platz 2000 die 4.809 km „from coast to coast" in unglaublichen acht Tagen, zehn Stunden und 49 Minuten zurück und siegt auch 2002. Der Langstrecken-Champion stellt einen 12-Stunden- (1995: 462 km) und mehrere 24-Stunden-Weltrekorde (1997, 1999 und 2002: 856 km) auf, ist Weltrekordhalter bei „Quer durch Australien" und gewinnt die „XXALPS 2003" – 47 Alpenpässe, 53.000 Höhenmeter und über 2126 Kilometer von Vaduz nach Isola 2000 – in 110 Stunden. Der Südsteirer versteht es, seine Erfolge zu vermarkten, ist als Werbeträger und als Charity-Galionsfigur medienpräsent und hält Vorträge und Seminare (*„Ich kann, was ich will!"*).

Auf regionaler Ebene wird die „Steiermark Rundfahrt", die 1995 zum letzten Mal abgehalten wird, vom wieder bestellten Präsidenten des Landesradsportverbandes, Rupert Tschernko, 2002 als Etappenrennen wieder belebt. (KÜHSCHWEIGER 2005, 110ff) 2003 wird der RC Judendorf-Straßengel mit der Austragung der österreichischen Straßen-Staatsmeisterschaften betraut, die bei den Frauen mit Bernadette Schober (ARBÖ ASKÖ Wiesbauer Graz) eine steirische Siegerin sehen. 2004 gewinnt übrigens Andreas Matzbacher das Rundstreckenrennen in Judendorf-Straßengel.

Auf die Gründung des Radmechanikers Erich Radler (1942–2002) geht der einzige Grazer Profi-Radrennstall zurück, der 1993 als RC Desserta Graz beginnt und heute unter „Corratec-Graz-Cyl" firmiert.

Seit 1991 gibt es ein steirisches Frauen-Radrennteam, das in Frohnleiten und Graz seinen Sitz hat, mit Brigitte Kreis und Bernadette Schober etliche österreichische Titel errungen hat und heute als „Team ARBÖ ASKÖ Uniqa Graz" unterwegs ist.

Nach Jahren der Durststrecke ist seit wenigen Jahren wieder gestiegenes Interesse am Straßenradrennsport – jenseits des kleinen Zirkels der Profis und der Amateurclubs – festzustellen. Martin Pyffrader, heute selbst sportbegeisterter Radmechaniker, erklärt den Trend so: *„Auf ihm macht man in kürzerer Zeit mehr Kilometer"*. (Info Pyffrader)

Linke Seite:
Prolog zur „Alpentour Trophy" 2004 am Mariahilfer Platz in Graz

Rechte Seite:
Mit High Speed zu Tal: Downhill-WC-Rennen in Schladming, 2004

Ein großes Problem ist die Nachwuchsarbeit, die in nur drei Vereinen betrieben wird. *„Viele junge FahrerInnen beenden ihre sportliche Karriere, noch bevor sie richtig angefangen hat."* (KÜHSCHWEIGER 2005, 145)

Dominanz der Bergradler

Immer mehr in den Mittelpunkt des radsportlichen Interesses rücken Mountainbike-Rennen, wie Harry Kühschweiger in seiner Diplomarbeit über den Radsport in der Steiermark resümiert: *„In den 90er-Jahren übernahm der Mountainbike-Sport in der Steiermark eine klare Vormachtstellung gegenüber dem klassischen Straßensport."*

Die „Alpentour Steiermark" ist mit einer Länge von 1138 Kilometern und 31.305 Höhenmetern die längste beschilderte MTB-Strecke der Welt und konnte, mit der Übernahme der Haftungsversicherung durch das Land 1996 als Voraussetzung, (APA 0267 21.6.1996) ab 1998 mit Jürgen Pail als Motor realisiert werden. Die dazu gehörende Rennveranstaltung ist die „Alpentour Trophy", bei der die für „Stabil EM Graz" startende Petra Schörkmayer 2002 und 2003 Siege heimfahren kann, 2004 siegt der Admonter Heinz Verbnjak (KTM). Schörkmayer gewinnt 2002 auch die ersten Querfeldein-Staatsmeisterschaften der Frauen.

Zu den Top-Downhillern entwickelt sich der Grazer Michael Gölles (Jg. 1975), der für das KTM-Team 2000 die Staatsmeisterschaft am Ötscher gewinnt und danach trotz wiederholter Verletzungen an der österreichischen und internationalen Spitze mitfährt. Bei den Damen ist die aus Dietzen bei Halbenrain gebürtige Petra Bernhard (Jg. 1980) im 4-Cross und Downhill nationale Spitze – bei den Europameisterschaften 2003 und 2004 belegt sie den sechsten bzw. fünften Platz.

Größtes MTB-Ereignis in der Steiermark ist die EM 2003, die am Schöckl, in Stattegg, Graz und in Thal in den Disziplinen Downhill und 4-Cross, Marathon, Trial und Cross-Country ausgetragen wird.

2005 wird von Sportlandesrat Hermann Schützenhöfer zum „Jahr des Radsports" ausgerufen: In den bisher aktiven MTB-Veranstaltungsorten Schladming und Stattegg bei Graz sollen „Kompetenzzentren" für diesen Sport entstehen.

Hoch hinaus will der Fun Sport Club Tieschen, wo der Downhill-Staatsmeister von 2005, Mathias Haas, und der Spezialist Georg Engel auf der Sprungschanze der 2003 gebauten vereinseigenen

4-Cross-Bahn Sprünge von 13 Metern und einem Luftstand von sechs Metern hinlegen. Das erste 4-Cross-Nightrace geht 2004 auf der Schladminger Planai in Szene.

Dass dieser „Fun" auch mit ziemlich viel „Risk" verbunden ist, zeigt das Downhill-Rennen von Parschlug-Görlitz, das am 4. Juni 2005 aus Sicherheitsgründen abgebrochen werden muss: Zunächst werden sechs Fahrer nach zum Teil schweren Stürzen ins Krankenhaus gebracht, dann kommen heftige Sturmböen und Gewitter auf. Das Preisgeld wird einem ehemaligen Kollegen gespendet, der nach einem Sturz 2004 im Rollstuhl sitzt. (APA0318 4.6.2005) Während Cross-Country eher die Fortsetzung des Querfeldeins in der MTB-Zeit ist und Downhill und 4-Cross einen Höllenritt bergab ohne und mit direkter Konkurrenz versprechen, ist Trial so etwas wie die neue Version des Kunstradfahrens: Es kommt auf Beherrschung von Körper und Fahrrad an, um durch die engen Parcours über verschiedene Hindernisse zu „turnen".

Zu diesen Einzel-Disziplinen kommen noch Crossover-Sportarten wie Duathlon (Laufen und Radfahren), Triathlon (Iron Man) und Wintertriathlon (Laufen, MTB, Langlaufen), eine Sparte, in der der Grazer Heinz Planitzer recht erfolgreich ist. Bei Duathlons hat zuletzt Bernhard Hiebl aus Trofaiach die Nase vorne.

In der relativ jungen MTB-Rennszene sind die Trends noch kurzlebiger geworden: Die zunächst ins Kraut schießenden Cross-Country-Rennen sind beispielsweise seit 2000 rückläufig, weil wenige internationale Fahrerinnen und Fahrer dominieren und das Starterfeld kleiner geworden ist. (KÜHSCHWEIGER 2005, 77) Ganz im Gegensatz dazu entwickelten sich die Marathons zu Massenveranstaltungen, von denen 1999 allein in der Steiermark acht in Szene gehen.

Doch damit ist das Repertoire an Sportarten, die mit dem Fahrrad ausgetragen werden, noch nicht erschöpft: Unter die Fun-Disziplinen einzureihen ist „Bicycle Crocket", das seit 2000 als „Welt Cup" im Grazer Stadtpark nahe dem Paulustor gespielt wird und der Legende nach 1996 auf einem Englisch-Trainingscamp im Ennstal erfunden worden ist. Dass man mit dem Rad, auch wenn man keinen Millimeter weiter kommt, einen Eintrag in das Guinness Buch der Rekorde schaffen kann, stellt der Kalsdorfer Radsportler und –mechaniker Hannes Fuchs unter Beweis – er spult 547 km in zwölf Stunden auf einer freien Saalwalze ab.

10.3. Urbane Radszene

„Wenn ich mit dem Fahrrad vom Paulustor in Richtung Tummelplatz rolle, singe ich `Über den Wolken´ und es wird mir ganz warm."
(Greißlerin und Wirtin Rosa Mild, „Kleine Zeitung" 14.5.2005, 40)

Nach Erich Edegger werden Ausbau und Komplettierung des Radverkehrsnetzes verschleppt, die Personen im Amte sind deutlich weniger „sattelfest". In der Politik, speziell bei der ÖVP, setzt sich die Ansicht durch, dass nach Jahren der Restriktionen gegenüber dem motorisierten Individualverkehr und wenig geglückter Alternativen wieder autofreundlicher agiert werden müsse. Unterstrichen wird diese Forderung von der Innenstadtwirtschaft mit Hinweis auf die Shopping-Center, die am Stadtrand aus dem Boden schießen und die Kaufkraft absaugen. Um dagegenhalten zu können, wird das Parkplatzangebot in neuen City-Tiefgaragen massiv ausgebaut. An dem verkehrspolitischen Schwenk kann auch eine Volksbefragung 1995 nichts ändern, die ein doppeltes Votum für die Beibehaltung des Konzeptes der „sanften Mobilität" bringt.

Der Verkehrspsychologe und langjährige Leiter des Kuratoriums für Verkehrssicherheit in der Steiermark, Alois Schützenhöfer, bringt die – nicht wirklich bestandene – Herausforderung beim 1. Erich-Edegger-Symposion auf den Punkt: *„Bisher haben wir Glück gehabt. Wir haben Radrouten dort angelegt, wo es wirklich relativ einfach war, weil wir dort niemanden verdrängen mussten. Und wenn jemand verdrängt wurde, war es der Fußgänger. Aber jetzt geht es ans Eingemachte. Jetzt geht es an die Reviere der Autofahrer. (…) Die Frage kann jetzt nicht lauten: Wo kann ich günstig einen Radweg oder Radfahrstreifen anbringen? Sondern: Wie binde ich Wohngebiete an die Zentren der Stadt an?"* (Erich-Edegger-Symposion 1996)

Als der Leiter der Verkehrsplanung, Manfred Hönig, 1999 die internationale „Velocity Conference" nach Graz holt, gibt es einen Funken Hoffnung. Doch die versprochenen Bauprojekte werden nur zum Teil fertig, die angekauften Radabstellanlagen erweisen sich als Flop und die angekauften Diensträder für Beamte des Bauamtes werden gar nie in Betrieb genommen. Dementsprechend zurückhaltend ist auch die Grußadres-

Linke Seite:
Fotoshooting für Radplan, Ende der 90er-Jahre

Verkehrspolitisch aktiv: Die ARGUS Radlobby wünscht sich möglichst viele „Radgassen" (Wolfgang Wehap, Andrea Kern, Ulli Stadler, Manfred Brandl, Karl Reiter, Hannes Muhr, v.l.n.r.)

Rechte Seite:
Erstes Kinderanhänger-Rennen im Grazer Stadtpark, 2003

se der lokalen Radlobby ARGUS, in der offen die Befürchtung geäußert wird, dass Graz vom Ruhm vergangener Tage lebe und immer mehr Anzeichen dafür sprechen, dass „die Luft aus dem Pneu" ist. (WEHAP 1999)

Tatsächlich erfährt das Konzept der „sanften Mobilität" eine Verwässerung, die Edegger-Kombattanten verlassen die Bühne: Chef-Verkehrsplaner Manfred Hönig (1943–2002) stirbt früh, Gerd Sammer geht an die BOKU nach Wien, wobei sein Abgang mittels einer Diffamierungskampagne zumindest gefördert wird, andere Mitstreiter treten in den Ruhestand.

Unter SPÖ-Verkehrsstadtrat Walter Ferk, der in dieser Funktion Ruth Feldgrill-Zankel und Helmut Strobl (beide ÖVP) folgt, gelingt der Radlobby immerhin die Einrichtung eines „Radforums", in dem alle mit Radverkehr befassten Stellen und Organisationen vertreten sind, und eines beamteten Radverkehrsbeauftragten: Helmut Spinka folgt Sammer-Mitarbeiter Vinzenz Saurugger nach, der für eineinhalb Jahrzehnte über Werkvertrag diese Aufgabe mit großem Fleiß wahrgenommen hat.

Ein 2002 von ARGUS durchgeführter Fahrradklima-Test belegt, dass Graz in der Radfahrfreundlichkeit zurückgerutscht ist – zwar kann gegenüber 1993 die Gesamtbewertung (von 3,5 auf 3,4 auf einer sechsteiligen Notenskala) marginal verbessert werden, doch zieht Salzburg von 4,0 auf 3,1 davon und Innsbruck von 4,2 auf 3,7 knapp heran. (ARGUS Fahrradklimatest 2003, 3) Vor allem der aktuellen Radverkehrspolitik und den (Erhaltungs-) Standards der Radverkehrsanlagen wird ein eher schlechtes Zeugnis ausgestellt. Positiv entwickelt hat sich hingegen die Akzeptanz des Fahrrades als Freizeit- und Alltagsverkehrsmittel, das subjektive Sicherheitsgefühl und die Einstellung zum Radfahren allgemein. Der Umstand, dass 94,5 Prozent der befragten Radlerinnen und Radler einen Führerschein besitzen und knapp 64 Prozent über ein eigens Auto verfügen, zeigt deutlich, dass das Fahrrad in hohem Maße nicht mehr das Verkehrsmittel jener ist, die sich ein Auto nicht leisten können, sondern von urbanen Menschen, die das Fahrrad bewusst für bestimmte Wege, wo es eben Vorteile hat, als Verkehrsmittel einsetzen. Das bedeutet gleichzeitig, dass eine hohe Wahlfreiheit besteht, die – bei entsprechenden ungünstigen Veränderungen der individuellen und radverkehrsmäßigen Bedingungen – auch einen Umstieg aufs Auto zulässt. Diese soziografische Entwicklung wird auch von der Haushaltsbe-

Reger Radverkehr, Graz
2002

fragung „Erhebung des Mobilitätsverhaltens der Grazer Wohnbevölkerung" 2004 der Stadt Graz bestätigt: Waren unter den Radelnden 1982 erst vier Prozent, die ein Auto haben (42 Prozent ohne Auto), steigt die Gruppe jener, die trotz Kfz in der Garage in die Pedale treten, auf 12 Prozent (wohingegen nur noch 16 Prozent autolos sind). Was die Befragung von 3400 Personen ab 6 Jahren aber auch ans Tageslicht fördert, ist nicht erfreulich: der Radverkehrsanteil stagniert. Da nur die Wege der Grazerinnen und Grazer berücksichtigt werden, kommt man zum Schluss, dass der Radanteil an den insgesamt in Graz zurückgelegten Wegen (also auch von der wachsenden Gruppe überwiegend Auto fahrender Pendler) eher rückläufig ist. Im Detail fällt auf, dass tendenziell weniger Männer auf dem Rad anzutreffen sind und dass vor allem in der Altersgruppe bis zum Führerscheinalter und im Ausbildungsverkehr das Fahrrad an Terrain verloren hat. Zuwächse gibt es hingegen bei den etwa 30- und etwa 50-Jährigen und im Berufspendlerverkehr.

Auch der mediale Rückenwind hat nachgelassen: Nach der positiven Tendenz der Medien in den 80er-Jahren, als die Entwicklung aufmerksam und kritisch beobachtet wird, schlägt wieder stärker die unreflektierte Gleichsetzung von Mobilität mit Automobilität durch. Eine wichtige Rolle dabei spielen Gratis-Blätter, deren Klientel über Insertionen auch den Inhalt mitbestimmt und die bestenfalls ein paar Zeilen den undisziplinierten Radlrowdies widmen, die reglementiert gehörten, sowie die Privatradios, die hauptsächlich Serviceleistungen für Autofahrer über den Äther transportieren.

Nach den Wahlen 2003 geht das Verkehrsressort (jetzt wieder vereinigt mit der Planung) zurück an die Volkspartei. Mit Gerhard Rüsch sind gewisse Hoffnungen auf neuen Schwung verbunden, leitete er doch zuvor den steirischen Verkehrsverbund und gilt als ausgewiesener Verkehrsexperte. Tatsächlich sind seither auch einige Akzente in Richtung Radverkehr zu erkennen. Für den Ausbau der Radverkehrsanlagen werden die Mittel erhöht (eine Million Euro jährlich), das elendslange Tauziehen um die Fahrradstation am Bahnhof – die ersten Überlegungen dazu werden 1988/89 gewälzt – wird entschieden und 2004 umgesetzt, ebenso wie die Unterführung der Keplerbrücke 2005, die einen wichtigen Radverkehrsknoten entlasten und den Komfort der Radelnden verbessern soll.

Geradelt wird bei jedem Wetter und zu jeder Jahreszeit, wenn auch die Wartung der Radverkehrsanlagen zu wünschen übrig lässt (Graz 2002)

Dennoch kann man sich als gelernter Alltagsradler des Eindrucks nicht erwehren, dass es mit der Anerkennung des Fahrrades als vollwertiges Verkehrsmittel in Politik und Öffentlichkeit noch nicht sehr weit her ist, dass in der Verkehrspolitik Radverkehr eher in der Regel als in der Ausnahme als Fußnote und Restgröße behandelt wird. Natürlich können mit der Förderung des Radverkehrs das Verkehrsprobleme nicht gelöst werden; ebenso klar ist aber, dass das Potenzial des Fahrrads als Verkehrsmittel vor allem im urbanen Bereich noch lange nicht ausgeschöpft ist – 20 Prozent Wegeanteil wie in deutschen und bis zu 40 in holländischen wären ambitionierte Vorgaben. Verglichen mit den Aufwendungen, die etwa für die Attraktivierung des öffentlichen Verkehrs notwendig sind, würden Bruchteile reichen, um echte Verbesserungen in der Radverkehrsinfrastruktur zu erreichen und das Potenzial besser auszuschöpfen. Eine erfolgreiche Push-and-Pull-Strategie, in der das Fördern Hand in Hand geht mit beschränkenden Maßnahmen, muss aber die Nutzung des Autos auf kurzen Strecken und in der Stadt allgemein noch weniger interessant machen als es nach wie vor ist. Sie muss sich zur Prioritätensetzung und zur gezielten Steuerung der Verkehrsflüsse im Hinblick auf die verwendeten Verkehrsmittel bekennen, und zwar vor dem Hintergrund der Garantie des Grundbedürfnisses Mobilität (nicht Automobilität, wie oft missverstanden) und des Prinzips der Wahlfreiheit.

Gute Beispiele im Alltag

Die Verbesserung der Radverkehrsinfrastruktur ist wichtig, aber nur die halbe Miete. Mindestens ebenso wichtig sind Software-Maßnahmen, die Förderung von Alternativen zum Auto durch die Unterstützung und Bewerbung guter Beispiele.

Zu einem Think Tank in Sachen sanfte Mobilität hat sich die Forschungsgesellschaft Mobilität (FGM) in Graz entwickelt: Europaweit seit 1992 mit richtungweisenden Projekten der Mobilitätsgestaltung und des -managements beschäftigt, dauert es recht lange, bis auch die Stadt Graz auf die anerkannten Kapazitäten vor Ort zurückgreift. Ähnliches gilt übrigens auch für das sozialökonomische Projekt Bicycle, das sich mit vielen Initiativen im Radverkehrsbereich von der öffentlichen Hand Abfuhren holt und von Kammer und anderen Radhändlern lange als zu bekämpfende Konkurrenz gesehen wird.

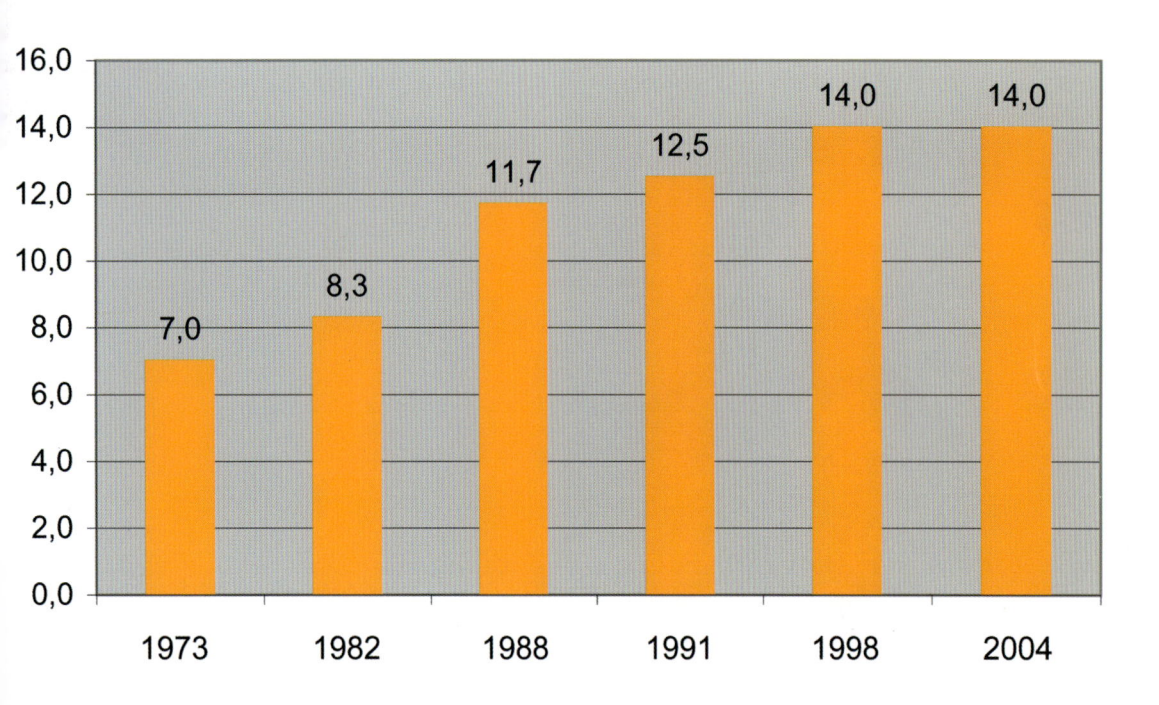

Anteil der in Graz (von der Wohnbevölkerung) mit dem Fahrrad zurückgelegten Wege in Prozent (Erhebung nach KONTIV, ausgen. 1973)

Jahr	Prozent
1973	7,0
1982	8,3
1988	11,7
1991	12,5
1998	14,0
2004	14,0

Trotzdem gibt es zarte Pflänzchen, die in den vergangenen Jahren in Sachen Radverkehr wachsen und schöne Blüten treiben. Dazu gehört das schulische Radfahrtraining, das mittlerweile auf alle Grazer Volksschulen ausgeweitet ist und die Kids nicht im Schonraum des Verkehrserziehungsgartens, sondern in der Verkehrswirklichkeit auf die Radfahrprüfung vorbereitet. Wie man es in der Praxis anstellt, Arbeiternehmerinnen und Arbeitnehmer zum Umsteigen zu bringen, zeigen Initiativen zur betrieblichen Mobilitätsberatung, die von und mit Unternehmen wie AVL und GKK und deren Betriebsrat durchgeführt werden.

Auf positive Resonanz stößt auch eine Aktion der Merkur-Versicherung, die für ihre Kunden die Substitution von Autowegen in Verbindung mit einem persönlichen Fitness-Benefit interessant macht oder die „Wahl des Radlers/der Radlerin der Woche" in einer Tageszeitung 2004. Alle diese Projekte sind EU-gefördert und laufen über die FGM, die auch eine Mobilitätszentrale („Mobil-Zentral") in Graz als Schaltstelle für alternative Mobilitätsangebote – von Fahrplanauskunft und Bahnticketverkauf bis zum Verleih von Fahrrädern und Kinderanhängern – betreibt.

Es gibt auch gute Beispiele im Kleinen, die mithelfen, das Fahrrad als wichtiges Glied in der Kette der Mobilitätsbedürfnisse und ihrer Befriedigung zu platzieren. Dazu gehören bewusstseinsbildende Maßnahmen wie das „Anradeln" in Weiz, das inzwischen seitens der Stadtgemeinde um Aktionen wie eine Gebrauchträder-Börse oder Verleih und Kaufförderung von Kinderanhängern ergänzt worden ist. Durchaus sympathisch auch das 2005 erstmals in der Diözese Graz-Seckau durchgeführte „Autofasten", das im Zuge einer bewussteren Auseinandersetzung mit Mobilität doch etliche der 700 Teilnehmerinnen und Teilnehmer auf das Fahrrad bringt, oder eine Aktion der Grazer Grünen, die im April 2005 unter dem Titel „Enjoy the Fahrtwind" das Image fürs Alltagsradeln aufpolieren und kleine nützliche Geschenke verteilen.

Mit dem Mobilitätspreis des VCÖ ausgezeichnet wird 2004 die FGM und die in Graz und Wien tätige Fensterreinigungsfirma von Pascal Kellermayr, dessen kleiner betrieblicher Fuhrpark aus Fahrrädern mit Spezialanhängern besteht.

Comeback für radelnden Postfuchs

Mit dem Vormarsch des Autos und dem Wandel des Fahrrades vom Verkehrsmittel zum Freizeit-

151 Das ab 1997 in Folge des hohen Parkplatzdrucks entwickelte betriebliche Verkehrskonzept beim Mitten in der Stadt gelegenen Motorenentwickler erreicht die Steigerung des Radverkehrsanteils in der Belegschaft von zehn auf 21 Prozent. „Die Philosophie: Je sanfter das Verkehrsmittel, desto näher an den Arbeitsplatz, geht auf", beschreibt Reinhard Wimmler. Das Werkgelände wird autofrei, während Radlerinnen und Radler durch eigene Schleusen zu ihren überdachten Abstellplätzen am Areal gelangen. (Info Wimmler)

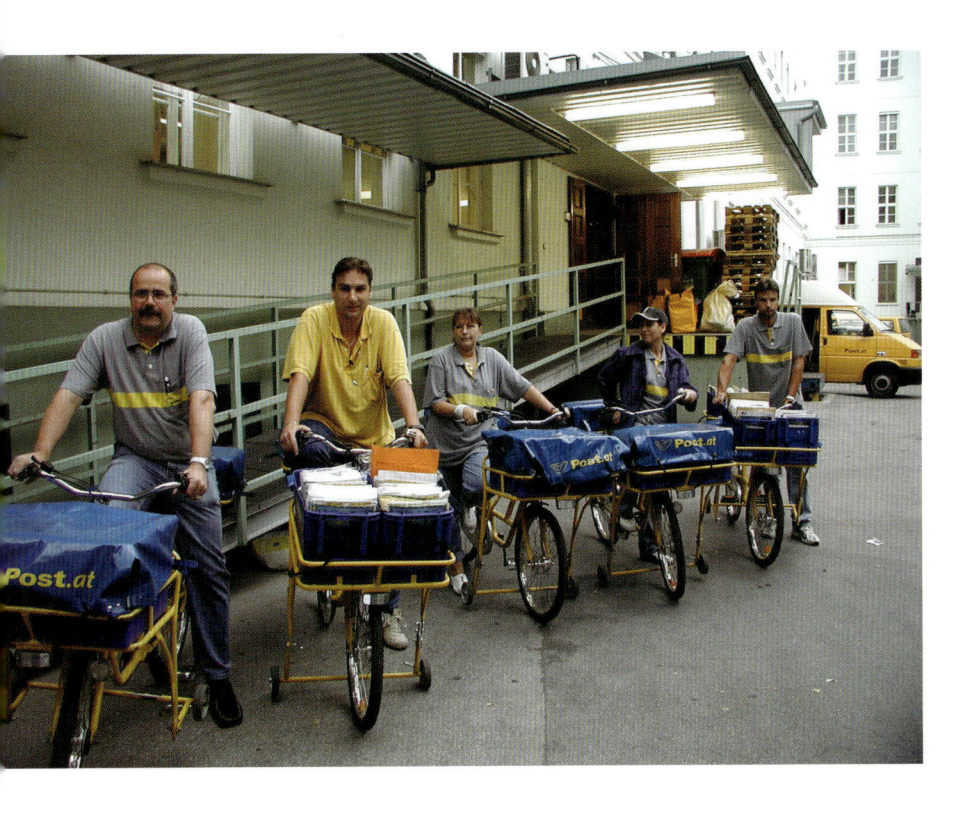

Vor der Ausfahrt: Briefzusteller der Post, 2004

gerät war auch die Nutzung für Transportzwecke zurückgegangen. Ein Anhänger, wie er bis in die sechziger Jahre z. B. von der Firma Exel gebaut wurde, galt zuletzt eher als Ausweis sozialer Unterprivilegiertheit denn als sinnvolle Transportalternative.

Viele, eigentlich die meisten Berufsstände, die das Fahrrad für dienstliche Fahrten, Zustellungen usw. genutzt haben, motorisieren ihre Fuhrparks und schaffen das Rad sukzessive ab. Die Post ist so ziemlich der einzige größere Arbeitgeber, bei dem der Fahrradeinsatz Kontinuität hat – früher mit schwarzen Diensträdern, die eine Dreieckstafel in Rot-Weiß-Rot mit der Aufschrift „Post" trugen. Die Postler steckten bis in die 60er-Jahre in umgefärbten Wehrmachtsuniformen, mit einer Kappe (ohne Ohrenschutz) und einem Filzumhang, der bei Regen ziemlich schwer wurde. Geldpostler hatten oft einen über 200 Kilogramm schweren Auftrag am Radl, besonders das Kleingeld machte viel an Gewicht aus. (Info Kirchberger)

In der Briefzustellung wird die Fahrradverwendung in jüngster Zeit wieder ausgebaut: Seit Mitte 2004 werden vor allem in Graz Fuß- und teilweise auch Mopedtouren fast komplett auf Drahtesel umgestellt, auch in den Bezirksstädten sind wieder verstärkt radelnde Briefträger zu sehen. Der Grund dafür ist primär Effizienzsteigerung, wobei auch der gesundheitliche Vorteil als Argument dient. (Info Reif) Unterm Strich, so erkennen die Distributionsmanager, schneidet das Fahrrad beim kleinräumigen Stop-and-go-Betrieb im Ballungsraum einfach am besten ab: Auf den achtstündigen Touren werden 1700 Poststücke an 600 bis 700 Abgabestellen bzw. Postkästen verteilt, um diese Menge bewältigen zu können, muss mehrmals nachgefasst werden. Gewartet werden die Räder Marke „Biria", die das Modell von „Tunturi" ablösen, von eigenen Mechanikern. Klarerweise sind nicht alle Mitarbeiterinnen und Mitarbeiter begeistert, als das Kommando „Aufsatteln!" lautet – doch es ist die große Mehrheit. So starten jeden Tag rund 50 Postbedienstete zwischen 7.30 Uhr 8.00 Uhr von der Zentrale am Marburger Kai mit ihren gelben Transporträdern und rund 80 kg Zuladung – außer bei extremen Witterungsbedingungen, wo auch einmal auf Bus und Bim umgestiegen wird. Aber es gibt auch posteigenen guten Wetterschutz und einige der radelnden Postfüchsinnen und -füchse sind auch winterhart.

Jene Zunft, die es zwar auch schon seit der

Als „Radl-Opa" wird Franz Wagner (geb. 1906) aus Graz-St. Peter bekannt. Der ÖBB-Pensionist mit dem weißen Kaiser-Franz-Josef-Bart verfügt über drei Räder, die er besonders mit Wimpeln und Windrädern aufgeputzt und mit Hupen und zusätzlichen Bremsen ausgerüstet hat. Bis knapp vor seinem Tod in den 90er-Jahren kreuzt er durch die Stadt, lässt sich von Kindern bestaunen und Touristen fotografieren

Erfindung zumindest des Niederrades gibt, hat ihre Hochblüte überhaupt erst in den von Autos überfüllten modernen Städten erlebt: die Fahrrad-Botendienste. Die „Bike Messengers" lassen mit ihrem Tempo und ihrer Wendigkeit alle motorisierten Zustelldienste stehen, transportieren von der Laborprobe bis zum heiklen Dokument alle möglichen und unmöglichen Güter zuverlässig und umweltschonend und bilden weltweit eine interessante Subkultur mit eigenen Wettkämpfen – auch nicht ganz legalen des Nachts, so genannten „Alley Cat Races" –, eigener Sprache und eigener Musik. In Graz gibt es zwei Express-Botendienste, den zu „Bicycle" gehörenden „Veloblitz" seit 1991 und „Rad auf Draht" seit 1999. 2003 kommt noch „blitzblau" dazu, jedoch nur auf Großkunden spezialisiert.

Die Polizei ist ein weiterer Berufsstand, der in letzter Zeit wieder häufiger per Fahrrad unterwegs ist. International haben sich Bike-Patrouillen vor allem im innerstädtischen Bereich durch ihre Unauffälligkeit und Flexibilität bewährt – ein Vorteil, den auf der anderen Seite auch Ganoven nutzen. (=> „Dunkle Seiten", S. 212) Bei der Grazer Polizeidirektion konnte man sich allerdings bis dato nicht dazu durchringen. In der Schwesternstadt Maribor werden die ersten Velo-Streifen anlässlich der Velocity Conference 1999 in Dienst gestellt.

Bunte Szene

„Ich genieße es, den Radweg am Glacis entlang zu radln und die stehenden Kolonnen zu überholen – dann bleibt mir noch genug Zeit auf einen Kaffee vorne beim Sorger".
(Johannes Koren, Autor)

Was den mit Pedalkraft betriebenen Fuhrpark allgemein betrifft, ist im diesbezüglich eher konservativen Graz heute eine wachsende Bereitschaft zu erkennen, von der Norm abweichende Fahrräder und Zusatz-Features zu verwenden. Lastenanhänger, die zwischenzeitlich als endgültiger Ausweis für soziale „Underdogs" galten, sind wieder im Kommen, auch angekoppelte Kinderräder („Fahr mit", Trailerbike). Gerade durch die rechtliche Klärung bei der Verwendung von Kinderanhängern – bis zur Fahrradverordnung 2002 sind sie in der Steiermark, im Gegensatz zu anderen Bundesländern, de jure verboten – hat sich auch diese sinnvolle Transportalternative gut

Links:
„Anradln" in Weiz, Mai 2005: Lea auf dem Einrad

Rechts:
Origineller Schutzblechschmuck

etabliert und ist heute im Straßenraum präsent. Die Vielfalt der Modelle und Konstruktionen an Fahrrädern ist heute bunt wie noch nie: Es gibt eine Gruppe, die auf Liegeräder setzt, junge Trail-Akrobaten und einige Einrad-Artisten, die im öffentlichen Raum ihre Kunststücke üben oder sanft mobile Zeitgenossen – inklusive Landesbaudirektor Gunter Hasewend –, die auf gemütlich-kommunikative Dreiräder abfahren. Immer wieder treffen sich auch Oldtimer-Freunde zu Ausfahrten und velophile „Jäger und Sammler" sorgen dafür, dass auch die reiche Geschichte dieser feinen Art der Fortbewegung hochgehalten und museal dokumentiert wird.

Das Bild auf Radwegen und Straßen zeigt eine breite Palette an Modellen, die mit den Benutzern in der Regel harmonieren, augenscheinlich eine Symbiose bilden: So finden sich praktische Citybikes und Damenräder mit extrem tiefem Einstieg neben angegrauten Amsterdam-Rädern und chromblitzenden Cruisern, wieder entdeckte Mini- und neue Mikro- bzw. Falträder neben flitzenden Fahrradboten auf ihren „Fixis" und elegant-schwarze Waffenräder neben dahinraffelnden und quietschenden Rostlauben, die zwar nicht sehr komfortabel, dafür aber recht diebstahlsicher sind. Ausrangierte Posträder oder andere Secondhand-Fahrzeuge, die mit Gemüsesteigen ausgerüstet sind, dienen Prospektverteilern und Blumenverkäufern für Transportzwecke, hochgerüstete Mountainbiker, die sich in den Großstadt-Dschungel verirrt haben, radeln Auge in Auge mit Anzugträgern, die Wege der Einkäuferinnen mit vollen Gemüsekörben vom Markt kreuzen sich mit behelmten Kindergeschwadern, schrille Punks treten ebenso in die Pedale, um in den Stadtpark zu kommen, wie Eltern, die ihren Nachwuchs in Sitz oder Hänger zum Kindergarten bringen. Allen gemeinsam ist die Lust an der unabhängigen Fortbewegung aus eigener Kraft, verbunden mit der Nähe zu Natur und Mitmenschen und mit problemloser Erreichbarkeit sowie guter und kostengünstiger Verfügbarkeit als Zugaben.

Transport-Alternativen am Umweltfest 2004: Ben Hemmens mit seinem Brompton, Mechthild Hofer mit einem Lasten-Dreirad

Hannes Muhr chauffiert Kinder mit seinem Bäckerrad

Sehbehinderte und Betreute mit anderen Handicaps radeln mit Piloten (im Bild Maria Rosenberger vom Odilien-Institut) auf Tandems

Zeitungsrad am Grazer Jakominiplatz, 2005. Praktisch, wenn vermutlich auch selten gefahren

X : 233

Blumenverkäufer, Graz, Lendplatz 2004

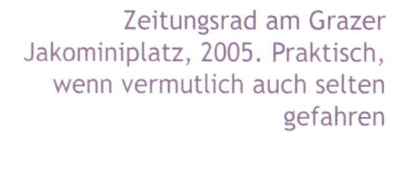

Oldtimer-Ausfahrt anlässlich des „Fünfzigers" von Egon Lampl (Fahrradmuseum Neumühle), Kalsdorf 2004

„Mit Rad und Bergstock durch Europa": Otto Kampleth 1903/04

Abenteurer und Weltumradler

Fernfahrten haben unter steirischen Radlern Tradition – beginnend mit Max Kleinoscheg und seinem Sahara-Abenteuer 1892. Ein frühes Projekt dieser Art startet der 18 Jahre alte Student Otto Kampleth, der 1903/04 durch 25 europäische Staaten radelt und 20.341 km zurücklegt. Am Tag vor seiner Abreise in Graz berichtet die „Tagespost" unter dem Titel „Mit Rad und Bergstock durch Europa": *„Heute vormittag erschien in unserer Redaktion der absolvierte Handelsakademiker Otto Kamplett, ein geborener Grazer, um uns mitzuteilen, daß er ohne Geld eine Reise durch Europa unternehmen werde. Der junge, 18 Jahre alte Mann, Sohn eines Postunterbeamten in Cilli, trägt Steirertracht und benützt ein Puchrad. (...) Kamplett, welcher beabsichtigt, sich seine Reisezehrung durch den Verkauf von Ansichtskarten zu beschaffen, gedenkt im Oktober nächsten Jahres wieder in Graz einzutreffen."* (Tagespost 27.7.1903) Die Idee mit den Ansichtskarten hat sich anscheinend bewährt – sehr zur Freude einschlägiger Sammler von heute.

1922 brechen die Grazer Rennfahrer Alois Kipperer und Ludwig Patheisky auf Puch-Rädern zu einer Reise um die Welt auf. (Kleine Zeitung 4.11.1922, 1) Weit kommen sie nicht – bereits am Balkan endet das Projekt, weil Kipperer angeblich mit der Reisekasse verschwindet. Patheisky, Kunstradler, Eiskunstläufer und später Mitbegründer des Flugsportclubs Fürstenfeld, fällt 1942 mit 39 Jahren als Flieger der deutschen Luftwaffe. (Info Patheisky)

Kreuz und quer durch Afrika

Die Brüder Helmut und Günther Palfinger (Jg. 1964) machen sich 1991 auf, um quer durch Afrika zu radeln. Drei Jahre sind sie unterwegs, wobei sie auch die Anreise nach Gibraltar per Rad zurücklegen. Sie durchqueren den Kontinent zwei Mal in seiner Länge, erleben in Sahara und Tropenwald zahlreiche Abenteuer, finden noch Zeit für Abstecher. Am Ende ihrer Gewalttour erkranken die Brüder in Ägypten an Hepatitis A, Helmut radelt noch bis Griechenland weiter. (NZ 8.1.1995, 12f)

Heute, nach Abschluss seines Physik-Studiums, arbeitet Günther in der Solarzellenforschung in der Schweiz und in Deutschland. Seiner Liebe zum Radfahren ist er treu geblieben: *„Ich setze aber auch im täglichen Leben auf das Fahrrad als Transport-*

Philipp Schaudy, unterwegs in Pakistan

mittel und fahre bei jedem Wetter damit zur Arbeit, wobei für mich zehn Kilometer ein sehr angenehmes Maß darstellt." Der sportliche Aspekt ist ihm dabei nicht wichtig: „Nachdem Sport für mich, so wie es von den Medien kommuniziert wird, zu viel mit der Mentalität `der Zweite ist der erste Verlierer´ zu tun hat, habe ich zum Sportgerät Fahrrad gar keine Meinung. Ich interessiere mich nicht für Sport, freue mich aber, dass ich dank der Wahl meines Transportmittels halbwegs fit bleibe und hoffe, dass meine Gelenke dies bis zum Schluss mitmachen." (Info Palfinger)

Er pflegt das Tourenfahren, ist in Irland, öfters in Frankreich, in den Bergen, in den Wäldern, wo er auch meistens übernachtet, wenn es möglich ist.

Nach der Stallarbeit aufs Rad

Einen halben Tag länger als geplant ist der Landwirt Othmar Mayer (Jg. 1955) on tour, als er im September 2000 die Strecke Spielberg – Kairo, 4000 km, in 25 ½ Tagen abspult. Erklärung für seine „Verspätung": in Sofia wird er ausgeraubt, verbringt zwei Tage auf dem Polizeikommissariat und hat gleich zu Beginn mit dem Handicap zu kämpfen, kein Geld mehr in der Tasche zu haben.

Mayer, der als Jugendlicher auch Rennen fährt, bereist über die Jahre halb Europa und ist mit einer Tagesleistung von durchschnittlich 180 km über das Baltikum und Russland zum Nordkap unterwegs. Tagesausflüge sind für den begeisterten Landwirt ein ideales Training: Frühmorgens nach der Stallarbeit rauf auf das Rad, runter nach Slowenien und rechtzeitig zurückgekehrt, um die Kühe zu melken. Die längste dieser Ein-Tages-Fahrten führt ihn in die ungarische Tiefebene und dauert von 4 Uhr bis exakt 23.20 Uhr. Seine längste Tour überhaupt bestreitet er 2002: In zwei Monaten radelt er über 10.000 km nach Nepal, mit einem aufgerüsteten „Pinarello": „Zum Schluss hat nicht mehr viel funktioniert." (Info Mayer)

Der Peking-Radler

Die Zeit, die er seit seiner Pensionierung hat, nützt der frühere Grazer Polizist Franz Rauter (Jg. 1938) für eine Fernfahrt in den Fernen Osten. Der Weitwanderer und Hobby-Ornithologe, der bereits als 20-Jähriger mit einem Waffenradl bis Gibraltar fährt, startet am 31. März 2002 allein in Richtung Peking. Mit ihm nur sein Koga Miyata „World Traveller" samt Campingausrüstung.

Einige Spotlights aus seinem Tagebuch: 25. April: *„Habe 2000 Kilometer hinter mir. Bin zwei Tage krank im Zelt gelegen, wahrscheinlich Fischvergiftung. Es geht mir wieder gut."* 25. April: *„Das größte Problem war: ich hatte kein Klopapier mehr!"* 21. Mai: *„Nach 800 Kilometern entlang der Wolga bin ich im Norden gelandet. Liege geborgen im Zelt, draußen rüttelt der eisige Wind an der Zeltplane!"* 22. Mai: *„Dem Popo ging es anfangs miserabel, jetzt Gewöhnung! Beine sind okay. Am allerbesten geht es meiner Psyche."* 27. Mai: *„Nach 4400 Kilometern habe ich Ufa in den Ural-Bergen erreicht. Schneesturm!"* 29. Mai: *„Musste einen Betrunkenen, der mir im Zelt zu Leibe rücken wollte, mit dem Pfefferspray abwehren. Hat gut geklappt!"* 3. Juni: *„Bin in Sibirien (Celabinsk). 4838 Kilometer gefahren!"* 16. Juni: *„Mit leichter Verspätung in Omsk eingetroffen. Kette gerissen, Reifen geplatzt."* 23. Juni: *„Novosibirsk! Es ist schrecklich heiß. Von Sibirien hat man eine andere Vorstellung."* 5. Juli: *„Dauerregen und Mückenplagen. Muss im Sumpf zelten. Mein Durchhaltevermögen wird auf eine arge Probe gestellt!"*

Franz Rauter durchquert die Wüste Gobi, doch „knapp" vor dem Ziel, in Ulan Bator, ist die Reise nach knapp 10.000 km vorzeitig zu Ende: Seine gesamten Habseligkeiten inklusive Fahrrad und Kreditkarte werden gestohlen. Doch Rauter hat fest vor, die restliche Strecke nach Peking nachzuholen – und noch ein ordentliches Stück draufzusetzen: Er will weiter bis Shanghai, per Schiff in die USA und die Panamericana bis Feuerland, in einem halben Jahr um die halbe Welt sozusagen.

Das Abenteuer zum Beruf gemacht

Philipp Schaudy, geb. 1973 in Graz, ist schon als Kind mit seinen Eltern viel unterwegs, im Sommer mit dem Campingbus, im Winter mit den Schiern. Seine sportlichen Interessen reichen von Klettern, Bergsteigen und Extrem-Schifahren bis zum Marathonlaufen und sind die konditionelle Basis für seine ausgedehnten Reisen in exponierte Weltgegenden.

Die Liebe zur Natur, die Lust auf Abenteuer und Strapazen, aber auch das Gebot der knappen Kasse lassen den studierten Geografen häufig das Fahrrad als Transportmittel wählen. 2001/02 unternimmt er einen „Radausflug von Lappland nach Sydney", 23.400 km in wechselnder Begleitung von ganz oben bis ganz unten am Globus. Davor ist er schon auf mehreren Touren über 3000 km auf Island unterwegs, hat Südnorwegen beradelt, ist die Kanaren abgetrampt und ist gemeinsam mit seinem Bruder Patrick im Zuge einer viermonatigen Reise per pedes, Bus, Zug und Rad um den Himalaja mit chinesischen Citybikes (wie das europäische Modell „Klapprad", ohne Gänge) über den Karakorum Highway von China nach Pakistan gefahren.

Eine mobilitätslogistische Herausforderung ist die kombinierte Rad-Kanu-Expedition durch den Westen Kanadas nach Alaska: Gemeinsam mit seiner Freundin Valeska Seifert (geb. 1978) legt er von Mai bis September 2003 rund 5000 km mit dem Rad und 2300 km im Boot zurück, wobei die Gefährte wechselweise im Kanu bzw. auf dem an seinem Rad angehängten B.O.B.-Trailer verstaut werden.

Auch wenn das Rad für ihn das wohl wichtigste Fortbewegungsmittel ist, ist es für ihn in erster Linie Mittel zum Zweck. Und dieser Zweck heißt eine sparsame, von angemessener Geschwindigkeit bestimmte Annäherung an das Neue in Verbindung mit der Lust am Außergewöhnlichen. *„Ich bin kein Asket. Denn abseits der Zivilisation wird sogar das Einfachste zum Genuss"*, stellt er klar, und gibt gerne zu, dass er inzwischen das Abenteuer zum Beruf gemacht hat. Wenn er nicht gerade neue Herausforderungen sucht – wie 2004/05 in Spitzbergen, wieder gemeinsam mit Valeska –, hält er Diavorträge, sucht Sponsoren, die ihre Materialien härtesten Praxistests unterziehen wollen, vermarktet das inzwischen beträchtliche Fotoarchiv und plant die nächsten Touren.

Ebenfalls die Kombination mit anderen sportlichen Disziplinen, konkret dem Bergsteigen, verfolgen die Zwillingsbrüder Horst und Gernot Turnowsky (geb. 1970) aus Raaba bei Graz. Sie bewältigen von Graz aus den Großglockner in 24 Stunden (2001) und 2002 den Mount Blanc in 70 Stunden. (Kleine Zeitung, 6.8.2002, 9)

Als „Fernradler" geht auch Sepp Resnik (Jg. 1953) durch, der überhaupt als Pionier des Extremsports gilt: Er umrundet drei Mal die Welt und schafft 2003 schafft die 24.343 km in rekordverdächtigen in 65 Tagen.

Gewissermaßen in seine Fußstapfen tritt Alexander Gepp (Jg. 1980) aus Lannach, der ein Rennen in der australischen Wüste (Alice Springs – Ayers Rock) gewinnt (Kleine Zeitung 28.10.2003, Ausgabe Südsteiermark, 25) und die Strecken

Radelnder Männerchor (Studio Percussion): Spektakel „La Ballade" der französischen Theatergruppe „Les Pietons" vor dem Schauspielhaus, „La Strada" 2003

Graz – Lyon in sechs und Graz – Bilbao in acht Tagen zurücklegt.

Vom Schlager bis zur Skulptur - Kunst rund ums Rad

Vom musischen Talent der Radlerinnen und Radler gibt es von Anbeginn an zahlreiche historische Belege. Flotte Rhythmen gehören von Anfang an zur Begleitmusik von Kunst- und Reigenvorführungen, nahezu jeder Club hat sein Clublied, zum Teil auch seine eigene Kapelle oder Singgruppe. Der Grazer RV „Wanderlust" beispielsweise hat seine eigenen Vereinsschrammeln, gleichzeitig auch eine Theatergruppe. Gespielt werden Possen, ähnlich wie auch beim Brucker BC.

Was die neuere Musik betrifft, sind hierzulande nur wenige veloaffine Hörerlebnisse beigesteuert worden: Instrumental lädt Gitarrist Hannes Urdl zu *„Mit dem Radl ins Grüne"* ein (1983), die heute zumindest regional populären „Seer" liefern mit „Rudl Radl" 1996 einen Alpen-Techno ab. Etliche, auch steirische Interpreten volkstümlicher Musik wie die „Kern Buam", haben sich am Gassenhauer „*Ja, mir san mit´m Radl da*" versucht.[152]

Auch auf der Bühne hat das Fahrrad seinen Platz: Die Operetten-Diva Julie Falkner, die als schneidigere Beherrscherin des Rades gilt, bekommt am 11. Jänner 1893 nach der Vorstellung vom Publikum, das zu gut einem Drittel aus Sportkollegen besteht, neben den Blumenspenden ein Fahrrad. (ÖuRZ VIII/23/1893, 895) Der Köflacher Radfahrer-Club gibt am 24. Juni 1894 nach einem Straßenrennen ein Gartenkonzert und die Theatervorstellung *„Die Radfahrer von Purzelhausen"*. (R-C-Chronik VII/88/1894, 1940)

Dass Fahrräder als Bühnen-Requisiten eine Rolle spielen, kommt öfters vor. Beim „steirischen herbst" 1985 tritt die Kunstradfahrer-Truppe des ARBÖ Zeltweg in der Gerhard-Roth-Uraufführung *„Erinnerungen an die Menschheit"* auf. Gleich in zwei Inszenierungen der *„Zauberflöte"*, die 2004/05 in Graz zu sehen sind, treten Akteure auf dem Fahrrad auf. In der Oper benutzen die Knaben sowie Tamina/o ein Tandem, im Theater im Palais (Inszenierung der Kunst-Universität) wird mit einem Damen-Waffenrad munter über die Bretter geradelt.

Radkunst und Radauftritte gibt es immer wieder bei den Festivals „La Strada" und „steirischer

---

[152] Dabei handelt es sich übrigens um ein US-Gospel *(„Gloryland")*, das in den 50er-Jahren in Großbritannien adaptiert und im Zuge der Anglo-Amerikanisierung der Musikszene im Nachkriegs-Deutschland von den „Lords" neu bearbeitet und schließlich Anfang der 70er-Jahre in Österreich und Bayern - in verschiedenen Varianten - mit dem einschlägigen Text versehen wird. (siehe auch „Radlhochzeit", => S. 210)

Kunst am Bike: Edith Temmel verleiht für eine Ausstellung im Stadtmuseum 2004 einem „Junior"-Damenrad Plexiglas-Flügel

herbst". Beim „herbst" 1996 kuratiert der Wiener Wahrnehmungspsychologe Wolfgang Zinggl eine „soziale Plastik" aus 100 recyclierten Fahrrädern: Im Projekt „Rad-los", einem Teilprojekt der Serie *„praxisnaher Anstoß zur Randgruppenintegration"*, erhält ein Flüchtling aus Liberia als Künstler und Fahrradmechaniker Job und Bleiberecht, seine Fabrikate gehen an bedürftige Studierende. (APA0351 19.4.1996)

Ähnlich die Intention eines Kunstprojektes namens „real*utopia" der Künstlerinitiative <rotor> im Zuge der Kulturhauptstadt 2003: Man bedient sich des Fahrrades als Kunstobjekt und Transportmittel zugleich. Zehn Räder werden nach einer Idee der Belgrader Gruppe „Skart" aus Schrotträdern von der Jugendbeschäftigungsinitiative „Activity" unter fachlicher Anleitung von Franz Pogartitz („Bicycle") neu aufgebaut und künstlerisch gestaltet. Die „Kunsträder" stehen dann den Besuchern von 15 Interventionen im öffentlichen Raum des Bezirks Gries als Fortbewegungsmittel leihweise zur Verfügung.

Am Ende des Projekts landet der kleine bunte Fuhrpark, darunter ein Paralleltandem, auf einem Flohmarkt der Künstlerinitiative.

Bildnachweis

PB = Privatbesitz, SG = Sammlung, LMJ = Landesmuseum Joanneum, BTA = Bild- und Tonarchiv, StLA = Steiermärkisches Landesarchiv

Cover – FGM/J. Gellner; StLA R112; LMJ/Kunstgewerbl. SG P Nr.94 (J. Aberle & Co. Berlin); W. Wehap, G. Tischler, W. Jessner; Steyr 1964; Museum im Alten Zeughaus/Bad Radkersburg

Cover Rückseite: A. Plank

9 - Privat

Kap. 1/12 – Volkmann, Graz, PB G. Jontes, Leoben; LMJ/ BTA KB 64076
14 – LMJ/ Kulturhist. SG, Inv.N. 13.296
15 – PB J. Teubenbacher, Gußwerk
16 – ÖuRZ IV/11/1889, 138
17 – Pokrajinski musej Maribor
19 – Stmk. GB II/18/1886 u. IV/10/1888
20 – Stmk. GB V/7/1.4.1889
21 – Klein-Radkersburg, Museum/ Bad Radkersburg

Kap. 2/23 – N. Kuss, PB F. Lehner, Mariazell
24 – F. Gerwig, PB Baltl
26 – ÖuRZ IV/11/1889, 140
29 – PB Baltl, Repro H. Harrer
31 – ÖuRZ IV/11/1889, 138; PB C. Spielberger
32 – PB H. Thomich, Graz
33 – Pokrajinski musej Maribor
34 – ESEBECK 1885, 30; PB H. Vasold, Liezen
35 – MuseumsCenter Leoben
36 – J. Leitner, Stadtmuseum Bruck/Mur; PB G. Knill, Weiz
37 – SG Lampl
38 – Kammerhofmuseum Bad Aussee; PB S. Friedl
39 – Klein-Radkersburg, Museum/ Bad Radkersburg
40 – A. Dampfhofer, PB F. Müller, Preding; PB Edegger
41 – F. Maier/ St. Johann b. H., Doku Wien
42 – ÖuRZ IV/11/1889, 138
43 – Tagespost 10.4.1887
44 – Museum im Alten Zeughaus, Bad Radkersburg
45 – F. Gerwig, PB Baltl
46 – PB Baltl
47 – Festbuch 1895, 160; Wintersportmuseum Mürzzuschlag

Kap. 3/48 – N. Kuss, SG Lehner
50 – PB Baltl
51 – N. Kuss, St.Museum Mariazell
52, 53 – PB Helmut Thomich, Graz; PB Thomich
54 – DRB VII/21/1893, 635
55 – PB H. Rinner, Graz
57 - PB K. Kainz, Fehring; PB J. Scheiblechner, Palfau
58 – PB A. Postl, Burgau
59 – Stadtplan Graz, 1900; Festschrift 1895, 18
60 – R-Chronik IX/67/1896, 1049
62 – SG Lampl
63 – PB W. Wehap
64, 65 – PB Baltl
67 – Festschrift 1895, 43
68 – PB K. Narath, Gratwein
69 – PB E. Friedrichs/G. Heufler
70 – F. Gerwig, PB Baltl
71 – R-Chronik VII//94/1895, 2087
73 – PB H. Rinner, Graz
74 – SG K. Kubinzky
76 – PB C. Leirer, Graz, SG Lampl
79, 80 – SG Bradler
81 – PB H. Kirchheim, Graz
85 – Festschrift 1895
86 – LMJ/ BTA
88 – LMJ/BTA
89 – SG Bradler

Kap. 4/91 – Plakat LMJ/ Kunstgewerbl. Sammlung, PS 23
92 – Stmk. GB IV/14/15.7.1888
93 – Stmk. GB V/12/15.6.1889
95 - Pokrajinskinskega arhiva Ma-

ribor
97 – PB L. Janisch, Ilz; J. Ederer, Ottendorf, SG Hammerle
98 – StLA
99 – PB E. Kattinger, Lieboch
100 – Stadtmuseum Graz
101 – SG Bradler
102, 103 – Bicyclearchiv Ulreich
104 – W. Wehap
105 – LMJ/Kunstgew. SG; B. Kovacic, in: PUH 1998, 9
106 – SG Lehner; StLA
107 - LMJ/ Kunstgew. SG, Kunstanstalt Grimme & Hempel Leipzig Schleussig
108 - LMJ/ Kunstgew. SG, Chromolith.Kunst-Anstalt v. August Matthey, Graz
109 - LMJ/Kunstgew. SG, Kunstdruck Dresden-Niedersedlitz
111 – Tourenbuch 1899
112 – SG Bradler; CZEIPEK 1898, 25
113 – PB R. Matzhold, Fehring
114 – SG Bradler
116 – Zgodovinski arhiv Ptuj; SG Lampl
117, 118 – SG Lampl
119 – PB M. Pyffrader; W. Wehap

Kap. 5/120 – Festschrift 1898, 61
122 – Stadtarchiv Knittelfeld
123 – PB L. Fajdiga, Maribor
124 – Wintersportmuseum Mürzzuschlag
125 – SG Bradler
126 – SG Zöchling
127 – PB M. Theissl, Eichberg
129 – Festschrift 1898, 67
130 – Erben, Graz, SG Hammerle
131 – Museum/Bad Radkersburg
132 – PB Wippel, Marktgemeinde Eibiswald, LMJ/ BTA
133 – Ö. Illustrierte Zeitung 42/ 20.7.1913, SG Hammerle; SG Kubinzky
134 – Festschrift 1895, 40
135 – CZEIPEK 1898

Kap. 6/136 – SG Kubinzky
139 – PB H. Propst, Graz
140 – F. Schuler, SG Lampl
141, 142 – SG Kubinzky
143 – Krautwaschl, Eichkögl, SG Kremshofer
144 – PB Thomich
146 – SG H. Linhart, Fürstenfeld
147 – PB M. Liendl, Ottendorf
149 – LMJ/ BTA, SG Steffen
150 – SG Kubinzky
151 – PB H. Propst
152 – E. Blaschka, LMJ/ BTA
153 – SG Kremshofer; AK SG Bradler

Kap. 7/154 - SG Lampl
156, 157 – Blaschka, LMJ/ BTA
158 – Peter Philipp
159, 160 – Blaschka, LMJ/ BTA
161 – StLA
162 – SG Kubinzky
163 – PB H. Propst
164 - PB F. Vychodil
165 - Gallè, LMJ/BTA
166 - F. Hruby, Zeltweg
167 - PB Franz Vychodil

Kap. 8/168 – SG Lampl
170 - SG Lehner
172 – SG Bradler
173 – PB Trenkler, Chicago; SG Zöchling
174 – Blaschka, LMJ/ BTA
175 – SG Zöchling
176 – PB F. Benze, Kalsdorf
178 – SG Lehner; SG Lampl
179 – PB A. Schützenhöfer, Graz
180 – Stadtmuseum Graz
181 – PB L. Frisch
183 - LMJ/ BTA, SG Steffen
184, 186, 187 – PB D. Spielhofer, Graz
188 – PB Assmann
189 – „hobby" Magazin 1955, 58
191 – PB G. Kronheim, Graz
192 – PB C. Edelsbrunner, Graz
193 – W. Wehap

Kap. 9/194, 196, 198: PB G. Tischler, Graz
199 – W. Wehap
200 - G. Steffen, LMJ/BTA
201 – Merian 1978, 130; Lanxx/ Steiermark Tourismus
203 – Magistrat Graz, H. Spinka
204, 205 – PB R. Mitteregger, Knittelfeld
206 - H. Stuhlhofer
207 - H. Kühschweiger
208 – H. Stuhlhofer; PB G. Sammer, Graz
209 – W. Wehap
210 - Bunte Österreich Illustrierte, 1971
211 – P. Philipp
213 – W. Wehap

Kap. 10/216 – H. Schiffer
218 – H. Schiffer
219/ 220 – H. Stuhlhofer; W. Jessner
221 – PB W. Fasching
222 – W. Wehap
223 – MTB-WC Schladming
224 – H. Stuhlhofer; ARGUS
225 – W. Wehap
226 – FGM/J. Gellner
227 – W. Wehap
228 – Grafik A. Kern
229 - W. Wehap
230 – H. Stuhlhofer
231 – W. Wehap
232 – A. Kern; W. Wehap; PB M. Rosenberger
233 – W. Wehap; W. Bradler
334 – SG Bradler
235 – PB P. Schaudy, Graz
237 – P. Philipp
238 – PB E. Temmel

Private Sammlungen: Walter Bradler, Graz; Franz Lehner, Mariazell; Egon Lampl (Fahrradmuseum Neumühle), Werndorf; Engelbert Kremshofer, Ottendorf, Karl A. Kubinzky, Graz; Nicolas Zöchling, Graz; Bicycle Archiv Ulreich, Hinterbrühl; Josef Hammerle, Leoben.

Freundlicher Dank gilt den genannten Leihgebern und Unterstützern, darüber hinaus Manfred Glettler (Dorfmuseum Altenmarkt), Karl Kainz (Fehring), Otto Albl (Knittelfeld), Josefa Scheiblechner, den Verfassern der Diplomarbeiten Heide Haring und Christian Sametz, den besonders hilfreichen Museumsmenschen Elisabeth Schöggl-Ernst (StLA), Heimo Hofgartner (LMJ/ BTA/ Büro der Erinnerungen) Franz Leitgeb (Stadtmuseum Graz), Irmi Kainz und Gernot Schwimmer (Bruck/M.), Marija Hernja Masten (Ptuj), Erika Selzer (Bad Aussee), Barbara Habermann (Mürzzuschlag) und Marie Theres Zangger (Bad Radkersburg) sowie den MitarbeiterInnen der Landesbibliothek.

Literatur und Quellen

Literatur

50 Jahre G.A.K. Grazer Athletik Sportklub 1902 – 1952, hg. im Auftrage des Grazer Athletiksportklubs, Graz (1952).

100 Jahre Steyr-Daimler-Puch Graz, hg. Steyr-Daimler-Puch Fahrzeugtechnik AG & Co. KG (Redaktion Rudolf Scarics), Graz 1999.

ARBÖ Gestern – heute – morgen, Wien (1984).

ARBÖ – 80 Jahre ARBÖ-Ortsklub Zeltweg, (1993).

ARBÖ - 100 Jahre ARBÖ Voitsberg 1898-1998, f.d. Inhalt verantw. GR Ludwig Leth.

ARBÖ - Unser Jahr 100. Vom Verband der Arbeiter-Radfahrervereine Österreichs... zum Auto-, Motor- und Radfahrerbund Österreichs ARBÖ 1999, Wien.

ARGUS Steiermark (Hg.), Fahrradklimatest Österreich – Graz 2002, Ergebnisse – Analysen – Forderungen, Graz 2003.

AUBELL, Franz: O du köstliche, fröhliche Radfahrzeit! Damals verbrochene Reimereien, im Selbstverlage, Graz (1907).

BACHHIESL, Christian et al. (Hg.): Räuber, Mörder, Sittenstrolche. 37 Fälle aus dem Kriminalmuseum der Karl-Franzens-Universität Graz, Graz 2003.

BAUER, Kurt (Hg.): Faszination des Fahrens. Unterwegs mit Fahrrad, Motorrad und Automobil (Reihe „Damit es nicht verloren geht..." Bd. 50, hg. von Michael Mitterauer und Peter Paul Kloß), Böhlau Wien - Köln - Weimar 2003.

Bürgerinitiative Puch (Hg.): Verkaufen, zusperren, kündigen. Eine Dokumentation über den Verkauf der Grazer PUCH-Zweiraderzeugung nach Italien, (Red. Dieter Kordik), Graz 1987.

BRUNNER, Walter (Hg.): Geschichte der Stadt Graz, Band 4: Stadtlexikon, Graz 2003.

BURCKART, Julius: Das Rad im Dienste der Wehrkraft, in: SALVISBERG 1897, 137-156

CLESS, Max: 50 Jahre Noricumwerke Cless Graz 1898-1948. (Firmenchronik anl. 50-Jahre-Jubiläum), Graz (1948).

CLESS & PLESSING, Katalog 1899.

Compass, Finanzielles Jahrbuch (Industrie-Compass), Wien

CZEIPEK, Filipp: Der Herren- und Damen-Radfahrsport. Ein unentbehrlicher Behelf für jeden Radfahrer, Graz 1897.

Ders.: Handbuch für Radfahrer. Ein unentbehrlicher Rathgeber für alle Freunde dieses Sportes, Wien 1898.

CZERMAK, Hans: Die Radfahr-Verbände der Deutschen Oesterreichs, in: SALVISBERG 1897, 207-211.

DIEM, Peter: Die Symbole Österreichs. Zeit und Geschichte in Zeichen, Wien 1995.

DÖRR, Tobias: E.T. und die Folgen fürs Bike. In: Wiener Zeitung 24.7.2002, 14.

(ESEBECK, Heinrich von:) Radfahrer-Leben, Wien 1885.

E-Werk Gösting, Elektrizitätswerk Gösting V. Franz 1903-1993, für den Inhalt verantwortlich DI Dr. Eberhard Franz, Judenburg (1993).

Fahr!Rad, Von der Draisine zur Hightech-Maschine, Technisches Museum Wien, Katalog zur Ausstellung 8.11.2002 – 13.4.2003, Wien 2002.

FARKAS, Reinhard: Grüne Wurzeln. Ökologische & spirituelle Reform in der Steiermark, Fohnsdorf 1992.

FASCHING, Wolfgang: Leben am Limit, aufgezeichnet von Wolfgang Eichler, Graz-Wien-Köln 2001.

Festschrift, Amtliche: zum XI. Bundestage des Deutschen Radfahrer-Bundes in Hannover, Hg. von Willy Werner, Leipzig 1894.

Festschrift, Amtliche: 12. Bundestag des Deutschen Radfahrer-Bundes Graz 1895, hg. von Willy Werner, Leipzig, geleitet von Franz Pichler, Graz.

Festschrift, Amtliche: zum XV. Bundestage des Deutschen Radfahrer-Bundes in Dortmund am 4. bis 8. August 1898.

FGWG Fahrrad-Geschichts-Werkstatt Graz 1999, Macht Platz, Fahrrad kommt! Geschichte und Geschichten zum Radfahren in Graz (hg. Geschichtswerkstatt Graz, Grazer Fahrradoffensive ARGUS/GO!), Graz 1999.

GAB = Grazer Geschäfts- und Adressenkalender, Grazer Adressbuch

GARBE, Peter: Anton Rintelen (1876-1946). Versuch einer politischen Biographie. Eine vorläufige Zwischenbilanz, in: KARNER 1998, 125-134.

GEISSER, August: Das Tourenfahren, in: SALVISBERG 1897, 57-68.

Graz 1928 = Die Stadt Graz - ihre kulturelle, bauliche, soziale und wirtschaftliche Entwicklung in den letzten sechzig Jahren nebst kurzen geschichtlichen Rückblicken, hg. aus Anlass der Achthundertjahrfeier 1128-1928, Graz 1928.

Guinness Buch der Rekorde (Guinness Book of Records, deutsche Ausgabe, Berlin 1984.

HAMMER, Elke: Die Stadt in der Wendezeit – politische, wirtschaftliche, soziale und kulturelle Verhältnisse in der Stadt Graz in der Zeit der Jahrhundertwende, in: Puh 1998. 202-206.

Handbuch des Steirischen Radfahrer-Gauverbandes 1892.

Handbüchlein des Steirischen Radfahrer-Gauverbandes 1895.

HARRER, Hilde: Übersicht der Fahrrad-, Motorrad- und Automobiltypen um 1900 mit besonderer Berücksichtigung der Fabrikate von Johann Puch, in: Puh 1998, 214-223.

Dies.: Grazer Radfahrvereine 1881-1900. Ein Beitrag zur Geschichte des steirischen Radfahrwesens

(Forschungen zur geschichtlichen Landeskunde der Steiermark, hg. von der Historischen Landeskommission für Steiermark XLI. Band), Graz 1998.

Dies.: Eine radsportliche Festveranstaltung in Graz anno 1888, in Blätter für Heimatkunde, hg. vom Historischen Verein für Steiermark, 70. Jg., Graz 1996, 65-80.

HEIDINGER, Hans: Der Beitrag Mürzzuschlags zur Entwicklung des Skilaufs, in: Sport - Sinn & Wahn. Steirische Landesausstellung 1991, Mürzzuschlag, 27. April bis 27. Oktober 1991, 153-156.

HINRICHSEN, Horst: Radfahr-Schwadronen. Fahrräder im Einsatz bei der Wehrmacht 1939-1945, Wölfersheim-Berstadt 1996.

HOCHENEGG, Adolf W.K.: Die ethische Seite des Radfahrens, Leipzig 1889.

Ders.: Hochenegg, Adolf W.K.: Die ethische Seite des Radfahrens, in: Wolf, Wilhelm: Fahrrad und Radfahren, Leipzig 1890 (Reprint 1979).

Ders.: Radfahrsteuer oder nicht? Leipzig 1898.

HOCHMUTH, Andreas: Kommt Zeit, kommt Rad. Eine Kulturgeschichte des Radfahrens, Wien 1991.

HÖLLER, Christian: Graz: Österreichs Radlerhauptstadt, in: Drahtesel VII/6/1990 (Dez/Jan 90/91), 8.

Janisch, Jubiläumsschrift 1901-2002

JARITZ, Arnold: Die Stadt der Leibesübungen. Sport und Leibeserziehung zur Zeit des Nationalsozialismus in Graz, in: KARNER 1998, 135-157.

KARNER, Stefan: Die Steiermark im Dritten Reich 1938-1945. Aspekte ihrer politische, wirtschaftlich-sozialen und kulturellen Entwicklung, Graz 1986.

Ders.: Graz in der NS-Zeit 1938-1945, Institut für Kriegsfolgenforschung, Graz 1998,

Ders.: Die Steiermark im 20. Jahrhundert, Graz-Wien-Köln 2000.

KfV, Kuratorium für Verkehrssicherheit: Unfallstatistik 2004, Wien 2005.

KLEINOSCHEG, Max: Geschichte des Grazer Bicycle-Club 1882-1892, Graz (1892).

KLINGENSTEIN, Grete (Hg.): Erzherzog Johann von Österreich, Landesausstellung 8. Mai bis 31. Oktober 1982, Schloß Stainz, Bd. 1 (Katalog).

KRAUSE, Alfred: Radfahrer im Weltkrieg. Das k.u.k. Radfahrer-Jägerbaon Nr.1 im Weltkrieg, Artikelserie in: Der Radfahrer 25.9.1934, 4f; 20.10.1934, 2f; 20.11.1934, 3f; 25.1.1935, 2f; 25.2.1935, 2f.

KREMSHOFER, Engelbert: Leben, Lieben und Sterben. Geschichte des Wein- und Thermenlandes, Ziegenberg 1994.

Ders. (Hg.): Markt Hartmannsdorf. Geschichte und Geschichten, Markt Hartmannsdorf 1990.

KÖSTENBERGER, Herbert et al.: Wirksamkeit der Förderungsmaßnahmen des Radverkehrs für Bundesstraßen im städtischen Bereich. Institut für Straßenbau und Verkehrswesen der Technischen Universität Graz 1986.

KUBINZKY, Karl. A.: Beiträge zur neueren Geschichte des Bezirks Jakomini ab der Mitte des 19. Jahrhunderts, in: Jakomini, Geschichte und Alltag, Broschüre zur gleichnamigen Bezirksausstellung auf der Grazer Messe 7.-15.12.1991, 24-48.

LESKOVEC, Antoša: Franz Neger, Svak Janeza Puha (Puhs Schwager). In: Puh 1998 (Übers. Susi Weitlaner)

LUKAS, Leo: Gut Rad nix teuer, in: Kleine Zeitung 13.12.1981, 15 (Serie „Zurück in die Zukunft. Eine Serie über die Alternativ-Bewegung in der Steiermark, Teil 7).

MAIER-PATZKE, Ingrid: Elektro-Loks und Engelköpfe, in: Merian, Band Graz, Sept. 1978, Hamburg, 70-72.

MARAUSCHEK, Gerhard: Johann Puchs frühe Anfänge in Graz, in: Puh Katalog 1999, 58-61 (dt.

Übers.110-113).

MASTEN, Marija Hernja, Po Sledeh Napredka v Puhovem Casu, in Puh 1999, 87-91.

MEISENBICHLER, Hans: Werden und Wirken des Steirischen Radfahrer-Gauverbandes, in: Steirischer Radsport vom 26.6.1926, 2-7.

MEYER, Josef: Meyers Konversations-Lexikon. Ein Nachschlagebuch des allgemeinen Wissens, VI. Band, 5. Auflage, Leipzig - Wien 1894.

MÖSTL, Friedrich: Fahrradverkehrsförderung in Graz – aus der Sicht der Verkehrspolizei, in: Internationale Planungskonferenz 1983, 71-73.

PALLER, R. Ritter von: Die Fahrradindustrie und die zugewandten Geschäftszweige in den Ländern deutscher Zunge, in: Salvisberg 1897, 213-223.

PFERSCHY, Gerhard: Johann Puch, ein Pionier des Fahrzeugbaues. In: Steirische Unternehmer des 19. und 20. Jahrhunderts, ZHVSt, Sonderband 9, Graz 1965.

PICHLER, Franz: Die Entwicklung des Radfahrsports in Graz, in: Amtliche Festschrift 1895, 38-41.

POLASCHEK, Martin F.: Funktionierender Parlamentarismus im Ständestaat? Die Auseinandersetzungen um die Einführung einer Fahrradabgabe in der Steiermark, in: Zeitschrift des Historischen Vereines für Steiermark, LXXXVI. Jg., Graz 1995, 277-301.

PRASSL, Johann: „Mei Hoamat" zwischen Raab und Gleichenberg, Feldbach 1988.

PREVOLSCHEK, Hermine: Natürlich dachte ich nur an ein Fahrrad, in: BAUER 2003, 91-98.Programm 1. Steiermark-Rundfahrt 1961, „Wie lebe ich gesünder?"

PROPST, Hanns: 125 Jahre Radsport (20 Jahre Weltsenioren Radwoche, 15 Jahre Tour de Styria Damenrundfahrt) 1982, 4. Auflage 1991, 8. Auflage, Graz 1996.

Puch, Kataloge 1901, 1904.

Puh = Janez Puh – Johann Puch: clovek, izumi telj, tovarnar, vizionar: (1862-1914), Zgodovinski arhiv Ptuj 1998.

Puh = Janez Puh - Johann Puch: clovek, ki je svet obrnil na glavo (katalog), Ptuj Zgadovinski arhiv 1999.

RAAB, Erich; Jimenez Paul: Radfahren im städtischen Bereich. Eine psychologische Studie am Beispiel Graz. Bericht aus dem Institut für Psychologie der Universität Graz, Graz 1993.

RABENSTEIN, Rüdiger: Radsport und Gesellschaft. Ihre sozialgeschichtlichen Zusammenhänge in der Zeit von 1867 bis 1914, Hildesheim, München, Zürich 1991.

Ders.: Sieg über die Armee, in: Bike Culture, Nr. 13, York, August 1997, 18-20.

REINWALD, Ernst; Eisenschmied, Peter: Knittelfeld, 1990.

RÖSCHEL, Franz: Vierzig Jahre Brucker Bicycle-Club 1884 bis 1924, Bruck/Mur 1924.

Ders.: Als Peter Rosegger das Hochrad sah, in: Der Radfahrer 31.7.1935, 7f

ROSEGGER, Peter: Das Gespenst auf der Straße, in: Heimgarten 21/21/1897, 231-233; Das Recht des Rades, in: Heimgarten 27/10/1903, 789-791.

ROTHER, A. (male): Das Damenfahren. In: Salvisberg 1897, 111-136.

RUMPF, Victor: Zollerhöhung für Fahrräder und Bestandteile, in: Steirischer Radsport 26.8.1927, 1-3.

SALVISBERG, Paul (Hg.): Der Radfahrsport in Wort und Bild (München 1897), 2. erg. Nachdruck, München 1998.

SANDGRUBER, Roman: Cyclisation und Zivilisation. Fahrradkultur um 1900, in: Christian Ehalt, Gernot Heiß, Hannes Stekl (Hg.): Glücklich ist, wer vergißt ...? Das andere Wien um 1900, Wien-Köln-Graz 1986, 285-303.

SCHACHERL, Michael: 30 Jahre steirische Arbeiterbewegung 1890 bis 1920, Graz o.J.

SCHARFE, Martin: „Ungebundene Circulation der Individuen". Aspekte des Automobilfahrens in der Frühzeit", in: Zeitschrift für Volkskunde, 86/II/1990, Göttingen 1990, 216-243.

SCHAUSBERGER, Norbert: Rüstung in Österreich 1938-1945, Wien 1970.

SCHIDROWITZ, Leo: Geschichte des Fußballsports in Österreich, hg. vom Österreichischen Fußball-Bund, Wien 1951.

SCHIEFFERDECKER, Paul: Das Radfahren und seine Hygiene. Nebst Anhang Das Recht des Radfahrers von Prof. Dr. jur. Schumacher, Stuttgart 1900 (leicht gekürzte Neuauflage in: Lessing, Hans-Erhard, Hg., Fahrradkultur 1. Der Höhepunkt um 1900, Hamburg 1982.)

SCHMIDLECHNER, Josef: Faszination Fahrrad. Vom Laufrad zum Trekkingrad. Sonderausstellung im Schloss Oberkindberg, Ausstellungskatalog, Kindberg 1995.

SCHNEIDER, Ernst: Das Radeln und die Gesundheit, in: Heimgarten 23/9/1899, 668-675.

SCHROTTENBACH, Heinrich: Erlebnisse und Erinnerungen eines alten Radfahrers, in: Mitteilungen des StRGV 26.6.1926, 9f.

SEPER, Hans: 100 Jahre Steyr-Daimler-Puch A. G. In: Blätter für Technikgeschichte, Heft 26, Wien 1964.

SIERCK-HAMBURG, Detlev: Radsport und Rennfahren, in: Salvisberg 1897, 69-110.

SILBERER, Victor; Ernst, George: Handbuch des Bicycle-Sport. Reprint von 1885, hg. und mit biographischen Angaben ergänzt von Walter Ulreich, Leipzig 2004.

SMUTNY, Franz: Anleitung zur Behandlung des Fahrrades und dessen praktische Verwendung, Graz 1897.

Ders.: Das Fahrrad als Hilfsmittel im Kriege. Eine militärische Skizze, in: Festschrift 1898, 61-68.

STEK Stadtentwicklungskonzept Graz, Sachprogramm Verkehr - Fuß- und Radwegenetz, Graz 1980.

STRUBREITER, Martin: Vom leichten Tritt, in: 100 Jahre Puch 1999, 54-61.

Styria, Katalog 1896.

Tourenbuch von Steiermark, hg. vom Steirischen Radfahrer-Gauverbande, 1. Theil, Graz 1889; 2. Auflage 1894; 3. Auflage 1899.

ULREICH, Walter: Zur Geschichte des Laufrades in Österreich, in: Fahrrad = Weg/Zeit, Eine Sonderausstellung des Technischen Museums Wien 21. März-30. Juni 1990, Wien 1990.

Ders.: Rad - Gestern, Heute, Morgen. Internationale Fahrradausstellung vom 5. Juni bis 25. September 1994, Schloß Schwarzenau im Waldviertel (Katalog zur Ausstellung).

Ders.: Das Steyr-Waffenrad, Graz 1995.

Verkehrsbestimmungen – Verkehrs- und straßenpolizeiliche Bestimmungen. Zusammengefasst vom Zentralinspektorat der Bundessicherheitswache, Graz 1931 und 1937.

WEHAP, Wolfgang: Trend zum Drahtesel, in: Süd-Ost-Tagespost vom 13.5.1979, o.S.

Ders.: Radler immer stärker: Jetzt eigenes Gesetz, Tagespost 16.10.1984, 5.

Ders.: Das Puchwerk Thondorf. Wandel und Krisen in der Arbeitswelt, in: Dienes, Gerhard (Hg.): Liebenau – Geschichte und Alltag. Broschüre zur Ausstellung, Graz 1992.

WICHNER, Josef: Noch einige Vorteile des Radfahrens. Betrachtungen eines „radebrechenden" Philosophen, in: Festschrift 1895, 72-72.

Ders.: Etwas über das Radfahren, in: Heimgarten 19/1/1895, 48-52.

Wie lebe ich gesünder? Hg. von der Landes-Radsport-Kommission anlässlich der 1. Steiermark-Radrundfahrt vom 8.-9. Juli 1961.

WILLAIN, Julius: Das Zweirad. Eine Radfest-Plauderei, in: Amtliche Festschrift 1895, 74-77.

WITTMANN, Helmut: Jetzt geht´s los: Räder in der City zum Nulltarif, in: Kleine Zeitung 8.5.1980, 25.

ZOIS, Michelangelo von: Erinnerungen eines alten Radfahrers, in: Steirischer Radsport 5.6.1933, 7f.

ZOTH, Oskar: Zur Physiologie des Führens, in: Amtliche Festschrift 1895, 42-46.

Ders.: Über die Schnelligkeit der Muskelbewegungen beim Radfahren. In: Amtliche Festschrift 1898, 43-46.

Ders.: Über die Formen der Pedalarbeit beim Radfahren. (Pflüger´s Archiv für die gesamte Physiologie Bd. 76), Berlin 1899.ZUZIC, Michael: Unsere Radfahrer im Weltkriege, in: Steirischer Radsport 26.6.1926, 13.

ZVITKOVITS, Friedrich: Reihe Archivbilder Bruck an der Mur, Erfurt 1999.

Zeitungen, Periodika

Allgemeine Automobil-Zeitung, Wien

Allgemeine Sport-Zeitung, Wochenschrift für alle Sportzweige, hg. und redigiert von Victor Silberer, Wien

Amtsblatt der Landeshauptstadt Graz

Arbeiterwille, Graz

APA Austria Presse Agentur

ASZ = Alpenländische Sport-Zeitung. Amtliches Blatt des Steirischen Radfahrer-Gauverbandes und vieler Radfahrer-Vereine, Beilage des „Grazer Tagblattes" (1899-1909)

Berliner Illustrirte Zeitung

Bundespolizeidirektion Graz, Presseinformationen

Der Radfahrer, offizielle Zeitschrift des Oesterreichischen Radfahrer-Bundes, Wien

Der Velozipedist, Zeitschrift für Radfahrer, München

Deutsch-Alpenländisches Sportblatt, Graz

Deutscher Radfahrer-Bund, Amtliche Zeitung des Deutschen Radfahrer Bundes, Magdeburg

Deutsche Wacht, Cilli

DöR, Deutsch-österreichischer Radfahrer, Wien

Drahtesel, Die Zeitung für Radfahrer/innen (hg. von ARGUS), Wien

Draisena, Dresden - Wien

Handelszeitung, Erste allgemeine Handels- und Verkehrs-Zeitung, Graz

hobby - Das Magazin der Technik, Juni 1955, Stuttgart

Der Heimgarten, hg. von Peter Rosegger, Jg. 19, 21, 27 (1894-1903), Graz

Merian, 9/31/1978, Hamburg

Mitt. AtRV, Mitteilungen des Akademisch-technischen Radfahr-Vereins, Graz

Mitt. StRGV, Mitteilungen (Mittheilungen) des Steirischen Radfahrer-Gauverbandes, Graz

Grazer Morgenpost, Beilage zur Grazer Zeitung

Grazer Tagblatt

Grazer Volksblatt

Grazer Zeitung

GRC = Grazer Radfahrer-Club Club-Zeitung

Kleine Zeitung, Graz

NZ, Neue Zeit, Graz

ÖuRZ, Oesterreichisch-ungarische Radfahrer-Zeitung. Fachblatt für die Gesammt-Interessen des Radfahrsports, Wien

Österreichs Illustrierte Zeitung, Wien

Obersteirische Volkszeitung, Leoben

Obersteirerblatt, Bruck an der Mur

orizont 147/2004, das kritische Jugendmagazin, Junges Verlagsportal (Hg.), Graz

Pettauer Zeitung, Pettau (Ptuj)

R-Chronik = Radfahr-Chronik; R-C-Chronik = Radfahr-Club-Chronik, Beilage zur Radfahr-Chronik (Beilage des „Radfahr-Humor"), Illustriertes Sport- und Fachblatt, München

SN, Salzburger Nachrichten

start, Klubzeitschrift des Steiermärkischen Automobil- und Motorsportklubs, Jg. 1981, 1983

Steiermärkisches Gewerbeblatt (Organ für Handels- und Gewerbetreibende), Graz

Steirische Alpen Post, Aussee

Steirische Wirtschaft, Zeitung der Wirtschaftskammer Steiermark, Graz

Steirischer Radsport, amtliche Mitteilungen des Steirischen Radsport-Gauverbandes (St.R.G.V.) Steiermark, Graz

Tagespost (Südost Tagespost), Graz

Wiener Zeitung

Wochenpresse (heute Wirtschaftswoche), Wien

Quellen

ARGUS Steiermark Fahrradklimatest 2003, Detailauswertung für Graz, kopierte Publikation

AVG: Radfahren - Energie sparen! 1. Grazer „Frei-Lauf-Manifest, zusammengestellt von der Arbeitsgemeinschaft für Alternative Verkehrspolitik Graz 1981 (kopierte Publikation)

Assmann, p.t. *(Schreiben an Händler, Beilage zur Fahrrad-Händlerpreisliste) datiert* Leibnitz, am 20. Mai 1938

Assmann *(Fahrradhändler-Preisliste)*, Verkaufspreise für Assmann-Fahrräder ab 23. Mai 1938

Assmann, Verpflichtungsschein (1938)

BENZE, Josef: Meine Beziehung zum Fahrrad, masch. geschr. Niederschrift 1999

BRAUNE, Asja: Konsequent den unbequemen Weg gegangen. Adele Schreiber (1872-1957) Politikerin, Frauenrechtlerin, Journalistin, Diss. an der Phil Fakultät III der Humboldt-Universität Berlin, 2003.

Briefkopf Hans Spruschina, Pettau, Pohrajnski Arhiv Ptuj

Briefkopf „Meteor"-Fahrrad-Werke Carl Franz, Graz, dat. 3.11.1897, Bicycle-Archiv Ulreich

Brief Franz Neger an Bürgermeisteramt Eibiswald vom 17.4.1917, Mestna občina Maribor, Karton 101/19538/1917/K

EDLINGER, Elisabeth: Vorfahrt für das Fahrrad - Radfahren in Graz und anderswo.

Diplomarbeit am Institut für Sportwissenschaften der Karl-Franzens-Universität Graz 1987.

Erich-Edegger-Symposion 18.10.1996, Universität Graz, unveröffentlichte Mitschrift

Fahr-Ordnung für den Leobener Radfahrer-Verein LRV, ausgearbeitet vom Fahr-Ausschusse des L.R.-V., o.J. (1886), Stadtmuseum Leoben

Fotos Museum im Alten Zeughaus, Bad Radkersburg: Radkersburger Radfahrer Club 1905; der Radeiner Radfahr-Verein und der Radkersburger Radfahrer-Club 27.10.1896

Fremdenbuch des Steirischen Radfahrer-Gauverbandes, aufgelegt 1891-1913 im Hotel „Brauhaus", Grazerplatz, Fürstenfeld

Fremdenbuch des StRGV, aufgelegt 1890-1923 im Gasthof Postl „zum Hirschen", Burgau

Fremdenbuch des StRGV, aufgelegt 1896-1922 im Gasthaus „Kaisergemse", Palfau

Handelsregister, Register Markenrechte, Wirtschaftskammer Steiermark

FRIEBE, Hans, Firmenchronik Fa. Friebe, 1885-1985 100 Jahre A. Friebe, verfasst von Ing. Hans Friebe 5.6.1985 (masch. geschr.)

GERSCHACK, Anton: Johann Puch und die Gerschack-Schlosserei in Radkersburg. Nach Erzählungen meines 1932 verstorbenen Vaters. Niederschrift vom 5. Juli 1954 (masch. geschr.)

HAFNER, Claudia: Der Stellenwert des Fahrrades in der Gesellschaft im Wandel der Zeit. Diplomarbeit am Institut für Sportwissenschaften der Karl-Franzens-Universität Graz 1992

HARING, Heide: Die Firma Brüder Assmann. Unter Berücksichtigung des Unternehmens als Rüstungsbetrieb während des Zweiten Weltkriegs, Diplomarbeit am Institut für Betriebswirtschaftslehre, Sozial- und wirtschaftswissenschaftliche Fakultät der Karl-Franzens-Universität Graz, 2000.

Katalog der von dem kaiserl. königl. Privilegien-Archive registrirten Erfindungs-Privilegien. Für das Jahr 1888, Wien 1888.

KLEINOSCHEG, Max: Vom Beginn des Radfahrens in Steiermark. Persönliche

Erinnerungen, festgehalten von Herrn Kommerzialrat Max Kleinoscheg, masch.geschr., ca. 1933.

KRASSER, Ernst: Volkswirtschaftliche Aufgaben und Wirkungen der Industrie-Großbetriebe gezeigt am Beispiel der Grazer Betriebe der Steyr-Daimler-Puch AG, Diss. an der Staatswissenschaftlichen Fakultät der Universität Graz, 1962

KÜHSCHWEIGER, Harald A.: Radsport in der Steiermark. Die Entwicklung der einzelnen Disziplinen mit einer aktuellen Betrachtung steirischer Radsportveranstaltungen. Diplomarbeit am Institut für Sportwissenschaften, Karl-Franzens-Universität Graz 2005.

Kundmachung Leoben 30.4.1894, MuseumsCenter Leoben/Stadtarchiv

LÄTZSCH, Verena: Risikobereitschaft und die Einstellungen zum Thema „Radfahren". Diplomarbeit am Institut für Psychologie der Karl-Franzens-Universität Graz, 1999.

MAURIN, Viktor: Anmerkung zum Thema Fahrradwege in Graz, verfasst anl. FGWG 1999.

MAYRHOFER, Michael: Radfahren in der Freizeit. Möglichkeiten der Freizeitgestaltung mit dem Fahrrad. Diplomarbeit am Institut für Sportwissenschaften der Karl-Franzens-Universität Graz 1989.

Plan Franz, Fahrrad Fabriksbau Karl Franz, Josef Strohmeier, Graz, Jakominiplatz 17, 1899

OHRNHOFER, Konrad: Der Radfahrer in der StVO. Diplomarbeit an der Rechtswissenschaftlichen Fakultät der Karl-Franzens-Universität Graz, 2000

Patent CH = Eidgen. Amt für Geistiges Eigentum, Patentschrift Pt. Nr. 16238, 7.2.1898, Franz Elgetz, in Graz (Österreich-Ungarn)

Protokollbuch Grazer Tourenfahrer und Protokollbuch für den Fahr-Ausschuß des Radfahrer-Vereins „Grazer Tourenfahrer" (Graz 1892-1914/1911)

Protokolle der Fahrradgeschichtswerkstatt Graz FGWG 1999

Programm des Grazer Bicycle-Club vom Jahre 1894

Programm des Grazer Radfahrer-Clubs

RÖSCHEL, Gerhard: Erhebung des Mobilitätsverhaltens der Grazer Wohnbevölkerung 2004 im Auftrag der Stadt Graz (Vorabzug).

SAMETZ, Christian: Assmann. Eine Firmengeschichte. Von den Anfängen bis in die Gegenwart. Diplomarbeit an der Gewi Fakultät der KFU Graz, Institut für Geschichte, Graz 1998.

Schallplatte „Junior Radl", Radiovertrieb-Tonstudio Graz, Friedl-Schamek-Ring 13, veröffentlicht ca. 1939, Sammlung Glettler.

SCHIMANOVSKY, Ursula: Fahrradtourismus. Diplomarbeit am Volkskundeinstitut der Universität Graz, 1998.

SCHMID, Steffen: Das Image von Radfahrern. Eine Umfrage, durchgeführt in der Stadt Graz. Diplomarbeit am Institut für Psychologie, Naturwissenschaftliche Fak. der K.-Franzens-Univ. Graz, 1998.

SCHÜTZENHÖFER, Alois: Einstellung zu Kennzeichen für Fahrräder. Eine Befragung in Graz, 1991.

SEEMAYER, Lydia: Das Fahrrad im Gefüge der städtischen Mobilität. Diplomarbeit am Institut für Soziologie der Karl-Franzens-Universität Graz, 2003.

Sonderausschuss Fahrräder, Schreiben an Fa. Assmann, 17.10.1944 (Archiv Lampl)

Stadtamt Leoben, Gemeindearchiv, Gdv 573 (Radfahr-Verein, Rennbahn)

Stellungnahme zur Fahrradabgabe, unterzeichnet von den steirischen Radfahrerverbänden, Gewerkschaftsbund, Landesverband der Elternvereinigungen, Steyr-Daimler-Puch A.G. Graz am 26.11.1935, in: L.-Reg. 26 Fa-1/24/1936.

Stellungnahme zur Fahrradabgabe, Steirischer Bauernbund, Ortsgruppe Höch, gez. Martin Aldrian, Obm., 1.12.1935, in: L.-Reg. 26 Fa-1/24/1936.

Stellungnahme zur Fahrradabgabe, Konferenz der Arbeitnehmer in der Auto- und Fahrradindustrie, Wien 7.12.1935, in: L.-Reg. 26 Fa-1/24/1936.

Sterbeurkunde des Max Kleinoscheg, Standesamt Graz Nr. 4677/1940

Verordnung für Byciclfahrer, Knittelfeld, genehmigt vom Gemeindeausschuße in seiner Sitzung vom 26. Juni 1890, gez. Bürgermeister Anton Kaschutnig, Stadtarchiv Knittelfeld.

WEHAP, Wolfgang: Begrüßung anl. des VeloCity Congress 1999 in Graz, 13.4.1999, Manuskript.

WEIß, Franz, masch geschr. Information April/Mai 1999

WERTHAN, Elfriede: Mein größter Sieg, masch. geschr. Aufzeichnungen, o.J.

ZÖCHLING, Nicolas: Franz Wendl. Protokoll eines Besuches ca. 1995.

Ders.: Rollip, schriftliche Notizen.

StLA = Aktenbestand des Steiermärkischen Landesarchivs

Bundespolizeidirektion Graz, Staatspolizeiliches Büro Zl.Stp.B.1912/2 Pers.-1936, 2.6.1936, in: L.-Reg. 26 Fa-1/24/1936

(Fahrrad-Kennzeichen) Statth. Präs 5 Ver.-918/1896

Verordnung betreffend das Fahren mit Byciclen und Trycilen auf den Strassen von Graz), Statth. 68-12555/1886

Vereinsakten

Grazer Bicycle-Club, Statth. 53-19672/1882

Grazer Radfahrer-Club, Statth. 53-19406/1885

Akademisch-technischer Radfahr-Verein Graz, Statth. 53-6614/1887

Bund Deutscher Radfahrer, Gau 36 „Steiermark", SD IV VerRA 61/1947: Statth 53-24906/1886

Section Steiermark des Oesterreichisch-ungarischen Radfahrer-Bundes, Statth. 53-22659/1888

Grazer Radfahrer-Verein „Edelweiß", SD IV Ver Ra 40/1947: Statth 53-14214/1889

Grazer Radfahrer-Verein „Wanderlust", SD IV Ver Ra 40/1947: Statth 53-17388/1889

Grazer Damen Bicycle-Club, Statth. 53-1164/1893

Grazer Radfahrer-Club „Eichenkranz", LR 206 Ra 36/1937: Statth. 53-13136/1895

Steiermärkischer Arbeiter Radfahrer-Bund, Statth. 53-5309/1896

Grazer Radfahrer-Verein „Weiße Nelke", SD IV Ver Ra 40/1947:Statth M297a-672/1910

Grazer Radfahrer-Verein „Meteor", Statth M297a-787/1910

Reichsbund für Leibeserziehungen, Statuten, in: SD IV VerRa 40/1947: Statth. 53-24852/1896

Steiermärkischer Arbeiter-Radfahrer-Bund, Statth. 53-5309/1896

Grazer Radfahrer-Club „Velo", Statth. 53-14070/1897

Grazer Radfahrer-Verein „Wanderer", Statth. 53-3424/1897

I. Internationaler Radfahrer-Club in Graz, M297a-951/1907: Statth. 53-26457/1900

Arbeiter-Radfahrer-Verein „Wanderer" Graz, Statth. 53-37734/1902

Grazer Radfahrer-Verein „Meteor", Statth. M297a-787/1910

Weizer Bicycle-Club, SD IV Ver We 62/1947: NZ: M297a 2239/1910: NZ: 206 We 76/1938: Statth. 53-8828/1885

StA = Aktenbestand des Grazer Stadtarchivs

Gewerbeakten

Benedict Albl, 2-31330/1888; 2-23643/1891; 3-106339/1895

Matthias Allmer, 2-67004/1885; 2-2400/1886

Heinrich Cless, 245 a,b-1977/1911

Cless & Plessing, 2-42711/1898, 3-45191/1898

Josef Eigler, 2-43697/1886

Franz Elgetz, 18655/1901

Carl Franz, StA 2-106079/1895

Graziosa Fahrradwerke, 2-71375/1897

Johann Puch, 2-129559/1897

Julius G. Sorg, 2-52298/1884, 2-95334/1895

Franz Strametz, 2-2340/1895

Styria-Fahrradwerke, 2-110495, Schreiben vom 16.7.1901

Anton Werner & Comp., 2-129559/1897

Mündliche und schriftliche Mitteilungen (im Textzitat als „Info" ausgewiesen)

Bader-Birzele, Evelyn Dr., Graz, mündl. Information am 25.9.2004

Damm, Felix, Graz-St. Veit, Gespräche am 24.11 und 13.12.2004

Deutsch, Franz, Graz, mündl. Mitteilung vom April 1999

Edegger, Heidi, Graz, Gespräch am 14.3.2005

Eigler, Johann jun., Graz, mündl. Mitteilung vom 25.5.1999

Franz, Eberhard DI Dr., Jg. 1933, Graz, (Urenkel von Carl Franz) Protokoll FGWG 4/11.2.1999, Gespräch 19.4.2004

Gsöll, Erwin, Graz, mündl. Mitteilung 16.9.2004

Heufler, Sylvia, Graz, mündl. Mitteilung 27.4.1999

Igwenwa, Justice, Gespräch 18.11.2003

Kainz, Karl, Brunn, Jg. 1929, Gespräch vom 11.6.2004

Kattinger, Ewald, Urenkel von Benedict Albl, Prot. FGWG 11.2.1999

Kern, Rudolf, Jg. 1927, Graz, mündl. Mitteilung März 2004

Kirchheim, Helene, Jg. 1935, Graz, Gespräch 2003

Kirchsteiger, Werner, Hausmannstätten, mündl. Mitteilung vom 21.6.2004

Kothgasser, Hermine, Winzendorf, Gemeinde Schönegg bei Pöllau, (Schwester von Franz Preßler jun.), Gespräch vom 21.1.2005

Lampl, Egon, Werndorf, Gespräch 11.8.2004

Mairold-Mautner, Karl, mündl. Mitteilung 1997

Mayer, Othmar, Jg. 1955, Spielberg, Gespräch 10.5.2005

Palfinger, Günther, Jg. 1964, schriftl. Mitteilungen (e-mail) 5.9.2004, 26.11.2004

Patheisky, Elfriede, mündl. Mitteilung 7.12.2004

Pyffrader, Monika, Dr., mündl. Mitteilung vom 27.5.1999

Reif Alois, Gespräch 28.8.2004 und 24.5.2005

Reiter jun., Karl, Graz, Gespräch 2003

Reiter, Karl, Graz, Gespräch 31.12.2004

Sammer, Gerd, Dipl.Ing. Univ.Prof., Graz-Wien, Gespräch 30.12.2004

Sorger, Albin, Jg. 1925, Graz, FGWG Prot. 18.2.1999

Spielberger, Hanne, Dr., Graz, mündl. Mitteilung 20.11.2003

Staudinger, Stefanie, Jg. 1942, Graz, mündl. und schriftl. Informationen (e-mail) 29.12.2003

Tischler, Günther, Graz, mehrere Gespräche

Ursik, Brigadier, schriftliche Information (e-mail) 25.11.2004

Weiß, Franz (Ing.), Gespräch 1999

Wimmler, Reinhard, schriftliche Information (e-mail) 26.5.2005

Aus dem Bestand der Dokumentation lebensgeschichtlicher Erinnerungen am Institut für Sozialgeschichte der Universität Wien
(im Textzitat als „Doku" mit Namen ausgewiesen)

Breiter, Franz, geb. 1921, Neunkirchen, Lebenserinnerungen

E., Günther, Bezirk Leoben

Fossel, Annemarie Dr., geb. 1905 in Graz, Donnersbach

Hacker, Johanna, geb. 1928, Feldbach, ergänzend mündl. Mitteilung 20.12.2004

Hödl, Rudolf, geb. 1913, Köflach-Umgebung

Huber, Franz, geb. 1921

Lind, Maria, geb. 1920, Fürstenfeld

Möstl, Lorenz; ergänzt um Hinweise seines Enkels Reinhard vom 16.2.2005 unter Bezugnahme auf Informationen seiner Großmutter Johanna.

Schneidler, Heinrich, geb. 1911, Kraubath

Schönthaler, Alois, geb. 1909, Mürzzuschlag

S., Wilhelm, Niederösterreich

Stremitzer, Stephan, geb. 1887, Leoben

Elektronische Adressen

Der Autor:
Wolfgang Wehap
Gabelsbergerstraße 10
8020 Graz
mailto: veloblitz@gmx.net

Mobilität
http://www.verkehr.steiermark.at/ mit Landesradwegen, Karten, Bahnverknüpfungen
http://www.mobilzentral.at/ erste österreichische Mobilitätszentrale
http://geodaten.graz.at/ Grazer Radkarte online
http://graz.radln.net/ ARGUS Radlobby Steiermark

Freizeit und Reisen
http://www.jahr-des-radsports.at/
http://www.mur-radweg.at/
http://www.raabtal-radweg.at/
http://www.alpentour.at/ längste Mountainbike-Strecke Europas
http://www.radmarathon-wildon.com/
http://www.tour-de-mur.at/

http://www.grazguides.at/ sattelfeste Stadtrundfahrten
http://bikeranch.at/ Radabenteuer südlich von Graz

Gewerbe
http://www.bicycle.at/ Handel, Werkstätte, Fahrradkurierdienst "Veloblitz", Radklub
http://www.veloblitz.at/ Fahrradbotendienst
http://radaufdraht.at/ Fahrradbotendienst
http://www.fgm-amor.at/ ForschungsgesellschafMobilität - auch im Radverkehr aktiv

Sport
http://www.lrv-steiermark.at/
http://www.luttenberger.com/
http://www.eisel.com/
http://www.matzbacher.com/
http://www.bccgraz.org/
http://www.fasching.co.at/
http://www.team-rapso.at/

FAHRRAD**VERKAUF**
FAHRRAD**VERLEIH**
FAHRRAD**SERVICE**

BICYCLE

- Kaiser Franz Josef-Kai 56
- Körösistraße 5
- Rechbauerstraße 57

Tel: +43 (0) 316 8213 57-0
Fax: +43 (0) 316 8213 57-8
internet: www.bicycle.at

In Zusammenarbeit mit:
AMS · Das Land Steiermark · Stadt GRAZ

In jeder Beziehung zählen die Menschen.

DESHALB HÖREN WIR IHNEN ZUERST ZU. Um Ihre Wünsche und Vorstellungen richtig zu verstehen und dann das Richtige für Sie zu tun. Kommen Sie in Ihre Steiermärkische.

DIE STEIERMÄRKISCHE
SPARKASSE

www.steiermaerkische.at

Was auch immer Sie für Ihre Gesundheit tun –

Wir stehen hinter Ihnen

Steigen Sie doch mal um! Denn viel Bewegung stärkt das Herz-Kreislauf-System und lässt Sie gut aussehen. Damit Sie weiterhin große Sprünge machen können. Sollte es aber einmal mehr als Ihr persönliches Engagement brauchen, stehen Ihnen die Gesundheitseinrichtungen des Landes Steiermark mit Rat und Tat zur Seite.

Gesundheit >>> www.gesundheit.steiermark.at

Das Land Steiermark

EIN HERZ FÜR DEN SPORT

2005 – Jahr des Radsports

Die Steiermark wird gerne als das „Land des Radsports" bezeichnet. Zu Recht, besitzt sie doch mit der Alpentour die längste durchgehend beschilderte Mountainbikestrecke der Welt. Aber auch die Radwege entlang der großen Flüsse sind gerade für Radausflüge mit der ganzen Familie hervorragend geeignet.
Heuer ist die Steiermark wieder Austragungsort zahlreicher Top-Veranstaltungen: neben spektakulären Mountainbike-Weltcupbewerben und Radmarathons finden viele Rennen, allen voran das mittlerweile 22. Altstadtkriterium in der Grazer Innenstadt mit Stars wie Lance Armstrong und Jan Ullrich, auf steirischem Boden statt.

www.jahr-des-radsports.at

**Info unter:
www.schuetzenhoefer.steiermark.at**

Sportressort

SPORTLAND
Jahr des Radsports 2005
STEIERMARK
www.jahr-des-radsports.at

Das Land Steiermark